『十一五』國家重點出版規劃項目

主編 陳智超

第二十二册

陳垣全集

CHEN YUAN QUANJI

文稿 詩稿 批注本

解放後重要講話文章

教材

北京师范大学出版集团
BEIJING NORMAL UNIVERSITY PUBLISHING GROUP
安徽大学出版社

圖書在版編目(CIP)數據

陳垣全集. 第 22 册, 文稿、批注本、教材、詩稿、解放後重要講話文章/陳垣著. —合肥: 安徽大學出版社, 2009. 8(2021. 3 重印)

ISBN 978-7-81110-388-5

Ⅰ. ①陳… Ⅱ. ①陳… Ⅲ. ①陳垣(1880～1971)—全集 Ⅳ. ①C52

中國版本圖書館 CIP 數據核字(2009)第 155409 號

陳垣全集 第二十二册

文稿　批注本　教材　詩稿

解放後重要講話文章

陳　垣 著　陳智超 主編

安徽大學出版社出版發行

(合肥市肥西路 3 號 郵編 230039 電話 0551-65107716

網址 www.ahupress.com.cn)

合肥遠東印務有限責任公司印製

責任總編輯 楊應芹　彭君華

本册編輯 朱夜明　　封面設計 孟獻輝

開本 880×1230　1/32　　印張 24.25　　字數 472 千

2009 年 12 月第 1 版　2021 年 3 月第 3 次印刷

ISBN 978-7-81110-388-5

定價 2480.00 圓(全二十三册)

1955年6月在中國科學院學部成立大會開幕式上講話

摄于1959年2月

目次

詩稿

解放後重要講話文章……五七三

陳垣全集之三十二

文稿

安徽大學出版社

中國史學名著評論講稿

史記一百三十卷　司馬遷，夏陽縣人，今陝西韓城地。紀、表、書、世家、傳。漢志著録春秋類，稱爲太史公百三十篇。史公自序亦只稱太史公書。隋志始稱史記。史記之名蓋起於魏晉。世本、國語、國策、楚漢春秋、諸經、諸子。卷五四曹參世家、九五樊噲等傳、九八傅寬傳皆據檔案。宋裴駰集解八十卷，駰，裴松之子。唐司馬貞索隱三十卷，讀書志入史評類。張守節正義三十卷。

漢書一百二十卷　班固。顔注本集注。漢書補注一百二十卷，王先謙，光緒二十六年出板，有石印。班馬異同三十五卷，北宋倪思，南宋劉辰翁評，似不全，因多遺漏。遷史删改古書異辭十二卷，倪思，書録解題、通考載之，已佚。史漢方駕三十卷，明許相卿，加入陳勝、英布二傳。

後漢書一百二十卷　范曄。紀十、列傳八十、志三十，殿本在中。志三十卷，晉司馬彪撰，梁劉昭注。後漢書集解一百二十卷，王先謙，民國十二年出板。補注二十四卷，惠棟撰，仿裴注。後漢獻帝紀與三國魏武帝紀可參校。漢獻初平四、興平二、建安二十五，共三十一年，皆與魏武有關。袁紹、劉表、董卓、袁術、公孫瓚、陶謙、吕布、劉焉、荀彧等，後漢、三國皆有傳，可比較，大抵皆陳略而范詳。

宋蕭常、元郝經均有續後漢書。

三國志六十五卷　晉陳壽。宋裴松之注。裴卒於元嘉二十八年，年八十。范蔚宗以元嘉二十二年被誅，年四十八。范少於裴二十六歲。宋書范卷六九，裴六四；南史同三三。裴注引書百五十餘種，見廿二史劄記，錢大昭三國志辨疑序亦列舉之，見湖海文傳二十五。廣雅本作續漢書辨疑九卷。異説、正誤、補闕(事)、加詳、附見(人)、訓詁、典故。裴注引書補證史事外，引羣經、諸子解釋訓詁者亦不下數十種。本可自著書如南、北史、新唐、新五代例，今爲之注，古人謙也。杭世駿有三國志補注六卷，又搜裴注之遺而多無關本事，可謂之三國逸聞。

晉書一百三十卷　房玄齡等。紀十，志二十，列傳七十，載記三十。載記爲晉書創例。西晉四十年，東晉一一六年。舊史有十八家，皆不傳。干寶搜神記、劉義慶世説新語、劉孝標注，皆採入，爲四庫所譏。然正唯此乃由政治史入社會史。唐太宗特製陸機、王羲之傳論，亦有提倡文化史、美術史之意。廿二史劄記在晉、宋書列傳中搜出晉書有三十一種。

明茅國縉撰晉史删四十卷，蔣之翹撰晉書别本一百三十卷，清郭倫撰晉記六十八卷。蔣書原名删補晉書，悉不改篇章次第，特節之、删之、正之、補之、注之、評之，較可爲讀晉書之助，書成於崇禎間。近錢塘吴士鑑有晉書校注已刊。著雍（戊）執徐（辰）刊，民十七。吴書引清人書一百四十一種。茅、蔣書見别史存〔一〕。

〔一〕超案：指四庫别史類存目。

宋書百卷　宋徐爰舊本，齊沈約續成，費時僅一年。書成於齊永明六年。宋五九年，齊二十三年。晉宋革命之際，宋書爲宋諱，蓋徐爰作書於宋時也。宋齊革命之際，宋書爲齊諱，蓋沈約作宋書於齊也。宋志三十卷，皆上述魏晉。魏本無志，臧榮緒晉書與徐、沈同在齊時，或未見。唐修晉志，即從臧本。今與宋志比較同者甚多，唐從沈書割出也。臧，齊書高逸傳。宋志三十卷：律曆、禮、樂、符瑞、天文、五行、州郡、百官。獨無食貨。徐爰卒於宋元徽三年，年八十三，宋書九四恩倖傳。宋書無儒林傳，范書始有文苑，宋亦無之。謝靈運、范曄、袁粲，皆自有傳。索虜傳記魏事以魏書校之多誤，可知外國不足靠。自序上表譏徐爰舊書，云「事屬當時，多非實録。進由時旨，退傍世情，垂之方來，難以取信」。宋書多帶叙法。帶叙與附傳不同，附傳附於末，帶叙則叙於中。

南齊書五十九卷　蕭子顯。爲蕭道成之孫、豫章王嶷之第八子，故豫章王占一卷，凡七千餘字，卷二十二，凡十七頁，頁二十行，行二十一字，四百二十字一頁。本書卷五二文學檀超傳，超曾與江淹、王儉撰齊書條例甚詳，沈約亦撰有齊紀二十卷，吳均撰春秋，俱見梁書本傳，是子顯亦有所本。超、淹起稿有律曆、郊祀、刑法、藝文、朝會，儉議廢朝會，增食貨。然本書不依檀等所議。宋五九年，齊僅二十三年，梁五五年，陳三十三年。子顯著書時地太近，太受嫌疑，故對蕭道成及梁武均迴護太過。甚東昏之惡，即以顯梁武之義也。又梁武好佛，故子顯於卷五四高逸顧歡傳至爲史論以駁之，凡七百〇三字。齊文學極盛而子顯能求簡净，故南史特增之。

梁書五六卷　姚思廉奉勅撰。古文自姚察始，叙事多用散文。梁武好佛，西南夷聞而至，故梁書四夷傳極重要。然寶誌獨無傳，南史有之。梁書獨有止足傳，本魚豢魏略、謝靈運晉書，爲各史所無。

陳書三十六卷　姚思廉奉勅撰。思廉父姚察爲陳吏部尚書，今高祖、世祖二紀總論猶題「陳吏部尚書姚察」云云，書因察舊，故多忌諱。

魏書百十四卷　北齊魏收撰。至東西魏百七十餘年。卷一〇四序傳極自稱許。史通正史篇稱收「諂齊氏，於魏室多不平。既黨北朝又厚誣江左。喜念舊惡，甲門盛德與之有怨者，莫不被以醜言，没其善事。遷怒所至，毁及高曾。世薄其書，號爲穢史」。至隋開皇初勅著作郎魏澹更撰魏書，猶未能盡善。又命張大素别撰，會素薨而止。四庫提要特爲收洗刷，謂收「恃才輕薄，不能服衆。又魏晉世近，著名史籍者，並有子孫，孰不欲顯榮其祖、父，既不能一一如志，遂譁然羣起而攻」云云。「李延壽修北史，多見館中墜簡。參核異同，每以收書爲據。其爲收傳論云，『勒成魏籍，婉而有章，繁而不蕪，志存實録，别有所見』云。今魏澹等各書皆亡，惟收書具在，豈恩怨併盡，而後是非乃明歟？收叙事詳贍，而條例未密，多爲澹所駁正。北史不取澹書而澹傳獨存其敍例，則公論也」云。北史取收書，獨以西魏爲正統則採澹書也。魏書有官氏志、釋老志，爲前後史所無。各傳頗詳世系姻戚，爲人所議。魏書於劉淵、石勒、十六國，與宋齊梁並西域同置卷末，凡十卷。節義傳前史所無，四夷傳不襲舊文，十志無溢前代，比之沈約宋書，才藻不如，斷限差勝。魏書自序，收嘗使蕭梁，辭藻富逸，衍及其羣臣咸加敬異。北朝著述，傳於今者，只有水經、伽藍記、齊民要術、顏氏家訓、魏書、十六國春秋等六部。羅振玉宗室傳補注、補藝文志。

北齊書五十卷 李百藥，安平人，今深州。二唐志有李德林北齊未修書二十四卷，即百藥父。北齊二十八年。此書體例倣范書，論後有贊。凡紀傳中有史臣論贊及稱高祖、世宗、顯祖、肅宗、世祖廟號者皆百藥舊文。其稱（一）神武、文襄、文宣、孝昭、武成謚號者，則採自北史者也。晁氏謂百藥避諱不書世祖、世宗，不知百藥在貞觀時並不避世字，世字至高宗時始避也。百藥書存者僅半，然史通雜說中北齊諸史條言李氏撰齊書，「其廟號有犯時諱者，即稱謚焉」，則以北史補之說，亦不盡然。（二）諸傳中有無本貫者，在北史承上祖、父言之，乃竟失補。（三）又有附見子孫已入隋代者，亦未削去，皆採自北史之證。(四)又有於高祖上稱齊者,亦北史之文。提要謂北齊人材無足觀,故史筆無所發揮,亦時爲之也。

王邵齊志十六卷。與百藥父德林同在隋朝,據起居注並異聞爲之,編年體。多記當時鄙言,爲史通雜説中所稱。隋書六九王邵傳稱王劭思書,爲奴所侮。醜詆王劭。本傳云著齊志二十卷,又齊書紀傳百卷,又有讀書記三十卷。

周書五十卷 令狐德棻,華原人,今西安耀州。北周二十五年。周時文字,忽然尚古,如蘇綽、柳虯之徒,皆學尚書,德棻本之,故爲史通所譏。提要爲之辯護是也。庾信傳仿宋書謝靈運傳之體,推論六義源流,於信獨致微詞,良以當時儷偶相尚,至庾而極,故欲矯之。史通言語篇謂「世之議者,咸以北朝衆作,周史爲工,蓋賞其記言之體多同於古故也。夫以枉飾虚言,都捐實事」,豈得爲良云云。蓋周書有盛名,故子玄獨詆之。

隋書八十五卷 魏徵等。隋三十八年。書成於貞觀十年,志成於顯慶元年,相隔二十年。志三十卷,本稱五代史志,别本單行。五代者,梁、陳、北齊、周、隋也。當時修五代史,隋書最末,故志附於隋書,非專屬隋也。律曆、天文二志多上溯魏書,與晉志重。提要謂十志之中以經籍爲最下而竟不可廢云。隋書撰人有顔師古、孔穎達、于志寧、李淳風、李延壽、令狐德棻等，皆一時之選，故史筆最爲簡練。南、北史出色處，多在瑣言碎事，至叙事嚴淨，以此爲上。地理、百官二志能補南齊、北魏志所未備，不爲苟作。經籍志本晉荀勖之遺法，以四部分編，雖劉向、班固所不及。論者必欲回復七略，則開倒車矣。隋有史家王劭字君懋，仕齊歷周入隋，故傳在隋書六九卷。曾撰齊志十六卷、隋史八十卷，爲白話史之始祖。房彦謙有佳傳，虞世基入文林，一因其子，一因其兄。

南史八十卷　起宋永初元年（四二〇），至陳禎明三年（五八九），共百七十年。北史百卷，多六十三年，起魏登國元年（三八六），至隋義寧二年（六一八），共二百三十三年。李延壽撰。南史先成，四庫評其四點最當。

一、因宋書無文學傳，南史文學傳遂始於齊之丘靈鞠，而不補宋之謝靈運、裴松之、范蔚宗諸人。

二、因宋、齊、梁、陳書無列女傳，南史遂不立列女傳，而將散見於各傳之葉矯妻羊氏等八九人，緝出入於孝義傳中，以至男女無别。

三、周書亦無文苑傳，而北史則取列傳中之庾信、王褒等入之，何以南史獨不爾？

四、北齊、周書亦無列女傳，而北史則取西魏之趙氏、陳氏等二三人入列女，何以南史獨不立列女？

陳書無隱逸傳，南史之隱逸傳有陳一人馬樞。北齊、周書亦無隱逸傳，北史之隱逸傳遂無北齊、周人。

宋、齊、梁、陳無藝術傳，南史亦無藝術傳。魏、齊、周、隋有藝術傳，北史亦有藝術傳。梁、陳無倖臣傳，南史恩倖傳無梁人，有陳司馬申一人，並增八人。周、隋無倖臣傳，北史恩倖傳無周、隋人。

宋、齊無儒林傳，南史儒林無宋、齊人。

陳、周無良吏傳，南、北史循吏傳無陳、周人。

宋、齊、梁、陳無酷吏傳，南史遂無酷吏傳。周書無酷吏傳，北史酷吏傳無周人。

新唐書李延壽傳，極獎延壽，稱其「過本書遠甚」，時人見其年少位下，不甚稱其書云。王鳴盛極詆之，謂其只有兩法，一删削，二遷移。學識淺陋，才短位又甚卑，著述傳世千餘年，實爲幸運云云。

南、北史無志，志之材料多納入紀、傳中。

南、北史多以子孫附傳。拆八史爲一史，以家族爲主，倣於魏書。廿二史劄記亦謂爲不便，因每閱一卷，即當檢閲數朝之事云。

北史各傳改編亦甚，廿二史劄記北史改編各傳條可參看。

南、北史兩國交兵不詳載，自是因各本史偏於自國，不勝其考核之煩。

一、宋删多增少。齊增多，豫章王嶷傳則删。梁增删各半。陳無甚增删。二、魏删最多，增絶少。齊增甚多。周增甚多。隋無甚增删。三、北齊、周成於貞觀，每書皆須進呈，故瑣碎事不書。北史故多增入。

李延壽父大師嘗擬著南北史，仿編年體，未成而卒。

南北史捃華八卷，周嘉猷，錢唐人，官山東知縣，乾隆間人。此書仿世説之例，仍分三十四門，惜其不全。本舊史而自有更正之處，四庫未著録。

周有南北史世系年表七卷，乾四八刊。

南北史識小録，各八卷，沈名蓀、朱昆田，不分門目，按原書次第排列，而各著其篇名，殊無謂也，而四庫乃著録之。

南北史合注一百九十一卷，李清撰。

南北史補志，天文、地理、五行、禮儀。

舊唐書二百卷　新唐書二百二十五卷　提要謂舊書前二百年有法，長慶以後九十年雜亂，有重出之文，有重出之人。皆因無索引。舊書多據實録。新書歐（陽修）主紀、志，宋（祁）主傳。新書盡删駢體文。新書好用韓柳文。新書詳載章疏，改四六爲散行。新書删和尚傳，懷素、玄奘、一行、神秀。新書删舊書文義，數目字所删尤無理。舊無儀衛志、兵志、選舉志，新書增。舊無表，新書增。舊紀三十萬字，新紀二十一帝九萬字。

新舊唐書合鈔二百六十卷，沈炳震。志從新書，紀、傳從舊書。目録載新書增傳，不載新書删傳。吴縝新唐書糾謬二十卷，凡二十門，四六〇事。金王若虚有新唐書辨三卷。趙紹祖新舊唐書互證二十卷。吕夏卿唐書直筆。張道舊唐書疑義四卷，正覺樓本。唐景崇兩唐書校注。

舊五代史一百五十卷　新五代史七十四卷　五代共五十三年。舊史以實録爲底本。據陳目，唐、晉、漢、周皆有實録，唯無梁。然北宋時王禹偁五代史闕文稱有梁太祖實録。史通主廢表、志，故新史只有司天、職方二考，不當。新史不用論贊，用嗚呼二字代之。近傳有金泰和本薛史出見，頗不可信。因泰和七年詔學官只用歐史（見章宗本紀），豈有刊薛史理？　或係新史未定。舊五代史四庫原底本，石印大字本。

五代史記纂誤三卷，宋吴縝，原書二百餘條（晁志），永樂大典輯出一百一十二條。五代史記纂誤補四卷，清吴蘭庭。吴光耀有續補六卷，周壽昌有補續一卷，皆光緒間廣雅懺花盦叢書本。康熙楊陸榮有志疑四卷，凡三百條，并其文句而指摘之，如史通點煩之例，知不足齋本。五代史闕文一卷，北宋王禹偁，凡十七事，太平興國間。五代史補五卷，北宋陶岳，一百四條，祥符間。

五代史記補注七十四卷，彭元瑞、劉鳳誥。照原卷，中分子卷。薛史十志附於卷外，如後漢書補注。歐史無者，或以事比，或以人品比，附於注後。五代會要、册府元龜、通鑑、别史、霸史、傳記、小説、地理書、類書、文章，凡採書二百數十種，撰注五十餘年始成。採書以宋人爲限，十國春秋不採。兩唐及宋遼書不採，以同列學官也。

宋史四百九十六卷　宋史各傳迴護，而其人惡處在他傳可見。宗室年表亦法新唐，一朝玉牒盡行載入，計二十七卷。吴縝無傳。宋史多據文集家傳、行狀、誌銘爲書。本紀法新唐，不載詔令。

宋史新編二百卷，柯維祺，嘉靖三十四年出板，歷二十年而成，合宋、遼、金三史而成。宋史本紀不載詔令，柯法兩漢，反其舊。宋史記二百五十卷，王維儉，四庫不存目。宋史翼四十卷，陸心源，凡七八一人，附六四人。宋史就正編，沈世泊，四庫引之千餘字，然不著録。宋史質，王洙，別史。劄記言新編未及梓行，維儉書沈於水，皆不確。宋詩紀事百卷，三千八百十二家。

遼史一百一十六卷 二九六年。紀、志、表、傳、語解。契丹字，遼史有國語解。禁書籍出國。劄記謂遼史立表最善，世表、屬國、皇子、皇族、外戚、部族、公主、遊幸八表。遊幸表之遊幸、屬國表之貢使，既載於本紀，復爲表，爲四庫所譏。營衛志既載部族，復有部族表，頗合於縱横互見之例。補遼史交聘表。遼史常自稱「遼兵」，此採自他書之證。龍龕手鑑四卷，行均。星命總括三卷，耶律純，術數二，永樂大典本，序稱統和二年，未知真假。續一切經音義十卷，燕京沙門希麟撰，遼統和五年（九八七）。遼史拾遺二十四卷，厲鶚，引書三百五十八種，乾八年成，紀詳傳略。遼史拾遺補五卷，震澤楊復吉列歐輯，乾五九書成。厲未見舊五代史，契丹國志、宋元通鑑所載亦多未引，此書以三書爲綱，附以他書，凡四百餘條。高麗史亦可補，一百四十卷，鄭麟趾，日本排印本。

金史一百三十五卷

元好問中州集，野史亭。劉祁歸潛志十四卷。廣雅局本。二十餘年讀十餘遍。金源劄記二卷，二百餘條。病三：一、總裁失檢七條，二、纂修紕繆六條，三、寫刊譌誤七條。别得七十餘條，爲又札一卷。禮耕堂叢説一卷，爲文四十篇。元遺山詩注十六卷。就全謝山集與杭大宗論金史書五篇，各爲之答，各史論五答在叢説中。吉貝居暇唱。金源劄記序：年祀不及契丹，輿地不及蒙古，文采風流不及南宋，然考其史裁，文筆甚簡，非宋史之煩蕪；載述稍備，非遼史之缺略；敘次得實，非元史之譌謬。

元史二百一十卷　據十三朝實録。兩次開局，各六個月，共一年。案牘之文，不加剪裁。又有經世大典可據。先釋老，次方技，不合前史遺規。一四六卷耶律楚材起皆漢人、南人，以前種人。趙（翼）謂兩次進呈故亂其次，非也。泰定帝登極詔，全是白話。本傳迴護處在他傳可以見得。元史與宋、金二史不符。元史與元史本身不符。元祕史有附音本。皇元聖武親征録，四庫雜史類存目。記太祖、太宗時事。錢竹汀鈔本，何秋濤校本。元史出於親征録，親征録亦出於祕史而譌誤多。

元史備忘録一卷，明王光魯，借月山房本。遼金元三史國語解，乾四六年。遼、金史原有國語解，殿板在乾四六後印者爲新語解。補遼金元三史藝文志有倪燦補本，有金門詔補本。補元史藝文志四卷，錢大昕，元史新編採入。元史氏族表三卷，錢大昕，新元史採入。元史五行、河渠、祭祀、百官、食貨五志皆有續，表惟三公宰相表有續，餘俱闕。

元史本證五十卷，汪輝祖。證誤二十三卷，證遺十三卷，證名十四卷。紹興先哲遺書本。

遼金元三史同名録四十卷，汪輝祖，遼五卷，金十卷，元二十卷，總録二卷，附録二卷，叙録一卷，廣雅本。

元史類編四二卷，邵遠平，康熙三十八年進呈，續邵經邦宏簡録。元史新編九五卷，魏源。元史譯文證補三十卷，洪鈞。元書百卷，曾廉。蒙兀兒史記十四册，屠寄。新元史二五七卷，柯紹忞。卷二四二方伎阿尼哥誤作阿尼奇尼，舊史二〇三。

明史三百三十二卷　目四卷。王鴻緒進表及提要均言康十八年始，其實順二年即派馮銓等六人纂修明史，八年又命各省采進各書。康十八年始用博學鴻詞科諸臣修明史，陳廷敬任本紀總裁，張玉書任志總裁，王鴻緒任列傳總裁。五十三年鴻緒上列傳稿，雍正元續上紀、志稿，共三百十卷。提要謂紀未成，誤。雍正二年詔張廷玉就鳴緒稿再修，乾隆四年告成，蓋已六十年矣。不採子孫附傳例，專用同事附傳例，有如點鬼簿，不如作表。如孝義傳序至數十百人同見，正德諫南巡杖謫者百四十餘人，嘉靖中争大禮亦百四五十人，殊無謂。藝文志不載明以前書。重出歧異不免。

廿二史劄記目録，如周延儒之入奸臣傳（不當），劉基廖永忠等傳（歧異），喬允升劉之鳳二傳（重複），末二字均不用，以避諱。魏源深詆明史稿，即詆明史，古微堂集有書明史稿後，明史例案采之。劉承幹刊明史例案九卷，民四刊，爲文七十四篇。

漢紀三十卷 荀悦。建安三年奉詔，至五年書成，見自序。專以漢書爲根據，縮百二十卷爲三十卷，遂成不刊之作。後人取以校正漢書，史通稱爲班荀二體。此依左傳體，通鑑全採此。

後漢紀三十卷 晉袁宏。自言經營八年，疲而不能定。在范書之前，用力較難，但全爲范所採。史通稱袁范二家，或荀袁二家。

通鑑二百九十四卷 凡一千三百六十二年，由戰國至五代。史漢劉攽，三國南北朝劉恕，唐五代范祖禹。十七史至宋而備，而編年之史，只有荀袁。引書三百二十二種。十九年而成。目録三十卷：體仿史漢年表，而標明卷數，又如目録之體。排列不佳，紀年不確，目録不用甲子，皆可議。考異三十卷。胡三省注，爲之三十年。初依經典釋文例爲廣注九十七卷，後失其書，始再注散入各門之下。直齋謂司馬長編唐六百卷，今通鑑僅八十卷，蓋所删多矣。

稽古録二十卷 由上古直至宋英宗治平末。詳於治亂興衰之故。

續資治通鑑長編 宋李燾。成都眉州丹稜縣人。燾爲壁父。五百二十卷。大典本。以木厨十枚，每厨抽替匣二十枚，每替以甲子誌之，共二百個抽替，可載二百年事。此書經四十載乃成。北宋凡一百六十八年事，陳氏及宋志作一六八卷，蓋以一年爲一卷。此書只有寫本，清初傳本得一百七十五卷。此係從永樂大典録出，唯缺徽、欽二紀，哲宗以上皆存。書有考異，自載各條下，與通鑑異。嘉慶活字本、廣雅本。

建炎以來繫年要録二百卷 李心傳，成都井研縣人。永樂大典本，光緒八年四川本。述高宗三十六年事，與李燾長編相續。修宋史時，未見此書。以國史、日曆爲綱，而參以稗官野史、家乘誌狀、案牘奏議、百司題名，無不採其異同，以待後來論定。南宋史家稱蜀二李。又有雜記四十卷，見政書類。並著舊聞證誤。

通鑑綱目五十九卷 凡例一卷，朱子手定。其綱依凡例而修，其目則趙師淵所纂。馮秉正有譯本綱目，康四十六年至，法人。明人喜歡此等書。元金履祥爲前編十八卷，明商輅又爲續編（宋元）二十七卷。四庫有御批，列史評類。綱目訂誤四卷，清陳景雲撰，文道十書本。取正史、通鑑原文互校以正其失，皆實據，不尚空談。

讀通鑑綱目條記二十卷，專糾綱目之誤，地理尤精。武進李述來撰，嘉慶間刻本、日本刻本，光緒又翻日本本。

三朝北盟會編二百五十卷 徐夢莘。專記宋金和戰始末，起政和七年，終紹興三十二年，凡四十六年。政宣上帙二十五卷，靖康中帙七十五卷，建炎紹興下帙一百五十卷。引書二百餘種。有廣東排字本，又有許涵度刻本更精。其無年月可考者諸録雜記五卷，附靖康中帙之末。引而不斷，與兩李之書皆稱傑作。舊隸紀事本末，實應隸編年。

通鑑紀事本末四十二卷 袁樞。於紀傳、編年二體外創爲此體。起三家分晋，終於周世宗征淮南。「平」二九，「據」二三，「叛」二一，「滅」二一，「亂」一八，「篡」一六，「寇」一〇，「伐」九，「逆」七，「討」六，「用事」六。明張溥論并刻本二百三十九卷，蓋一事一卷，今通行。坊行歷代史論即張溥紀事本末論。

皇朝（宋）通鑑長編紀事本末一百五十卷 楊仲良撰。廣雅局本。四庫不存，僅傳鈔本。太祖十七篇，太宗十八，真宗三九，仁宗八四，英宗十，神宗七四，哲宗四七，徽宗五十，欽宗六，共三四五篇，今闕十篇。長編闕徽欽二朝，此編尚存三十一卷，至可貴。

宋史紀事本末二十六卷 陳邦瞻。取材於宋史，兼及遼金，唯將元初事歸宋，元末事歸明，此乃明人習氣。此編難於袁書。馮琦原書二十八卷。馮琦書明志、千頃著録，而不及陳書。

元史紀事本末四卷　二十七事，陳邦瞻。取材於元史及商輅續綱目。張，山陰人，其書罕見。此書成於明史之前，並據實録。

明史紀事本末八十卷　八十目，谷應泰。據談遷國榷、張岱石匱藏書爲本。談書今尚存。

左傳紀事本末五十三卷　高士奇。以國分篇：周四、魯十一、齊七、晋十一、宋三、衛四、鄭四、楚四、吴四、秦二、列國一。與宋章沖春秋左氏傳事類始末五卷以十二公爲序者遠過之。左傳以外之材料有補逸，異同有考異，有辨誤，有考證，有發明。

繹史一百六十卷　馬驌。起太古，至戰國，略倣紀事本末體，但引書不相連屬，與日下舊聞體同，皆注出處，異説并注於每條下，篇末間有論斷。分五部：太古十、三代二十、春秋七十、戰國五十、別録十。別録：一天官、二律吕、三月令、四洪範五行、五地理志、六詩譜、七食貨、八考工記、九名物訓詁、十古今人表。是書可稱爲先秦史料彙纂，但不引四子書。異説并存，真僞並録。驌尚有左傳事緯十二卷，附録八卷，見經部。即從繹史中鈔撮左傳事跡，自鄭叔段之亂至王子頽之亂，分爲百八篇，篇系以論斷。

遼史紀事本末四十卷　四十目，李有棠，萍鄉人。書成於光緒，有考異爲注，無論，不盡本遼史，兼本遼史拾遺。

金史紀事本末五十二卷　五十二目，李有棠，與遼本末同。

通典二百卷　八門。食貨、選舉、職官、禮、樂、兵刑、州郡、邊防，各分子目，盡於天寶以前。崇文總目、書録解題入類書，通考入故事，宋志入類事，提要特入政書。或分九門者，兵刑分也。禮一百卷，自卷四一至一〇五共六十五卷，自纂；自一〇六至一四〇共三十五卷，盡採開元禮，故卷帙特繁。其書自經史及漢魏六朝人文集奏疏之有關係者多採取，爲後世不易見之史料，以六朝人文集存者少也。

通志二百卷　紀十八、后傳二、年譜四、畧五二、列傳一二四。盡於隋以前，以唐書爲宋修。二十畧：氏族、六書、七音、天文、地理、都邑、禮、謚、器服、樂、職官、選舉、刑法、食貨、藝文、校讎、圖譜、金石、災祥、草木昆蟲。禮、樂、選舉、刑法、食貨五畧仍通典原文。氏族、六書、七音、都邑、草木昆蟲五畧爲舊史所無，都邑、氏族、方物（即草木昆蟲）三畧本史通，六書、七音本小學，謚與器服本禮，校讎、圖譜、金石本藝文。此書所長者在議論，不在史料，故前人多讀其二十畧序。通考祇於故事類載通志畧，云此書刊本無卷數，止是逐畧分爲一二耳。紀、傳到隋，禮、樂、政刑諸畧則至唐，藝文、校讎則及北宋。四庫入別史。

文獻通考三百四十八卷　分二十四門，止於嘉定以前。馬端臨，江西樂平人。田賦（食）、錢幣（食）、户口（食）、職役（食）、征榷（食）、市糴（食）、土貢（食）、國用（食）、選舉、學校（選）、職官、郊社（禮）、宗廟（禮）、王禮（禮）、樂、兵、刑、經籍、帝系、封建、象緯、物異、輿地（州）、四裔（邊）。經籍、帝系、封建、象緯、物異五門爲通典所無，餘十九門皆以杜佑書爲藍本，而續其中唐以後至於宋。自序以引古經史謂之文，參以唐宋以來諸臣之奏議、諸儒之議論謂之獻。遠者靠文，近者有獻也。此書詳於宋制，爲宋史各志所無。倪燦宋志補入故事，錢元志入子部類事類。通典剪裁鎔鑄成一家言，通考則分條排繫不相連屬，有疑及未當者則以按語著其後。

續通考二百五十二卷　政書，乾十二。明王圻續通考，四庫入類書存目二，二百五十卷，有人物一門。

清通考二百六十六卷 政書，乾十二。乾二六分撰。

續通典一百四十四卷 政書，乾三二。續唐宋遼金元明。

清通典一百卷 政書，乾三二。

續通志五百二十七卷 别史，有紀傳年譜，乾三二。

清通志二百卷 政書，無紀傳年譜，乾三二。

唐會要一百卷 宋王溥撰，并州祁人，今太原。溥生於五代，仕於宋初。原本唐人蘇冕、崔鉉之書，正續各四十卷，見新唐志，可以訂兩唐志之譌。分目五百十四，有雜録，有蘇冕駁議。僧道、大秦、摩尼、奴婢、街巷，均有載。晁、陳均入類書類。

五代會要三十卷　分目二百八十，宋王溥撰。五代史做春秋，此倣周禮，詳於典章，刻板始於五代，五代史不載。

宋會要五百卷　清徐松輯。三朝國朝會要百五十卷，仁宗朝編，太祖、太宗、真宗三朝。六朝國朝會要三百卷，神宗熙寧時編，太祖、太宗、真宗、仁宗、英宗、神宗。節國朝會要十二卷，節三朝書。續會要三百卷，起元豐迄靖康，神、哲、徽、欽四朝。北宋共九朝。中興會要二百卷，建炎、紹興，即南宋高宗朝。國朝會要總類五八八卷，李心傳編，合三書爲一，刻於蜀。三書：1六朝，2續，3中興也。徐松輯宋會要時不過二十九歲，凡二年抄成。未刻，傳鈔本。癸巳類稿卷十二有跋。曾藏王秉恩氏、劉承幹氏，日本有鈔本。

西漢會要七十卷　南宋徐天麟撰，天麟爲徐夢莘猶子。是書專取材漢書，分十五門，三百六十七條。似百科詞典、政治經濟詞典，有民政一門。

東漢會要四十卷　徐天麟撰。是書不獨取材范書，兼有案語，比前書進步。亦分十五門，分三百八十四條。二書皆注出處。

明會要八十卷 江西永新龍文彬纂，光緒十三年刊。體例照徐氏，分十五門，子目四九八。材料除明史外，採輯二百餘種，而未有引書總目。引書注出典唯七三、七四、七八、七九、八〇等末數卷。不載出典當係刻書時漏去。

三國會要二十二卷 黄巖楊晨撰。光緒庚子江蘇書局刊本六册。楊謂三國無志係恐淆正統。引書百十五種，十五門，分四十子目，門類仿徐氏。錢儀吉有三國會要，衎石齋記事稿卷三有序例，未見傳書。

晉會要六十卷 汪兆鏞未刊稿。

宋遼金元别史亦稱四朝别史，凡五種。

東都事畧一百三十卷九册 宋王稱撰。稱，眉州人，父賞，蜀中三傑。東都者，汴梁也。此爲北宋書，似爲宋史所未採，因與宋史所載多不合，可資考異。附録遼、金、夏外國。清汪琬有東都事畧跋三卷，見鈍翁外稿，列宋人書至九十種，汪欲修宋史不果。

南宋書六十六卷八册 明錢士升撰，萬曆丙辰進士第一，浙嘉善人。志在續東都事畧而不盡依其體裁。删宋史官階、奏疏而成。四庫未著録，附存目，不分道學傳。

契丹國志二十七卷 宋葉隆禮撰。採集通鑑及李長編、歐史、松漠紀聞等書而成。紀十二，傳七，餘八卷爲專件專著。名單、降表、國書、禮物單、雜記、專著。王沂公行程録、富鄭公行程録二書已亡。其二十二、二十三卷係契丹研究，列舉其地理、風俗、兵馬、建官、宫室、衣服、漁獵、試士等制度及與他國之關係。四庫本不足靠。

大金國志四十卷 舊題宇文懋昭撰。懋昭，金人降宋。倣契丹國志而作。紀二十六卷、傳三卷，文翰傳二卷即中州集小傳，蓋一宋末元初人研究金事未成之史料。有專書，有文件，有雜記，有典章制度、風俗等等，而分卷參差不齊。

元史類編四十二卷 清邵遠平撰。四庫未著録，亦未存目。書於康熙。

尚史一百七卷 清李鍇撰。根據馬驌繹史，改紀事本末爲紀傳。

十六國春秋一百卷 魏崔鴻。明萬曆屠僑孫刻本僞作，以晉、宋紀年，無贊無表。崇文、晁、陳不載，御覽有之。郘亭書目云，汲古閣有抄本百卷十六國春秋，云得自宋本，在屠刻之前，使僞亦前人所僞。

别本十六國春秋十六卷 漢魏叢書本。湯球以爲即隋志之纂録十卷。

十六國春秋輯補一百事 黟湯球輯，俞正燮弟子。以纂録爲底本。

南唐書三十卷 北宋末馬令。浮屠優人，詩話小説。

南唐書十八卷 南宋陸游。節義列雜藝、方士後。

南唐書箋注十八卷 周在浚撰。浚爲亮工之子，用裴注例。民四嘉業堂有刻本，并有劉承幹補注。

南唐書注十八卷　湯運泰，道光二年緑籤山房本。

十國春秋一百十四卷　清吴任臣。徐鉉騎省集三十卷，其前二十卷皆南唐時作，吴未見，爲王西莊所譏。

高麗史一百三十九卷　高麗鄭麟趾撰，明初景泰間人。四庫載記存目二卷。

南漢書十八卷　梁廷柟，附考異十八卷。事同則采其古，事異則采其詳，不通則旁通考證，仿南唐書法而通之。

名臣言行録前集十卷、後集十四卷　朱子編；續八卷、别二十六卷、外十七卷，李幼武編。

名臣碑傳琬琰集一〇七卷　宋杜大珪編。自建隆迄紹興。上集神道碑二十七卷，中集誌銘行狀五十五卷，下集別傳二十五卷。自太祖至高宗，隨得隨編，多取材於文集。

唐才子傳十卷　四庫本八卷，佚存叢書足本。

元朝名臣事畧十五卷　蘇天爵。凡四十七人。

皇明開國功臣事畧　錢謙益初學集卷二十八有序。倣蘇天爵、李燾長編二家。又國初羣雄事畧十二卷，適園本。

獻徵録一百二十卷　明焦竑撰。自洪武迄嘉靖。蒐採極博。傳記存目四。

碑傳集一百六十卷　清錢儀吉撰，自清初至嘉慶。

國朝先正事畧六十卷　清李元度。

國朝耆獻類徵初編七百二十卷　清湘陰李桓。至道光。分二十類，并有姓名通檢，共三百册。光緒刻。又婦女十二卷，共七百三十二卷。

清史稿列傳。

十七史詳節二百七十三卷　宋吕祖謙。

史纂左編一百二十四卷　明唐順之。有右編，入奏議類。左史記動右史記言也。

史書纂畧二百二十卷　明馬維銘撰，萬曆間人。取廿一史叙傳撮其大略，亦通史。

史緯三百三十卷　清陳允錫撰。

通鑑總類二十卷　南宋沈樞，四庫著録。分君臣、人物、性行、功業、論議、籌謀、制作、事爲，各以類聚，凡二百七十一門。始以治世，終以烈婦，蓋倣册府元龜例也。便尋檢，捷討究，與紀事本末可稱爲通鑑之二樞。

廿一史約編，無卷數 清鄭元慶。自上古至明，計一百三十九篇。與鳳洲綱鑑編年有別。在四庫後。

新唐藝文志起居注類始有詔令一門。

兩漢詔令二十三卷 西漢十二卷，宋林慮編；東漢十一卷，樓昉編。取材全在三史。

唐大詔令集百三十卷 宋敏求編。適園叢書本。缺二十三卷。

上諭内閣百五十九卷。

雍正硃批諭旨三百六十卷 二百二十三人。

上諭八旗十三卷 單上諭，漢文。

上諭旗務議覆十二卷 上諭在前，議覆在後。雍正九年。

諭行旗務奏議十三卷 奏議在前，上諭在後。以上兩種滿漢文兼用。

十朝聖訓 太祖至同治。清太祖，康熙編；太宗，順治、康熙編；世祖，康編；聖祖，雍編；世宗，乾編；高宗；嘉慶；道光；咸豐；同治。

陸宣公奏議二十二卷 舊題翰苑集。提要入別集類三。四部叢刊本、十萬卷樓本。新唐書例不録駢偶文，獨取贄文十餘篇。通鑑亦採三十九篇。

諸臣奏議一百五十卷 趙汝愚編。四庫著録，傳本稀少。分君道、帝系、天道、百官、儒學、禮樂、刑賞、財賦、兵制、方域、邊防、總議十二門，子目百十四。每篇附注奏進人官銜及年月。止於北宋。朱子以爲不如分人編好，見語類。

歷代名臣奏議三百五十卷　永樂十四年勅編。自周迄元，分六十四門。永樂官刊，傳本稀少。張溥有删節本三百二十卷，極有用。

明臣奏議二十卷　聚珍本，乾隆勅編。

曾文正公奏議三十六卷　全集本。書目答問薛氏編本不全。

元和郡縣志四十卷　唐李吉甫。道、州、縣三級，山、川、古跡、故事，以縣爲單位，極簡要。聚珍本，岱南閣本，所闕六卷佚文附。

太平寰宇記二百卷　宋樂史。欠卷第百十三至百十九，但卷四亦缺，實存一百九十二卷，總目提要作存一百九十三卷，誤。仿元和志而加詳。自序譏元和志闕漏。關於列朝人物，及題詠古跡之藝文皆採入，爲後來地方志之一定體裁。又有風俗、土産、户口、姓氏等記載，以州爲單位。竹汀先生極稱是書，稱爲宋代輿記之巨擘，而朱竹垞則貶之，以爲不如九域記、輿地廣記之簡而有要，蓋稽之國史，多有不合，取諸稗官小説者居多。竹汀先生謂其所采皆信而有徵云。

元豐九域志十卷　宋王存等奉勑撰。簡要，極爲當世所重。太簡，以備遺忘，如表解之類，則可，詳考則不足。路、府州軍監、縣，爲宋改道爲路後之要書。先分十五路，後分十八，後又分二十三路。土貢一門，極爲賓退録所稱。

輿地紀勝二百卷　宋王象之。四庫未收，阮氏始得之。竹汀求之四十年始得見，見養新録。分子目十二：一、府州沿革，二、縣沿革，三、風俗形勝，四、五、景物上下，六、古跡，七、官吏，八、人物，九、仙釋，十、碑記，十一、詩，十二、四六。今輿地碑記目即其中一門。此書所載皆南宋疆域，非汴京之舊。史志於南渡事跡多闕，此所載寶慶以前沿革極詳贍，竹汀盛稱之。

讀史方輿紀要百三十卷　顧祖禹撰。當時與梅氏、李清南北史稱爲三大奇書。四庫未收。序甚佳。内歷代州域形勢九卷，書目答問入兵家。

天下郡國利病書一百二十卷　顧炎武撰，未成之稿本。四庫存目一。雜采府縣志、奏疏、文集、實録，可稱爲史料之書。

三輔黄圖六卷　不著撰人。

禁扁五卷　元王士點。

延祐四明志十七卷　袁桷。

武功縣志三卷　康海。

朝邑縣志二卷　韓邦靖。

至順鎮江志二十一卷　元俞希魯撰。阮贈包商云：「古籍待刊三十載，舊聞新見一千年。」卷首、郡縣表、官制表，一、二、地理，三、風俗户口，四、土産，五、田土，六、賦税，七、山水，八、神廟，九、僧寺，十、道觀，十一、學校、兵防，十二、古跡，十三、宫室、公廨、廪禄、公役，十四、封君，十五、刺守、參佐，十六、宰貳，十七、司屬、當職、將佐、寓治，十八、十九、人材，二十、二一、雜録。

泉州府志

日下舊聞四十二卷 朱彝尊。分十三門：星土、世紀、形勝、宫室、城市、郊坰、京畿、僑治、邊障、户版、風俗、物産、雜綴。石鼓考。引書千四百餘種。

日下舊聞考一百六十卷 乾隆三十九年編，提要作百二十卷誤。增朱書苑囿、官署二門共十五門。或增或删，未必得當，藝文增删尤多不妥。

歷代帝王宅京記二十卷 顧炎武。上自伏羲，下迄於元。前爲總論二卷，後十八卷按地方詳載。關中四卷，周至五代。洛陽三卷，周至五代。成都一卷，蜀、成。鄴二卷，魏至北周。建康一卷，吴至南唐。雲中一卷，後魏。晋陽（即太原）太原大名一卷，北齊至隋唐。

開封一卷，後梁至宋。宋州（歸德府商邱縣）臨安一卷，宋。臨潢（今巴林東北），遼； 幽州上，遼金元。幽州下，元。遼陽大定，遼； 會寧，金； 開平，元。

水經注四十卷 魏酈道元。聚珍本據大典校。戴校聚珍本、戴氏遺書本、四部叢刊影聚珍本。王先謙合校本有寶善書局影印本。趙一清注釋本。楊守敬水經注疏删要四十卷。

水經注十録：一、碑録，二、冢墓，三、祠宇，四、園宅，五、兩漢侯國，六、動植礦物，七、謡諺，八、故事，九、怪異，十、引書。

歷代河防統纂二十八卷 秀水陳璜輯，康三十年。有石印小字本四册。一、河源，二至四、河道，五六、河患。七至十四、河政，十五至二七、河議，二八、雜誌。搜羅自古言河患之文一千二百餘篇，可惜未有引用書總目。卷首有河道總督靳輔序。

西湖遊覽志二十四卷 **志餘二十六卷** 田汝成，武林掌故叢編本。卷一、西湖總叙，二、孤山三堤（蘇趙楊）勝跡，三至七、南山勝跡，八至十一、北山勝跡，十二、南山城内勝跡，十三至十八、南山分脈城内勝跡：城闉、衢巷河橋、官署、祠廟、道院、佛刹，十九、南山分脈城外勝跡，二十二一、北山分脈城内勝跡，二二二三、北山分脈城外勝跡，二三、浙江勝跡。志餘：一二、帝王都會，三、偏安佚豫，四五、佞倖盤荒，六、版蕩淒涼，七至九、賢達高風，十至十三、才情雅致，十四十五、方外玄蹤，十六、香奩艷語，十七十八、藝文賞鑒，十九、術技名家，二十、熙朝樂事，二一至二五、委巷叢談，二六、幽怪傳疑。

長安志二十卷 宋敏求，經訓堂本。一、總叙，分野，土産，土貢，風俗，四至，管縣，户口，雜制。二、雍州，京都，京兆尹，府縣官。三至六、宫室，周至唐。七至十、京城。十一至二十、縣。

小方壺齋輿地叢書、補編、再補編共一千四百三十六種 王錫祺，光緒間排印本，而無下列諸書。

佛國記一卷 法顯。學津、津逮本，又名法顯傳。西紀四〇〇直至天竺三十餘國，陸去海還。提要謂于闐無佛，斥此書。

大唐西域記十二卷　玄奘。墨海本、守山閣本。内多五百十六字，提要謂三百七十字，誤。

五天竺國傳　慧超。敦煌遺書本。大日本佛教全書本，藤田豐八箋釋。

諸蕃志二卷　趙汝适。學津本。提舉福建路市舶時作，南渡後。

嶺外代答十卷　周去非。知不足齋本、永樂大典本。南宋人，在桂林作。

長春真人西遊記二卷　李志常，連筠簃本。

耶律楚材西遊録　庶齋老學叢談本。

西使記　劉郁。王惲秋澗集玉堂嘉話本。郁，劉祁之弟，渾源人。元史世祖紀有真定人劉郁。烏古孫仲端北使記載劉祁歸潛志。

島夷志略一卷　汪大淵。四庫著録。知服齋叢書本、雪堂叢刻本。藤田豐八注。元至正中。

使西域記　陳誠。學海類編本。

瀛涯勝覽　馬歡，四庫存目。紀録彙編本。尚有四洋番國志一卷，鞏珍撰，不傳。

星槎勝覽　費信。四庫存目不載，學海類編本。

海國聞見録二卷　陳倫炯，同安人。藝海珠塵、昭代叢書本。書成於雍正間，有東砂島記載，早於英人金約翰海道圖記八十餘年。在惠來、海豐二縣之間。

漢書藝文志　一、六藝略：易、書、詩、禮、樂、春秋、論語、孝經、小學，凡九種。二、諸子略：儒、道、陰陽、法、名、墨、縱横、雜、農、小説，凡十種。三、詩賦略：屈賦（抒情）、陸賈賦（説詞）、荀賦（效物）、雜賦、歌詩，凡五種。四、兵書略：權謀、形勢、陰陽、技巧，凡四種。五、數術略：天文、曆譜、五行、蓍龜、雜占、形法，凡六種。六、方技略：醫經、經方、房中、神仙，凡四種。六略，共三十八種。

隋書經籍志 易、書、詩、禮、樂、春秋、孝經、論語、讖緯、小學，六藝凡十種。正史、古史、雜史、霸史、起居注、舊事、職官、儀注、刑法、雜傳、地理、譜系、簿録，史部十三種。儒、道、法、名、墨、縱横、雜、農、小説、兵、天文、曆數、五行、醫方，子部凡十四種。楚詞、别集、總集，集部三種。

阮孝緒七録 序、目，在釋道宣廣弘明集卷三。經典録九種，與漢志同。記傳録十二種：國史、注曆、舊事、職官、儀典、法制、僞史、雜傳、鬼神、土地、譜狀、簿録。子兵録十一部：儒、道、陰陽、法、名、墨、縱横、雜、農、小説、兵。文集録四部：楚詞、别集、總集、雜文。術伎録十部：天文、緯讖、曆算、五行、卜筮、雜占、刑法、醫經、經方、雜藝。右内篇五録。佛法録五部：戒律、禪定、智慧、疑似、論記。仙道録四部：經戒、服餌、房中、符圖。右外篇二録。

郡齋讀書志　南宋初晁公武。衢州本二十卷，全；袁州本四卷，後志二卷，不全。從前通行袁州本，今有衢州本通行。袁州本係趙希弁刻。

直齋書録解題二十二卷　南宋末陳振孫。永樂大典本。

通考經籍考七六卷　通考二十四考，他考最多者二十三（郊社）、二十五（四裔）卷，唯經籍七十六卷，占全書五分之一，全書三四八卷。

通志藝文略八卷、校讎略一卷　二十略中最多七卷（職官）、六卷（氏族）。藝文最多，但無序釋。提要於崇文總目條下，譏樵自揣海濱寒畯，不能窺中祕之全，惡其害己而去之。高宗誤用樵言，遂删除崇文序釋，不當，云云。校讎略一卷要讀。

國史經籍志附録糾繆一卷　明焦竑。

經義考三百卷　朱彝尊。分存、佚、闕、未見四類。輯各書序跋並史傳、地志及各家之説以隸之，或附以案語。小學僅載爾雅一類，未及遍考小學全書。

小學考五十卷 謝啓昆。分訓詁、文字、聲韻、音義四類，搜羅極富，錢竹汀叙盛稱之。唯朱例並録生存，蓋本私家著書之例；而謝於生存諸人不録，僅於案語内叙之，至有類於喧賓奪主。因小學至乾嘉而極盛，不應不載也。

讀易别録三卷 全祖望。知不足齋叢書本。將易之流派分爲十七類，頗識經義考之無别裁。其所分類爲圖緯、陰陽災異、卜筮、天文、兵、堪輿、禄命、醫、相、占夢、丹竈、易老通等等。

古今僞書考一卷 姚際恒。取世所傳僞書分經、史、子三類而考證之。又有真書雜以僞者；有兩人共此一書名、今傳者不知爲何人作者；又有未足定其著書之人者。然其中多有非僞而以爲僞者，如大戴禮、逸周書、晏子、司馬法、吴子之類，皆古書可以考見古代禮制風俗者，不得沿前人之説概以爲僞。

四庫全書總目提要二百卷

四庫全書簡明目録二十卷

書目答問

出三藏記集十五卷　梁僧祐。卷一撰緣記，則原始之本克昭。卷二至卷五銓名録，則年代之目不墜。卷六至卷十二總經序。卷十三至十五述列傳。

大唐内典録十卷　長安西明寺僧道宣，麟德元年六六四年。卷一至卷五，歷代傳譯佛經録：後漢、曹魏、吴、西晋、東晋、前後秦、西秦、北涼、宋、齊、梁、魏、齊、周、陳、隋、唐，凡十八代。卷六至卷七，藏經翻本單重傳譯有無録。卷八，衆經入藏録。卷九，衆經舉要録。卷十，闕本、注解、别出、疑僞、經録（即目録）、感應。

開元釋教録二十卷　唐智昇。卷一至卷十，總括羣經録：一至九，列代譯經；十，目録之目録。卷十一至二十，别分乘藏録：十一至十三，有譯有本録；十四至十五，有譯無本録；十六，支派别行録；十七，删畧繁重録，補闕拾遺録；十八，疑惑録，僞妄録；十九至二十，入藏録。漢明帝永平十年迄開元十八年凡六百九十四年，緇素一百七十六人，譯經二千二百七十八部、七千四十六卷。四庫提要謂經義考體例多與此符，或有規仿，或爲闇合，均未可定云。然經義考實仿出三藏記集，非仿釋教録。

貞元新定釋教目録三十卷 釋圓照。由開元十八年庚午至貞元十六年庚辰加七十一載。此書同開元録而補續其所未有。中國未有傳本，民國二年頻迦精舍始從日本翻印出來，又十餘年，商務翻印續藏，中國始有第二部。

史通通釋二十卷 浦起龍。乾十七年書成。羣書拾補有校史通一種，在抱經堂叢書内，可補正浦之誤。

史通訓故二十卷 王維儉撰。明萬曆。

史通訓故補二十卷　清黄叔琳。乾隆十二年書成。

班馬異同三十五卷　宋倪思撰。四庫附正史，解題歸類書類。

班馬異同評三十五卷　劉辰翁評。四庫附存目。

史漢方駕三十五卷　明許相卿。嘉靖間。

唐書直筆四卷　宋吕夏卿撰。

通鑑問疑一卷　宋劉羲仲編。載其父劉恕與温公及范祖禹來往之言。津逮、學津均有刊本。

新唐書糾謬二十卷　宋吴縝。讀書志、通考均入史評類。

五代史記纂誤三卷　宋吴縝。知不足齋本。永樂大典輯出。

舊聞證誤四卷　李心傳。函海本。永樂大典輯出一百四十餘條。宋志作十五卷。

史乘考誤十一卷　王世貞弇山堂別集之一體，雜史類。史乘纂誤不分卷，周之綱撰。萬曆。引書六十餘種駁正之。

史糾六卷　明朱明鎬撰。指海本。

文史通義八卷、校讐通義三卷　章學誠。

十七史商榷百卷　王鳴盛。加舊唐、舊五代實十九史。史之外兼及諸子文集碑刻互校，間加議論。

廿二史考異百卷　錢大昕。不計舊五代及明，故曰廿二史。

三史拾遺五卷、諸史拾遺五卷 前書成後，門人續刻。

廿二史劄記三十六卷 趙翼。專取本證。不計舊唐、舊五代故曰廿二史。此書刻在陔餘叢考後五年，乾六十，叢考乾五五。叢考四十三卷，卷五至十四共十卷亦考史，可取以互校。

尚書古文疏證八卷 閻若璩。一百二十八條。卷三全闕。續經解本。一、與他書所引同異，證其僞。二、以他古文經書證其僞。三、闕言其襲用他書。四、以官制法制證其僞。五、以文字學語言學證其僞。六、以曆法地理證其僞。七、言辨僞古文之歷史。

禮經釋例十三卷 凌廷堪。區爲八類，不立宫室之例者，已有宋人李如圭儀禮釋宫也。倣杜氏春秋釋例，溝通其同異。一、二，通例，四十例。三、四、五，飲食之例，五十六例。六、賓客之例，十八例。七、射例，二十例。八、變例，即凶禮，二十一例。九、十，祭例，三十例。十一、十二，器服之例，四十例。十三、雜例，二十一例。

春秋大事表五十卷　顧棟高。四庫著録。續經解本。以春秋時事跡，排比爲表。凡五十篇，篇爲一卷，卷有序及論説考辨凡百三十一篇。末附輿圖一卷，以朱墨書分古今地。時令、朔閏、長曆拾遺、列國疆域、列國爵姓及存滅、列國犬牙相錯、列國都邑、列國山川、列國險要、列國官制、列國姓氏、卿大夫世系、刑賞、田賦軍旅、吉禮、凶禮、賓禮、軍禮、嘉禮、王跡拾遺、魯政下逮、晋中軍、楚令尹、宋執政、鄭執政、齊楚、宋楚、晋楚、吴晋、齊晋争盟、秦晋、晋楚、吴楚、吴越、齊魯、魯邾莒、宋鄭交兵、城築、四裔、天文、五行、三傳異同、闕文、各國吞滅、亂賊、兵謀、左傳引經、杜注正譌、人物、列女、輿圖。

四書改錯二十二卷　毛奇齡。凡分三十二門，四百五十一條。凌氏校禮堂集卷二五與阮元書盛稱之。人錯、天類錯、地類錯、物類錯、官師錯、朝廟錯、邑里錯、宫室錯、器用錯、衣服、飲食、井田、學校、郊社、禘嘗、禮樂、表祭、故事、典制、刑政、記述、章節、句讀、引書、據書、改經、改注、自造典禮、抄變詞例、添補經文、小詁大詁、貶抑聖門。附録。

鹽鐵論十卷　六十篇，前漢桓寬。二册。昭帝時事。賢良文學與御史大夫相辯論。

新序十卷　分雜事、刺奢、節士、善謀四篇，劉向。二册。

説苑二十卷　二十類，六册。皆春秋戰國故事。

黄氏日抄九十五卷　南宋黄震。卷三十三以下讀諸儒書，卷四十六以下讀諸史，五十五以下讀諸子，五十九以下讀文集，六十九以下自爲文，共二十册。末附古今紀要二十卷四册，亦讀史摘抄，以便記憶檢查。

辨惑編四卷　元謝應芳。四庫著録。守山閣本凡十九目：一、死生；二、疫癘；三、鬼神；四、祭祀；五、淫祀；六、妖怪；七、巫覡；八、卜筮；九、治喪；十、擇葬；十一、相法；十二、禄命；十三、方位；十四、時日；十五、異端；十六、老莊；十七、佛氏；十八、神仙；十九、方士。

辨惑續編七卷、附録二卷　明顧亮撰，正德間。四庫儒家存目二。分七門：一、原理；二、事生；三、應變；四、奠祭；五、擇墓；六、送葬；七、拘忌。皆論喪葬之事。附録二卷論吉凶禍福之理及師巫邪術之害。

學蔀通辨十二卷 明陳建，東莞人。四庫儒家存目二。四編，編各三卷。嘉靖。前編明朱陸早同晚異，後編明象山陽儒陰釋，續編明佛學近似惑人，終編明聖賢正學不可妄議。採朱陸二家文集語録年譜並程氏遺書、伊洛淵源録等凡二十餘種編次年月，分條辨明。蔀者佛與陸王三蔀也。此書專駁王陽明朱子晚年定論而作。其言甚辨，爲四庫所不悦。正誼堂叢書採之。

本草綱目五十二卷 明萬曆李時珍。神農所傳、諸家舊有一五一八種，時珍又增三七四種。窮搜博採，芟煩補闕，歷三十年，引書九百餘種。水、火、土、金、石、草、穀、菜、果、木、服器、蟲、鱗、介、禽、獸、人。一、釋名；二、集解，解其出産、形狀、採取；三、辨疑正誤；四、炮製；五、氣味；六、主治；七、發明；八、附方。

疇人傳四十六卷 阮元。凡二四二人，附西洋三十七人。補六卷，羅士琳。補遺十二人，附見五人；續補二十人，附見七人；共四四人。亦止於道光。

佩文齊書畫譜一百卷　康熙四七年官撰。引書千八百四十四種，六十四册。論書十，論畫八，帝王書二，帝王畫一，書家傳二十三，畫家傳十四，無名書六，無名畫二，帝王書跋一、畫跋二，名人書跋十一，名人畫跋七，書辨證二，畫辨證一，歷代鑒藏十。各注出處，每卷有目録。有石印本。

式古堂書畫彙考六十卷　清康熙二十一年，卞永譽撰，各三十卷。書考引書七十九種，畫考引書八十二種。書考之前有書評、書旨及前人收藏法書諸種，畫考之前有畫論及收藏名畫諸種，以資鑒賞家溯源導流。其收藏書畫記有異聞者並存之以備考。

六藝之一録四百六卷、續十二卷　倪濤撰，錢塘人。四庫著録。此人年幾百歲，其書爲其家婦女所手鈔。凡分六集：一、金器款識；二、刻石文字；三、法帖論述；四、古今書體；五、歷朝書論；六、歷朝書譜。凡六書之同異，八法之變化，以及刊刻墨跡之源流得失，無不備載。其間祗録前人成説，不參己見，有異同者並著之。

古今注三卷　晋崔豹；**中華古今注三卷**　五代後唐馬縞。漢魏本，百川本。崔氏書凡八篇：一、輿版，二、都邑，三、音樂，四、鳥獸，五、蟲魚，六、草木，七、雜法，八、問答釋義。馬氏書卷上爲帝王宫闕、都邑、羽儀、冕服、州縣、儀仗、軍器等部注凡六十六門。卷中爲皇后冠帶、士庶衣裳、文籍、書契、草木、答問釋義等部注凡四十四門。卷下爲古今音樂、鳥獸、魚蟲、龜経等部注凡八十門。與崔氏書所分八門名異而文相同者十之八九。蘇氏演義與此二書相同又十之五六。

蘇氏演義二卷 唐蘇鶚。永樂大典本，珠塵本，函海本。唐志、崇目、陳氏均作十卷。與崔氏、馬氏書相同十之五六，不知誰抄誰。陳氏取李涪刊誤、李匡乂資暇集、丘光庭兼明書並是書，謂此四書皆考究書傳，訂正名物，辨證訛謬，有益見聞。

資暇集三卷 唐李匡乂。墨海本，學海類編本。匡乂或作匡義，或作匡文，或作正文，或作濟翁。宋太祖名匡胤，宋太宗名光義，因避諱一人數名。此書上篇正誤，中篇談原，下篇本物，凡九十條。其書考證古語舊事以及名物皆援據典核。

刊誤二卷 唐李涪。百川本，學津本。上卷十八條，下卷三十一條，皆考究典故，以正唐末之失，又引古制以正世俗之誤。

兼明書五卷　五代丘光庭。寶顔堂祕笈本。卷一考諸書，卷二考易、書、詩，卷三考春秋、禮記、論語、孝經、爾雅，卷四考文選，卷五考雜説及字書，凡十二類一百四十一條。引據該博，考證精詳，四庫稱爲唐人考證書中可與匡謬正俗齊驅，而以蘇氏演義、李氏刊誤、李氏資暇集三書爲其次。匡謬正俗　四庫入小學類。

近事會元五卷　北宋李上交撰。守山閣本。一至三卷首載宫殿之制、輿服之制、官制軍制、六曹掌故。四卷爲樂曲及州郡沿革，五卷載瑣聞。近事者，唐五代也。凡所載五百餘事，多唐史所不載。四庫謂在古今注、事物紀原之間。事物紀原，四庫入類書一，宋高承撰。

東觀餘論二卷　宋黄伯思。津逮本、學津本。伯思著法帖刊誤及博古圖説，其子合爲一編，題此名。東觀者，以伯思官終祕閣也。

猗覺寮雜記二卷　北宋末朱翌。知不足齋、學海類編、聚珍本。上卷皆考證古今詩事如詩話之類，下卷皆論文論史以及雜説。知不足齋本取下卷六十八則併入上卷以勻卷帙，遂失類聚之意。共凡四百三十五則。有洪邁序，極推許。

靖康緗素雜記十卷　北宋末黄朝英。學海、墨海、守山閣本。晁、陳、鄭、馬、宋志皆無「靖康」二字，並入小説類。晁稱所記二百事，今本只九十事，蓋不全本。朝英爲王荆公弟子，故程大昌演繁露、王楙野客叢書、袁文甕牖閒評皆有駁正此書之語，然竟不能廢也。

能改齋漫録十八卷　南宋初吴曾。墨海、守山閣、聚珍本。凡分十三類：事始、辨誤、事實、沿襲、地理、議論、記詩、記事、記文、類對、方物、樂府、神仙鬼怪，凡二千餘條。吴於秦檜當國時曾上所業得官，故當時諸家多糾駁之，然終不可廢，後來注家多引之。

學林十卷　南宋王觀國。聚珍本，湖海樓本。陳、馬、宋志均不載。凡三百五十八則。考書籍之譌脱，證事跡之歧異，辨文字之正錯，審音讀之是非。專考小學，開清朝一派。吴曾漫録、趙與時賓退録、袁文甕牖閒評皆引駁之。

容齋隨筆十六卷，續、二、三、四筆皆十六卷，五筆十卷　洪邁。單行本。考覈經史，釐訂典故，旁及詩詞文翰、數術醫卜之類，爲南宋説部之冠，朱子語類極稱之。一筆十八年，二筆十三年，三筆五年，四筆不費一年，皆自序語。五筆則没後所輯，故只十卷。

考古編十卷　南宋程大昌。學津本，函海本。陳、馬、宋志入類事類。首詩論十七則，以下凡一百十二則，皆尚論經史及世俗雜事，援據精博，議論縱横。

演繁露十六卷、續集六卷　程大昌。學津本。陳、馬、宋志入類事類。不問經史、稗説、諧戲，隨所得書之。正集每條標目。續集分爲制度二卷，文類一卷，詩事一卷，談助二卷，而仍每條標目。引書俱注出處，於卷帙繁者并注卷數，蓋倣資暇集引通典例。

西溪叢語三卷　宋姚寬。津逮本、學津本、稗海本不全。宋志只叢語二卷，無西溪二字。凡二百六十三條。皆考正舊文之異同及譌誤，考據學者多取資焉。毛晋極稱之，但津逮本多譌，不如學津本。

甕牖閒評八卷　宋袁文。聚珍本，閩粤本，杭小本。陳、馬、宋志不載。原本已佚，今在永樂大典輯出，分爲八卷：一、經，二、史，三、天文地理人事，四、小學，五、詩詞書畫，六、飲食器用宫室，七、釋道技術物産，八、雜論因果怪異。袁文精於考訂，於音韻之學尤精。

緯略十二卷　高似孫。墨海本，守山閣本。宋志入類事類。似孫有經略、史略、子略、集略、詩略。事有逸者、瑣者爲緯略，謂與諸略相爲經緯也。其書皆考證舊聞，援據精博。其有原書已亡、散見於類書者，亦多標引原書，爲四庫所譏。

芥隱筆記一卷　宋龔頤正。津逮本，學津本。倪宋志補、焦志入小説類。討論典故，訂正事實，辨明音訓，評論文體，凡一百三十五條，每條多有他人附注駁正之。四庫稱其可與容齋、沈括相捋。

野客叢書三十卷附野老紀聞一卷　王楙。稗海本、祕笈本十二卷。是書皆摘引羣書以考證其同異，辨論其是非，詳明精確，在南宋唯容齋五筆可與對壘。

蘆浦筆記十卷　宋劉昌詩。學海本，知不足齋本。自叙稱服役海陬，自賣鹽外無他職事，唯繙書自娱。凡文字之譌舛，地理之變遷，先儒之訓傳，歷代之故實，皆溯其源尋其流。是書所載地理故跡，多及四明奉化而無一語及華亭，提要謂蘆浦爲華亭鹽場，誤也。書中糾正能改齋漫録爲多，而甄録古今詩詞雜文亦不少。

雲谷雜記四卷　張淏。聚珍本，海山仙館本，嘯園本。自幼好書，好爲辨正。他日閲容齋隨筆，多己所欲言，乃删去同於隨筆者成之。其於書傳皆辨正譌謬，旁證遠引，多所釐訂。爲書極博，蓋實仿洪氏體例也。其書久佚，今從大典輯出一百十條。説郛所載無出是本之外，疑大典所載已全。

考古質疑六卷　葉大慶。聚珍本，海山仙館本，日本刊本。其書上自六經諸史，下迄當代人著述，其有疑義，一一爲之抉摘，考訂詳密，援引該博而議論精確，多發前人所未發。且行文亦極雅贍可觀，視程大昌考古編過無不及。

賓退録十卷　趙與時。學海、涇川叢書、古書彙刊。與時受學於楊簡，文藝非所長，故是編論詩多迂謬。至於辨論經史，多有證據，雜記掌故，皆是實録，精核與容齋並。前説誤者後自糾正之，治學之態度最和平可取。

朝野類要五卷　趙昇。聚珍本，知不足齋本。序稱幼入京都，聞夫搢紳稱謂多不解，求之書甚爲簡略，或無記載。歷聞諸師友先生指誨，遂筆之書，凡分二十類：班朝，典禮，故事，稱謂，舉業，醫卜，入仕，差除，陞轉，爵禄，職任，法令，文書，政事，雜制，帥幕，除免，退閒，憂難，餘紀。共分三百二十九事。於當時案牘之文與沿習之語，一一解釋之。提要分十四門，誤。

困學紀聞二十卷　王應麟。宋志不著録，以其没於元也。翁元圻注本佳。一至八，説經；九，天道曆數；十，地理、諸子；十一至十六，考史；十七至十九，評詩文；二十，雜識。爲有宋一代説部之後勁。

丹鉛總録二十七卷　楊慎，單行本。四庫著録餘録十七卷、續録十二卷、摘録十三卷。蓋皆慎自編，隨得隨刊，本無倫次。惟總録則其門人梁佐取三録而合編之，去其重複，分爲二十六類：天文，地理，時序，花木，鳥獸，宫室，冠服，珍寶，音律，物用，人事，人品，史籍，訂譌，字學，官爵，博物，禮樂，卦名，飲食，干支，數目，怪異，身體，詩話，瑣語，始有端緒可尋。

丹鉛雜録十卷　楊慎。函海本。與丹鉛諸録多相同，間與藝林伐山相出入。不分類。

藝林伐山二十卷　楊慎。函海本。此乃採摭經史子集及釋典中字句以供詞章之需，後人重其名遂刊之。蓋隨筆記録者多，而考證者少。

少室山房筆叢三十二卷、續集十六卷　胡應麟。廣雅本。四庫入雜編之屬。正集十種，續集二種，亦稱餘集，以詩文爲正集也。論藏書者爲經籍會通四，論史事者爲史書佔畢六，論子書者爲九流緒論三，考僞書者爲四部正譌三，論紀年、逸周書、穆傳者爲三墳補遺二，摭小説者爲二酉綴遺三，述博聞者爲華陽博議二，正俗説者爲莊嶽委談二，論道書者爲玉壺遐覽四，論釋典者爲雙樹幻鈔三，中唯史書佔畢多空論，餘皆博辨。駁楊慎丹鉛諸録者爲丹鉛新録八，駁楊慎藝林伐山者爲藝林學山八。

日知録三十二卷　顧炎武。自序謂著之三十餘年。道光嘉定黄汝成集釋，所採凡九十六家。一至七，經義；八至十二，政事；十三，世風；十四、十五，禮制；十六、十七，科舉；十八至二一，藝文；二十二至二十四，雜論名義；二十五，論古事真妄；二十六，史法；二十七，注書；二十八，雜事；二十九，兵、外國事；三十，天象術數；三十一，地理；三十二，雜考證。潛丘劄記駁正五十餘條。

潛丘劄記六卷　閻若璩。四庫據吴玉搢重刊本。乾十閻氏家刻本。原本：一、二，雜記；三，釋地餘論；四上，雜文序跋；四下，喪服翼注、補正日知録；五，與人答論經史書；六，璿璣玉衡賦一首、詩二百九十首。吴本：一，雜記；二，釋地餘論；三，原本首二卷關於地理者；四，喪服翼注及首二卷言喪服者；五，補正日知録及雜文序跋；六，與人答論經史書。詩賦刪。尚書古文疏證有禹貢山川釋，又有四書釋地，故曰釋地之餘。四庫以吴本著録而原本附存目，以其雜亂無章，徒欲一字不遺也。

十駕齋養新録二十卷、餘録三卷　錢大昕。七十二歲成。一至三，經學；四、五，小學；六至九，史學；十，官制；十一，地理；十二，姓名；十三、十四，古書；十五，金石；十六，詞章；十七，術數；十八，儒術；十九、二十，雜考證。不談時務，與日知録不同。

讀書脞録七卷、續編四卷 孫志祖，號頤谷，乾二十二年進士。一、二，説經；三、四，説子史；五至七，雜識。續編一、二，説經；三，子史；四，雜識。續編爲未定之稿。

陔餘叢考四十三卷 趙翼。六四歲刻。廿二史劄記六九歲刻。一至四，經義；五至十六，史學；十六至二十一，雜論故事；二十三、二十四，藝文；二十五，年號；二十六、二十七，官制；二十八、二十九，科舉；三十、三十一，雜論名義；三十二，喪禮；三十三，器物；三十四，術數及仙佛；三十五，諸神；三十六至三十八，稱謂；三十九至四十三，雜考證。

癸巳類稿十五卷 俞正燮。癸巳係道光十三年，先生五十九歲。單行本。

癸巳存稿十五卷 連筠簃本，又單行本。

論衡三十卷　王充。八十五篇，佚其一，第四四招致篇。又第二累害篇缺一葉，已從宋本補。八册，二十萬言。書、變、異、感、福、禍、龍、雷、道，共九虚。語、儒、藝，三增。書末有自紀生於建武三年。後漢書卷七九有傳。

風俗通義十卷　應劭。漢魏本。後漢書有傳。與班固白虎通義爲漢二通。一、皇霸，二、正失，三、衍禮，四、過譽，五、十反，六、聲音，七、窮通，八、祀典，九、怪神，十、山澤。白虎通　四庫入雜考，答問入禮總。本傳稱其撰風俗通以辨物類名號，識時俗嫌疑，文雖不典，後世服其洽聞。王充傳稱充著論衡八十五篇，釋物類同異，正時俗嫌疑。同一批評。

封氏聞見記十卷　唐封演。學津本，雅雨堂本。一册。晁、陳、馬入小説類，新唐志入雜傳記類。晁氏稱分門記儒道、經籍、人物、地理、雜事，且辨俗説譌誤。今本不分門，凡百條，内注闕者十條，注不全者二條，蓋不全之本也。前六卷多記掌故，七八卷記古跡及雜論，末二卷記當時士大夫軼事。四庫稱其與資暇集、刊誤可以相比。

夢溪筆談二十六卷、補二卷、續一卷　沈括存中，北宋熙寧中居潤州即鎮江。一、故事，二、辨證，三、樂律，四、象數，五、人事，六、官政，七、權智，八、藝文，九、書畫，十、技藝，十一、器用，十二、神奇，十三、異事，十四、謬誤，十五、譏謔，十六、雜志，十七、藥議。括熟於掌故、天文、算法、製器、醫、樂律，略於清之程瑶田。津逮本無補、續，稗海本有補無續，學津本有補有續四册。晁氏、陳氏、通考、通志、宋志五書皆入小説類。補三卷十一目，少人事、書畫、技藝、神奇、謬誤、譏謔六目。續十一篇。布衣畢昇活板法即載十八卷技藝中。

曲洧舊聞十卷　南宋初朱弁。弁爲朱子從父，建炎中使金被留十七年而歸。陳、馬均入小説類。所記皆北宋事，蓋作於被留之時。於安石變法及蔡京用事分朋角立之故，言之尤詳。四庫謂其深有補於史事，惟所言間及詩話、詩文評及考證，不可入之史，故入之雜家。學津、知不足齋本。

石林燕語十卷、考異一卷　葉夢得撰，宇文紹奕考異。稗海本。所記皆北宋末朝章國典，於官制科目尤詳，足補史傳之闕。汪應辰曾作石林燕語辨，其書不存。宇文紹奕考異尚散見於大典中，故館臣引附夢得書本條之下。其間年月之譌、繕寫之誤，皆經糾正，頗類吴縝之糾歐陽修，而援引舊文詳確者十八九。

捫蝨新話十五卷 北宋陳善。四庫附存目四。津逮本。是書考論經史詩文，兼及雜事，其宗旨在佛氏，而黨附王安石，於宋人詆歐陽修、楊時，而詆三蘇爲尤甚。於古人詆孟子、韓愈。其能流傳至今，亦公道不没也。

〔上世紀二十年代後期開始，援庵在燕京大學、北平師範大學等校講授「中國史學名著評論」課，並有講稿。講稿以史部各書爲主，以後續有補充，擴展至經、子、集諸部中與史學密切相關的著作。〕

廣書林揚觶提綱

引用書目

一册　史記至北史考異
二册　新舊唐書五代史考異
三册　宋遼金元史考異　廿二史劄記明史　盧文弨讀史札記　元史新編校勘記
四册　魯巖所學集
五册　儀顧堂集　揅經室外集　十駕齋養新録　敬孚類稿　姚振宗隋志考證
六册　西圃叢辨　讀書脞録　沈欽韓幼學堂文稿　四庫總目　里堂道聽録
七册　新唐書糾謬　滹南遺老集
八册　十駕齋養新録　潛研堂文集　三史拾遺　諸史拾遺
九册　知聖道齋讀書跋　揅經室外集　勞格讀書雜識　四庫提要　禮部集　安雅堂集

十册　杭世駿訂訛類編　潛研堂金石文跋尾　章氏遺書外編　王端履重論文齋筆録

十一册　謝啓昆樹經堂文集　徐文靖管城碩記　西莊始存稿　鄒炳泰午風堂叢談　孫志祖讀書脞録　元史泰定紀　史糾　宋史孝宗紀　諸史然疑　五代史記纂誤補

十二册至十四册　鑑後編校

史家之單位

史記五四曹參世家、九五樊噲酈商夏侯嬰灌嬰傳、九八傅寬靳歙傳。

超按：作者所用之史記，曹參世家中「下二國」，「縣一百二十二」，「得王二人」，「相三人」，「將軍六人」，末皆加圈。樊噲等傳、傅寬等傳中「斬首十二級」，「斬騎將一人」，「斬騎十人」，「首五十七級」，「捕虜七十三人」，亦加圈。

又第十一册録五代史記纂誤續補凡三十條，如卷二梁朱珍「得所募兵萬餘以歸。按：本紀珍得兵萬人、馬數百匹以歸，此豈儕馬計耶？」作者標「單位」二字。

批評要講板本

黄避諱録謂史通不避唐諱。朱史糾謂宋史孝宗紀重複。

超按：第十一册録史糾卷五：「帝紀之謬，莫過孝宗。姑舉大臣之書薨者言之。乾道六年閏五月既書辛次膺薨，淳熙八年復書辛次膺罷。」又録宋史三五孝宗本紀三淳熙八年八月丙午條以下一頁，有眉批：「『措置』以下三百九十八字爲卷三十三隆興元年六月至八月之文，錯簡於此。」又録孫志祖讀書脞録續編卷三之一段：「史糾云宋史帝紀之謬，莫過孝宗。舉大臣之書薨者言之。一人之身，倏而就木，倏而遷除，倏而捐館，倏而降黜，咄咄怪事。細檢宋史孝宗紀，監本闕淳熙八年，誤以第三十三卷十一葉隆興元年事攙補，有此巨謬。此非修史者之過也。昭芑不加檢勘而妄駁之爾。」援庵批語：「書有錯簡缺葉當注意。」

又第四册録魯巖所學集卷六之一條：「郡齋讀書後志二卷，亦晁公武所撰，而趙希弁所重編者。然其書編次最無法，而子部尤舛錯，不可爲據。如既有天文曆算類，又有天文卜算類，既有兵類，又有兵家類，多事區分，何不一爲省併也。」援庵批語：「袁本後出，然不如衢本。通考所據爲衢本。」又第十册録章氏遺書外編卷二乙卯劄記之一條：「周密齊東野語二十卷，商維濬稗海删去其半，而與癸辛雜誌混合爲一。汲古閣津逮祕書刻本猶全。」援庵批語：「是不能不講板本。」

删節要顧前後文

超按：第四册録魯巖所學集卷五之一條：「劉恕著通鑑外紀，其書不引據經傳，惟以國語爲主，而雜採諸家説以附益之。而於國語，其割併翦裁之處，有未愜人意者。如國語卷十七，楚莊王使士亹傅太子審，問於申叔時。叔時曰：教之春秋而爲之聳善而抑惡，教之世而爲之昭明德而廢幽昏云云。一一分疏其所以然之故。外紀乃摘録其文曰：教之春秋世詩禮樂令語故志訓典，而令語故志等字，茫然不知其所謂。倘曰有國語原文在，可覆按也，則無取乎著此書矣。」援庵批語：「節引古書應照顧上下文。」

又十一册録諸史然疑三條，如：「魏姚興傳，興將數千騎乘西岸窺視太祖營，束柏材從汾上流下之，欲以毁橋。官軍鉤取以爲薪蒸。北史改云『將數千騎乘西橋，官軍鉤取以爲薪蒸』，删去『束柏材』句，遂不復成語。」援庵批語：「删節前人文句應注意。」

引書須舉人地時

余　是年　此間　究是何人何年何地

編史傳須先做索引

則無重複之弊。然不能適用於後漢之薊子勳、計子訓，元史之速不台、雪不台。

超按：第十一册録西莊始存稿卷三一之一段：「趙明誠跋學士題名殘碑，謂後漢無二名者，碑多二名，以此辨其非是。予考後漢人名兩字者，惟蘇章族孫名不韋，梁商子名不疑，與古人同名，當是别有所取。任文公、謝夷吾、公沙穆、樊志張、費長房、薊子訓、計子勳、上成公、解奴辜、王和平，皆方術傳中人耳。」援庵批語：「多是字或號。」又第六册録讀書脞録卷三之一段：「後漢書方術傳之薊子訓、計子勳，蓋一人也。方士姓名詭幻，傳聞異詞，音轉字易，蔚宗遂誤以爲二人爾。葛洪神仙傳止載薊子訓，其所云『陳公以葛布單衣送之，至時，子訓乃死』，正與後漢書傳計子勳事相合，尤可證其非二人爾。」援庵批語：「有姓名索引，則可以不重傳。然此則雖有索引，亦不能免，仍當究其内容也。」

又第三册録元史考異卷九之一段：「雪不台，蒙古兀良罕氏。雪不台即速不台，譯音無定字也。朱錫鬯云：元史既有速不台矣，而又别出雪不台。」

作長編傳記須先排年表

則次第不亂。

超按：援庵在書内學院新校慈恩傳後一文中，諸家記法師年歲互有矛盾一節云：「諸師撰傳時，各據所聞，並未預先製爲年表月表，而後繫以事實，故有此誤。」

叙事 行文 雜採諸書

超按：第十一册録諸史然疑之一段：「北史齊文宣紀云：帝雖明敏，外若不足。又云：内雖明察，外若不了。又云：外若不遠，内鑒甚明。一篇之中，辭語複沓。蓋此紀總叙，雜綴而成，其半則用李氏齊書，其半則王劭、丘悦等之論，牽引割裂，不復詮次，弊乃如此。」援庵批語：「雜綴前人文句應注意。」

錯簡

雙溪醉隱集。宋史孝宗紀。

超按：援庵在耶律楚材父子信仰之異趣一文中云：耶律鑄「詩集名雙溪醉隱集，可惜如今不全。乾隆間修四庫全書，在永樂大典裏，零星採集，編爲六卷。」又宋史孝宗紀錯簡見前。

脱簡

元名臣事略。

句讀

元典章提要金帶御史，惜抱軒書録。

超按：援庵有元史詩一首：「元史從來不易探，成書倉卒欠精嚴。典章端賴清儒補，金帶新加御史銜。」自注：「元史二十八英宗紀：『至治二年十一月戊申，賜戍北邊萬户千户等官金帶。』下文接着『御史李端言』。元典章提要將『金帶御史』連讀。據惜抱書録，此提要實出惜抱。」

又第五册引姚振宗隋書經籍志考證三十三之一條：「黄石公三奇法一卷（梁有兵書一卷張良經與三略往往同亡）。按此注云『張良經與三略往往同亡』，蓋七録語也。豈舊時三略在張良經中，合爲一書，故云『同亡』。言張良經亡，而三略與之偕亡歟？此之三略，爲張良所傳，非世所傳之三略歟？」援庵批語：「『往往同』爲句，此誤讀。」

浮詞

龔定庵集曹籒序。

非地名誤爲地名

歷代地理志韻篇今釋，六語，初與。新唐書地理志卷四三下，羈縻州、江南道、黔州都督府：「殷州縣五：殷川、東公、龍原、韋川、賓川，初與敦州皆隸戎州都督，後來屬。」「初與」者，言殷州初與敦州同隸戎州都督，後隸黔州都督也。今歷代地理志韻篇今釋六語下，以「初與」爲唐縣，羈縻江南道殷州。

以後代地名爲前代地名

晉時僑置州郡無南字，南字起於宋初。

超按：第八册録十駕齋養新録卷六晉僑置州郡無南字條：「晉南渡後，僑置徐、兖、青諸州郡於江淮間，俱不加南字。劉裕滅南燕，收復青、徐故土，乃立北青、北徐州治之，而僑置之名如故。其時兖境亦收復，不别立北兖州，但以刺史治廣陵，或治淮陰，而遥領淮北實郡。義熙末，乃以兖州刺史治滑臺，而二兖始分，然僑立之州，猶不稱南。至永初受禪以後，始詔除北加南。宋書州郡志謂晉成帝立南兖州，寄治京口，時又立南青州及并州，此據後來之名追稱之，非當時已稱南兖、南青也。乃晉書地理志兖州篇謂明帝以郗鑒爲刺史，寄居廣陵，後改爲南兖州，則甚誤矣。史家昧於地理，無知妄作，未有如晉志之甚者。」援庵批語：「餘録卷中有晉書地理志之誤一條。」

以後代官名爲前代官名

九卿加卿字始於梁，晉書考異四。

超按：第一册録晉書考異四王覽傳之一段：「漢以太常、光禄勳、衛尉、宗正、廷尉、太僕、大鴻臚、大司農、少府爲九卿，而官名無『卿』字。魏、晉、宋、齊並因漢制。梁武帝增置十二卿，始於官名下繫以『卿』字。今晉史諸傳間有稱某卿者，如王覽傳，以覽爲宗正卿，何遵傳，遷太僕卿，皆唐初史臣不諳官制，率意增加，非當時本稱。」

絶對的斷語不可輕下

金石萃編。

超按：第六册録沈欽韓幼學堂文稿卷八駁金石萃編條記共十二條。如：「少林寺戒壇銘及葉先生碑，並題括州刺史李邕書。釋云：『舊書李邕傳，姚崇嫉邕，左遷括州司馬，未嘗爲刺史。必是寺僧立碑，假邕書以取重，但據傳聞邕在括州，遂以爲刺史也。』按舊書邕在文苑傳，其左遷括州司馬，後徵爲陳州刺史，贓汙事發，貶欽州遵化尉，從中官楊思勗討賊有功，又累轉括、淄、滑三州刺史。新唐書邕傳云，討嶺南賊有功，徙澧州司馬，開元二十三年起爲括州刺史。是史傳有明文，而横謂邕不爲括州刺史，並疑其碑爲僞託，可笑之甚！」援庵在「少林寺戒壇銘及葉先生碑」上有批語：「卷七十，開元三年。卷七一，開元五年。」又一條：「鄭楚相德政碑，陳京撰，衛尉卿鄭雲逵書。釋云：『陳君，兩唐書皆無傳，百官志無衛尉卿，雲逵署銜用古名耳。』按新書，陳京在儒學傳，舊書附見袁高傳。食貨志，建中三年，京爲太常博士，建議括富商錢。册府元龜（一百四），李吉甫奏其事於憲宗，帝切齒，稱爲賊臣。即此人也。柳柳州集有陳京行狀。唐九寺如漢九卿之數，惟改少府爲太府耳。六典及兩志並云衛尉寺卿掌器械文物，何云無之？」援庵有按語：「卷一〇四，貞元十四年。」「有人名索引則釋何至誤。」

書前後不相應

語在某某傳而某某傳無之或其書無此傳。

超按：第一册録晉書考異四之一段：「李重傳：『於時内官重，外官輕，兼階級繁多，重議之，見百官志。』按晉書有職官志，不稱百官志，且亦不載李重之議。又司馬彪傳，

『泰始初，武帝親祠南郊，彪上疏定議，語在郊祀志。』考晉書不立郊祀志，惟有禮志，亦不載彪議也。蓋自唐以後，修史不出一人之手，志、傳之文不相檢照，至於如此。」又第六册録讀書脞録續編卷三之一條：「史家有虛張傳目而實無其傳者，蓋由采自舊史，失於檢照，或作非一手，删改未盡也。如晉書殷覬傳云『弟仲文、叔獻別有傳』，而晉書無殷叔獻傳。」援庵批語：「書前後不相應。」

語在某某志而其書無此志。

超按：第一册録隋書考異二之一段：「鄭譯傳：『前後所論樂事，語在音律志。』今隋史有音樂志，有律曆志，無所謂音律志也。」

事在某某傳而此傳不在此書。

著書者之謬誤

傳鈔傳刻，校書者之謬誤

文忌重複

晉書王隱傳。

超按：第六册録西圃叢辨卷九引孔氏雜説：「自昔史氏所書，兩人一事，必曰語在某人傳。晉書載王隱諫祖納弈棋何如著述一段，幾二百字，兩傳俱出，此爲文煩矣。」又録晉書卷六二祖納傳及卷八二王隱傳有關段落。

又第四册録魯巖所學集卷六續資治通鑑事多重出條，援庵批語：「凡八處。」

又第四册録魯巖所學集卷八書日知録卷四後條：「亭林先生深明著述之體，如謂一書不當兩序，謂古人集中無冗複，稱人之善，見於祭文則不復見於誌，見於誌則不復見於他文，皆諦當不易。文集如是，則其他所撰述，更不當一見再見，致蹈重沓繁複之習不可知也。乃其所著日知録第四卷中，子太叔之廟一條，城成周一條，與所著春秋杜解補正，大致亦自無殊，然尚有詳略之分、前後錯綜之不同。至劉原父曰一條，城小穀曰一條，齊昭公一條，則與杜解補正竟一字不異，既見於此，又收於彼，豈其成書後未及精細核對而刊除之歟？」援庵批語：「錢先生養新録卷九有元史諸條，諸史拾遺皆複出。」

以作序之人爲撰人

超按：第三册録宋史考異七之一條：「藝文志二，正史類，楊齊宣晉書音義三卷。此書何超所撰，楊齊宣爲序，志誤以爲齊宣。」

一事牽涉數人

超按：第七册録新唐書糾繆卷十五之一事兼該諸傳而傳中有載有不載者條：「長孫無忌傳云：『太宗曰：朕當評公等可否以相規。』今案太宗所評諸人短長，惟楊師道一人載入本傳，然亦有不同。其外諸人皆不見於本傳。未審當載之歟？不當載之歟？此亦義例之不明者也。」援庵批語：「一事牽涉八人。」

一語牽涉數人

超按：第七册録新唐書糾繆卷七之裴行儉條：「裴行儉傳云：『善知人。在吏部時見蘇味道、王勮，謂曰：二君後皆掌銓衡。』王勮傳云：『尋加宏文館學士，兼知天官侍郎。始裴行儉典選，見勮與蘇味道曰：二子者，皆銓衡才。至是語驗。』愚謂此乃裴行儉能知人之美，獨書於行儉傳可也。至王勮傳又見之，則頗似重複。若以爲此語勮傳當載，則味道傳中亦當具載，今味道傳則止言行儉才之而已。」援庵批語：「一語牽涉二人。」又録新唐書糾繆卷十二之趙驊全交條，援庵批語：「一語牽涉八人。」

一人誤爲二人

超按：第八册録十駕齋養新録卷十四之元藝文志條：「焦竑志以移剌楚材與耶律楚材爲二人，周權與周衡亦爲二人，揭徯斯與揭曼碩亦重出。倪志之重出者，張宗説紀古滇説集一卷，見霸史類，張宗道紀古滇説集一卷，又見地理類，其人實名道宗，不特非宗説，亦非宗道也。李延興字繼本，亦分爲二人。吕誠一名肅，亦誤分爲二。」援庵批語：「一人誤爲二人。」

二人誤爲一人

同名：郝天挺、劉郁、韋應物。退之丹餌。

超按：援庵在元西域人華化考卷四中云：「金、元之間，有兩郝天挺，一爲元好問師，一爲好問弟子。池北偶談卷六、元詩選癸之乙先後辨之，四庫提要總集類三亦引池北偶談説，釋陸貽典之疑。乃新元史一四八郝天挺傳中，又羼入金人郝天挺語。」

又第八册録十駕齋養新録卷十六之衛中立字退之條：「白樂天詩『退之服硫黄，一病訖不痊』，後人因以爲昌黎晚年惑金石藥之證。頃閲洪慶善韓子年譜，有方崧卿辯證一條，云衛府君墓誌，今本作衛之元（玄），其實中立也。衛晏三子，長之元（玄），字造微；次中立，字退之；次中行，字大受。誌首云兄弟三人，後只云與弟中行別，則其爲中立誌無疑。中立餌奇藥，求不死而卒死，樂天詩謂『退之服硫黄』者，乃中立也。」援庵在「白樂天詩」上批：「長慶集六二，思舊。」在「後人」上批：「寶顏堂普集孔平仲毅父孔氏雜説三，又陳后山詩話。」在「衛府君墓誌」上批：「衛退之墓誌即韓（愈）撰，見集三十。」又批：「韓門綴學五有韓文公一條。」

一文分載數處

超按：第一册録三國志考異二之諸葛亮傳一條：「諸葛亮出師疏，本傳已載其全文，而侍中郭攸之、費禕，侍郎董允等云云，復載允傳，將軍向寵云云，又載向郎傳，亦重出也。」

〔上世紀三十年代，援庵計劃寫一部專談著作體例的廣書林揚觶，最後没有完成。保留下來的，是一份殘缺的提綱和十四册資料。現以這份提綱爲綱，將援庵在資料上的相關批語輯録於下，提供給讀者。〕

董香光年譜稿

乙卯，一歲，嘉靖卅四年。
正月十九日，董其昌生。明史二八八文苑傳。
丙辰，二歲，嘉靖卅五年。
丁巳，三歲，嘉靖卅六年。
戊午，四歲，嘉靖卅七年。
己未，五歲，嘉靖卅八年。
庚申，六歲，嘉靖卅九年。
辛酉，七歲，嘉靖四十年。
壬戌，八歲，嘉靖四一年。
癸亥，九歲，嘉靖四二年。
甲子，十歲，嘉靖四三年。
乙丑，十一歲，嘉靖四四年。

丙寅，十二歲，嘉靖四五年。

丁卯，十三歲，隆慶元年。

戊辰，十四歲，隆慶二年。

己巳，十五歲，隆慶三年。

庚午，十六歲，隆慶四年。

辛未，十七歲，隆慶五年。

始學書。

壬申，十八歲，隆慶六年。

癸酉，十九歲，萬曆元年。

「禊帖余自十九歲時即臨之，初頗得其點畫形模。自後觀唐人摹本，方知活法，遂不復臨寫，即時書之，直信筆耳。」

甲戌，二十歲，萬曆二年。

乙亥，廿一歲，萬曆三年。

丙子，廿二歲，萬曆四年。

「始學畫。家姪原正，又字伯長，廷評兄之冢子，少余一歲。有異才，同游泮宮。臨池特妙，已復同學畫。二十一夭矣。」

丁丑，廿三歲，萬曆五年。

「本年始學畫。四月朔日，館於陸宗伯文定公家，偶一爲之。」

戊寅，廿四歲，萬曆六年。

己卯，廿五歲，萬曆七年。

「秋，余試留都，見官奴帖真跡，蓋唐冷金箋摹者。爲閣筆不書者三年。」

庚辰，廿六歲，萬曆八年。

辛巳，廿七歲，萬曆九年。

壬午，廿八歲，萬曆十年。

癸未，廿九歲，萬曆十一年。

甲申，三十歲，萬曆十二年。

乙酉，卅一歲，萬曆十三年。

五月舟過武塘。秋自金陵下第歸。

丙戌，卅二歲，萬曆十四年。

丁亥，卅三歲，萬曆十五年。

戊子，卅四歲，萬曆十六年。

冬，與唐元徵、袁伯修、瞿洞觀、吳觀我、吳本如、蕭玄圃同會於龍華寺憨山禪師夜談。

己丑，卅五歲，萬曆十七年。

進士。

從館師韓宗伯借褚摹禊帖臨之。

四月，從唐完初獲借米南宮小字千文，臨成副本。

本年獲觀澄清堂帖一卷。

「鮮于太常草書，萬曆庚辰觀於嘉禾煙雨樓。己丑，客有攜至京者，留案頭閱月，覺學趙易於學太常，即是二公辨處。」

庚寅，卅六歲，萬曆十八年。

辛卯，卅七歲，萬曆十九年。

「五月四日，余與陳從訓、李將軍游眺惠山寺。余游數次，皆其門庭耳。秋游武夷，曾爲雲寫二律詩。余以閏三月十一日登舟，以初八日借臨韓宗伯家藏子敬洛神十三行真跡。是日友人攜酒過余旅舍者甚多，余以琴棋諸品分曹款之，因得閒身倣此帖。四月舟泊徐州黃河岸。」

「以庶常請告歸。舟泊黄河，船窗多暇，因以黄庭爲師，書禪德偈頌。」

壬辰，卅八歲，萬曆二十年。

「春，書金剛經，藏於雲栖蓮池大師禪院之庫中，薦資父母冥福。每有追薦，大師出予手書令僧持誦。春，與范爾孚、戴振之、范爾正、家姪原道，共肩輿從石門上惠山，陟其巔。太湖三萬六千頃在決眥間，始知惠山之大全。

九月，過嘉禾，所見有褚摹蘭亭，徐季海少林詩，顔魯公祭豪州伯父文稿，趙文敏道德經小楷，皆真跡也。是日仲醇又借得王逸季虞永興汝南公主志適到，余爲手摹之。」

癸巳，卅九歲，萬曆廿一年。

「此余壬辰、癸巳爲庶常請告，家居多暇，與顧中舍、宋太學借畫臨倣之筆，所謂粉本，用貯奚囊者，不下數十幅。遺散漸盡，止存此耳。」

甲午，四十歲，萬曆廿二年。

「袁伯脩入都，與余復爲禪悦之會。時惟袁氏兄弟、蕭玄圃、王衷白、陶周望數相過從。」

乙未，四一歲，萬曆廿三年。

「於京師見陽關詩，爲米南宫筆意無疑。未爲飛鳧點破，意欲購之，空橐爲窘。」

「此顔魯公祭姪貴明文真跡，於乙未秋借觀兩閲月，已爲溪南吳氏所收。諺曰『見之不取，思之千里』。自是嘗以意臨，亦略得其勢耳。」

丙申，四二歲，萬曆廿四年。

持節長沙，有題畫寄友人陳徵君仲醇詩。

「秋，奉使長沙，浮江歸。道出齊安，時門下士徐暘華爲黄岡令，請余大書東坡大江詞，曰且勒之赤壁。余乘利風解纜後作小赤壁詩，爲吾松赤壁解嘲。」

「趙令穰江鄉清夏卷，筆意全倣右丞，余從京邸得之，日閲數過，覺有所會。丙申七月三十日，奉旨持節封吉府，渡錢塘，次馬氏樓，待潮多暇，出此卷臨寫，因題後。」

冬得黄子久富春大嶺圖。

閏八月，舟行池州江中，題陳徵君仲醇小崑山舟中讀書圖。

丁酉，四三歲，萬曆廿五年。

「三月十五日，余與仲醇在吳門韓宗伯家。其子逢禧攜示余顔書自身告、徐季海書朱巨川告，即海岳書史所載，皆是雙玉。又趙千里三生圖、周文矩文會圖、李龍眠白蓮社圖。惟顧愷之作右軍家園景，直酒肆壁上物耳。」

「此卷余以丁酉六月得於京師。卷有文壽承題，董北苑字失其半，不知何圖也。既展之，即定爲瀟湘圖，蓋宣和畫譜所載，而以選詩爲境，所謂『洞庭張樂地，瀟湘帝子游』耳。憶余丙申持節長沙，行瀟湘道中，蒹葭漁網、汀洲叢木、茅庵樵逕、晴巒遠堤，一一如此圖，令人不動步而重作江湖之客。昔人乃有以畫爲假山水，而以山水爲真畫者，何顛倒見也？」

本年江西鄉試正考官。

己亥，四五歲，萬曆廿七年。

「歲在己亥，余北歸過汶上。時于文定公以東平李室名道坤者所作山水花卉册見示，託路大夫求余跋。北方畫學自李夫人創發，亦書家之有李、衛，奇矣奇矣！」

庚子，四六歲，萬曆廿八年。

「本年臨閣帖，凡得五卷。一爲門人魏澹明工部所請去，其一卷爲東昌許周翰太守藏之，又一卷不甚全，亦爲友人分割，漸散失盡矣，止存一卷。」

辛丑，四七歲，萬曆廿九年。

「余嘗見趙文敏作米書一册，在吏部司務蔣行義家，頗得襄陽法。今海内能爲襄陽書者絶少。七夕後書於湖莊。」

壬寅，四八歲，萬曆三十年。

癸卯，四九歲，萬曆卅一年。

「秋，閩清葉文忠公在南都任少宗伯。時有以相望歸之者，文忠謂予曰：公同署，豈不知楊文敏以後，吾閩無爰立者乎？」

戲鴻堂帖十六卷刻成。

甲辰，五十歲，萬曆卅二年。

「陶宗望以冬請告歸，余遇之於金閶舟中。詢其近時所得，曰亦尋家耳。」

「初有楚中之命，偃蹇不欲出，有題畫一絶，云：『徵書雖到門，猿鶴幸相恕。緣知湘楚游，故是憂離處。』及余行部，以法裁諸貴人，楚善怨，又有耽耽者。余自解組歸，猶袛在陶令八十日之後。」

乙巳，五一歲，萬曆卅三年。

「春正吳閶得王百谷所藏宋搨絳帖，頃携以自隨，疑爲澧州帖。觀其每數十行輒有武陵二字，又疑爲鼎帖。及入常武署中，繙閲第一卷，以宋太宗爲弁，跋曰：太宗皇帝御筆，在絳州摹。後有款，名曰鼎州提舉、曰沅州判事。常爲鼎州，而武陵其附城邑也，乃爲鼎帖，特爲絳州二字所誤，而世人只知有絳帖，遂誤名爲絳帖耳。六月七日舟次城陵磯，時自常、荆較士還武昌書。」

「郭忠恕谿山行旅圖，余得之京師，館師韓宗伯見而奇之。乙巳春作此小幅，如與古人有合。」

「余以丙申持節吉藩，行瀟湘道中。越明年，得此北苑瀟湘圖，乃爲重游湘江矣。今年復以較士湖南，秋日乘風積雨初霽，因出此圖，印以真境，因知古人名不虛得。余爲三游湘江矣，忽忽已是十年事，良可興感。」

「趙松雪鵲華秋色圖，兼右丞、北苑二家畫法，有唐人之致去其纖，有北宋之雄去其獷。故曰師法捨短，如書家以肖似古人不能變體爲書奴也。萬曆三十三年曒畫武昌公解題。」

「今日臨古詩數首，俱不入晉人室，唯顔平原、虞永興、楊少師三家，差不愧耳。時乙巳正月十九日，爲余懸弧辰也。」

戊申，五四歲，萬曆卅六年。

「十月十三日，舟行洙涇道中，日書蘭亭及官奴帖一過。以官奴筆意書禊帖，尤爲得門而入。」

「余自戊戌寫法華經，謂全經當在一歲之內，可圓滿因願。今戊申矣，止四卷有奇也，余亦冉冉老矣。」

己酉，五五歲，萬曆卅七年。

庚戌，五六歲，萬曆卅八年。

「自戊戌秋寫法華經，中多作輟，凡閲十有三載，至庚戌始畢，七卷皆小楷。」

辛亥，五七歲，萬曆卅九年。

「六月，將書方正學求忠書院記，先臨碑數種以發筆思，因以玉枕蘭亭法縮李海此碑。」

「秋，倣吾家北苑筆於瀆川山莊寄邢子愿侍御。」

壬子，五八歲，萬曆四十年。

九月八日，同范長倩、朱君采、董遐周西湖泛舟，次遐周韻。

癸丑，五九歲，萬曆四一年。

甲寅，六十歲，萬曆四二年。

「雲棲蓮池大師正月八日初度，余以師純提浄土，掃彼狂慧，行在梵網，志在觀經，僧腊最高，居然古佛，乃書此經，刻石流布，以廣弘願，亦祈大年。自愧筆法弱劣，不能如趙文敏之爲中峰書浄土一百八詩足傳耳。」

「余於戊戌年在京師書東方像贊凡十七行，久寘篋中。今年檢出續成之，字形章法俱不類十六年前筆矣。臨像贊止此耳。」

乙卯，六一歲，萬曆四三年。

丙辰，六二歲，萬曆四四年。

「二月之望，偶讀山谷老人題跋，隨意書數則。其推挹東坡，千古交誼可想。八月二十日重題志慨。」

丁巳，六三歲，萬曆四五年。

三月十六日華亭住宅被焚燬。

「陽關詩，余乙未年於京師見之，不知何年落東明穆中翰手。中翰余門下士，今年春不遠三千里走吳山薦慰，出此卷求跋。」

「三月過京口，訪張太學脩羽，出所藏楊少師真跡，賞玩彌日，登舟擬之，書此論因復補圖。」

戊午，六四歲，萬曆四六年。

首春題蘇詞黃詩，皆本家筆。

己未，六五歲，萬曆四七年。

庚申，六六歲，泰昌元年。

本年有臨唐六家書。

辛酉，六七歲，天啓元年。

召爲太常少卿，掌國子監司業事。

「陽關詩，余乙未年於京師見之。丁巳春，穆中翰以此卷求跋，今五年矣，又於新城王長公所見之，而余亦再入京師。前後二十八年，與此卷乍離乍合，有婆娑銅狄之感。」

壬戌，六八歲，天啓二年。

擢太常寺卿，兼侍讀學士，修神宗實録副總裁。

「秋，奉詔求遺書於陪京，出都門，羣公祖餞，各有贈行。少師臺山葉公爲首倡，依韻和之。」

「余有永師千文，首缺數行，自『龍師』起，後有薛紹彭印。海内凡存三本，一在江右袁簡肅公家，一在山陰董中峰學士家。山陰本余未見，吾家本贈涿鹿馮宮贊。壬戌四月，宮贊猶未大拜，一見此卷，特深賞識。」

癸亥，六九歲，天啓三年。

秋，擢禮部右侍郎，協理詹事府事。尋轉左侍郎。

元日，與林茂之借焦氏易林，貽以福橘五顆。茂之有作，依韻和之。

延陵村在茅山之東，癸亥四月畫於朱陽舟次，因命之延陵村圖。

甲子，七十歲，天啓四年。

秋，河南撫臣程紹以傳國璽進。其昌時官禮部左侍郎。故事，進奉必由禮部，因奉表副使張夢鯨先有摹搨絹本，得此藏之家以爲家慶。

乙丑，七一歲，天啓五年。

「正月，拜南京禮部尚書。過黄河崔鎮，舟阻中流，長年作危語。余方弄筆，以一幅投之，風濤晏然。」

丙寅，七二歲，天啓六年。

十月，書金剛經，朔日起，望日完。

十二月念七日，書彌陀經竟。純師顏尚書法。

秋得沈啓南倣癡翁富春卷。

丁卯，七三歲，天啓七年。

「余以丙申冬得黄子久富春大嶺圖卷，以丙寅秋得沈啓南倣癡翁富春卷，相距三十一年，二卷始合。初聞白石翁有出藍之能，乃多本家筆，又雜以米家墨，戲其肖似者過半，不若遜之。此圖氣韻位置遂欲亂真也。丁卯夏五日，雨窗觀李孝廉長蘅鑑定，因書此以志崇慕。」

戊辰，七四歲，崇禎元年。

己巳，七五歲，崇禎二年。

「武林鄒孟陽訪余山中，見臨葉閒堂米帖，輒瞠目叫好，收置篋中，歸視識者，恐不免有痂僻之誚。」

十一月，飲關使君浴元林司農署中，次韻訓首倡。

庚午，七六歲，崇禎三年。

辛未，七七歲，崇禎四年。

起故官，掌詹事府事。

壬申，七八歲，崇禎五年。

「二月，應宮詹宗伯之召，道出淮陽，長兒祖和從行至清河，命之歸，侍母龔淑人。留京二載，舊交視前落落，惟景州中翰王濳夫書問無虛月。」

臘月廿七日題鄭僖畫。是日迎春東郊。

四月朔日，京師邸舍展觀子昂小楷。

癸酉，七九歲，崇禎六年。

「己丑獲觀之澄清堂帖，又四十五年而觀於高司空所，厚幸厚幸！」

「子昂有鵲華秋色圖，彷王右軍小楷，以過秦論、内景黄庭爲第一。然予與之同學李北海，未嘗臨之也。歲在癸酉，嘉平二十七日書。時年七十有九，學書六十年矣。」

甲戌，八十歲，崇禎七年。

重題萬曆二十年送雲棲寺之金剛經石刻本。

乙亥，八一歲，崇禎八年。

丙子，八二歲，崇禎九年。

「閣本相傳，紙墨法度，日遠日疏。余得真本，正侍書王著摹，因暇重臨，積久成卷。豐瘦骨肉之間，以意得之。天啓元年至崇禎九年三月修禊日書竟。」

「此余庚申歲所書唐六家書，距今十六年矣。若年年有增進，當已成家，縱不能抗衡晉書，亦不落蔡君謨、米海嶽之後。只爲好閒習懶，反不及前。一藝之成，談何容易。」

公妻龔氏，萬曆四四年尚在。

公三子：祖和、祖常、祖源。祖和鄉評甚佳，祖常鄉評甚惡，祖源爲徐文定玄孫壻。

〔作於二十世紀三十年代中期，大約與吳漁山年譜同時。〕

南宋初河北新道教考提綱

宋初河北新興三教卅年三月八日。廿二日加「考」字。四月廿六日擬加「志」字。七月十五日改「創」字。九月廿七日加「道」字。九月廿九日改爲「新派道教」。

非有所愛於宋也，愛中國也。何愛乎中國？因己爲中國人而受人歧視，雖欲不中國人不可得，同病相憐，故特愛之也。

國可亡，人心之陷溺不可不正救也。

不叛不服不卑不亢之精神。人雖不知愛國，及至亡國，則未有不愛其國者。猶之夫初不知愛鄉，及在異鄉，則未有不愛其鄉人者。

三學派不過如明末之孫夏峰、李二曲、顏習齋，後乃爲世所推崇而形成宗教。所謂儒門收拾不住。

由西而東，咸陽、汲縣、樂陵，綿亘千里。

不啻爲人心之堡壘。中國之屢剥而復，賴有此也。

農田，水利，聽訟，保聚。

遺山對道教時有不滿。

全真

姚燧萬壽宫碑，拓本。

王惲霍志真道行碑，集六一。

元好問紫微觀記。

元遺山妹、女均爲女冠，見源流卷八頁四。

元好問清真觀記，應作真清，源流卷三頁十。

姚燧長春宫碑銘，源流卷三頁十二。

虞集白雲觀記，無甚可據。

遺山集卅一各墓銘，卅五各觀記，卅八各銘、真贊。

辯僞録四、二有元裕之重陽真人碑。

真大道

杜成寬先天宫記，拓本，至元十五年，叙至七祖事。偃師。

吳澄天寶宫碑，並有拓本，泰定二年，專記九祖張清志事。
迺賢玉虚宫詩。
虞集岳德文碑，大德三年卒，泰定四年撰文。
程鉅夫鄭進元碑，十一祖，大德十一年卒，鉅夫延祐五年卒。
宋濂書劉真人事。
虞集吳張高風圖序，集六。
趙清琳延祥觀碑，拓本，至元廿六年，述至八祖止。順天府平谷縣。記三祖高弟邢希德事。
虞集十一祖張真人制，集二二。
田璞隆陽宫碑，拓本，房山西五十里復盛寺，專記酈希成事。至元廿八年，述至八祖止。
王惲遊嫣川水谷道宫詩，集五。
衛州頤真宫聖旨碑，拓本，元代白話碑，元統三年。
元史李德和二條。
辯僞録四、六，有大道信道姑，大道觀。

辯僞録六、三，有大道掌教李德和、杜福春，六、四並見，至元十八年。

許州天寶宫聖旨碑，金石粹編補正三，泰定三年。

許州天寶宫碑陰題名，道衆約八十七人。

涿州隆陽宫碑陰題名，道衆約六十七人。

太一

王若虚董志沖墓表，集四二。侯元仙墓碣，集四二。王惲蕭道熙行狀，集四七。韓矩墓碣銘，即蕭道熙之父，集六一。王守謙墓表，即蕭志沖之父，集六一。大都集仙觀記，蕭輔道，集四〇。清蹕殿記，蕭輔道，有集本有拓本，集三八，至元廿五記，大德二年立石。李居壽行狀，集四七。張善淵墓碣銘，集六一前。張居祐墓碣銘，集六一後，至元廿六年卒。廣福萬壽宫方丈記，有集本有拓本，集三八，至元廿二年記，叙至六代師止。一四律一，二四絶六，三八記二，四〇記一，四七行狀二，六一墓銘四。

忽必烈令旨碑，拓本。

唆魯古唐妃懿旨碑，拓本。

投龍簡記二。
王鶚廣福萬壽宮碑，拓本，至元三年立石，叙至五祖止。
徒單公履蕭真人碑，蕭道熙，拓本。即據王惲撰行狀而作。
秋澗集十四，送蕭四祖北上，七律；廿四，蕭徵君哀詞六首，七絶。
惲祖妣韓氏即二代度師道熙之姪女。
秋澗集六十全真霍志真道行碣，乃其門人介太一純一真人李公來屬筆，予既重李請，又與師有夙宿之雅云云。據此可見全真與太一之融洽。集四十青巖山道院記爲全真李志和作，亦提及太一居壽。
遺山集三贈蕭鍊師公弼，卅八張幾道煉師真贊，卅一通玄大師李君墓碑，亦據蕭公弼所録事跡也。李名大方，派系不明，極爲遺山所稱。
秋澗集紫藤花歌序，九；送蕭四祖北上，一四；和曲山題太一宮詩韻，二二；十一月十八日壽宮小集同六祖，二一；喜答李六祖病後見憶，二一；太一宮四絶，二九。
上清正一宮聖旨碑，安陽金石志九。
玉堂嘉話二則。
元史李居素二條，李居壽三條。

虞集蔡七祖詩二首。又太一道士張彦輔詩一首。

靜修集洛水李君（守通）墓表，集十七。父道元，即李全祐之祖父，即奉太一教。

夫必曾出仕而後不臣異姓，此可謂忠於君，未可謂忠於國，故可稱之曰遺臣，未可稱之曰遺民。必爲未仕而不臣異國，始可謂之忠於國，始可謂之遺民。

遺臣易爲，遺民難爲。

夫遺民者必其始終爲民者也。

遺臣可貴，遺民尤可貴。

遺臣難得，遺民更難得。

昔之録遺民者，大抵所録皆遺臣，其堪稱爲遺民者蓋寡。若三教祖師，真可稱宋之遺民矣。

遭遇女真新興，文化低，故能容納。然當時亦幾經艱險，乃能存在，此幸運也。不然，以爲左道，必遭禁斷矣。其明見於金史者，章宗紀明昌元二年，曾禁全真、太一。

光緒間東莞宗人友珊先生學全真道於羅浮，自號酥醪洞主，著長春道教源流始稍稍發明之。

國之興亡，有内患，有外患。内患可以善政消弭之，外患雖善政未必能消弭也。孟子言「窮則獨善其身，達則兼善天下」。今三教者既不臣不仕，則無窮達之可言，能修道而傳教，則自然獨善而兼善，其説高於孟子遠矣。

全真之興，不能無惰窳之徒附之，猶之儒之興，不能無賤儒、小人儒附之，此不足爲全真病。全真之病，亦不在此。

嗚呼！自汴京之亡，河北已去中國而淪左衽。其居民之無官守無言責者不能盡棄宗族廬墓以逃也。且其時中國正朔猶存，恢復之望未絶。

往年輯道家金石志，曾將道藏、地方志、名家文集、藝風堂所藏拓片有關道家者盡行録出，得一千二百餘通，分百廿卷。顧以校讐不易，恐蹈金石粹編覆轍，久未刊布。

嗚呼！自永嘉以來，河北之民淪於左衽者屢矣，然卒能用夏變夷，遠而必復，中國疆土乃愈拓而愈廣，人民愈生而愈衆者，何哉？此固先民數千年之心力所繼續灌注而成，非倖致也。三教祖之所爲，亦先民心力表現之一端耳，故樂得而述之。

乃録宋遺民者，多注意於入元後之遺民，而入金時河北之遺民獨未嘗注意，何也？

全真史料太多，多則難得於新奇，精采。

大道、太一史料太少，少則難於發見。

君子之澤五世而斬，小人之澤五世而斬。太一教之興六世矣，六世以下不傳，非記載有闕，則如雲門、法眼之絶，二者必居一矣。

讀史必貴觀其全面，如張志敬、樊志應皆當日焚燬道經時失敗者，樊至於在落髮十七人中。王磐爲焚燬道經碑亦載其事，而孰知道教史料亦自有説耶。張志敬道行碑即王磐所作，是絶奇也。

全真在元末變爲「朝市道流」，王磐真常觀記慨乎言之。

教之初興，必有神話。今專採其人事，不採其神話。三教適宜於半開民族，欲化半開民族，不得不採神話。非神話又不能成宗教。

全真自孫德彧以後已成爲朝市鬻道之徒，非山林樂道之士矣。立教之本旨既失，其盛極而衰宜也。

諸君皆北方之强也，而能以南方之强爲教，所謂寬柔以教，不報無道，此其所以爲異也。

財聚則民散，財散則民聚。余讀諸真事跡，深感其言，始歎嗜利者未有能濟者也。

余叙全真至天樂道人而止。天樂門人孫德彧繼張志僊爲道教掌教，烜赫一時，虞道園爲撰墓誌銘（卷五〇），鄧巴西爲撰道行碑，見金石粹編未刻稿第二册（又拓本）。然全真至孫德彧，已成朝市之道流，非山林之逸士矣。失全真本色，故略之。

余研究真大道教歷史，以吳草廬、程雪樓、虞道園、宋景濂四家之文爲基礎。而關於真大道教世次，程氏之文與三家衝突。余爲此曾環攻三晝夜，至第四日拂曉全部解決，爲之大樂。（四月十八夜起解決之）

三教諸師皆於百年之間兩遭亡國之禍（由金人入汴至元人之入燕，不過八十九年），其爲不幸，何可勝言。然正惟其然，後之亡國，有似前者亡國之報復，故亟以止殺安輯爲急務。

原夫三教之興，其始不過欲澗飲木食，卑以下人以過其亡國遺民之生活而已。豈知巫祝之術，最爲半開民族所歡迎，竟得其君長之信仰如是耶！固諸教主始願所不及也。

大抵以老子之學修身，以巫祝之術應世。

事變以來，五年之間，四易其居。道釋二藏，已各斥其一。即有公家圖書可借，然供求苦不相應，則研究此問題之困難可知也。

禁其爲自由之國民，未嘗禁其爲忠信篤敬之人也，未嘗禁其爲危行言遜之人也。

邊鄙之民至可憫也。由高曾祖父以至於子孫，皆無一定之國籍。高甲而曾乙，祖甲而父乙，子甲而孫乙，其本身則或先甲而後乙也。無以名之，名之曰之字國籍。之字國籍之民，無國之可愛，亦無國之可亡也。

全真教

辛願陝州靈虛觀記，甘水九。王處一。

元好問太古觀記，集三五，郝大通；紫微觀記，集三五；朝元觀記，集三五，又石刻叢編，不一定全真也，叢編誤孫仲陽爲閻侯之孫；清真觀記，集三五，甘水九；通仙觀記，集三五，小功兄寂然，吾宗奉仙老師明道爲介，郝志朴、李存道；洞真觀記，拓本，崔道演、王志深，甘水五有杜仁傑撰傳；紫虛大師于道顯碑，集三一，與張敏之孫伯英有關；孫伯英墓銘，集三一，師事于道顯（靜修集孫伯英故居，集八）；通真子秦志安碑，集三一，宋披雲弟子；圓明李志源墓表，集三一，無甚可取。

王惲真常觀記，集四〇，樊志應元貞元年卒，年七十五；胙城靈虛觀碑，集五三，甘水九，李志遠；尹志平道行碑，集五六，文雖長，可採不過數行；紫極宮碑，集五六，房志起；玉虛觀碑，集五七，有拓本，梁志一；永昌觀碑，集五八；霍志真道行碣，集六一，文係太一李居壽所介。

元好問太古堂銘，集三八，賈道成；皇極道院銘，三八，趙素；長春庵銘，三八，張澤之；范錬師真贊，三八。

王磐張志敬道行碑，甘水五，至元九年撰，在焚經碑前。

王好古申志貞墓誌，甘水八，無甚可採。同卷有李志全墓誌。

虞集非非子幽室志，集五〇，余岫雲。

姚燧長春宫碑，文類二二，集一一，張志僊，經厄後，開禁於元貞元年；玉清萬壽宫碑，拓本，集不載，汧陽述古篇下，萃編未刻稿一；太華褚隱君傳，集三〇，甘水八。

王磐真常觀記，甘水九。

麻九疇重陽觀記，甘水九。

王鶚棲雲王志謹碑，甘水四。

劉祖謙重陽祖師仙跡記，甘水一。

辯僞録元裕之重陽碑。

徐琰郝大通碑，甘水二。

宋子貞范圓曦墓誌，甘水四。

薛友諒王棲雲開澇水記，拓本。

程鉅夫徐志根碑，集一八。

王鶚李志常道行碑，甘水三。
程雪樓祁真人詩二首，集二八。
虞集白雲觀記，集四六，祁志誠；又雲中聞異香詩，集三。
高鳴陳志益碑，拓本。
王惲祁真人詩一首，集二三。
楊奐于志道碑，集上，甘水三，汧陽述古篇下。
宋渤李道謙道行銘，拓本。
陳繹曾重修集仙宫記，拓本。
元史張志僊二條。
王惲李和甫詩二首，集二五、一六。
楊奐李和甫詩一首。
李俊民與秦彦容倡和詩。

海雲、福裕誤爲一人。
歷戊己庚誤爲三年。

紫微觀記誤爲遺山十五歲作。

徐琰，元詩選癸作徐琬。

朝元觀碑孫仲陽誤作閻侯孫。

全金詩四二辛願傳言願被訊掠事與孫伯英同。

元詩選初集丁中，揭傒斯秋宜集二八有硯山詩，爲大都太乙崇福宮張真人所藏，真人本戴氏子。

寬柔以教，不報無道，南方之强也；衽金革，死而不厭，北方之强也。三教均起北方，乃能變金革之風，而以寬柔爲教。

金史石琚傳，言南方人多反側，何也？

三教祖師大抵能利用政府而不爲政府所利用。

深信夷狄無百年之運之成言，故相率携持而去之，隱忍以度此百年之劫運，亦不過三四世不仕而已。

全真教之起源　　七月一日

教徒之制行　七月四日

殺盗之消除　七月七日

士流之結納　七月十日

藏經之刊行　七月十三日

教史之編纂　七月十六日

人民之信服　七月廿二日

婦女之皈依　七月廿四日

官府之猜疑　七月廿六日

焚經之厄運　七月廿九日

末流之貴盛　八月三日

元遺山之批評　八月七日

真大道教之起源及戒目　六月一日

五祖酈希誠八祖岳德文之道行　六月三日

九祖張清志之高風　六月五日

九祖十一祖疊出之稽疑　六月七日

真大道教宮觀一斑　六月十一日

太一教之起源　六月十四日

二祖蕭道熙三祖蕭志沖之道行　六月十六日

四祖蕭輔道之重望　六月十七日

五祖李居壽之寵遇　六月十九日

六七祖傳授之推測　六月廿三日

太一教人物一斑　六月廿六日

〔此爲南宋初河北新道教考一書之提綱。最後之日期應爲各篇付排之時間。〕

明末殉國者陳于階傳提綱

卅年九月一日

明史二七五附高倬傳，稱爲欽天監博士。目無名，無字，無卒地。

明史稿列傳一五〇附高倬傳，云自縊於公署。目無名，無字。

南都死難紀略，殷禮本云五月十二日死，陽曆六月五日。字瞻一，無卒地。

勝朝殉節諸臣録六，云以史可法薦，見明史。無字，無卒地。

小腆紀傳十六，目有名，三行半，死於天主堂，字詹一。

小腆紀年十，繫於乙酉五月十五日丙申條下，壬午朔。多鐸十五日入南京。無字，天主堂。

明季南都殉難記，國學叢書本，字瞻一，無卒地。

南疆繹史十六，四行，字詹一，天主堂。

明末忠烈傳紀實，字瞻一，無卒地。

家傳作字仲台，同治上海志作字瞻一，號仲台。

從容赴義。

于階爲徐玄扈甥，秉義爲顧亭林甥，一則盡忠故國，一則委贄新朝。亭林倘見玄扈於地下，必將歎曰：吾甥不若而甥也。

「初其父被害」段置傳末。

復仇孝也，殉國忠也，忠臣孝子萃於一人之身。即其僕亦義僕也。義烈一門，天主教何害於人國哉！徐秉義撰明末忠烈紀實，陳于階傳乃謂「異氏之學……未可定歟」。其言若深有憾於天主教者。其友未知何人，既稱「好學能文」，必非庸俗之子。此清初風氣，猶是明季之遺。自雍乾禁教以還，無復曩時之盛矣，教中好學能文之士亦鮮矣，而秉義竟以無所用恥非之，蓋誤以製器占象之事，即孟子所謂爲機變之巧者也。嗚呼！秉義狀元探花兄弟聯翻及第，顧亭林甥也，而于階則徐玄扈甥。一則盡忠祖國，一則委贄新朝。倘亭林與玄扈天上相逢，必遜謝曰：吾甥不若而甥也。遑論個人信仰之是非哉！

徐乾學康九探花，健庵，時年四十。

徐秉義康十二探花，果亭，時年四一。

徐元文順十六狀元，字公肅，號立齋。

屬子孫書可讀不可試。

本傳卒時卒地與諸家記載不盡同，悉從家傳。

僧鑒禪師語録。僧鑒，康廿九寂，庚午。

康六丁未乾學父卒。

康十九乾學五十，崇四辛未生。

康廿一秉義五十，崇六癸酉生。均見僧鑒録廿一。

東漢風俗 卅年九月廿三日

師友。風教。風義。

東漢婦女之風義。既名風義，則已分類，全篇應以年代爲次。人皆知東漢風俗之美，而不知婦女有以啓之也。

輕生重義。

范滂母，九七黨錮傳。

孔融母，百。孔融女。

李固女，九三。

趙苞母，一一一獨行傳，二三。

姜叙母、趙昂妻，三國卷卅六蜀六馬超傳不載，見三國卷廿五魏廿五楊阜傳，並注引皇甫謐列女傳。通鑑卷六六建安十八年，讀史管見卷五頁卅五。後漢無名。

龐淯母，即趙娥親，三國魏志十八淯傳並注引皇甫謐列女傳，後漢卷一一七列女傳。

戴良五女，一一三逸民。

崔寔母，八二。

陳嬰母，史記項羽紀。至嚴延年母，前漢。

太倉令女緹縈，史記漢文帝紀。

王陵母，史記陳平世家。

趙括母，史記趙奢傳。

漂母，史記淮陰侯韓信傳。

雋不疑母、王章妻、王章小女，漢書。

嚴延年母。

李衡妻習英習，習鑿齒襄陽耆舊傳，吳李衡，心齋十種本，麓山精舍叢書本。

海曲吕母，劉盆子傳，四一。

徵側、徵貳，一光武紀下、五二劉隆傳、五四馬援傳、一一六南蠻傳。

馬后，馬援女，明帝后，章帝養母。

鄧后，鄧禹孫，和帝后，殤帝、安帝時曾臨朝。

梁后，梁商女，梁冀妹，順帝后，冲帝、質帝、桓帝時曾臨朝。

梁嫕，梁竦女，六四竦傳，十上竇后紀，樊調妻，和帝大姨母也。

梁鳴妻孟光，逸民傳一一三。
黄允妻夏侯氏，九六郭太傳。
緱玉，八三申屠蟠傳。
孫策母，吳志一注引吳録。
光武姊新野節義公主，鄧晨妻，四五。
陸續母，一一一獨行。
太史慈母，三國吳志四，救孔融。
陸績女，三國吳志十二注。
曹文叔妻，三國九曹爽傳末裴注，文叔，爽從弟。
徐琨母，孫堅妹也，吳志五徐夫人傳。

續唐書注 卅年十一月五日

昔人謂裴松之本可自著一書，乃不著書爲壽作注，謙也。今何敢比於松之，竊自附於徐無黨云爾。

先將續唐書目録抄出，而注舊、新五代及馬、陸二書卷數於其目下，以便檢照。

彭注五代。周注南唐。劉補注南唐。湯注南唐。

續唐書每卷頁數。每頁廿二行，行廿二字，每頁四八四字。七十卷共五六一頁、二十七萬六千五百字。

中國歷史年代學 卅年十一月廿一日、卅一年四月五日

南史一三彭城王義康傳。鄧仲華拜衮之年（年廿四）。鄧禹字仲華，後漢四六。陸機入洛之年。

庾信哀江南賦。王子濱洛之歲，王子晋時年十五。蘭成射策之年，信小字蘭成。文選五九沈約齊安陸王碑。蓋同王子濱洛之歲，年十五。實惟辟疆内侍之年，留侯子張辟疆爲侍中。

東坡生日，十二月十九日。

年月别名。

日長至，夏。日短至，冬。月令。

中國年代與外國年代之關係。回回曆；耶穌紀元曆；俄羅斯曆，條約日子。

偉大之中華民族

卅年十二月八日

廣土衆民，君子樂之。

無一姓無外來民族加入。最要證明此點。

善能吸收外來民族，故能繼續發展而不衰老。

凡已往侵略中國之民族，無不變爲中華人。

懷柔。柔遠人。來者不拒。

夷狄而中國則中國之。

以禮義爲準。

東來之姓，西來之姓，南來之姓，北來之姓。中部之姓，如荆蠻、豫蠻。

同語言、文字、風俗、習慣。

外來之宗教可成爲中華宗教。

昔之研究民族者喜言其分，今之研究民族者利言其混。

合衆。諸公所論，皆蠻夷猾夏之時；余今所論，則異族歸化之後。

日知録廿三言姓氏者二十頁。

外族出身之名人。

各姓新族之參合：上平各姓，下平各姓，上聲各姓，去聲各姓，入聲各姓。

外族之内徙：前篇言歷朝外族之同化，後篇言各姓同化（參入）之外族。

前篇以朝代爲主，述歷代歸化之胡人。

後篇以姓氏爲主，述各姓參合之外族。

歷朝外族之同化：先秦，漢魏六朝，唐五代，兩宋，遼金元，明清。

不研究氏族學，不知中華民族之大也。

一、不過二字，二、連名並呼，三、子孫沿用。前二條爲中國姓之特徵。後一條爲姓之要素。非是，則名耳，非姓也。姓爲家族之符號。族大則另起新號，故姓中又有氏焉。

西京詩史。晉朝王庾。

一、尋源。二、辨誤。三、姓韻。四、姓纂。五、辨證。六、通鑑補。七、史傳。

秦以前姓與氏分，一姓之中，恒有數氏，故有同姓異氏者焉。

秦以前氏亦稱姓，姓與氏混，史記稱某人姓某氏是也。

其後又有賜姓改姓之例，於是一氏之中又恒有數族，故有同氏異族者焉。

漢以後之所謂氏族，適等於秦以前之所謂姓氏也。

或經變亂，或經遷徙，則高曾名字且不知，況高曾以上統系乎。

東正教鄂羅斯旗之漢姓。

各地外族之歸化。

柳翼謀中國文化史。

五胡之君好文學。　廿二史劄記。

高歡謂士人認南朝爲正統。

後唐明宗重願中國早生聖人。

耶律母言夷狄不可爲中國主。

王嶧山中國民族考。

「非我族類，其心必異」，此就猾夏時言，如同化以後則如兄如弟，無異爾心矣。

猾夏時則相仇，同化久則相安。

當其猾夏時則誅之，當其歸仁後則與之，亦春秋夷狄而中國則中國之之意也。

國史大綱，繆鳳林著？

丘聞有國有家者，不患寡而患不均，不患貧而患不安。　蓋均無貧，和無寡，安無傾。　夫如是，故遠人不服，則修文德以來之。既來之，則安之。

凡爲天下國家有九經：曰來百工也，柔遠人也，懷諸侯也。來百工則財用足，柔遠人則四方歸之，懷諸侯則天下畏之。

北朝之華化運動

北朝時鮮卑語是否通行？ 隋志 小學類。
鮮卑人是否皆諳華語？
華人是否皆諳鮮卑語？ 顔氏家訓。
鮮卑人心目中之華人，口中之華人。
華人心目中之鮮卑，口中之鮮卑。
五胡之君多文學。 廿二史劄記。
魏太武崇道毁佛。
魏孝文遷洛。
周太祖輔西魏用蘇綽，倣周典置六官。

卅二年五月十二日。

鮮卑同化記

五胡鮮卑爲大，取匈奴地位而有之。

鮮卑語之流行。

諱言鮮卑。

自慕容至宇文氏之滅三三八 三四五至五八一凡二百三十七年。

鮮卑人之跋扈。

華人之受鄙賤。

僧懿，後魏文五九，本名太興，景穆太子晃之孫。孝文時襲父爵，表請出家，賜名僧懿。居嵩山，太和廿二年卒。

廣弘明集卅八有檄魔文數篇。

魏書十九上，北史十七，景穆十二王。

景穆—子推—太興。

鮮卑寇邊。通鑑紀事本末七，五二頁，後漢。
石鼓賦。鮚埼亭集三。
金史一二五文藝馬定國傳以石鼓爲北周造。
元陸友研北雜志辨之。
萬季野主馬定國説。
魏孝文、宣武之好佛。
洛陽伽藍記胡太后。
北朝造象。

卅二年七月八日。

〔援庵在題目「同化記」「同」字旁，批「華」、「進」、「易俗」等字。〕

論徒刑名稱應改革

一、徒刑名稱的由來
二、徒刑各代不同
三、徒刑的內容不明確
四、徒刑的名稱不易了解

徒本訓衆、訓黨。如論語「非吾徒也」，「是魯孔丘之徒歟？」「吾非斯人之徒與而誰與？」孟子「仲尼之徒，」「其徒數十人，」「陳良之徒陳相，」「聖人之徒，」「非我徒也，」「予未得爲孔子徒，」「舜之徒，」「蹠之徒」。這些徒字，皆未有壞意。好壞不在徒字本身，而在乎配合的字，如「舜之徒」、「蹠之徒」是。

徒又訓役、訓使。如周禮天官太宰，「胥十有二人，徒百有二十人。」鄭康成注：「此民給繇役者，若今衛士矣。」賈公彥疏云：「胥有才智爲什長，徒給使役，故一胥十徒也。鄭云『若今衛士』者，衛士亦給繇役，故以漢法況之。」

又小牢掌百官府之徵令，辨其八職。八曰徒掌官令以徵令。注：「徵令，趨走給召呼。」疏云：「趨走給召呼者，其徒止爲在朝趨走，供給官人召呼徒役之事也。」

史記孫子傳：「孫臏以刑徒陰見説齊使。」范雎傳：「令兩黥徒夾而馬食之。」漢書衛青傳：「有一鉗徒相青。」這些徒字是指受刑的人，但徒字本身仍作徒衆解。刑徒是受刑之徒，黥徒是受黥之徒，鉗徒是帶鉗之徒。如果徒字上不配合刑字、黥字、鉗字，徒字本身仍無壞意。

史記始皇紀二十八年，「使刑徒三千人皆伐湘山樹。」三十五年，「隱宫徒刑者七十餘萬人乃作阿房宫，或作麗山。」徒刑二字始見於此。前此只有「刑徒」，未有「徒刑」，此所謂徒刑，謂已受宫刑，更使徒作，非如後世之徒刑。但自此以後，徒字遂作「刑徒」解，雖不配合刑字、黥字而單稱徒，亦指犯罪受刑之人了。

始皇紀三十七年九月，「葬始皇酈山。始皇初即位，穿治酈山。及並天下，天下徒送詣七十餘萬人。」這裏徒字即指刑徒。漢高紀：「高祖以亭長爲縣送徒驪山，徒多道亡。自度比至皆亡之，到豐西澤中止飲，夜乃解縱所送徒曰：公等皆去，吾亦從此逝矣。」這與穿治酈山同一回事，曰「解縱所送徒」，謂解其刑具。卷九一黥布傳：「及壯，坐法黥，已論輸麗山。麗山之徒數十萬人，布皆與其徒長豪傑交通。迺率其曹偶，亡之江中爲羣盜。」索隱曰：「曹，輩也；偶，類也。謂徒之輩類。」漢書卷五一賈山傳言：「秦始皇死葬驪山，吏徒數十萬人曠日十年。」注：「師古曰：吏以督領徒以役作也。」後漢書鍾離意傳：「意辟大司徒侯霸府，詔部送徒詣河内。時冬寒，徒病不能行。意遂於道解徒桎梏，恣所欲過。」解其桎梏與漢高的解縱所送徒同一意思。故這些徒字皆指刑徒，不能作徒衆解，亦不能單作徒役解。因徒役不一定係犯罪受刑之人，而此所謂徒，則皆係受刑之人，故曰解其桎梏。

兩漢書單稱徒的地方很多。如漢書景帝紀，中四年秋，「赦徒作陽陵者。」武帝紀，元封二年四月，「祠泰山，赦所過徒。」昭帝紀，元鳳元年，「武都氐人反，遣執金吾馬適建等將三輔太常徒免刑擊之。」宣帝紀，元康元年三月，「詔赦天下徒。」同樣條文凡六七見。神爵元年，「西羌反，發三輔中都官徒，弛刑詣金城。」五鳳元年夏，「赦徒作杜陵者。」元帝紀，初元四年三月，「赦汾陰徒。」永光元年正月，「赦雲陽徒。」成帝紀，建始二年正月，「赦奉郊縣長安長陵及中都官耐罪徒。」鳴嘉元年二月，赦初陵作徒。注：「師古曰：徒人之在陵作役者。」後漢書光武紀，建武五年五月，「詔見徒免爲庶人。」同樣條文並見建武七年正月條。

這些徒字皆指刑徒，故曰赦，曰免刑，曰弛刑，曰免爲庶人。如果只是徒役，不是犯刑，又何須赦，何須免刑？徒字至此時已專爲刑徒用了。漢人王充論衡四諱篇說「被刑謂之徒」，這個解釋的確是秦漢以來徒字的新解釋。從前徒字只作徒衆、徒役解，沒有作刑徒解的。

書經説命篇「説築傅巖之野」，孔疏引皇甫謐云：「高宗夢天賜賢人，胥靡之衣蒙之而來，云：『我徒也，姓傅名説。天下得我者豈徒也哉。』武丁悟而推之曰：『傅者，相也；説者，懽悦也。天下當有傅我而説民者。』明以夢視百官，百官皆非，乃使工寫其形象，求諸天下。果見築者胥靡，衣褐帶索，執役于虞虢之間，傅巖之野，名説。以其得之傅巖，名之曰説。」孔穎達案：「謐言初夢即云姓傅名説，又言得之傅巖，謂之傅説，其言自不相副。謐惟見此書，傅會爲近世之語，其言非實事也。」傅説殷朝人，皇甫謐晋朝人，孔穎達唐朝人。秦漢以前，徒字未有作刑徒解的，皇甫謐用秦漢以來徒字的解釋作爲殷朝人的話，這是不對的，故孔穎達説他「傅會爲近世之語，其言非實事。」

晋書刑法志，劉頌請復肉刑疏，説「今爲徒者，去家懸遠，作役山谷，志不聊生。苟慮不首死，則皆爲盜賊。又令徒富者輸財，解日歸家，乃無役之人也。貧者起爲奸盜，又不制之虜也。是以徒亡日屬，得輒加刑，日益一歲，此爲終身之徒也。古者用刑以止刑，今亡者髮過三寸，輒重髡之，此以刑生刑；加作一歲，此以徒生徒也。」被刑謂之徒，徒亡又加刑，循環不已，故曰以刑生刑，以徒生徒。但這裏仍是説刑徒，不是説徒刑。徒刑之名，實起於北周。

隋書刑法志載，周保定三年大律成，其制罪，一曰杖刑，二曰鞭刑，三曰徒刑，四曰流刑，五曰死刑。徒一年者鞭六十，笞十；徒二年者鞭七十，笞二十；徒三年者鞭八十，笞三十；徒四年者鞭九十，笞四十；徒五年者鞭一百，笞五十。這就是北周的徒刑，因罰其人充徒役，故名之曰徒刑。隋、唐、宋、遼、金、元、明、清以至國民黨的六法全書，皆沿用這個名稱。但徒刑年限，各代不同。或加鞭笞，或加杖，或須贖銅，或充軍，又各代不同。在今日看來，徒刑的內容，既不明確，徒刑的名稱，又不易了解。唐律疏義解釋徒字說：「徒者奴也，蓋奴辱之。」這種解釋，顯然有賤視勞動人民的意思，與我們今日勞動改造的精神正相反。我們既廢除國民黨反動的六法全書，但仍保留着一個「徒刑」名目。我們應實事求是，應勞役改造者就勞役改造，應剝奪自由者就剝奪自由，應監禁者就監禁，應拘留者就拘留，不應仍用「徒刑」的名稱，令人不明白不了解。

列寧論專政問題的歷史曾指出：「人民革命政權不承認任何其他的政權和法律。」「人民在革命過程中應創造自己的新法律。」故我們建議廢除「徒刑」的名目，代以我們實事求是的名詞。

〔作於二十世紀五十年代前期〕

陳垣全集之三十三

批注本

安徽大學出版社

中國歷史研究法批注

自序

中國歷史……既不可不讀而又不可讀，其必有若而人焉竭其心力以求善讀之，然後出其所讀者以供人之讀，是故新史之作，可謂我學界今日最迫切之要求也已。（頁一）

批注

改作。讀法如索引等。

客歲在天津南開大學任課外講演，一學期終，得中國歷史研究法一卷……吾治史所持之器，大略在是。吾發心殫三四年之力，用此方法以創造一新史。（頁三）

批注

志在作史，不志在爲史作索引，又不重在研究。

第一章　史之意義及其範圍

今欲成一適合於現代中國人所需要之中國史，其重要項目，例如：

世界他部分之文化民族——例如印度、歐洲等，其與我接觸交通之跡何如？其影響於我文化者何如？我文化之影響於彼者又何如？

各時代所受外國文化之影響何如？我文化之曾貢獻或將貢獻於世界者何如？（頁七至九）

批注

此兩條複。

第二章　過去之中國史學界

（袁）樞鈔通鑑，以事爲起訖；千六百餘年之書，約之爲二百三十有九事。（頁三一）

批注

前云千三百，此云千六百，誤。

（袁）樞所述僅局於政治，其於社會他部分之事項多付闕如。（頁三二）

批注

樞限於通鑑，咎不在樞。

第三章　史之改造

夫舊史既不可得遍讀，即遍讀之亦不能養吾欲而給吾求，則惟有相率於不讀而已。信

如是也，吾恐不及十年而中國史學將完全被驅出於學問圈外。(頁四三)

批注

久已十年。

古代之史是否以供人讀，蓋屬疑問。觀孔子欲得諸國史，求之甚艱。(頁四三)

批注

鈔寫印刷有關。

舊史中無論何體何家，總不離貴族性，其讀客皆限於少數特別階級——或官閥階級或智識階級。故其效果亦一如其所期助成國民性之畸形的發達。此二千年史家所不能逃罪也。此類之史，在前代或爲其所甚需要，非此無以保社會之結合均衡，而吾族或早已潰滅。(頁四四)

批注

此章言作史尤其是少數人之事。有此保族之功，則前文何所謂「罪」？「逃罪」易爲「辭咎」，何如？

歷史爲死人——古人而作耶？爲生人——今人或後人而作耶？……舊史學殊不爾爾，彼蓋什九爲死人作也。……最後榮辱，一繫於史。馴至帝者以此爲駕馭臣僚之一利器。（頁四五）

批注

前既曰「亂臣賊子懼」，又曰「資治」，則為生人乎死人乎？既曰「駕馭臣僚」，則其作用仍在生人。

中國古代，史外無學，舉凡人類智識之記録，無不叢納之於史。（頁四六）

批注

漢（書藝文）志并無史，此語何來？

今之舊史，實以年代記及人物傳之兩種原素糅合而成。然衡以嚴格的理論，則此兩種者實應別為兩小專科，曰「年代學」，曰「人譜學」——即「人名辭典學」，而皆可謂在史學範圍以外。（頁四七）

批注

年代學，言年代，不及事，本紀則志在叙事，與年代學絶不同。

今之史學，則既已獲有新領土，而此所謂新領土，實乃在舊領土上而行使新主權。例如天文……天文學爲一事，天文學史又爲一事。例如音樂，……音樂學爲一事，音樂史又爲一事。推諸百科，莫不皆然。（頁四七至四八）

批注

然此等史亦非專門史家所能辦，必須兼有本科學識方能辦。

舊史家惟不明此區別，故所記述往往侵入各專門科學之界限，對於該學，終亦語焉不

詳，而史文已繁重蕪雜而不可殫讀。（頁四八）

批注

從前科學不發達，僅賴有史以記載諸科學。使無史，則前文所謂天文、音樂等學，更無所附麗矣。

我國人無論治何種學問，皆含有主觀的作用……惟史亦然，從不肯爲歷史而治歷史，而必侈懸一更高更美之目的——如「明道」、「經世」等。……晉侯傳見周天子，此何等大變，因不願暴晉文公之惡，則書而變其文。諸如此類，徒以有「為親賢諱」之一主觀的目的，遂不惜顛倒事實以就之。（頁五〇）

批注

此是一緣故，不是一主觀目的。

又如春秋記杞伯姬事前後凡十餘條，以全部不滿萬七千字之書，安能爲一婦人分去爾許篇幅，則亦曰借以獎勵貞節而已。（頁五〇）

批注

此亦不能謂爲純主觀目的。譬如照相家，亦擇其所好一部份照之，不能全照各部也。

春秋而果爲史者，則豈惟如王安石所譏斷爛朝報，恐其穢乃不減魏收矣。（頁五〇）

批注

此何等語？

鄭樵之言曰：「……見莽、卓之所為，豈不知其凶逆？……」（頁五〇）

批注

莽、卓所爲是否凶逆，亦各有其主觀耳。

吾以爲今後作史者，宜於可能的範圍内，裁抑其主觀而忠實於客觀，以史為目的而不以爲手段，夫然後有信史，有信史然後有良史也。

批注

一二三四，青黄赤白，可純任客觀也。善惡美醜則不能不雜以主觀了。

第四章　説史料

證據散失之塗徑甚多……或由一新著作出而所據之舊資料遂爲所淹没，例如唐修晋書成而舊史十八家俱廢。（頁五八）

批注

黟縣湯球所輯舊晋書九家、晋紀七家、晋陽秋二家、漢晋春秋二家，共廿家。

斯學（按：指史學）所函範圍太廣，各人觀察點不同。（頁五八）

批注

即主觀。

不能謂近代便多史料，不能謂愈近代之史料即愈近真。（頁五八至五九）

批注

近代史研究愈難，非雜採各國對遠東之史料不能成中國史。宋、元等史亦然，宋之於遼、金，元之於波斯、土耳其、阿拉伯等。

距今約七十年前，美國人有彭加羅夫者，欲著一加里佛尼省志。竭畢生之力，傾其極富之家資，誓將一切有關係之史料蒐輯完備然後從事。……若以嚴格的史學論，則採集史料之法，必如此方爲合理。雖然，欲作一舊邦之史，安能以新造之加里佛尼省為比例？（頁五九至六〇）

批注

當時通鑑所搜史料，亦極繁富。

現存之實跡及口碑。（頁六〇至六一）

批注

現存實跡及口碑，亦多不可靠。如一事發生，各報記載不一，一比勘便知。所貴乎史識、史裁者此也。別擇史料真僞最難。如十七年十一月華威銀行已倒閉，而十二月華威兑現之廣告猶登。夏間已改北平，而各處之信紙信箋猶多用北京。

史學家之研究，貴概括的而橫通乎該物之外。……當其研究瓷器也，則思中古之中國人何以能獨擅窰窯而不能如南歐人之製玻璃。（頁六九）

批注

窰、窯一字。彼亦不能製磁。

舉凡以文字形諸記録者，蓋無一而不可於此中得史料也。（頁七八）

批注

文學中所用詞句，不盡足據。如短檠、簞食、臨池等等，皆不過表意而已，未必真用短檠而不用電燈也。又如汗牛，極言其多，不能證明今日猶用牛車載書也。

金石家每刺取某碑誌中述某人爵里年代及其他小事跡與史中本傳相出入者，詑爲瓌寶；殊不知此等薄物細故，在史傳中已嫌其贅；今更補苴罅漏，爲「點鬼簿」作「校勘記」，吾儕光陰，恐不應如是其賤。是故從石刻中求史料，吾認爲所得甚微。（頁八九）

批注

然較同仁堂、王麻子帳簿何如？毋乃人所輕者重之，人所重者輕之而已。

元至正八年刻於居庸關之佛經，書以蒙古、畏兀、女真、梵、漢五體。（頁八九）

批注

無女真，尚有西夏、藏，凡六體。

吾從石刻中搜史料……最喜爲大量的比較觀察，求得其總括的概象而推尋其所以然。試舉其例……河南之龍門造象千餘龕，魏齊物什而七八，隋刻僅三耳……此又何故？（頁九一）

批注

年代長短有關。

此種搜集史料方法，或疑其瑣碎無用，實乃不然。即如佛教石刻一項，吾統觀而概想之，則當時四五百年間社會迷信之狀況，能活現吾前；其迷信之地方的分野與時代的蜕變，亦大略可睹；舍此以外，欲從舊史中得如此明確之印象，蓋甚難也。（頁九一至九二）

批注

舊史紀、傳所言崇尚佛教之事不少，即當時人名亦多佛語為之。

若日本，則自文化系統上論，五十年前，尚純爲我附庸；其著述之能匡裨我者甚希也。故我國史跡，除我先民躬自記録外，未嘗有他族能爲我稍分其勞。（頁九七）

批注

此亦抑揚太過。日人著述有裨于吾史者甚多，如圓仁遊記等。又如高麗史之言元事，均于吾史界有益。

其歐人空前述作，則惟馬哥波羅一遊記，歐人治東學者至今寶之。次則拉施特之元史，所述皆蒙古人征服世界事，而於中國部分未之及，僅足供西北徼沿革興廢之參考而已。（頁九七）

批注

地學雜誌第十四年（民十二）第一、二期有張亮丞君文一编，是糾此篇之謬者。

第五章　史料之蒐集與鑑別

每遇一事項，吾認爲在史上成一問題有應研究之價值者，即從事於徹底精密的研究，搜集同類或相似之事項，綜析比較，非求得其真相不止……例如吾前文所舉（甲）項，其目的不過求出一斷案曰「春秋前半部落式之國家甚多」云爾。（頁一〇六）

批注

所謂先有文章後有題目。

可以下一假說曰：「戰國以前謄寫文書，不用縑紙之屬；兩漢始用而未盛行。」（頁一〇八）

批注

戰國未有紙。

吾儕讀歷代高僧傳，見所記隋唐以前諸僧之重要事業，大抵云譯某經某論若干卷，或云講某經某論若干卷，或云爲某經某論作注疏若干卷；宋以後諸僧傳中，此類記事絶不復見，但記其如何洞徹心源，如何機鋒警悟而已。因此可以下一斷案曰：「宋以後僧侶不講學問。」（頁一〇八）

批注

應譯之經，大約已盡，印度佛教亦衰微，中國僧侶多習禪，非不講學問也。

回教紀元二六四年，當景教紀元之八七七——八七八年。（頁一一二）

批注

「景教」二字不妥，應云「西曆」。

九世紀時，阿剌伯人所著中國見聞録，中一節云：「紀元二百六十四年，叛賊Punzo陷Confu，殺回、耶教徒及猶太、波斯人等十二萬……其後有五朝争立之亂，貿易中絶。」……其所謂後此「五朝争立之亂」者，即指五代也。

批注

阿布賽著書在西九一六年，即梁貞明二年，何能知有五朝争立之事？

明陳霆考出……宋太宗之崩以箭瘡發……據神宗諭滕章敏之言。（兩山墨談卷十四）（頁一一三）

批注

嘉業堂似有刻本。惜陰軒亦有。

宋神宗實録，有日録及朱墨本之兩種，因廷臣争黨見，各自任意竄改，致同記一事兩本或至相反。（看清蔡鳳翔著王荆公年譜卷廿四神宗實録考。）（頁一一三）

批注

此書燕大擬出版。

凡有當時當地當局之人所留下之史料，吾儕應認為第一等史料……如李秀成被俘時之供狀，此考證洪、楊内部情狀之第一等史料也。（頁一二二至一二三）

批注

本人無意中之記述較可信，有意之記述則有護過飾非之時，不必全是實録。

戰場上一尋常軍士所記，或不如作壁上觀之一有常識的新聞記者；奔走戰綫僅有常識之一新聞記者，其所記，或不如安坐室中參稽戰報之一專門史學家也。

批注

此爲未經整理之散史料，與已經整理之戰史，當然不同。

玄奘者，我國留學生宗匠而思想界一鉅子也；吾因欲研究其一生學業進步之跡，乃發心爲之作年譜。吾所憑藉之資料甚富，合計殆不下二十餘種，而其最重要者，一爲道宣之續高僧傳，二爲慧立之慈恩法師傳，二人皆奘之親受業弟子，爲其師作傳，正吾所謂第一等史料也。乃吾研究愈進，而愈感困難，兩傳中矛盾之點甚多，或甲誤，或乙誤，或甲乙俱誤。吾列舉若干問題，欲一一悉求其真，有略已解決者，有卒未能解決者。試舉吾所認爲略已解決之一事，借此以示吾研究之徑路——玄奘留學凡十七年，此既定之事實也；其歸國在貞觀十九年正月，此又既定之事實也。然則其初出遊果在何年乎？自兩傳以及其他有關係之資料，皆云貞觀三年八月，〔一〕咸無異辭。吾則因懷疑而研究，研究之結果，考定爲貞觀元年。吾曷爲忽對於三年說而起懷疑耶？三年至十九年，恰爲十七個年頭，本無甚可疑也；吾因讀慈恩傳〔二〕見奘在于闐所上表中有「貞觀三年出遊今已十七年」〔三〕等語；上表年月傳雖失載，然循按上下文，確知其在貞觀十八年春夏之交，吾忽覺此語有矛盾。此爲吾懷疑之出發點。〔四〕從貞觀十八年上遡，所謂十七年者，若作十七個年頭解，其出遊時可云在貞觀二年，若作滿十七年解，則應爲貞觀元年，〔五〕吾於是姑立元年二年之兩種假說以從事研究。吾乃將慈恩傳中所記行程及各地淹留歲月詳細調查，覺奘自初發長安以迄歸達于闐，最少亦須滿十六年有半之時日，〔六〕乃敷分配，吾於是漸棄其二年之假說而傾向於元年之假說。雖然現存數十種資料皆云三年，僅恃此區區之反證而臆改之，非學者態度所宜出也。然吾不忍棄吾之假說，吾仍努力前進。吾已知奘之出遊，爲冒禁越境；然冒禁何以能無阻？〔七〕吾查續高僧傳〔八〕本傳，見有「會貞觀三年，時遭霜儉，下勅道俗，隨豐四出」，數語，吾因此知之奘之出境，乃攙在饑民隊中，而其年之饑，實因霜災。吾乃亟查貞觀三年是否有霜災，取新、舊唐書太宗紀閱之，確無是事。〔九〕於是三年説已消極的得一有力之反證。再查元年，則新書云「八月河南隴右邊州霜」，又云「十月丁酉，以歲饑減膳」，舊書云「八月……關東及河南隴右沿邊諸州霜害秋稼」，又云「是歲關中饑，至有鬻男女者」，是元年確有饑荒，而成災又確由霜害，於是吾之元年説忽積極的得一極有力之正證矣。惟舊書於二年後有「八月河南河北大霜人饑」一語，新書則無有；不知爲舊書誤複耶？〔十〕抑兩年連遭霜災而新書於二年有闕文耶？如是則二年之假説，仍有存立之餘地。吾決意再覓證據以決此疑。吾乃研究奘途中所遇之人，其名之可考見者凡三，一曰涼州都督李大亮，二曰高昌王麴文泰，三曰西突厥可汗葉護。吾查大亮傳及高昌傳，見二人皆自元年至四年在其位，不成問題。〔十一〕及查西突厥傳，乃忽有意外之獲：兩書皆言葉護於貞觀初被其叔〔十二〕所弒，其叔僭立稱俟毗可汗，然皆未著其被弒在何年。〔十三〕惟新書云：「貞觀四年俟毗可汗來請昏，太宗詔曰，突厥方亂，何以昏爲」。〔十四〕是葉護被弒，最晚亦當在貞觀三年前。再按慈恩傳所紀奘行程，若果以貞觀三年八月發長安者，則當以四年五月初乃抵突厥，其時之可汗，已爲俟毗而非葉護矣。於是三年説之不能成立，又得一强有力之反證。吾猶不滿足，必欲得葉護被弒確年以爲快，吾查資治通鑑，得之矣！貞觀二年也！ 吾固知通鑑必有所本，然終以不得之於正史，未能躊躇滿志，吾發憤取新舊唐書諸蠻夷傳凡與突厥有關係之國遍繙之，卒乃在新書薛延陀傳得一條云：「值貞觀二年突厥葉護可汗見弑」，於是葉護弑年無問題矣。〔十五〕玄奘之行，既假霜災，則無論爲元年爲二年爲三年，皆以八月後首塗，蓋無可疑；然則非惟三年説不能成立，即二年説亦不能成立。何則？二年八月後首塗，必三年五月乃抵突厥，即已不及見葉護也。吾至是乃大樂，自覺吾之懷疑有效，吾之研究不虛，吾所立「玄奘貞觀元年首塗留學」之假説殆成鐵案矣！ 其有小小不可解者，則何以諸書皆同出一轍，竟無歧異？ 然此亦易解，諸書所採，同一藍本，藍本誤則悉隨之而誤矣。 再問藍本何故誤？ 則或因逆遡十七個年頭，偶未細思，致有此失；甚至或爲傳寫之譌，亦未可知也。 再問十八年玄奘自上之表文何以亦誤？ 則或後人據他書校改，亦在情理中耳。 吾爲此問題，凡費三日之力，其所得結果如此。——吾知讀者必生厭矣。 此本一極瑣末之問題，區區一事件三兩年之出入，非惟在全部歷史中無關宏旨，即在玄奘本傳中亦無關宏旨。 吾自治此，已不免玩物喪志之誚；乃復縷述千餘言以濫占本書之篇幅，吾不能不向讀者告罪。 雖然，吾著本篇之宗旨，凡務舉例以明義而已。 吾今詳述此一例，將告讀者以讀書曷爲而不可以盲從；雖以第一等史料如慧立、道宣之傳玄奘者，其誤謬猶且如是也；其勞吾儕以鑑別猶且如是也。 又將告讀者以治學當如何大無畏；雖以數十種書萬口同聲所持之説，苟不愜於吾心，不妨持異同，但能得有完證，則絶無憑藉之新説，固自可以成立也。吾又以爲善治學者，不應以問題之大小而起差别觀。〔十六〕一問題不問題有大小，研究一問題之精神無大小。學以求真而已，大固當真，小亦當真。一問題不入吾手則已，一入吾手必鄭重忠實以赴之。夫大小豈有絶對標準，小者輕輕放過，寖假而大者亦輕輕放過，則研究精神替矣。吾又以爲學者而誠欲以學餉人，則宜勿徒餉以自己研究所得之結果，而當兼餉以自己何以能研究得此結果之塗徑及其進行次第；〔十七〕夫然後所餉者乃爲有源之水而挹之不竭也。吾誠不敢自信爲善於研究，但本篇既以研究法命名，吾竊思宜擇一機會，將吾自己研究所歷之甘苦，委曲傳出，未嘗不可以爲學者之一助。吾故於此處選此一小問題可以用千餘言説明無遺者，詳述吾思路所從入與夫考證所取資以瀆讀者之清聽。吾研究此問題所得結果雖甚微末，然不得不謂爲甚良。〔十八〕其所用研究法純爲前清乾嘉諸老之嚴格的考證法，亦即近代科學家所應用之歸納研究法也。讀者舉一反三，則任研究若何大問題，其精神皆若是而已。吾此一段，乃與吾全書行文體例不相應；讀者恕我！吾今當循吾故軌，不更爲此喋喋矣。（頁一二五至一三〇）

批注

〔一〕于闐上表言三年四月。

〔二〕卷五。

〔三〕于闐上表時應説「十六年」。

〔四〕應懷疑在于闐發表時何以有十七載之説，不應懷疑三年之説。因聖教序均言十七載，必指其到長安以後，斷不計其到于闐時止也。則于闐表之十七年，殆後人誤據聖教序諸書而妄改，而未嘗計及其發於于闐也。要遍改諸書之三年，不如單改于闐表之十七年。本爲十六年，後人誤改之也。

〔五〕三年至十九年，爲十七年；三年至十八年，應爲十六年。

〔六〕十五年即積閏六個月。

〔七〕一阻於凉州，再阻於瓜州，三阻於第一烽，四阻於第四烽，何云無阻？傳稱爲李大亮逼還京，是有阻。

〔八〕卷四。

〔九〕新唐書卷卅六五行志，霜之條下，貞觀元年、三年均有霜殺稼事。云「貞觀元年秋霜殺稼」，「三年北邊霜殺稼」。

〔十〕貞觀初連年霜旱。

〔十一〕李大亮元年尚爲交州都督。

〔十二〕「叔」應作「伯父」。

〔十三〕舊書承上文明謂元年。

〔十四〕「突厥方亂」下原有「君臣未定」四字，「以」原作「遽」。據册府元龜，武德九年、貞觀元、二、三年均有西突厥朝貢，四、五、六年獨無。然武德九年聲明葉護，貞觀元、二、三年均只言西突厥而已。元年十一月、二年四月當爲俟毗可汗與肆葉護可汗請婚時也。「君臣未定」云者，即俟毗與肆葉護分國而立也。新書二一五下突厥傳，統葉護被殺，其子肆葉護與俟毗分王其國。

〔十五〕新書二一七薛延陀傳只云貞觀二年「葉護死，其國亂」而已。册府元龜九七四，貞觀元年西突厥統葉護爲伯父所殺。舊書一九四下亦謂元年事。通鑑一九三繫其事於二年末，復繫肆葉護之統一西突厥於四年末，是統葉護之被殺在元年，而肆葉護與俟毗之分國在二、三年，肆葉護之統一西突厥在四年以後也。

〔十六〕與八十九頁説史料章矛盾。

〔十七〕公開祕密。

〔十八〕得意之極。

試檢明清兩朝之禁燬書目，什有九皆史部也。（頁一三〇）

批注

集部不少。

鑑别間接史料，其第一步自當仍以年代爲標準，年代愈早者，則其可信據之程度愈强……是故彼諸書與史記有異同者，吾儕宜引史記以駁正諸書。（頁一三二至一三二）

批注

然則在後出土者又何如？

吾儕寧信任五百年後魏源或柯劭忞之新元史，而不信任宋濂等之舊元史。何則？吾儕所認爲元代重要史料如元祕史、親征録……等書，魏、柯輩得見，而明初史館諸人不得見也。（頁一三二）

批注

此語又錯，太輕率了。

又當察其人史德何如，……所謂史德者：著者品格劣下，則其所記載者宜格外慎察。（頁一三三）

批注

史德無標準。

假如劉知幾自著一史，必非李延壽、令狐德棻輩所能及。（頁一三三）

批注

奈知幾不著書何？

元人修宋史，清人修明史，同爲在異族之朝編前代之史，然以萬斯同史稿作藍本所成之明史，決非脱脱輩監修之宋史所能及也。（頁一三三）

批注

明、宋何分？

今本尚書有胤征一篇，載有夏仲康時日食事；近數十年來，成爲歐洲學界一問題。異說紛爭，殆將十數……殊不知胤征篇純屬東晉晚出之僞古文，經清儒閻若璩、惠棟輩考證，久成定讞……歐人不知此樁公案，至今猶刺刺論難，由吾儕觀之，可笑亦可憐也。（頁一三五）

批注

誰可憐誰？

吾儕宜拈出若干條鑑別僞書之公例，作自己研究標準焉。……

六、其書題某人撰，而書中所載事跡在本人後者，則其書或全僞或一部分僞。例如越絕書，隋志始著録，題子貢撰；然其書既未見漢志，且書中敍及漢以後建置沿革；〔一〕故知其書不惟非子貢撰，且並非漢時所有也……

八、書中所言確與事實相反者，則其書必僞。例如今道藏中有劉向撰列仙傳，其書隋志已著録……其自序云：「七十四人已見佛經」，佛經至後漢桓、靈時始有譯本，下距劉向之没，將二百年，向何從知有佛經耶？〔二〕即據此一語，而全書之僞，已無遁形。……

十、各時代之文體，蓋有天然界畫，多讀書者自能知之。故後人僞作之書，有……一望文體即能斷其僞者。例如東晉晚出古文尚書，比諸今文之周誥殷盤，截然殊體。故知其決非三代以上之文〔三〕……〔四〕（頁一三六至一四〇）

批注

〔一〕後人批注，鈔時一併鈔入。

〔二〕然或有人據此謂向時已有佛經。

〔三〕須知秦漢至今二千餘年，虞夏商周亦二千餘年。

〔四〕以上十二例，除七、八兩條外，皆秦漢前例。

次當論鑑別僞事之方法。僞事與僞書異，僞書中有真事，真書中有僞事也。事之僞者與誤者又異，誤者無意失誤，僞者有意虛構也。今請舉僞事之種類：

一、其史跡本爲作僞的性質，史家明知其僞而因仍以書之者。如漢魏六朝篡禪之際種種作態，〔一〕即其例也。史家記載，或仍其僞相，如陳壽；或揭其真相，如范曄。試列數則資比較：〔二〕……

二、有虛構僞事而自著書以實之者。……隋末有妄人曰王通者，自比孔子，而將一時將相若賀若弼、李密、房玄齡、魏徵、李勣等皆攀認爲其門弟子，乃自作或假手於其弟子以作所謂文中子者，歷叙通與諸人問答語，一若實有其事。此種病狂之人，妖誣之書，實人類所罕見〔三〕……

六、……人類非機械，故史跡從未有用「印板文字」的方式閲時而再現者。而中國著述家所記史跡，往往不然。例如堯有丹朱，舜必有商均……此類乃如駢體文之對偶，枝枝相對，葉葉相當。〔四〕天下安有此情理？……

七、有純屬文學的著述，其所述史跡，純爲寓言；彼固未嘗自謂所説者爲真事跡也，而愚者刻舟求劍，乃無端惹起史跡之糾紛。……清黄宗羲與葉方靄書，固嘗言「首陽二老託孤於尚父，乃得三年食薇，顔色不壞」，吾儕其亦將信之也？〔五〕……（頁一四四至一五〇）

批注

〔一〕僞不在史，而在事實。既有此僞事實，史例得載之。

〔二〕廿二史劄記言之甚詳。

〔三〕太過。文中子雖僞，究是唐人書。又文中子既爲僞書，則王通非妄，謂王通爲妄，則文中子非僞。

〔四〕類書有古事比、諸史異同。

〔五〕文士用語，如日尋干戈，驅車而往，長安不易居等，皆非史實。

吾儕辨證僞事應採之態度，亦略可得言焉：

第一：辨證宜勿支離於問題以外。例如孟子……萬章續問曰：「然則舜有天下也孰與之？」孟子既主張天下非堯所與，則應別指出與舜之人，抑係舜自取。乃孟子答曰「天與之」。宇宙間是否有天，天是否能以事物與人，非惟萬章無徵，即孟子亦無徵也。〔一〕兩造間無徵，則辯論無所施矣……

第二：正誤與辯僞，皆貴舉反證……反證以出於本身者最强有力，所謂以矛陷盾也。例如漢書藝文志云：「武帝末，魯共王壞孔子宅得古文尚書。……孔安國獻之，遭巫蠱事，未列於學官。」吾儕即從漢書本文，可以證此事之僞〔二〕……

第三：僞事之反證，以能得「直接史料」爲最上……如唐書玄奘傳稱奘卒年五十七，〔三〕玄奘塔銘則云六十九，此兩説孰可信耶？吾儕亦得最有力之證據，則奘嘗於顯慶二年九月二十日上表，中有「六十之年颯焉已至」一語，〔四〕則奘壽必在六十外既無疑。而顯慶二年下距奘卒時之麟德元年尚九年，〔五〕又足爲塔銘不誤之正證也。又如魏略云：「劉備在小沛生子禪，後因曹公來伐出奔。禪時年數歲，隨人入漢中，有劉括者養以爲子。」

欲證此事之僞〔六〕……

第四……雖然，吾儕所見之史料，不能事事皆如此完備。例如孟子中，萬章問孔子在衛是否主癰疽，孟子答以「於衛主顏讐由。」此次答辯，極合論理，正吾所謂舉反證之說也。〔七〕……

第五：時代錯迕則事必僞，此反證之最有力者也。例如商君書徠民篇有「自魏襄以來」語，有「長平之勝」語，〔八〕魏襄死在商君死後四十二年，長平戰役在商君死後七十八年，今謂商君能語及此二事，不問而知其僞也……例如尚書堯典「帝曰皋陶，蠻夷猾夏」，此語蓋甚可詫。夏爲大禹有天下之號，因禹威德之盛，而中國民族始得「諸夏」之名，〔九〕帝舜時安從有此語？……

第七：有不能得「事證」而可以「物證」或「理證」明其僞者，吾名之曰推度的推論法。例如舊説有明建文帝遜國出亡之事，萬斯同斥其僞，謂「紫禁城無水關，無可出之理。」此所謂物證也〔十〕……（頁一五〇至一五八）

批注

〔一〕孟子此等辯論是史論，非史實。孟子故未言是事實也。

〔二〕只可謂藝文志錯誤。錯誤與僞性質不同。
〔三〕舊唐書原文爲五十六。
〔四〕據六十九歲推算，顯慶二年應年六十二，何謂「已至」？
〔五〕應爲七年。
〔六〕又以錯誤爲僞。
〔七〕「於衞主顔讐由」，亦未舉出典據。其下所論亦理論，非史實。
〔八〕此種多爲後人參雜語。
〔九〕「夏」字之由來是否如此單簡？
〔十〕紫禁城有水關，在西北角入，東南角出。

近百年來歐美史學之進步，則彼輩能用科學的方法以審查史料，實其發軔也。而吾國宋明以降學術之日流於誕渺，〔一〕皆由其思想與批評，非根據於實事，故言愈辯而誤學者亦愈甚也。（頁一五九）

批注

此何等語？

第六章　史跡之論次

魏書西域傳粟特條下云：「先是匈奴殺其王而有其國，至王忽世已三世矣。」（頁一六六）

批注

「已」原作「已」，「已」字當屬下句。

〔中國歷史研究法，梁啓超著，一九二二年商務印書館初版印行。援庵一九二二至二八年批注，參援庵書內學院新校慈恩傳後。〕

西遊録批注

卷首批語

西遊録全篇作答客問，仿東方朔答客難。

湛然自稱：居士：一、三、四；予：一、四、五、六、七、八；余：四；僕：五、六、八、十。

湛然稱客：子：八。

客稱湛然：居士：一；子：四、六、七；君：四、六、七、十、十一、十二。

客自稱：僕：四；我：四；予：六、七、八、十。

客與湛然稱長春：丘公：四；丘：八、九。

長春稱湛然：湛然：六。

録凡十六問答，四千九百餘字，分兩部份，一部份紀行，二部份排丘。前二問紀行，後十四問排丘。

庶齋老學叢談專採其紀行部份。至元辯僞録則專取其排丘部份。老學叢談引用八百餘字，辯僞録引用千餘字。

一，上一〇九，下二三六。二，上二五二，下二四五。三，上二五二，下二三〇。四，上二四一，下二三二。五，上七一，下二三五。六，上二三二，下一九九。七，上一七三，下二三五。八，上二一二，下一八六。九，上二五二，下二五二。十，上二二九，下二五二。十一，上二三一，下二四〇。十二，上一六〇。共四九五六字。

神田信暢序

宮内省圖書寮所藏鈔本耶律文正西遊録一册，爲古賀氏獻書之一。相其筆跡，殆古賀侗庵所手録。末有文政甲申〔一〕鄧林跋，蓋侗庵從鄧林本迻鈔也。鄧林未知何人，云得此書於慧日祖塔，命鈔手録副。按慧日祖塔即斥洛東東福寺普門院，開祖爲聖一國師。國師以四條天皇嘉禎二年入宋，時當蒙古太宗七年，〔二〕則國師於耶律文正實爲並世。〔三〕當時所賫歸有西遊録、文和二年，〔四〕普門院僧大道編其藏書目中有西遊録。據上村閒堂所言，普門院藏書多係聖一國師將來，則西遊録亦爲其所賫歸，確可信據。鄧林所見，當即其本。明治已後，普門之藏，散落殆盡，西遊録亦已不可縱跡，惟有此圖書寮本猶存面目，可謂至幸已。此本尾有「燕京中書侍郎宅刊行」一行，王徵君靜安因謂文正此書作于己丑，即太宗元年。其拜中書令在太宗三年，則當刊於其後年。但所記官銜不與實符，蓋當時宰相專主蒙古名，其漢名則隨意呼之而已。然序中有將刊行之之語，又疑刊于己丑。或其年文正爲宰相之副，黑韃事略載宰相四人，首按只䚟，次文正。三年文正以賦税功升首相，故親征録執事之人各執名位兀都撒罕中書令云云。蓋是年始定宰相名位，非是年並置之。徵君此説極精，但據序中之語，則刊于己丑，猶可信矣。此書自來藏書家皆未箸録，迄于近世，海内外學者好治遼金元三史，兼講西北地理，其徵求史料，窮搜博討，不遺餘力。順德李若農摭拾此書崖略於盛如梓庶齋老學叢談，創爲之注。俄人卜咧惕施乃迻兒亦譯成英文，由是此書始重於世。而至其足本，竟未之睹聞也。大正己未，〔五〕余在大學，桑原博士課以卜氏譯本。當時始讀文正湛然居士集，頗怪其所載西遊録序，於孔、老、釋氏三教之辨，詳哉其言之，而今本西遊録莫一及焉。又檢至元辨疑録，〔六〕亦引西遊録數條，其文掊擊丘長春，頗極醜詆，而今皆不存，豈盛氏勇於芟夷，遂致如此，抑其所見自屬别本，疑不能決。去春奉命校書祕閣，始得此本於金匱，宿昔疑藴，頓得冰釋，喜不自禁。别録一本，報諸王徵君。徵君時致力于西北地理之學，詑爲天下孤本，勸余刊行，且書所見見眎。余亦不忍獨祕諸篋衍，即損俸排印，以永流傳。嗚呼！此書沈薶不顯數百年，而得余而再傳，豈亦有數存乎其間與？昭和二年〔七〕五月，平安神田信暢。

批注

〔一〕道光四年。

〔二〕應爲太宗八年。

〔三〕雖並世，然至宋，非入蒙古。

〔四〕至正十三年。

〔五〕大正八年，一九一九。

〔六〕「疑」應作「僞」。

〔七〕一九二七。

西遊録序

古君子南逾大嶺，西出陽關，雖壯夫志士，不無銷黯。予奉詔西行數萬里，確乎不動心者，無他術焉，蓋汪洋法海涵養之効也。故述辨邪論以斥糠孽，少答佛恩。戊子〔一〕馳傳來京，里人問異域事，慮煩應對，遂著西遊録以見予志。其間頗涉三聖人教正邪之辨。有譏予之好辨者，予應之曰：魯語有云：「必也正名乎！」又云「思無邪」，是正邪之辨不可廢也。夫楊朱、墨翟、田駢、許行之術，孔氏之邪也。西域九十六種，此方毗盧、糠、瓢、白蓮、香會之徒，釋氏之邪也。全真、大道、混元、太一，主張左道之術，老氏之邪也。至於黄白金丹，導引服餌之屬，是皆方技之異端，亦非伯陽之正道。疇昔禁斷，明著常典。第以國家創業，崇尚寬仁，是致僞妄滋彰，未及辨正耳。古者嬴秦燔經坑儒，唐之韓氏排斥釋老，辨之邪也。孟子闢楊、墨，予之黜糠、丘，辨之正也。予將刊行之，雖三聖人復生，必不易此説矣。己丑〔二〕元日，湛然居士漆水移刺楚才晋卿叙。

批注

〔一〕一二二八。

〔二〕一二二九。

西遊録

湛然居士　從源著

戊寅〔一〕之春，三月既望，詔徵湛然居士扈從西遊。迨天兵旋旆，丁亥〔二〕之冬，奉詔搜索經籍，馳驛來燕。既已拂更，有客惠然而來，率爾而問曰：〔三〕「居士之西遊也，不知其幾千里邪？西遊之事，可得聞乎？」居士曰：〔四〕「予始發永安，過居庸，歷武川，出雲中之右，抵天山之北，涉大磧，逾沙漠，未浹十旬，已達行在。山川相繆，鬱乎蒼蒼，車張如雲，將士如雨，馬牛被野，兵甲赫天，煙火相望，連營萬里，千古之盛，未嘗有也。越明年，天兵大舉西伐，道過金山。時方盛夏，山峰飛雪，積冰千尺許。上命斲冰爲道以度師。金山之泉，無慮千百，松檜參天，花草彌谷。從山巔望之，羣峰競秀，亂壑争流，真雄觀也。自金山而西，水皆西流，入於西海。噫！天之限東西者乎。金山之南隅，有回鶻城，名曰别石把。有唐碑，所謂瀚海軍者也。瀚海去城西北數百里，海中有嶼，嶼上皆禽鳥所落羽毛也。城之西二百餘里，有輪臺縣，唐碑在焉。城之南五百里有和州，唐之高昌也，亦名伊州。高昌之西三四千里，有五端城，即唐之于闐國也。出烏白玉之二河在焉。既過瀚海軍千餘里，有不剌城，附庸之邑三五。不剌之南有陰山，東西千里，南北二百里。其山之頂有圓池，周圍七八十里許。既過圓池，南下皆林檎木，樹陰蓊翳，不露日色。既出陰山，有阿里馬城，西人目林檎曰阿里馬，附郭皆林檎園囿，由此名焉。附庸城邑八九，多蒲桃梨果，播種五穀，一如中原。又西有大河，曰亦列。河之西有城，曰虎司窩魯朶，即西遼之都也。附庸城邑數十。又西數百里有塔剌思城。又西南四百餘里，有苦盞城、八普城、可傘城、芭欖城。苦盞多石榴，其大如拱，甘而差酸。凡三五枚，絞汁得盂許，渴中之尤物也。芭欖城邊皆芭欖園，故以名焉。芭欖花如杏而微淡，葉如桃而差小，每冬季而華，夏盛而實。狀類匾桃，肉不堪食，唯取其核。八普城西瓜大者五十斤許，長者僅負二枚，其味甘涼可愛。又苦盞之西北五百里，有訛打剌城，附庸城十數。此城渠酋嘗殺大朝使命數人，賈人百數，盡有其財貨。西伐之意，始由此耳。訛打剌之西千里餘，有大城曰尋思干。尋思干者，西人云肥也，以地土肥饒故名之。西遼名是城曰河中府，以瀕河故也。尋思干甚富庶，用金銅錢，無孔郭，百物皆以權平之。環郭數十里，皆園林也。家必有園，園必成趣，率飛渠走泉，方池圓沼，柏柳相接，桃李連延，亦一時之勝槩也。瓜大者如馬首許，長可以容狐。八穀中無黍、糯、大豆，餘皆有之。盛夏無雨，引河以激，率二畝收鍾許。釀以蒲桃，味如中山九醖。頗有桑，鮮能蠶者，故絲璽絶難絲，皆服屈眴。土人以白衣爲吉色，以青衣爲喪服，故皆衣白。尋思干之西六七百里有蒲華城，土産更饒，城邑稍多。尋思干乃謀速魯蠻種落，梭里檀所都者也。蒲華、苦盞、訛打剌城皆隸焉。蒲華之西有大河，名曰阿謀，深廣稍劣黄河，西入於大海。是河之西有五哩犍城，梭里檀之母后所居者也，富庶又盛於蒲華。又西瀕大河，有斑城者，頗富盛。又西有摶城者，亦壯麗。城中多漆器，皆長安題識。自此而西，直抵黑色印度城。其國人亦有文字，與佛國字體聲音不同。國中佛像甚多。國人不屠牛羊，但飲其乳。風俗，夫先亡者其室家同荼毗之。詢詰佛國，反指東南隅，校之以理，此國非正北印度，乃印度北鄙之邊民也。土人不識雪，歲二穫麥。盛夏置錫器於沙中，尋即鎔鑠。馬糞墮地，爲之沸溢。月光射人，如中原之夏日，遇夜人輒避暑於月之陰。此國之南有大河，闊如黄河，冷於冰雪，湍流猛峻。從此微西而來，注於正南，稍東而去。以意測之，必注入南海也。又土多甘蔗，廣如禾黍。土人絞取其液，釀之爲酒，熬之成糖。黑色印度之西北，有可弗叉國。數千里皆平川，無復丘垤，吁可怪也。不立城邑，民多羊馬，以蜜爲釀，味與中原不殊。此國晝長夜促，羊胛適熟，日已復出矣。正符唐史所載骨利幹國事，但國名不同耳，豈非歲遠時久，語音訛舛邪。尋思干去中原幾二萬里，印度國去尋思干又等，可弗叉國去印度國亦等，雖縈迂曲折，不爲不遠矣，不知其幾萬里也。歲在涒灘，〔五〕天兵振旅，以西夏失信背盟。丙戌〔六〕之春二月，六師迭進，一鼓而下之。獨夫〔七〕就戮，萬姓懷安。沙州、瓜州，漢所置也，肅州即鄯善也，〔八〕甘州即張掖也，靈州即靈武也。噫！天涯海角，人所不到，亦一段奇事。予之西遊也，所見大略如此。」

答曰：〔九〕「子之西遊之事，已聞命矣。僕聞之，居移氣，養移體，故古人有登泰山、觀滄海，以自大其志者；亦有怯夫懦士，涉險難、罹憂患，而自沮其志者。今子西行數萬里，昇金山，瞰瀚海，逾崑崙，窮西極，豈無有自大其志者歟？從軍旅，涉沙磧，行役所困，暴露所苦，豈無有自沮其志者歟？二者必有一於是，子請言之。」居士曰：〔十〕「大丈夫立志已決，若山嶽之不可移也，安能隨時而俯仰，觸物而低昂哉！予之志自大自沮者不知也。」〔十一〕

客曰：〔十二〕「僕與君定友，積有年矣，知僕者莫如君，知子者莫如我。君幼而學儒，晚而喜佛，〔十三〕常謂以吾夫子之道治天下，以吾佛之教治一心，〔十四〕天下之能事畢矣。盟猶在耳，皎如星日。昔丘公之北行也，子贊成之，獨吾夫子之教，吾佛之道，置而不問，子豈非自沮其志乎？」居士曰：〔十五〕「余以爲國朝開創之際，庶政方殷，而又用兵西域，未暇修文崇善。三聖人教皆有益於世者，嘗讀道德二篇，深有起予之嘆，欲致吾君高蹈羲皇之跡，此所以贊成之意也。亦將使爲儒佛之先容耳，非志沮而忘本也。」

客曰：〔十六〕「丘公進見之所由然，可得聞歟？」居士曰：〔十七〕「昔劉姓而温名者，〔十八〕以醫術進。渠謂丘公行年三百，有保養長生之祕術，乃奏舉之。詔下徵至德興，丘公上表云：形容枯槁，切恐中途不達，願且於德興盤桓。〔十九〕表既上，朝廷以丘公憚於北行，命僕草詔，温言答之，欲其速致也。〔二十〕既至行在，丘公數拜致敬，然後入見。奉詔且令尋思干城居，此丘公進見之所由也。」

客曰：〔二一〕「君與丘公相待之事，可得聞歟？」居士曰：〔二二〕「丘公之達西域也，僕以賓主禮待之。居無幾，丘公從容謂予曰：久聞湛然遵崇釋教，〔二三〕夫釋道二教，素相攻嫉，政恐湛然不相契合，豈意厚待如此，真通方之士也。僕應之曰：三聖人教行於中國，歲遠日深矣。其教門施設，尊卑之分，漢唐以來，固有定論，豈待庸人俗士，强爲其高下乎。厥後彼之門人，有諷予奉道名於丘公者，僕應之曰：予幼而習儒，老而奉釋，〔二四〕安有降於喬木入於幽谷者乎？其議遂寢。予久去燕然，知音者鮮，特與丘公聯句和詩，〔二五〕焚香煮茗，春遊邃圃，夜話寒齋，此其常也。爾後時復書簡往來者，人不能無情也。待以禮貌者，人而無禮，非所宜爲也。」

客曰：〔二六〕「丘公進奏談道之語，可得聞歟？」居士曰：〔二七〕「壬午之冬十月，上召丘公以問長生之道。〔二八〕所對皆平平之語，言及精神氣之事，又舉林靈素夢中挈宋徽宗遊神霄宮等語，此丘公傳道之極致也。」

客曰：〔二九〕「丘公與子遊者久，亦有異聞乎？」居士曰：〔三〇〕「丘公嘗舉渠師王害風〔三一〕出神入夢爲畢竟事。又舉渠之法兄馬公常云屢蒙聖賢提將真性，遨遊異域。又云禪家惡夢境，豈知福力薄劣者好夢不能致也。此爲彼宗之深談也，識者聞之，未嘗不絕倒也。」

客曰：〔三二〕「予嘗讀磻溪集序有云，丘公日記數千言，〔三三〕果有是事不？」居士曰：〔三四〕「彼之强記，予不知也。嘗假宋播芳文粹〔三五〕於予，一日謂僕曰，有一二語欲與湛然商攉。夫古人之文章，愈深則人愈難知耳。播芳中黄魯直所著觀音贊有云：『通身是眼，不見自己，欲識自己，頻掣驢耳。』〔三六〕此何等語邪？予默而不答。予私謂人曰：山語脱白衲，僧已知落處。〔三七〕渠未窺祖道之藩籬，況其堂奥乎？予自此面待而心輕之。」

客曰：〔三八〕「君與丘公亦有所許可乎？」居士曰：〔三九〕「論談之初，酬詠之際，稍嘗面許。交遊既深，窮其底藴，予不許丘公之事，凡有十焉。初進見，詔詢其甲子，僞云不知。安有明哲之士，不知甲子者乎？此其一也。對上以徽宗夢遊神霄之事，此其二也。自謂出神入夢，爲彼宗之極理，此其三也。又云聖賢提真性遨遊異域，自愛夢境，此其四也。不識魯直贊意，此其五也。西窮昧谷，梵僧或修善之士，皆免賦役，丘公之燕，獨請蠲道人差役，言不及僧。上雖許免役，仍令詔出之後，不得再度，渠輒違詔廣度徒衆，此其六也。又進表乞符印，自出師號，私給觀額，古昔未有之事，輒欲施行，此其七也。又道徒以馳驛故，告給牌符。王道人者，騶從數十人，懸牌馳騁於諸州，欲通管僧尼。〔四〇〕丘公又欲追攝海山玄老，妄加毀坼，此其八也。又天城〔四一〕毀夫子廟爲道觀，及毀坼佛像，奪種田圃，改寺院爲庵觀者甚多。以景州〔四二〕毀像奪寺之事，致書於從樂居士，潤過飾非，天地所不容，此其九也。又順世之際，據厠而終，其徒飾辭，以爲祈福，此其十也。」

客曰：〔四三〕「予聞諸行路之人有議子者，以爲匿怨而友其人，孔子耻之，君胡爲面許而心非也？君子成人之美，不成人之惡，何先贊而後嫉也？君子之於友也，當死生待之如一，何譽之於生前，毀之於死後也？子亦有所説乎？」居士曰：〔四四〕「予與丘公，友其身也，不友其心也。許其詩也，非許其理也。奏對之際，難見瑕玼，以彼我之教異，若攻之則成是非，故心非而竊笑之。丘公初謂三聖教同，安有分別。自云『軍國之事，非己所能，道德之心，令人戒欲。』〔四五〕三聖人教弛而復張，固僕之願也，予聞此安得不贊之乎？邇後食言偏黨，毀像奪田，改寺爲觀，改宣聖廟爲道庵，有擯斥二教之志，雖曰君子掩惡揚善，此非予所能掩也。予見此安得不嫉之乎？彼欲以道德匡時救世，予親聞之，渠猶未死，安得不譽之於生前乎？間闊以來，爲兹不軌數事，常欲面折其非，職守所拘，不獲一見。今被命而來，渠已棄世，安得不毀之於死後乎？」

客曰：〔四六〕「予聞諸行路之人云：丘公惜罪福者也。蠲免道人苦役，本非丘公意，乃其徒所爲耳。」居士曰：〔四七〕「昔徙河中〔四八〕之豪民子弟四百餘人，屯田於塔剌思城，奉朝命委予權統之。予既還行在，聞之於輿人云，丘公將行，朝辭畢，遣人奏告云：『但修善出家人，乞免差役。』時典誥命者他適，令道人自填詔旨，遂止書道士免役之語。〔四九〕當時咸謂既云修善出家人，僧道舉在是矣，後數年方知止書道人，不及僧也。〔五〇〕由是衆皆議丘之不公也。今子所聞之語，必出自黨於丘公者，以此爲之辭耳。若果惜罪福，不欲免道人役，當日胡不封還詔旨。若然，則愈爲光矣。此飾非之語耳，何足信邪。」

客曰：〔五一〕「予聞諸行路之人云，其剽奪寺院、毁撤佛像之事，皆左右蒙蔽所致，丘公實不知也。」居士曰：〔五二〕「若丘公果不知此事，予聞丘公之歸也，嘗宿於天城之文成觀。〔五三〕縣學碑石猶在，何爲不責改觀之道人也？又去歲致手書於從樂居士云：『近有景州佛寺，村民施與道士居止，今已建立道像。舊僧構會有司，欲爲改正，今後再有似此事，請爲約束。』〔五四〕予見收此書，會將勒石，永垂後世，庶使明眼人鑑其是非耳。」

客曰：〔五五〕「予聞諸行路之人云，其乞牌符事，亦非丘意。」居士曰：〔五六〕「若果非丘意，王道人〔五七〕既歸，宜將牌符封還。若果爲馳驛事而請，遇遣使時即當懸帶。傳聞王道人懸牌躍馬，騶從數十人，橫行諸州中，〔五八〕又安知非丘之意乎？」

客曰：〔五九〕「予聞諸行路之人云，今之出家人，率多避役苟食者。〔六〇〕若削髮則難於歸俗，故爲僧者少，入道者多。兵火以來，精舍寺場，率爲摧壞，若道士不居占，亦爲勢家所有，或撤毁以爲薪，又何益焉？」居士曰：〔六一〕「聰明特達之士，必不爲此。脱有爲此者，必愚人鄙士耳，又何怪焉。既號出家士，反爲小人之事，改寺毁像，所以君子責備賢者也。此曹始居無像之院，後毁有像之寺。初奪山林之精舍，豈無冀覦城郭之伽藍乎？從遠至近，從少至多，深存奄有之志，亦所圖不淺矣。設有故墳宿塚，人愛其山崗之雄麗，林麓之秀茂，乃曰此塚我不發，則後亦有人發，我將出其骸骨，棄諸溝壑，而瘞我之父母焉。較之於人情，以謂如何耳。古人美六月衣羊裘而不拾遺金者，既爲道人，忍作豪奪之事乎？此曹首以修葺寺舍、救護聖像爲辭，居既久，漸毁尊像，尋改額名，有磨滅佛教之意。其修護寺舍，爲不廢其名，不毁其像，真謂舉墜修廢也。若或革名改像，所以興之者，所以廢之乎？果欲弘揚本教，固當選地結緣，創建宫觀，不爲道門之光乎？大丈夫竊人之宇舍，毁人之祖宗，以爲己能，何異鼠竊狗盜邪？所謂因人成事者也，豈不羞哉！兵火之事，代代有之。自漢歷唐，降及遼宋，代謝之際，干戈繼作，未嘗有改寺爲觀之事。渠蔑視朝廷，而敢爲此乎。昔林靈素託神怪詐力，見用於宋，可謂元惡大憝矣，尚未敢革寺名爲觀名，改佛像爲道像。今則此曹所爲，過林靈素遠矣，豈非神明震怒而促丘之壽乎？」

客曰：〔六二〕「予聞之，多易者必多難。又聞之，君子作事謀始。君之擇交，何其易也，君之作事，何謀始之不慎也？今則此曹毀撤廟貌，改建精藍，白衣之會，殆遍天下，皆君啓之也，禦之不亦難乎？無乃爲害於終乎？」居士曰：〔六三〕「吾過矣！吾過矣！雖然，僕聞之，夫物速成則疾亡，晚就則善終。昔佛教西來，迄今二千餘載，歷代奉行，罔不致敬，高僧奇士，比比而出焉，爲國師者，不可勝數。近世圓通和尚，爲三朝國師，皆未嘗有改道觀爲佛寺者。是以佛祖之道，根深蒂固，確乎其不可拔也。若釋得志以奪道觀，道得權而毀佛寺，則鬬競之風，無日而息矣。今此曹攘人之居，毀佛之像，遊手之人，歸者如市，不分臧否，一槩收之，觀不攻而自敗耳。夫林泉之士，不與物競。人且不容，況自專符印，抑有司之權，奪有司之民，豈能見容於世乎？僕又聞之，好勝者必遇其敵。三聖人之教，鼎峙於世，不相淩奪，各安攸居，斯可矣。今奪寺毀像，佛之子孫，養拙守愚，懦於鬬爭者固有之矣，脱有豪邁者，不惜身命，護持佛法，或固争之於有司，或堅請之乎於朝廷，〔六四〕稽古考例，其罪無所逃矣。夫三尺法，皆殷周之淳政，漢魏之徽猷，隋唐之舊書，遼宋之遺典，非一代之法也，寔萬代之法也。時君世主，皆則而用之，猶大匠之規矩然，莫或可廢也。雜律有毀像之嚴刑，勅條載禁邪之明誡，夫豈待公子之喋喋也。」〔六五〕

語未已，客勃然而怒曰：〔六六〕「且曲突徙薪，與燋頭爛額者孰愈？弗能辨姦於未兆，消禍於未萌者，君之過也，何得文過飾非歟？子謂『贊成丘公者，欲爲儒佛之先容耳』。〔六七〕今毁宣聖之廟，撤釋迦之像，得非爲害於儒佛乎？子又謂『國朝開創之始，庶政方殷，未暇修文崇善』，〔六八〕是何言歟？是何言歟？昔子路問政，孔子謂『不得已而去兵去食，自古皆有死，民無信不立。』是知善道爲政之要耳。子雖中材，〔六九〕誤蒙見知，位居要地，首贊朝廷行文教，施善道，使流風仁政，高跨前古，然後無施不可矣。子意以爲生民未艾，且俟小康，始行文教，予謂大不然。甚哉生民之難治也！速於爲惡，緩於從善。急導之以善道，猶恐不悛其惡，何況遷延而有所需者乎？速以能仁不殺不欺不盜不淫因果之誡化其心，以老氏慈儉自然之道化其跡，以吾夫子君君臣臣父父子子之名教化其身，使三聖人之道若權衡然，行之於世，則民之歸化，將若草之靡風，水之走下矣。然後上策於朝廷，請定制度，議禮樂，立宗廟，建宫室，創學校，設科舉，拔隱逸，訪遺老，舉賢良，求方正，勸農桑，抑遊惰，省刑罰，薄賦斂，尚名節，斥縱横，去冗員，黜酷吏，崇孝悌，賑困窮，若然，則指大平若運掌之易也。君捨此而不爲，恬然自適，袖手而待小康，亦何異思濟江淮而棄舟楫，將救飢寒而捐穀帛者乎？予不知其可也。」客乃拂袖而興，策筇而行，隱而不出。居士怳然若有所失者數日，尋以問答之辭，録諸簡册，以爲銘盤之誡云。〔七〇〕

戊子〔七一〕清明日湛然居士漆水楚才晉卿題

燕京中書侍郎宅刊行

批注

〔一〕戊寅，元太祖十三年，西一二一八，楚材廿九歲。

〔二〕丁亥，元太祖廿二年，即崩之年，西一二二七。

〔三〕客一問。

〔四〕士一答。

〔五〕涒灘，甲申，太祖十九年，西一二二四。

〔六〕丙戌，太祖廿一年，西一二二六。

〔七〕夏主李晛。

〔八〕沙州，唐所置。瓜州亦唐所置。肅州即酒泉，去鄯善尚遠。楚材湛然集卷廿三糠孽教民十無益序題於肅州鄯善城。

〔九〕「答」應作「客」。客二問。

〔十〕士二答。

〔十一〕首二問一千五百六十八字。

〔十二〕客三問。

〔十三〕湛然集十二爲子鑄作詩云「禪理窮畢竟，方年二十七。」
〔十四〕集十三寄萬松老人書有「以儒治國，以佛治心」之語。集十四用梁斗南韻有「丁年學道道難成」句。
〔十五〕士三答。
〔十六〕客四問。
〔十七〕士四答。
〔十八〕劉温即西遊記之劉仲禄，見辯僞録三。
〔十九〕丘表見輟耕録十。
〔二十〕原詔見西遊記附録一。
〔二一〕客五問。
〔二二〕士五答。
〔二三〕湛然集萬松序，楚材年廿七受顯訣於萬松。
〔二四〕湛然集十二琴道吟序云「余幼而喜佛」。楚材廿歲參澄公，廿四歲參萬松，不得爲老。
〔二五〕湛然集與西遊記同韻之詩有四十五首。
〔二六〕客六問。
〔二七〕士六答。
〔二八〕壬午，太祖十七年，西一二二二。西遊記作九月，慶會録作十月，輟耕録作九月。
〔二九〕客七問。

〔三〇〕士七答。

〔三一〕王害風即重陽子。

〔三二〕客八問。

〔三三〕移刺霖磻溪集序，「日記三千言」。

〔三四〕士八答。

〔三五〕播芳文粹六十六册十二函，四庫集第廿架。

〔三六〕播芳卷一百十，即末卷。豫章文集卷十五沙彌文信大悲頌：「通身是眼，不见自己，欲見自己，頻掣驢耳。通身是手，不解著鞭，白牛懶惰，空打車轅。通身是佛，頂戴彌陀，頭上安頭，笑殺涪皤。」共十二句。

〔三七〕山語，山谷語也。湛然集十三寄萬松書：「坐脱立亡，乃衲僧之餘事耳。」

〔三八〕客九問。

〔三九〕士九答。

〔四〇〕參西遊記下十七頁，「通管僧尼」句參西遊記附旨二。

〔四一〕金天城縣，元天成縣，清大同府天鎮縣，西遊記下十頁。

〔四二〕景州，清直隸河間府景州。

〔四三〕客十問。

〔四四〕士十答。

〔四五〕原奏見輟耕録十。

〔四六〕客十一問。
〔四七〕士十一答。
〔四八〕河中，尋思干也。湛然集河中遊詩甚多。
〔四九〕原旨見西遊記附録第一聖旨，又參遊記下六頁。
〔五〇〕參僧兵行。
〔五一〕客十二問。
〔五二〕士十二答。
〔五三〕丘癸未七月九日由西域還至雲中，見西遊記下九頁、十頁，又應參辯僞録序。
〔五四〕景州事見辯僞録四。
〔五五〕客十三問。
〔五六〕士十三答。
〔五七〕據辯僞録四之四頁，王道人係王伯平。
〔五八〕「横行」句參遊記下十頁。
〔五九〕客十四問。
〔六〇〕「苟食者」三字辯僞録四引作「苟圖衣食」。
〔六一〕士十四答。
〔六二〕客十五問。

〔六三〕 士十五答。

〔六四〕 後二十七年蒙哥乙卯，即有告發道教者，見辯僞録。

〔六五〕 右十四、十五二問答，辯僞録五全引之，而稍有異同並倒置。

〔六六〕 客十六問。

〔六七〕 「子」原誤作「予」，語見前第三答。

〔六八〕 語亦見前第三答。

〔六九〕 「子」原誤作「予」。

〔七〇〕 後十四問三千三百八十八字。凡四千九百五十六字。

〔七一〕 戊子，拖雷監國之年，西一二二八。楚材卅九歲。丘卒於丁亥七月九日。

〔西遊録，耶律楚材撰，一九二七年日本佞古書屋排印本。一九二九年前批注。參援庵耶律楚材父子信仰之異趣。〕

墨井集批注

墨井集序一

聖篤瑪言人於性法無違者，天學之真光必照。則未見照者，可痛自躬循矣。況降格以求，凡學有内心者，於天學亦不遠。故明季如虞山瞿氏忠宣公之已得真光之照，洞本徹原。其後有墨井道人者，詩畫琴書，一一能致其曲，而不以干世，殆所謂學有内心者歟？故亦得追隨瞿氏鄉先輩，與聞夫天學之真。同時有李二曲徵君，固深於道學者也，意者於吾天學，亦有所聞歟？不然，何其言之似吾天學也。著有籲天約，每旦爇香，仰天叩謝降衷之恩，生我育我，即矢今日心毋妄思，口毋妄言，身毋妄行。一日之内，務刻刻嚴防，處處體認。至晚仍爇香仰叩，默繹此日心思言動，有無過愆。有則長跽自罰，幡然力改；無即振奮策勵，繼續弗已。勿厭勿懈，以此爲常。終日欽凛，對越上帝，自無一事一念可以縱逸。如是則人欲化爲天理，身心皎潔，默有以全乎天之所以與我者，方不獲罪於天云云。按仰叩長跽，欽凛對越等修省工夫，在天學爲人人早晚所習行，而在道學則惟二曲言之頗切。並言一念萬年，此神壽也，若氣斷神滅，則周公不若旦多材多藝，能事鬼神，及文王在上之言，皆誑言矣。曾謂聖人而誑言乎哉。此又吾天學魂不滅之論矣。古有魂不滅一書，而吾天學論之也更古。故以爲二曲於天學，容有所聞，而吾墨井道人則更儻乎遠矣。隨聞隨行，行年五十有一，猶舍其有以干世之具，不憚從事辣丁。即此區區向學之勇，求之於今提倡西文之世，能有幾人乎？然吾友問漁玩物之戒素嚴，雖言滿天下，要皆布帛菽粟之文，而乃於墨井之詩，既裒緝之，復及其書其畫，何居？或曰：蓋幸天學之有人，而可見重於世也。嗚呼！天學何學，曾待人以見重耶。子墨子曰：天下百姓，故莫不犓牛羊、豢犬豕，潔爲粢盛酒醴，以祭祀上帝鬼神，而求祈福於天。我未嘗聞天下之所求祈福於天子者也。天子有疾病禍祟，必齋戒沐浴，爲酒醴粢盛，祭祀天鬼，則天能除去之。然吾未知天之祈福於天子也。今天子之尊，且不以天下才人歌頌而益尊，矧以天之主宰乎。主豈有求於人，人者生不能自主，死不能自主，其生而全受焉，死而全歸焉，不自求多福於天之主宰，將何以安身？何以立命？是則人以天學而可重，非天學以人而見重。詩畫琴書之在墨井也亦然，非墨井因之以見重，惟墨井能以天學而自重，而詩畫琴書，遂因之以特重。則問漁氏之編之也，其諸異乎或者之言歟？故因其索序於余，而還以質之。彼以天學爲迷信者，徒見於天性有虧而已，烏足以語此。時戊申〔一〕長至後馬良謹書。

批注

〔一〕光卅四，年六九。

墨井集序二

唐虞世南精思不懈，文章贍博，太宗每稱其五絶：一曰德行，二曰忠直，三曰博學，四曰文詞，五曰書翰。虞山墨井道人吴漁山先生，明琴樂，工詩詞，精書法，善繪畫，四者皆絶，而其避世求道，卒成教士，佈化於上海、嘉定間者三十載，尤爲庸俗所難能，謂爲五絶，不亦宜乎。乃叔季人情，舍本逐末，重先生之所輕，輕先生之所重。其精於琴也，國初張雲章誌之；其工於詩也，錢牧齋宗伯有「思清格老」之譽，而道光間，石墩顧氏刊其稿以傳之；其長於畫、善於書也，不特畫徵諸書，藉藉稱美，而今藏其寸楮尺幅者，珍如拱璧，非千金不願易矣。然此皆先生所輕，嘗棄如弁髦而不顧者也。先生之所重，要惟真道。故既識之，決計遵之。不便遵於家則棄家，不獲遵於里則去里，求之遐域，傳之遠方。而蘇州、琴川等志，偏爲隱諱，謂先生晚年浮海，不知所之。夫撰志者果未之知耶？殆以先生爲愚，故立意諱之耳。不知先生未嘗愚，而愚在撰志者也。先生知昭事之宜勤，惠迪從逆之理不能訛，以故一識正教，奮志皈依。等親朋於行路，視名利如浮雲。曾文正有云：「賢與不肖之等，奚判乎？視乎改過之勇怯以爲差而已。」若先生者，可謂勇于改過者矣。己酉夏，〔一〕予啟徐匯書樓舊篋，得先生口鐸一卷，爲從來所未刻，又得三巴集一卷，多於顧氏所搜過半，其言教中事甚詳。予喜，以謂可以明先生之心跡，而剖「不知所之」之誣矣。因請于上峰，以已刻與未刊之稿，都爲一集，顏以墨井集。又請安君守約，攝先生墨跡影若干，附於卷末，俾閱者知先生之五絕，而尤學其勇於改過也。

宣統元年十月朔李杕問漁氏識。

批注

〔一〕宣元。

正誤〔一〕

十二頁二行閔當作閩
十八頁八行危時當改時危
十九頁一行深字出韻疑誤
又十九頁二行烏程宜改烏程
二十五頁一行雨字當改兩字

批注

〔一〕三頁一行傳人應作人傳。

卷一　傳記

吴漁山先生行狀

先生姓吴，名歷，號漁山，江蘇常熟人也。所居有言子墨井，故又號墨井道人。生于明崇禎四年辛未西曆一千六百三十一年〔一〕。都察御史吴文恪公訥，于先生爲七世祖。父早世。母賢，善教之。受業于陳孝廉確庵，學帖括，爲邑諸生。性沉静，清潔自持，不與俗子伍。問詩于錢宗伯牧齋，學畫于王太常煙客，學琴于陳高士硍阮，均得其心傳，學藝因之大進。以畫之可取潤以奉母也，尤致力于丹青，而最工山水。迄今存其一者，非數百金不可致。先生娶某氏女，生二子。既而母殁，先生哭之哀，自是鬱鬱不得志。禄位非其所好，惟念人生于世，荏苒數十年，非偶然而生，偶然而卒，其生也必有所由來，其卒也必有所攸歸。思久之，不得透其味。嗣聞天主教名，與教士交善。考問教理，恍然于惠迪吉從逆凶之真旨，決意皈依，受洗入教。高氏傳教志謂先生母殁後進教，不知在何年。既而妻亦亡，漸萌修道志，思入耶穌會，發三絕願。三絕者，絕色守鰥貞，絕財甘貧乏，絕意從長命也。商之教士，教士曰善，迺謀所以實踐之。會柏司鐸應理有羅瑪之行，先生欲與俱往。先生何故欲往羅馬，不可考，大約爲入會計。乃部署家事，棄二子而登程。年已五十有一，〔二〕此康熙二十年事也。比抵澳門，寓耶穌會教堂。堂名三巴，即聖保祿之名首音。院長某，知先生意，請留此修省，免數萬里跋涉之勞，先生曰諾，於是西行之意絕，而柏子獨往羅馬。明年先生入會，初學會規，兼讀辣丁神學教律諸書。閱二年發三絕願。康熙二十七年，西曆一千六百八十八年七月初六日，〔三〕某主教行禮，晉先生司鐸職，年已五十有八。〔四〕後回滬，傳教於上海嘉定等處。見費氏教士傳略、薛氏教士總錄、高氏江南傳教志。先後凡三十載，有聖德名。康熙戊戌正月二十五日〔五〕病終於上海，壽八十有八。〔六〕葬上海南門外耶穌會墓中。先生有墨井詩鈔、三巴集、題跋各一卷，迄今可考。又有桃溪集、寫憂集、暫永篇各一卷，已不可得。先生洗名西滿沙勿略，西姓雅古纳 a Cunha。蓋當時之華教士皆有西文姓也。費氏謂先生成教士後，將其往日所畫，有違教理者，以重價購回。其信道之誠如此。

宣統元年五月耶穌會後學李杕敬撰。

批注

〔一〕應作生于崇禎五年壬申，西曆一千六百三十二年。漁山與王翬同庚，沈德潛撰王翬墓志云崇禎壬申生。歷代畫史彙傳亦云吴歷崇禎壬申生。據墓碑則辛未誤。

〔二〕應作年已五十。畫跋末則言「年垂五十，學道於三巴」。墓石言康熙廿一年入耶穌會。康熙廿一年壬戌，歷正五十一歲，因歷生於壬申，非生於辛未也。

〔三〕陽曆八月一日，日曜日。

〔四〕應作年已五十有七。

〔五〕康熙五十七年，陽曆二月廿四日。

〔六〕應作壽八十有七。墓石言壽八十有七，當生於壬申。海虞詩苑六云年八十八而終。此傳於先生生年誤早一年，故年歲誤多一歲。

墨井道人傳〔一〕康熙五十三年撰〔二〕

墨井道人姓吴，名歷，字漁山。世居常熟，即明都察御史文恪公名訥之七世孫也。少孤，其母守節。〔三〕漁山清潔自好，於世俗多不屑意。問學於陳孝廉確庵，問詩於錢宗伯牧齋，學畫於王太常煙客，學琴於陳高士碾阮，皆得其指授矣。念無以給母氏之養，尤專意於畫，人争購之。漁山度可以奉高堂，即不輕出也。〔四〕太常既甚賞之，盡發所藏宋元人真跡示之。日夜復習，縮爲小本，實心默會古人神髓於腕下，而漁山之畫遂名一時，同輩爲之屈服。〔五〕其爲詩也，宗伯嘗稱之曰「思清格老」，孝廉亦曰然。所居有言子之墨井，遂以墨井名其詩稿，而自號曰墨井道人。〔六〕又於書好法東坡。嘗遊吴興，謁其郡守，入未即見，信步至一僧舍，得見東坡真筆醉翁亭記，喜甚，即就其寮，貿紙筆，布席展卷，臨摹三日，無倦色。太守遣人遍索墨井道人，無有也。逆旅主人亦不知其所往。摹竟，欣欣然若有所得，不告太守而去。〔七〕母没後，其妻亦喪，雖有二子，亦竟棄其家矣。於是浮海至於西洋，經數萬里，盡平生奇絶之觀。歸而隱於上海，或往來嘉定，不復他出。其畫益奇，非學力所能臻也，故購之者益以難矣。〔八〕其與漁山少同里同學於太常者，姓王，名翚，號石谷，亦名滿天下，持縑素者日塞其門，然高官大賈皆得飽欲以去；而漁山跧海濱而隱，求其寸楮尺幅，莫能致也。〔九〕兩人今皆八十有四。王公年八十餘時，畫益超詣，時時掉一葉之扁舟，徜徉於虞山之下，其流風餘韻，意亦山水之鍾靈耶？是以得遊戲於翰墨之間，享此長年也夫！〔十〕張子曰：余與道人無一日之舊，與石谷交，時言及道人之高志，相與歡然者久之。〔十一〕但墨井之筆墨甚寡，其徒陸上游貽予一小幅，得之不勝狂喜。予每過其處，出而觀之，往往徬徨嘆息而不能去云。〔十二〕

嘉定樸村居士張雲章撰。

批注

〔一〕李本「人傳」誤倒。

〔二〕著此傳時吴歷年八十四，是此傳撰於康熙五十四年乙未。

〔三〕陸道淮康熙末編刻墨井詩鈔本此段作「墨井道人吴氏名歷，字漁山，常熟人，明都御史文恪公訥之七世孫。少孤，母守節。」李本添改數字，殊無謂，都御史改爲都察御史，尤不合。張雲章自刻樸村文集本「七世孫」作「十一世孫」。

〔四〕陸本「清潔」作「潔清」，「高堂」作「堂上」。樸村集本「砥」作「岷」，其人名岷，字山民；「阮」作「既」，屬下爲句，謂「既皆得其指授矣」。陸本「既」誤作「阮」，李本因之，屬上爲句，故李撰墨井行狀亦作陳高士砥阮，此大誤也。

〔五〕陸本「復習」作「伏習」，「實心」作「冥心」，「默」下有「契」字，「同輩爲之屈服」作「而屈服同輩」。

〔六〕陸本無「也」字，「嘗」字，「曰然」作「云然」，「詩稿」作「詩草」。

〔七〕陸本「就」作「僦」，「三日」作「三四日」，末二句作「欣欣然若有得，弗告太守去矣。」太守吴綺，著有林蕙堂集。卷四頁六五墨井畫跋云「曩予客吴興，吴刺史招入墨妙亭」，即此人也。

〔八〕陸本作「母没後，妻亦喪，有二子，竟棄其家，東浮海至西洋」。末二句作「不可以學力到，購之者益以難矣」。李文添字太多，文筆蕪雜。

〔九〕陸本作「其與漁山少同里同學於太常者爲王翬石谷。石谷名滿天下，持縑素而請者，日塞其門。然高官大賈皆得飽所欲以去；而漁山跧伏海濱，名隱隱與之埒，求其寸楮尺幅，莫能致也」。

〔十〕陸本作「兩人今皆八十有四。昔黄公望九十餘，畫益超詣，時時掉扁舟徜徉虞山之下，其流風餘韻，意亦山水之靈之鍾於是，得以游戲翰墨，享此長年也夫！」李本「黄公望」誤爲「王公」，又以石谷年不滿九十，遂改「九十」爲「八十」，愈改愈誤，而原意失矣。爲此傳時，二公已八十有四，則畫徵録借畫絶交之説不攻自破。

〔十一〕陸本作「張子曰：余與道人無一日之舊，而交石谷甚歡。然道人之高致，非獨余高之，即石谷子亦高之也。」

〔十二〕陸本作「余見筆墨甚寡，其徒陸上游貽予一小幅，而余家北田子羅致之特多。余每過其處，出而觀之，往往徬徨嘆息而不能去云。」樸村集本「北田子」作「漢昭」，漢昭張覲光，亦嘉定人。李本删其人，則所謂「每過其處」者何處也？

〔十三〕張雲章有清暉贈言序，作於康熙五十二年癸巳，在此傳之前二年。

集覽

吴歷字漁山，常熟人。所居有言子墨井，自號墨井道人。爲人簡遠不羣，彈琴詠詩，工書，善山水。嘗學筆法於太倉王時敏，時敏亟稱之。其於書好東坡，嘗遊吴興，謁郡守，未入，信步至一僧舍，見東坡真筆醉翁亭記，喜甚，即就其寮，貿紙筆，布席展卷，臨摹三四日。太守徧索不得，摹竟徑去。晚年浮海，經數萬里，歸而隱於上海，或往來嘉定，畫益奇逸。少與王翬同學，翬名滿天下，持縑素請者無虚日；歷跧伏海濱，名隱隱與之埒，求其寸縑尺素，莫能致也。道光常昭志〔一〕

吴歷字漁山，文恪公訥之後。爲人簡遠不羣，彈琴詠詩，寫山水，皆有高韻，王煙客亟稱之。晚年絶人逃世，不知所之。琴川志。〔二〕

漁山所居有言子墨井，晚號墨井道人。其於書法好東坡，嘗游吴興，謁其郡守，未入，信步至一僧舍，見東坡真筆醉翁亭記，喜甚，即蹴其寮，貿紙筆，布席展卷，臨摹三四日，太守遍索不得，摹竟徑去矣。後棄家浮海至西洋，經數萬里，盡生平奇絶之觀。歸而隱于上海，或往來嘉定，不復他出。畫益奇逸，不可以學力到。少與石谷同學于王太常之門，石谷

名滿天下，持縑素而請者。無虚日，然高官大賈皆得飽所欲以去；道人跧伏海濱，名隱隱與之埒，求其寸紙尺幅，莫能致也。樸庵文鈔

漁山鼓琴作書，潔修自好，尤善畫山水。吾婁王煙客奉常，畫法冠江南，家藏宋元真跡。漁山學於奉常，隨臨倣縮作小本，渲染皴皵得其神髓。奉常撫卷嘆息，以爲刻刺神技，斲輪妙手，冥心默契，不可思議。蓋奉常之賞其畫如此。陳瑚確庵集〔三〕

漁山山水，宗法元人，尤長大癡法。疊嶂層巒，心思獨運，而氣暈厚重沈鬱，深得王奉常之傳。畫徵録

吴歷字漁山，常熟諸生。學畫於王時敏，得宋元名家神髓。詩亦高逸。後棄家浮海至西洋，歸寓東城〔四〕十餘年，邑人多從游者。康熙丁酉〔五〕殁於上海，年八十餘。張雲章爲立傳。同治嘉定縣志

吴歷字漁山，常熟人。爲人簡遠不羣，彈琴詠詩，寫山水，皆有高韻。錢謙益、王時敏亟稱之。晚年絶人逃世，泛海不知所之。蘇州府志

批注

〔一〕此傳全節録張雲章所爲傳。

〔二〕以下四則與國朝畫識卷四所録無小異。耆獻類徵隱逸五亦引畫識前三則。

〔三〕此序最早。從遊集序見下十五頁。陳瑚聖學入門書，四庫儒家存目三。

〔四〕嘉定東城也。嘉定爲總堂所在，比於杭州。見教考一七四頁。

〔五〕應作戊戌。

〔六〕此傳全與琴川志同。

集註

言偃字子游，又稱叔氏，生於周敬王十四年，少孔子四十五歲。北學孔子，列於四科，以文學稱。爲魯武城宰，歿於貞定王二十六年。唐開元中追封吳侯。宋大中祥符間，封丹陽公，咸淳中改封吳公。元大德中封吳國公。明嘉靖中議稱先賢言子。常昭合志

墨井在常熟縣治北一百九十步子游宅内，一名言公井，水如墨汁。盧熊府志又稱聖井。吳地記云：宅有井，井邊有浣衣石，皆故物。石爲蕭正德太守持去。〔高啟詩〕寥寥武城宰，遺井虞山陰。千載汲未竭，九仞功應深。藝圃自可灌，道源誰復尋？絃歌聽已歇，缾綆看還沉。無爲渫弗食，惻惻起嘆音。一瓢樂未改，庶幾回也心。〔李傑〕吳公遺井在，水色同墨汁。餘澤可沃心，修綆頻勞汲。〔周彦翼〕玉甃埋蒼蘚，墨花香暗飄。源通洙泗迴，潤及武城饒。遺澤流千古，文光燭九霄。一瓢時自汲，揮翰遍庭蕉。〔陳宏〕叔氏北遊日，勾吳始尚文。身通沾聖澤，學術冠同羣。古甃荒春草，危橋映夕曛。至今鄰里子，濯濯被餘芬。〔徐待聘〕玉乳清泠墨汁鮮，依然舊跡遠相傳。源頭活水通洙泗，天下應歸第一泉。康熙常熟縣志

墨井道人七世祖吴訥傳

吴訥〔一〕字敏德，號思庵。七歲徧誦五經，稍長，淹貫墳典，動循禮法。永樂初，有妄供爲匠户者，訥具疏辨明。試撰河清頌，仁廟監國，見而賞之，送禮部，命教諸尚書子。明年告歸。既而以儒醫徵典教太醫院，閲五年，大臣薦行在白衣，備顧問。仁宗即位，朝臣以經明行修薦授監察御史。宣德時巡按浙江，其政以奉行詔條、興教化、美風俗爲務。立宋高宗所書九經斷碑，削秦檜記聖賢像贊後語，表陸宣公里，修岳武穆墓。明年巡貴州，威惠並著，彝人詣闕請留，不允，率其醜類，追送境外，奉鷄酒，跪馬首，訥駐飲與别，皆泣而返。超拜南京右僉都御史，進副都掌院事。涖憲持大體，不以苛察立名，奸邪自然消伏。正統五年，告歸，卒年八十六。賜謚文恪公。以重厚之資，爲篤實之學。官崇而不庇其家，望高而不駕於衆。完名高節，世鮮倫比。論者謂訥有志於許文正公衡，其開示後學，迪之正途，任重詣極，亦略相似。著性理補註、小學集解、北溪字義、晦庵文鈔、文章辨體，文集共若干卷。公居家嚴肅，用禮法折子弟矜高之氣。孫淳、曾孫堂。〔二〕淳以御史理淮陽鹽法，便道歸省。公以其不畏簡書，怒甚。邑宰爲請，乃許一人入中庭。錢昕其甥也，公譙客，淳與昕雖貴，拱立左右惟謹。淳居官清慎，不墜家風。堂字子升，亦官御史，清戎江西。時宸濠内結劉瑾，請復衛軍屯田得自造兵器。舉朝畏瑾，不敢抑，堂獨抗論，宸濠爲氣奪。正德年，劇盗劉七、齊彦明横行山東，上命少司馬陸完、伏羌伯毛鋭討之，堂監其軍。賊順流下金陵，堂自勒兵駐揚州，斷其歸路，趣完進擊殲之狼山。捷奏，賜麒麟袍，遷大理少卿。江彬誘上開邊釁，上將再幸榆林、宣府，堂與百官泣諫。上怒，出知鶴慶府，銷佛像金以建學宫。嘉靖初，召復原職。其後爲雲南直指追論閒住。 昭文縣志

墨井道人授業師陳確庵傳

陳確庵先生諱瑚，字言夏，號確庵，江蘇太倉人。明季爲諸生，與同里陸桴亭先生講明義理經濟之

學。著聖學入門書，分小學爲六，大學爲六。小學先行後知，大學先知後行。小學之終，即大學之始。而每日課程，即以敬怠善過自考。又以全史浩繁難讀，乃編爲四大部，以政事人文别之，手書巨帙，略能背誦。又旁通當世之務，河漕、農田、水利、兵法、陣圖，無不研貫。崇禎壬午舉於鄉，赴禮部試不第。歸時婁江湮塞，水旱洊至，民大饑。先生上當事救荒書，有預備、防挽、補苴、軫卹之政各四。又陳支吾三議，議食四條，議兵八條，議信六條。又上巡撫王開江書，一審勢，二經費，三役兵，四實法，皆精切可施行，而時不能用。明亡後，絶意仕進。父卒，遺産悉讓之弟，避兵行遯，不交人事。嘗寓崑山之蔚村，村田沮洳，導里人築圍岸禦水，用兵家束伍法，不日而成，至今賴之。晚益困窶，常至絶食，終不肯干人。康熙十四年卒，年六十有三。所著書自聖學入門外，有蔚村講規、社學事宜、開江築圍書、菊窗隨筆、荒政全書，今不傳。節録。國朝先正事略。

墨井道人問業師錢謙益傳

錢謙益字受之，號牧齋，萬曆庚戌第三人及第。旋丁外艱，里居十一年，始詣闕補官，典浙江鄉試。歷左右春坊，坐錢千秋關節事，移病去。尋補詹事。魏奄羅織楊左之黨，削籍歸。崇禎改元，召爲禮部侍郎，荷枚卜。烏程温體仁抨擊之，又削籍居九年。邑民張漢儒受烏程指蹤，飛章誣訐，急徵下獄。事白，逾年始放還，後又起爲禮部尚書。入國朝，授祕書院學士，致仕。謙益顛頓仕途，立朝不滿五載。當時忌嫉之口，大抵謂其把持黨局，遥執朝政。然得謗而名亦隨之。迨南畿再用，而論者有遠志小草之譏矣。其學地負海涵，其文體大思精。闢何、李之榛蕪，啟鍾、譚之幽陋。起熙甫於荒江寂寞之濱而尸祝之，使天下操觚家，朗然共識正途。其散華落藻，巵言讔語，時出入於齊梁，資助于佛乘。要皆指事會情，融釋變化。蕭伯玉所謂尺寸必謹，成法無不停當者也。志成明史，絳雲樓火，典籍煨燼，殆有天焉。著初學集一百卷，有學集四十卷，開國羣雄事略三十卷，列朝詩集一百卷，楞嚴金剛心經蒙鈔共十四卷。子上安，舉人，知永城縣，補大理評事。昭文縣志

吴漁山先生同學友王翬傳

王翬字石谷，常熟人。幼嗜畫，運筆搆思，天機迅露，迥出時流。太倉王鑑遊虞山，見其所畫扇，大驚異，請相見，翬遂執弟子禮，鑑即載之歸。與奉常時敏邀至西田別墅，悉發所藏，相與探尋。翬逐一臨摹，自董巨而下，至黄王倪吴諸家，盡得其用筆之法，由是其業遂冠一代。時敏稱其畫品在沈石田上。時武進惲壽平亦以山水自負，及見翬畫，度不能及，乃改寫生以避之。嘗奉詔繪南巡圖，一時公卿題贈，卷軸如牛腰。年踰八十，猶磅礴不衰。四方争走金幣，冀獲其真。同里楊晉字子鶴，受筆法於翬，煙林清曠，尤工畫牛，亦與翬同繪南巡圖，晚年兼能寫生傳神。其後有唐俊字石耕，畫山水花竹，亦以鮮妍見稱。同治蘇州府志

吴漁山先生畫師王時敏傳

王時敏字遜之，崇禎初，以蔭歷太常，奉使楚閩，餽遺一無所受。入國朝，杜門稽古，益工詩文。兼精

隸書，畫法爲海内所珍。江南通志

先朝論畫取元四家爲宗。石田山人後，董宗伯爲集其成，而奉常略與相亞。當其搜羅鑒別，得一祕軸，閉閣凝思，瞪目不語。遇有賞會，則遶牀狂叫，拊掌跳躍。於黄子久所作，早歲遂造閫奧。晚更薈萃諸家之長，陶冶出之。解衣盤礴，格高神王，追古人於筆墨畦逕之外。吴梅村文集

太常公風流安雅，蔚然爲江左文獻。尤擅塲六法，寸縑尺素，流傳海外，世之論者以比黄公望，而年壽亦如之。此非煙雲供養不能。蠶尾集

煙客儀度醖藉，儒雅風流。寫山水，得宋元標格。蓋恒與思白眉公，揚搉畫理，故啟發爲多。無聲詩史

太原王時敏，相國文肅公錫爵孫、翰林衡子也。資性穎異，淹雅博物。工詩文，善書，尤長八分，而於畫有特慧。家本富於收藏，及遇名跡，不惜多金購之。嘗擇古跡之法備氣至者二十四幅，爲縮本，裝成巨册，載在行笥，出入與俱，以時模楷。故凡布置設施，鉤勒斫拂，水暈墨彰，悉有根柢。以蔭官至奉常，然淡於仕進，優游筆墨，嘯詠煙霞，爲國朝畫苑領袖。平生愛才若渴，故四方工畫者，踵接於門。得其指授，無不知名於時，海虞王翬其首也。卒年八十有九。畫徵錄、國朝畫識

作墨井道人傳張雲章傳

張雲章字漢瞻，一字倬庵，國子生。父履素，字子旦，諸生。性孝友。雲章自少力學，搜覽百家，頗沈浸於陽明之書。游京師，以校勘宋元經解，客尚書徐乾學所。王文簡稱其文能志乎古。會陸清獻

在都，從之學，乃盡取朱子書讀之，又上溯濂洛關中，所造益邃。都御史興化李相延至家，增註南北史，閱七年始成。會陸公令靈壽，中時忌，停行取，雲章致書大學士徐元文，謂陸公被抑，道學喪氣，相臣宜極言揚推，以存公道。張清恪撫吴時，與總督噶禮互劾奏，讞久未決，雲章致書大學士李文貞，謂張公心事如青天白日，三吴薦遘饑疫，自張公來，民困稍甦，一旦罷去，更代者或反其政，民何以堪？相公職在激揚，宜力爲別白，以慰衆心。兩公皆嘉納之。康熙癸巳詔求嚴穴之士，以吏部侍郎湯右曾薦，應召入都，既而事寢。工部尚書王鴻緒薦充尚書館分纂官，書成，議叙知縣，不謁選。張清恪總督倉場，延至潞河書院。雍正癸卯，薦舉孝廉方正，辭。丙午卒，年七十九，學者稱端文先生。雲章内行肫摯。居父喪，幾失明。奉母四十年，老而孺慕。撫教四弟，皆成立。居動有禮，著心身箴、十客箴以自警。文排奡醇肆，不名一家。書法出入晉唐。子揆方，字道營，一字同夫，康熙丁酉順天舉人。選任縣知縣，以耳疾不赴，閉户讀書。間作楛槎竹石，高蒼秀潔。卒年七十餘。同治嘉定縣志

吴漁山先生天學師柏應理傳

柏應理號信末，比國人。生于一千六百二十二年。順治十三年來華，傳教于閩、豫、楚、浙等省，于江左爲尤久。徐文定公孫女許夫人饒于財，樂善好施，助柏巨資，建教堂多座。康熙四年，教會遇艱，柏避難粤東。十年難平，復回吴，行教于松、滬間。十九年奉檄回羅馬，偕吴漁山先生首

途。〔三〕比至澳門，先生因事不果行，柏乃獨往。一千六百八十二年〔四〕西十月初抵荷蘭，後往羅馬，以教士所譯華文書四百册，呈獻教皇。教皇悦，飭置御書樓，用示珍重。既而往法國，見法皇路易第十四，法皇許發帑助教士經費。時值葡皇不用教皇令，阻教士東來，柏俟十年，始得與七教士回東。行至印度洋，大風作，全舟顛蕩，一箱懸高處，索裂而墮，適中柏頭，受大傷，竟不起。譯費氏教士傳略

批注

〔一〕明史一五八。

〔二〕訥孫淳，正統十三年進士。曾孫堂，弘治十二年進士。

〔三〕偕吴漁山道途在康熙二十年。

〔四〕康廿一年。

卷二　墨井詩鈔

原序

余久耳漁山之名，而未見其畫也。見而後知其畫宣和也，至正也。余見漁山之畫而未見其人也，見而後知其人永和也，義熙也。余見漁山之人而未見其詩也，見而後知其詩開元也，元和也。蓋漁山雅不欲誇其畫與詩之能，故次第而見，見而後知之也。漁山非今之人也。於是而乞其畫。畫不一格，或山水，或人物花鳥。終日乞，終日畫，亹亹無厭倦色。於是而搜其篋中之詩。詩凡小帙，帙不一集。偶示余以桃溪集，則牧翁之所亟賞而贊述之者也，抑寧止畫與詩也。漁山畫亦不一體，體工其法，何多能耶？乃回視漁山之爲人，則淡淡焉，穆穆焉，一木雞也。吾故曰漁山非今之人也。舉以語青嶼，〔一〕青嶼曰書之，是即一篇桃溪集序也。戊申〔二〕三月十一日，毘陵友弟半園唐宇昭草。〔三〕康熙七年撰

莊子曰：「黃帝遊乎赤水之北，登崑崙之丘，南望還歸，遺其玄珠。使智索之，不得，使

離朱索之，不得，使喫詬索之，不得，乃使象罔，象罔得之。黄帝曰異哉，象罔乃可以得之乎。」莊子之言，蓋以天下之物，有心而求之，不若無心而得之也。惟詩亦然。今之人規摹古人之詩，劌心鉥腎，以求其工，而卒未必工。偶觀於天地間之景物，可喜可愕，觸之成吟，其工反足勝於古人。何也？所謂爲無心之得也。設有人焉，目無所睹，意無所觸，强設無端之景物而入之於詩，其爲詩也，亦偶入而已，焉得工耶？雖然，此其説獨不可語於畫家。畫家目雖無所睹，意雖無所觸，凡天地間之景物，無不若爲其胸中所故有。施之於畫也，直取中而出之，使天地間之景物，錯綜變化於寸管尺幅之間。及既成而熟視，意必勃勃然如有所動，因振筆以寫其所見，而詩已無不工。雖然，必待有畫而後有詩，其見猶跡也，當其閉目冥視，而胸中之所觸，蓋已多矣。吴子漁山以畫名家者也，又工詩。其詩一去雕鏤組織之習，率其自然。鍾嶸謂陶淵明詩出於應璩，余謂漁山詩實出於淵明。雖然，漁山直自寫其胸中之景物已耳，何嘗依前人耶？余不善畫而好爲詩，每遇天地間之可喜可愕者，輒欣然有觸。然亦不過象罔之得而已，何足語於漁山哉？晉陵弟客園陳玉璂。〔四〕

漁山爲文恪公訥七世孫，鼓琴作書，潔清自好，尤善畫山水。吾妻王煙客奉常，以繪法冠江南，家藏宋元真跡，漁山學於奉常，奉常悉出示之。漁山隨臨倣縮作小本，渲染皴皺，得其神髓。奉常撫卷歎息，以爲刻刺神技，斲輪妙手，冥心默契，不可思議。蓋奉常之賞其畫如此。錢東澗〔五〕宗伯題其桃溪詩稿曰：「漁山不獨善畫，其於詩尤工。思清格老，命筆造微，蓋亦以其畫爲之。士固未有不汲古，不考文，而可謂之善畫者。漁山執古人之六要六長，以研味于風雅，其進而挾轂古人也，孰得而禦之。」蓋宗伯之序其詩，兼取其畫又如此。吾觀古人詩畫兼長，自摩詰以後，寥寥乏人。明興全盛百餘年，而啟南、徵仲之徒，傑然並作，漁山生逢末造，〔六〕而能匹敵前人，可謂難矣。予煢煢鮮民，日有幽憂之疾，祥琴既屆，逝將遠遊，〔七〕以寫鬱結。因選漁山之作，而刻諸行橐中，意能從我者其漁山也與。蔚邨陳瑚。〔八〕

昔人謂不讀萬卷書，不行萬里路，不可以作詩。余謂不讀萬卷書，不行萬里路，不可以作畫。蓋詩與畫同一關紐也。詩爲有聲之畫，畫爲無聲之詩。詩中有畫，畫中有詩，兼能而獨擅者，殆難其人哉。宗少文澄懷觀道，衆山皆響〔九〕，蓋其神韻超然，與物無競，故能攬山川雲物之變，曲直空濛，如燈取影。嗟乎！此可爲知者道，未易一二與俗人言也。琴川吴子漁山，工寫山水，摹擬古人，得其神似，與王子石谷并美一時。然人徒知其善畫而不知其工詩，人徒知其詩以畫掩，而不知其畫以詩傳也。今年五月同遊霅溪，〔十〕觀其寫憂一集，襟情閒放，氣調蒼涼，拊掌吟詠，想見其解衣磅礴，放筆寫直幹時也。詩曰「駕言出游，以寫我憂」。噫，憂從中來，其何以寫之哉。是爲序。壺山外史余懷題於松陵道上風雨舟中。〔十一〕余懷。國初人，著有板橋雜記行世。

批注

〔一〕許之漸。

〔二〕康熙七，漁山年卌七。

〔三〕此爲桃溪集序。

〔四〕此爲墨井草堂詩序。玉堪，許青嶼壻，見擊壤紀年箋五十九頁。晉陵，宜興。學文堂集卷二有此序，題爲吴漁山詩序，删節甚多，「當其」作「第一」。小石山房叢書本亦作「當其」。

〔五〕「東澗」原作「牧齋」。小石本同作「東澗」，蓋避牧齋二字太顯也。

〔六〕陳爲遺老，故曰「末造」。

〔七〕陳先生康熙三年九月服闋。

〔八〕此爲從遊集序。陳安道先生年譜，先生康熙元年七月丁父憂。三年夏如虞邑，避暑破山寺，四年遊苕溪，門人吴歷從。此序當作於康三、四年之間，漁山亦卅三、四矣。

〔九〕此下漏「王摩詰夙世詞客，前身畫師」，小石本不漏。

〔十〕雪溪，歸安。

〔十一〕此爲寫憂集序。松陵，吴江。

無端次韻

十年萍跡總無端，慟哭西臺淚未乾。到處荒凉新第宅，幾人惆悵舊衣冠。江邊春去詩情在，塞外鴻飛雪意寒。今日戰塵猶不息，共誰沈醉老漁竿。

秋夜

秋夜眠無著，秋聲雙耳盈。風多沈鼓角，月小暗山城。野哭那能絶，戰争殊未平。故人何處宿，惆悵淚縱横。

病馬

毛骨尚殊衆，秋深奈病何。戰場空草緑，壯士且悲歌。力盡塵無限，嘶殘歲幾多。主恩知不淺，淚血灑晴莎。

避地水鄉

二年身世歎如萍，兩鬢相看白漸生。舊里悲秋惟蟋蟀，異鄉愁雨共鵁鶄。南中見説收番馬，京口猶聞拔漢旌。安得此時争戰息，還家黄葉滿溪迎。

讀西臺慟哭記

宋遺民謝翱有西臺慟哭記，西臺在富春江上〔一〕

望盡厓山淚眼枯，水寒沈玉倩誰扶。歌時敲斷竹如意，朱噣於今化也無。

二

夢裏尋真恐未真，欲將遺語訴蒼旻。榜中悔聽西來雨，不洗當年卸甲人。

三

風煙聚散獨悲歌，到處山河絮逐波。最是越中堪慟處，冬青花發影嵯峩。

同陳南浦過横塘[二]

横塘西去路微茫，鷁首看山喜欲狂。兩岸流雲春雨亂，羣峰飛雪野花香。時危不易論詩史，世醉寧知飲蔗漿。愛此一方煙水闊，後期垂釣送斜陽。

哭友

桂枝未遂知銜恨，詩草空遺淚眼看。庭薛尚餘行跡在，秋螢争奈映書殘。椿存破宅吟風冷，雁宿荒磯怯雨寒。回首自懸孤劍後，白楊蕭瑟路漫漫。

春日煙客王夫子招遊西田

名園深隱緑陰中，小閣晴雲細路通。石□〔三〕鳥翻花露白，水天漁唱夕陽紅。開簾遠岫春無限，動壁煙波月滿空。樽酒笙歌來共賞，檢書看畫興何窮。

吴興月夜思家

風高破屋薜蘿深，〔四〕乳燕空梁月滿扃。竹外湖光連野白，牆頭山色向門青。遥憐稚子癡難療，未解征夫鬢易零。花落烏程殘醉後，何人不念故園亭。

相城湖懷古〔五〕

波浪粘天未有涯，流鶯啼處兩三家。緑楊溪畔多漁父，烏桕門前盡落花。荻浦中分遥岫出，竹橋西轉亂雲遮。可憐一路名賢地，細草荒煙日又斜。

解維

纜繫孤篷又夕陽，緑波紅處正微茫。詩中舊友經秋老，夢裏家山過雨荒。風咽雁聲飛兩兩，雲低樹色暗蒼蒼。前溪寥落蓴鱸少，張翰生涯感易傷。

秋日聞確庵夫子病於直水丙舍仍韻賦寄

百年地僻人難到，落日柴門静不關。牕下竹含秋作雨，墓前雲吐翠爲山。松楸路暗水多曲，穲稏田空鳥自閒。想是煙霞成痼疾，何妨詩酒且開顔。

留别陳子集生〔六〕

月上梁溪别故人，多君意氣暖於春。解魚换酒黄花美，擊缽催詩白雪新。數日湖山同曉夢，幾時書劍隔行塵。明朝愁絶知何處，楊柳橋西獨問津。

兵過後南陽道中

林空惟落日，地僻少殘春。欲問南陽路，前村未有人。

冰阻

寒江十日帆檣凍，曙雪千家煙火遲。何事今年春信晚，隋隄楊柳未成絲。

曉行

曉發長吟淮水邊，幾家茆店一燈懸。雞鳴雪霽沈沙月，雁度冰高欲曙天。村落未成林悄悄，行人不見路綿綿。經過盡是韓侯地，只有漁磯在馬前。

感懷

四顧蒼茫日欲晡，流沙殘磧鳥相呼。露筋廟没碑猶在，甓社湖荒草却無。風簇帆檣羈夜永，波漂遠樹失村孤。江邊故舊知何處，人跡飄零淚已枯。

秋日同許青嶼侍御過堯峰〔七〕

堯峰鐘磬裏，一逕入雲林。黄葉詩人興，空山老衲心。茶桑秋塢静，鴛鷺水天陰。謝屐都忘險，煙霞此地深。

題問梅圖

宛轉溪林過石臺，香風一路月徘徊。吟成自唤孤山客，爲問梅花開未開。

揚州

南北相逢俱此地，繁華消歇意如何。人家猶在瓊花夢，尊酒難憑夜月歌。樓榭高低橋外少，輪蹄來往日邊多。年年惆悵春風到，催折垂楊倒舊河。

次韻答馮子玉

半年歌吹在揚州，詩酒因循客倦遊。臺榭幾番驚索莫，鶯花三月盡離愁。自憐秋鬢塵中早，且喜漁竿夢裏投。多謝絳帷知己好，春風吟寄渡江頭。

著書樓與陳子象采夜話

不知雞戒曉，惟見古人心。樓月今宵得，家山昨夢尋。酒光縈硯席，燈影散城陰。莫漫嗟萍梗，鶯花暖漸深。

著書樓次韻話隱

客舍三年半在僧，今宵喜共庾樓登。當牕月滿共吟賞，隔樹鶯遷亦友朋。空念舊巢逢社燕，欲分新火寄書燈。從來話隱家山好，雨後煙蘿更幾層。

和湖舫同遊歸宿山閣用少陵西閣雨望韻

一曲明湖鏡，羣峰半繞城。放舟追夙昔，把盞憶春生。雪意衝吟骨，天寒奈柳情。夕陽歸路晚，棲鳥度簷楹。

孤　山

歲寒蒼翠處，孤立見高風。鶴去梅猶白，亭開山半空。羣峰憐脈斷，湖水愛流通。處士孤墳在，年年雪未融。

燦文見訪予歸不遇用原韻答辭之

一夜西風動碧林，故山不負卧雲心。此身只合湖天外，水闊煙多莫浪尋。

題萬山飛雪

萬山飛雪鬬峥嶸，徹屋高吟人共清。却憶灞橋驢背穩，有梅花處有詩情。

庚戌夏青嶼侍御同予北行舟過廣陵許師六孝廉招遊潯園雨不果行因感去春雨阻聊用顧庵韻〔八〕

十畝方陰負郭居，夾江峰影亂雲舒。鶴盤遠勢邀吟客，鱗動波光避醉漁。池草緑生殘夢在，鶯花紅暖閏春餘。竹西空近笙歌地，風雨年來雅集疎。

高郵道中用梅邨太史韻梅村姓吴，官祭酒〔九〕

只道頻年浸，那知半淚痕。魚蝦空晚市，蓮藕失香邨。湖鳥閒巢屋，江雲亂掩門。迷津南北棹，來繫柳殘根。

二

鴨嘴吹殘照，平橋藻影虚。雲移分甓社，雨去暗南徐。澤國休譚虎，芳陂且種魚。恩波將浩浩，猶恐只聞書。〔十〕

三

倒影浮圖出，鐘聲動遠林。〔十一〕緑奔天塹浪，紅墮晚城陰。到處魚生釜，何時月滿砧。長年多客感，此地往來深。

南陽道中見紅蓮緑柳賦此柳爲故司空朱梅麓先生手植〔十二〕

數家小聚傍西塍，柳外橋通路幾層。白藕香中生計好，小船撒網大船罾。

客久倦程暑灼煩甚忽想峩嵋佳處少陵所謂安得赤脚踏層冰也篷牕半載筆墨荒澀以營丘道寧法參用得此〔十三〕

忽想峩嵋暑氣清，萬峰藏雪鬬峥嶸。光寒欲下健吟骨，不道絮因風裏生。

題畫贈何蕤音侍御〔十四〕

遠峰簇簇樹亭亭，落日啼烏繞畫屏。諫草避人焚却後，紫藤花下寫黄庭。

題秋江晚渡

空江雁字橫秋，野渡斜陽滿舟。南北去來不了，白蘋紅蓼悠悠。

訪張西又用少陵訪朱山人韻〔十五〕

華門疏雨後，幽趣少人知。晚霽紅沈閣，秋陰碧滿池。筆花含夢在，桐影下庭移。願得鄰王翰，牆過酒日隨。

憶余與季子天珠學琴於山民陳先生之門不覺二十餘年矣余欲寫松壑鳴琴圖以寄意常苦少暇今從北歸援筆畫就不計工拙也〔十六〕

學彈幽響得清圓，辛苦同君二十年。今日倚松聽澗瀑，高山流水不須絃。

再過拈笑齋〔十七〕

到此紅塵隔，相留卧晚天。吟詩當臘候，鬬茗及春前。鐘動半城月，雪沈萬井煙。庭梅看又發，曾折上湖船。

書燈

書館宜遥夜，熒熒徹五更。自知新舊火，不盡短長檠。雪掩終無倦，螢乾仗爾明。餘光流漸遠，猶起四鄰聲。

苦雨

雨勢聽還密，愁人首欲皤。兩湖欺敗户，四壁立頹波。夜夢懸孤艇，晨炊浸短簑。牀頭多漏處，卮日近如何。

和蔣南涯賦得寒月〔十八〕

冬月仍堪賞，詩人奈爾寒。清輝有餘鑒，歲晚不多看。冷透荒荒白，明翻樹樹殘。未斜隨雪棹，先滿逐吟鞍。相望憶秋別，無眠愁夜闌。此時呵凍筆，影入畫圖難。

次韻送馮半人歸蘭陰

春晴烏目鵓鳩聲，無計重留越水行。别袂風牽摇岸柳，歸舟月滿動江城。路穿桑柘人逃税，家近烽煙地廢耕。君到蘭陰芳樹裏，流鶯枕畔自多情。

板橋魚影

魚戲春橋春水忙，影隨飛沫下迴塘。知君詩意耽濠興，老我漁竿入夢長。

次韻和許侍御仲冬六日集同人於興福精舍聽王渭春説書時聖公客松陵有寄懷之句余嘉平七日至聖公已歸賦此〔十九〕

聞道吴江雪又飛，愛吟楓落滯將歸。寺門鶴守空臺月，徑竹風吹醉客衣。詩酒易忘賓共主，古今難説是耶非。我來恰遇還山日，茗椀泉香夕未稀。

問鄰漁

里巷茅茨八九虚，那堪征税問鄰漁。只今縱有張吴郡，未必牽舟岸上居。

戊午重陽風雨因憶去年小春日半人來客虞山祖培相邀泛秋有五人焉今半人未至雍若已亡祖培天石各鍵兩户無復登臨之興蓋兩年間死生聚散有足悲者予欲賦詩以自慰不覺雨添墨汁濕雲滿紙遂成泛雨圖寄於祖培〔二十〕

去年晴霽泛湖光，共愛吟秋葉正黄。今日雨風重九冷，白衣何處孟嘉亡。

二

湖山楓荻依然在，兩見陰晴人不同。閉户畫成誇老健，寄君還泛雨濛濛。

謝許侍御惠馬跡山芋〔二一〕

滑敵蓴羹狀似鴟，從前馬跡少人知。只今休作羊蹄悮，細剥細苗認紫皮。

挽王煙客夫子〔二二〕

婁水音傳信又疑，雨牕燈暗淚雙垂。呼兒早爲開行篋，檢得生平示我詩。

二

負笈悠悠歲月長，墨池影在緑微茫。憶初共擬癡黄筆，川色巒容細較量。

三

東園春盡夏西田，手植三槐菡萏邊。縱有緑陰柑酒在，也應啼碎鳥聲圓。

四

清閟岧嶤倚晚天，桐花開後月空圓。光摇四壁古圖在，依舊華亭畫對懸。壁間宋元真跡每與華亭對懸

五

早輕禄位狎羣鷗，不逐鷄聲海曙秋。遺得書囊便無底，曾無封禪茂陵求。

六

病日愁霖死不休，而今屋角少鳴鳩。烏衣巷内無乾處，郤是兒孫涕泗流。

七

恨不生前再細論，須臾一别夢中存。廬居願得松楸下，那敢高聲哭墓門。

八

執紼沙溪水亂飛，丹旐遥映樹重圍。江南江北來相弔，愁絶人間齒德稀。

溪口

我移住溪口，未老頭先白。年年苦春雨，今歲更淫溢。老屋盡傾頹，人聲水氣塞。四顧無火光，濕雲昏樹色。短牀蛙坐鳴，破竈龜巢匿。閭閻無幾存，我豈庇眠食。憑誰報君王，君門九重閾。

送友〔二三〕

征帆出海渺無津，但見長天不見塵。一日風波十二險，要須珍重遠歸身。

二

春風日日送行旌，誰送天涯九萬程。自古無情是楊柳，今朝欲折昨朝生。

贈梅郵太史〔二四〕

水繞溪迴石路深，白雲遮屋樹重陰。山中不管鳴騶至，惟聽泉流浄客心。

贈唐茂弘孝廉

買得清溪六月凉，松風滿地水汪洋。山中縱有丹書至，亦付人間夢短長。

和蕭寺無聊紀事〔二五〕

霜落千林雁滿空，客心孤迴興還同。池無春草詩難就，屏有秋蠅畫未工。山勢峥嶸蠶舍外，波光繚繞鶴庭中。由來名酒逾求璧，且醉苕溪作釣翁。

和擬買山苕上

近得看雲湖水頭，喜將身世付林邱。聽詩月夜同癯鶴，沽酒花邨有健牛。緑滿新篁供笑傲，紅分野燒恣遨遊。向平早謝人間累，長從玄真釣碧流。

遊天聖寺詠趙松雪瀟湘畫壁〔二六〕松雪趙孟頫别號〔二七〕

咫尺千山在，淋漓萬壑流。雨昏林遠近，波亂鳥沈浮。有竹還留怨，無花亦帶愁。并刀何處得，翦取半江秋。

秋日同確庵師子莊遊道塲山〔二八〕

放棹晴湖裏，青山兩岸斜。松門深窈窕，竹徑暗交加。望遠秋方好，尋幽誤亦嘉。雲峰何處是，鐘磬在煙霞。

二

盡日登臨好，千峰勢不齊。黄花山路静，白鳥水天低。佛國猶談虎，僧牎亦養鷄。酒酣歸興晚，睥睨欲烏啼。

和雲峰登多寶塔

却從一徑上高峰，古塔週遭樹色濃。秋水緑奔吴地遠，晚霞紅襯越山重。渡頭風急沈魚唱，洞口雲飛見鶴蹤。曲曲清溪何處所，幾家煙火出青松。

和弔孫太初處士墓

晉孫楚字太初見晉史〔二九〕

行到歸雲高隱地，孤猿野鶴尚哀鳴。晴溪緑滿侵難盡，秋葉紅稀踏未平。壟上只今惟虎跡，堂前何處有瓢聲。持竿白首煙波裏，寂寞無人問姓名。歸雲庵名

與陸子上游論元季畫〔三十〕

誰言南宋前，未若元季後。淡淡荒荒間，絢爛前代手。一曲晴雨山，幾株古松柳。筆到豁庢處，白雲帶泉走。當其弄化機，欲洗町畦醜。知者有幾人，畫手一何有。我初濫從事，敗合常八九。晚年惟好道，閣筆真如帚。之子良苦辛，窮搜方寸久。茲與論超逸，冥然夙契厚。〔三一〕

鷄聲

喔喔來何早，村荒少相應。初含海光動，再促塵夢醒。獨憐志士老，負爾三回聽。

題黄子久虞山小築

黄公望字子久，號一峰，又號大癡道人，常熟人。山水師董源，晚年變其筆法，自成一家。〔三二〕

癡黄小築傍溪灣，松徑蕭蕭水葉斑。秋静絶無游屐到，一峰蒼翠板橋間。

雪村問路

饑雀寒多語，飛飛不出村。雪晴見華户，翁媪曝南暄。我來問路口，笑指默無言。

瓶梅

遠離根土自芳春，托在冰壺獨養真。瘦帶竹松閒氣節，清餘霜雪候精神。燈前對影猶含笑，帳底聞香更絶塵。從此吟鞭休別訪，臘醅初熟正相親。

雪夜

梅枝斜壓竹枝邊，冷逼吟牕客未眠。一夜忽飛三尺雪，曉來炊斷説豐年。

懷上游在日本〔三三〕

春已暮，子未歸。扶桑日出早，練水落花稀。人傳久在長祁島，海闊蒼茫鳥不飛。

題鳳阿山房圖贈侯大年〔三四〕

鳳阿山房梧與竹，憶昔曾圖宣紙幅。下筆有聲如鳳鳴，秋風秋雨常簌簌。我愛君家樹作鄰，追前筆底興還新。萬蘽濃蔭碧如海，那辨琴材并笛身。緑天日日吟尊聚，歲歲桐生添幾樹。四圍竹又長兒孫，放梢直見凌雲處。回首當年鸞鳳游，卷殘孔語獨幽憂。商歌激烈寡相和，簪纓抛却棲山邱。而今所適惟漫爾，與物榮枯無戚喜。林深不管鳳書來，終歲卧游探畫理。

葡萄西酒

葡萄西酒滿瓶香，欲獻金門道路長。料得此非儀狄造，不妨飛騎進君王。

雨後

重陽雨後氣陰陰，孤坐齋頭抱膝吟。短杖不須扶足力，好山隨興去登臨。

即韻題葭游圖

水天一色雁横秋，雨過斜陽影在洲。拂面蘆花驚似雪，豈知元是剡溪舟。

民譽金子惠羊肩山童不報却之〔三五〕

臘日誰敲風雪門，遠遺情重比春温。山童不報竟辭去，意恐羊來蹈菜園。

燕至

牀頭漏處已成坳，無力添新補舊茆。自笑不如雙燕子，年年春至便修巢。

澄湖

一碧連天萬頃秋，波光不動思悠悠。漁人從未來湖上，爲有魚蝦在濁流。

問潮

問潮入暮來何許，但見前舟閣前渚。獨倚篷牕倦欲眠，水禽月上寒無語。

蘇婁諸子見訪不值

到處霜楓映晚荷，老年篷屋怕秋多。歸來識認蒼苔跡，知是諸君屐子過。

二

非關來舸走風遲，我出乘潮别有期。争奈不逢江水上，至今吟恨夕陽時。

寄半厓楚館

楚澤花飛縱復横，書齋樹樹有啼鶯。懸知路出江頭近，曾向斜陽弔屈平。

好雨

墨雲起崇朝，好雨遍南畝。新禾鬱將興，慰此亢旱久。隔隴聞農歌，沮溺歡攜手。念彼逃亡人，冒雨歸八九。彷彿涸轍魚，乍得西江瀏。吾欲賦歸來，去伴緑簑友。理荒不憚勞，濕雲帶鋤走。暮色罔壟分，牛羊認門柳。地無虞芮争，欣占歲其有。

漢昭上遊二子過虞山郊居〔三六〕

海虞並過暮春年，門應無童已闃然。墨井堂閒梁燕訝，華軒客到里人傳。陶籬菊瘦因苔厚，蔣徑篁疏爲草妍。怪得兒孫俱別館，吾廬若磬亦空懸。

二

常從物外作斯民，每念高懷道不貧。鐸化未離海上客，夢歸長過練川濱。〔三七〕錢貽臘月酒沽美，詩到春前梅放新。皮陸歲寒多唱和，吾今與子豈辭頻。

題畫寄贈漢昭〔三八〕

春山花放棹晴湖，日載詩瓢與酒壺。客此十年遊興減，畫圖追寫亦模糊。

題畫

陌頭柳色暗毿毿，欲寫離情忍淚緘。春雁可憐齊向北，那堪遊子在江南。

二

雨歇遥天水氣腥，樹連僧屋雁連汀。松風謖謖行人少，雲白山青冷畫屏。〔三九〕

三

吟骨衝寒獨浩然，萬山飛雪滿江天。不知何處詩情好，只在梅花月影邊。

四

流水間過岳麓西，幾重樹色隔雲溪。客來盡日吟牕下，松静門無一鳥啼。

五

春風阡陌草初平，遠岫煙浮細雨晴。白屋門前烏柏樹，夕陽高下鷓鴣聲。

六

夢廻西望碧山微，一水斜陽鳥不飛。欲採青黄蓮子葉，寄君先製卧雲衣。

七

疏芭竹屋瀼西東，幾曲煙巒樹色同。滿眼酒酣何處去，夕陽還訪浣花翁。

八

曲曲清溪細草香，茆堂嘉木擁千章。白雲冉冉山逾碧，坐愛吟詩秋葉黃。

九

玉山佳處列芙蓉，咫尺桃源路萬重。此境不知誰領會，年年花雨白雲封。

十

一雨初收樹色新，深堂獨坐澹無塵。不須更作江湖計，有客秋來寄紫蓴。

十一

東澗泉分西澗流，一溪紅樹晚悠悠。虛亭小展蒲團坐，日送秋帆起白鷗。

十二〔四〇〕

曲水斜分過柳塘，遠山秋葉半鵝黄。何人坦腹江亭裹，閒笑溪雲帶雨忙。

十三〔四一〕

菱花細點映秋荷，荷葉蕭疏菱葉多。風遞一聲殘照裏，誰家新調採菱歌。

十四

偶寫新篁嫩玉枝，曉牕放筆影離離。且看濕緑如雲處，疑是瀟湘過雨時。

十五

歲寒身世墨痕中，寫出冰霜意未窮。古木自甘巖谷老，不須花信幾番風。

十六

萬山秋霽曉雲開，碧澗聲從樹杪回。筆到自成高遁處，採芝應有綺黄來。

十七

雨散煙巒翠萬重，泉飛百轉下晴峰。人家居近愚公谷，不種桑麻種竹松。

十八

槿花籬落竹叢叢，新改茅齋對遠峰。自笑未能除習氣，一簾疏雨寫秋容。

十九

緑擺楊枝生白煙，茅堂深掩半溪邊。二年踏雪燕臺畔，辜負梅花月影眠。

二十

高歌白苧倚舟斜，一曲晴陂滿樹鴉。黄葉亂飛煙水闊，夕波紅處是漁家。

二十一

濕緑煙雲上下飛，林巒宛似米元暉。怪來潑墨多風雨，亂打漁舟暮不歸。

二十二

澗泉東下不勝清，宛轉流分竹裏聲。茅舍蕭蕭人寂寂，霜枝高矗澹煙生。

二十三

老年氣習未全刪，坐愛幽牕墨沼間。援筆不離黄子久，澹濃游戲畫虞山。

二十四〔四二〕

楓江水冷羣歸早，萝熟蘆花秋未杪。一雁不眠來弄月，波光遠動天將曉。

二十五

楊白花飛楚水東，竹林西轉竹橋通。扁舟載酒衝煙去，一路瀟湘潑墨中。

二十六

垂楊橋畔隔秋山，釣艇人歸落日灣。一帶蘆花風起急，滿簑如雪獨披還。

二十七〔四三〕

林鳩喚雨不成雨，山鵲呼晴亦未晴。盡日聲聲是何意，欲催潑墨米圖成。

二十八

幽禽投林暮色空，捲箔秋影暗牕中。呼童吹燈皴未了，候曉點綴東山東。

二十九

年少如何問釣磯，楓江每念季鷹歸。此時正值蒓鱸美，獨怪毫端寫不肥。

三十

煙裹郇莊木葉黄，石橋西近讀書堂。秫田最喜秋收早，酒熟先烹紫蟹嘗。

三十一

練溪竹樹有清華，宛在毫間逸興賒。風雨過牕梅熟候，滿池墨汁浸桐花。

三十二

春到江頭樹樹新，白鷗黄鳥便相親。草堂四面山如活，誰箇閒來作主人。

三十三

江郵楊柳澹還濃，桃李花飛高下紅。酒熟偶來田舍裏，醉將秃筆畫豳風。

三十四

谷口閒閒雲氣收，松杉高下自成邱。草堂且喜終南外，束帛無勞任白頭。

三十五

雨後朝來又復陰，秋巖木落葉深深。故人千里來相訪，不有書聲未易尋。

三十六

數株楊柳映門斜，晨拂煙光莫坐鴉。憶自捉花童逐伴，於今頭白各天涯。

三十七

蕭疏竹木倚江濱，石腳披莎拂浪新。一帶遠山銜落日，草亭秋影澹無人。

三十八

郵叟相逢話雨天，昨宵新漲沒南田。不如賣犢買舟去，結網來張縮項鯿。

三十九

曉辭茅店雪初殘，路轉峰多寸步艱。飛棧縱能平似掌，不如僵卧在家山。

四十

蒼松雪折亂交加，屋傍山灣窄亦佳。却爲傳經過夜半，紙牕燈影落寒階。

批注

〔一〕小石本無此注。注爲小石本所無者，當是李杕所加，與原本自注不分。

〔二〕陳帆，又號蒙谷。見海虞畫苑略。

〔三〕小石本同缺。

〔四〕「深」出韻，疑誤。小石本同。

〔五〕據陳瑚蟻橋集和韻，此詩在康熙三年甲辰。

〔六〕陳大成集生，無錫人。

〔七〕許之漸青嶼一。堯峰是地名。

〔八〕青嶼二。康九，漁山卅九。師六，許承家，江都人，康廿四乙丑進士。顧庵，曹爾堪，浙嘉善人，順九進士。

〔九〕小石本無注。

〔十〕高郵道中小景立軸，見吴越所見書畫録六。康十二，癸丑，吴漁山四二。

〔十一〕梅村卒於康十。

〔十二〕梅麓，朱之錫，義烏人，順三進士，康五卒。南陽當作山陽。清史稿六六。

〔十三〕營丘，李成。

〔十四〕何元英，秀水人，順十二乙未進士。

〔十五〕張銘，字西友，號紫庭，改名僧乙，字西又，疁城八子之一。見嘉定志十九。

〔十六〕「天珠」應作「天球」，小石本亦作「珠」。虛齋名畫録五，葑溪會琴圖跋稱陳石民。松壑鳴琴圖立軸見吴越所見書畫録六，康十三甲寅。

〔十七〕自怡悦齋書畫録五有此詩，小異。康十三甲寅。

〔十八〕墨井書畫集卅四頁、吴越所見書畫録六有此詩。

〔十九〕許侍御三。此詩當在康十一默公卒後。「余」非許侍御元題，乃漁山自謂也，觀詩末韻自見。當是康十四作。

〔二十〕康十七，漁山四七。自怡悦齋書畫録五有吟秋圖，題十六年丁巳十月，首二句小異。

〔二一〕許侍御凡四。

〔二二〕煙客康十九年六月十七日卒，年八十九，漁山四十九。本年尚未往澳，故曰「呼兒」。

〔二三〕此是送友至大西，因有「九萬程」句。既曰「遠歸」，則所送西友也。

〔二四〕梅村，康熙十年卒。

〔二五〕小石本此以下爲卷下。

〔二六〕以下五首均康熙四年乙巳與陳確庵倡和，見確庵詩鈔六。確庵康十四年十月卒。

〔二七〕小石本無此注。

〔二八〕子莊，名遬，確庵子。

〔二九〕小石本無此注。

〔三十〕三餘集作與沈子冷論元季畫。

〔三一〕「晚年惟好道」三餘集作「晚遊於天學」，「之子」作「沈子」，「超逸」作「磅礴」。

〔三二〕小石本無此注。

〔三三〕陸上游。

〔三四〕詩見穰梨館過眼録卌八，只「棲」字作「醉」，餘全同。古緣萃録八亦載此圖。康十六丁巳。

〔三五〕民譽見口鐸八十九頁及九十三頁，當是教友。

〔三六〕上游，嘉定陸道淮。清暉贈言二有陸道淮奉呈耕翁夫子詩，款稱「受業」。

〔三七〕此似是奉教後語。

〔三八〕漢昭，張覲光，嘉定人，見清暉贈言九。十年在嘉定也。國朝練音初集卷九作題畫贈王玉谿。

〔三九〕此畫石渠寶笈卷卅五著録，「水氣」作「海氣」。康七戊申從毗陵歸虞山。

〔四〇〕見小萬柳堂藏畫目，小異。

〔四一〕虛齋十五，少有異。康熙十三。

〔四二〕虛齋名畫續録三，只「遠」作「浮」。

〔四三〕虛齋名畫録十四全同。

卷三　三巴集

序

莊定山先生曰：「善觀經書者，觀吾心之經書，如郢人之運斤，九皋之相馬，取乎内而忘乎外也。」〔一〕漁山從學有年，〔二〕詩畫及書法皆妙天下。近復留心心學，優游自足，嗒乎若忘，在身忘身，在事忘事，任風波震蕩而天君泰然，此三巴集之所以作也。帝鄉天人之居，〔三〕海外九州之詠，心中何所不有，何所不無。漁山之作，誠所謂送君者自崖而返矣，致令予乍見之而若驚。繼觀之，覺淵乎茫乎其不可測也，安可以淺近視之耶。是爲序。〔四〕宋實穎。〔五〕

序〔六〕

予在史館纂外國傳，見其風俗瑰怪，心甚異之，因作竹枝詞百首以紀其略。今吴子漁山所詠嶴門，其地未離南粤而爲外國貢市會聚，〔七〕耳目所遇，往往殊焉。使子雲復起，必賫油素録其方言，而惜予之未及備也。吴子雅工詩，擅書畫，近從海外歸，言詞泠泠，有御風之致，予異之益甚，亦執化人之祛矣。〔八〕艮齋尤侗題。〔九〕

註

長洲尤先生侗，字同人，更字展成，别字悔庵，晚自號艮齋。以鄉貢除永平推官，坐撻旗丁，降調。少嘗爲游戲之文。順治戊戌王學士熙侍經筵，上偶談及，學士以先生文對。上立索覽，學士以鈔本進，復索刻本，上覽竟，親加批點，歎爲真才子者再。因問出身履歷，爲太息久之。他日又摘集中討蚤檄，示學士曰，此奇文也。問有副本否？對曰無。遂命内府購之坊間，不得。己亥先生入都，使者跡至旅邸，攜一册去，裝潢進呈，上大喜。亡何，有以所著讀離騷樂府獻者，上亦讀而善之，令梨園子弟播之管絃，以比清平調云。徐公元文及第，上知爲先生門人，從幸南海子，上忽駐馬問爾師尤侗年幾何？以何事降調？當補何官？垂詢再三。復語木陳禪師曰：士多有高才不遇者，如徐元文之師尤侗，最工文，僅以鄉貢入仕，旋罷官，豈非命耶？木陳因言君相能造命，上曰朕意亦然，蓋有意召用之矣。世祖升遐，先生自傷數奇。康熙戊午，召試博學鴻儒，聖祖親擢五十人，悉入翰林，纂修明史。先生授檢討，年最長，入院以齒序，四十九人皆坐其下。留史局三年，分撰志、傳三百篇。嘗偕諸儒臣進平蜀詩文，上見其名曰「此老名士」。先生刻二語於堂楹曰：「真才子章皇天語，老名士今上玉音。」觀者榮之。子珍壬戌成進士，選庶常，先生乃告歸。己卯，天子南巡，先生獻萬壽詩、平朔頌，御書「鶴栖堂」三大字以賜，時年八十有二矣。甲申〔十〕六月卒，年八十有七。所著有西堂雜俎、艮齋雜記、鶴栖堂文集百餘卷。節録先正事略。

批注

〔一〕陸本無「如」字，「九皋」作「九方皋」，小石本同。

〔二〕然則亦嘗師宋實穎。

〔三〕陸本、小石本「帝鄉天」作「穆王化」。

〔四〕「致令」以下，小石本無，陸本亦無。小石出於陸，此出於抄本。

〔五〕字既庭，長洲人，順八年舉人。

〔六〕艮齋倦稿七作題三巴集。

〔七〕艮齋倦稿「門」作「山」，「南粵」作「百粵」。

〔八〕艮齋倦稿「必」下有「當」字，「益」作「尤」，「亦」下有「欲」字。

〔九〕艮齋倦稿十五卷，前八卷分體編纂，此文見卷七題跋。第九卷以下編年，自壬申至戊寅。然則此稿必在康熙三十年辛未以前。但今三巴集末有七十詩，則康熙四十年也（抄本無此）。九十二頁口鐸，康熙卅六年已有三巴集，但未必係刻本。

〔十〕康四三。

嶴中雜詠

關頭閱盡下平沙，濠境山形可類花。居客不驚非誤入，遠從學道到三巴。山色紫黑，形類花朵。三巴，耶穌會之堂名。

二

一曲樓臺五里沙，鄉音幾處客爲家。海鳩獨拙催農事，抛却濠田隔浪斜。地土縱横五六里，隔水濠田甚瘠。居人不諳春耕，海上爲商。

三

黄沙白屋黑人居，楊柳當門秋不疏。夜半蜑船來泊此，齋廚午飯有鮮魚。〔一〕黑人俗尚深黑爲美。魚有鰣、鰡兩種，用太西阿里襪油炙之，供四旬齋素。

四

捧臘高燒迎聖來，旗幢風滿砲成雷。四街鋪草青如錦，未許遊人踏作埃。沙勿略聖人出會，滿街鋪花與草爲敬，街名畏威懷德。

五

海氣陰陰易晚天，漁舟相並起炊煙。雁飛地遠知難到，島月來宵十二圓。蜒人放舟捕魚，以海爲家，終歲不歸。

六

短毳衣衫革屐輕，砲臺山上踏新晴。偶逢鄉舊談西礦，近覺黄金不易生。俗喜短毳衣衫，兩袖窄小，中間四旁鈕扣重密。著革屐，屐只一齒。

七

晚隄收網樹頭腥，蠻蜑羣沽酒滿瓶。海上太平無一事，雙扉久閉一空亭。凡海上事，官紳集議亭中，名議事亭。

八

少婦凝妝錦覆披，那知虚髻畫長眉。夫因重利常爲客，每見潮生動别離。宅不樹桑，婦不知蠶事。全身紅紫花錦尖頂覆拖，微露眉目半面，有凶服者用皂色。

九

榕樹濃陰地不寒，鳥鳴春至酒家歡。來人飲各言鄉事，禮數還同只免冠。髮有金絲拳被者，矜重戴黑多絨帽，帽式如笠，見人則免之爲禮敬。

十

風舶奔流日夜狂，誰能穩卧夢家鄉。計程前度太西去，今日應過赤道旁。計柏先生去程應過赤道。

十一

臘候山花爛熳開，網羅兜子一肩來。卧看欲問名誰識，開落春風總不催。花卉四時俱盛。遊輿如放長扛箱，兩傍牕，入偃卧。尊富者彫漆巧花，居常者網羅一兜，以油布覆之，兩黑人肩走。

十二

一髮青洲斷海中，四圍蒼翠有凉風。昨過休沐歸來晚，夜渡波濤似火紅。青洲多翠木，爲納凉休沐之所。海濤夜激，絶如散火星流。

十三

浪遶三山藥草香，如何得誤幾君王。秦時採剩今猶緑，藥自長生人自亡。三山傳説秦漢採藥之處。

十四

九月無霜黄橘柚，三冬有雨熟枇杷。未須寒鳥頻來啄，留待清齋當午茶。枇杷冬熟，瘦且酸軟。

十五

十字門前日欲晡，九洲霞散晚模糊。人過兩處休回首，目斷壓間淚易枯。十字門與九州相對。

李義山詩云，「海外徒聞更九州」，即此也。遠望之或隱或見，如九點青螺。

十六

虹見來朝狂颶起，呑舟魚勢又縱橫。不知幾萬風濤去，歸向何人説死生。謂羅先生到大西矣。

十七

第二層樓三面聽，無風海浪似雷霆。去來畢竟輸鷗鳥，長保羣飛入畫屏。樓房概有三層，予眠食

第二層上。

十八

小西船到客先聞，就買胡椒鬧夕曛。十日縱横擁沙路，擔夫黑白一羣羣。小西貨物至澚，擔夫争路縱横。

十九

紅荔枝頭月又西，起看風露眼猶迷。燈前此地非書館，但聽鐘聲不聽鷄。昏曉惟凖自鳴鐘聲。

二十

臘夜如年寒漸短，舊衾欲覆衣還暖。前山後嶺一聲鐘，醒却道人閒夢斷。前山聖母堂小鐘打起，各堂大鐘即應。

二十一

九九不飛宜瑞雪，常如梅候潤衣衫。樓頭日坐聞龍氣，池面時添海雨鹹。寒候樹木不凋，絶無霜雪。

二十二

亂山高處獨幽尋，屐底泥腥畏虎深。何事雲遮關下路，來看恐起憶歸心。關口高山，登之可望東粤。

二十三

經過庾嶺無梅樹，〔二〕半載幽懷托筆端。昨寫今將寄隴客，暗牕且復展來看。久矣無梅，獨登空嶺。

二十四

每歎秋風别釣磯，兩兒如燕各飛飛。料應此際俱相憶，江浙鱸魚先後肥。是時稚兒在武陵。〔三〕

二十五

性學難逢海外師，遠來從者盡童兒。何當日課分卯酉，静聽摇鈴讀一時。書館有大學小學，課讀只卯酉二時，摇銅鈴上學。

二十六

門前鄉語各西東，未解還教筆可通。我寫蠅頭君鳥爪，横看直視更難窮。西字如蠅爪，横行讀之，尖疾者上。

二十七

百千燈耀小林崖，錦作雲巒蠟作花。粧點冬山齊慶賞，黑人舞足應琵琶。冬山以木爲石骨，以錦爲山巒，染蠟紅藍爲花樹，狀似鼇山。黑人歌唱舞足，與琵琶聲相應，在耶穌聖誕前後。

二十八

老去誰能補壯時，工夫日用恐遲遲。思將舊習先焚硯，且斷塗鴉并廢詩。予學道計久矣。〔四〕

二十九

西征未遂意如何，滯嶴冬春兩候過。明日香山重問渡，梅邊嶺去水程多。柏先生約予同去大西，入嶴不果。

三十

江路陰晴費較量，歸帆遲緩下南昌。〔五〕榜人還認冬來客，〔六〕爲報春流比舊强。予歸途多雨，水漲行舟。

自　述〔七〕

旅途何必問家園，幸遇知心意勿諼。囊澁獨虧推解誼，不云勺水是恩源。
數載居諸空自勞，何時夷夏被恩膏。願君默禱常思憶，不負傳宣委任高。

自述附原韻二首

春膏幾度下荒園，槁木重蘇思勿諼。只愧樗材終自棄，空教雨露日源源。
寄語東皇且勿勞，枯枝殘木枉承膏。從今休向荒園洒，恐負恩波萬丈高。

賡歌揚拜待昌期，旅客無容悵別離。否泰相因皆預定，淵幾未許世人知。

榮落年華世海中，形神夷險不相同。從今帆轉思登岸，摧破魔波趁早風。

手足分離幾度秋，〔八〕代籌長策恨難周。一行寫就無歸雁，忽得新詩解宿愁。

靜院棲遲三四年，卑污依舊意愴然。幾緣主賜相規勵，無限前程共着鞭。

五千客路橫雲斷，翹首穹蒼十二重。欲效涓埃酬聖德，非徒心艷紫泥封。

赫赫主名應顯揚，偶遭魔障禍方昌。光榮不復知誰咎，夢覺憂增欲斷腸。

萬罪從來不足憐，經言惡表判尤嚴。奔馳獄路心如醉，何日頭回向九天。

聖會光埋利藪中，可憐前聖創基功。三洲舊穴今猶在，望裡悲天午夜風。聖人沙勿略墓在粵東三洲島。〔九〕

七政遷移萬象新，主持造化是何人。一原可溯勤昭事，勿負洪恩失性真。

幻世光陰多少年，功名富貴盡雲煙。若非死後權衡在，取義存仁枉聖賢。

功成救世萬方春，聖會榮光次第新。揮淚遙瞻箕子國，肩承苦架待何人。

義夫保父是何人，晉福崇階此日升。漢國羣靈資轉禱，四方教澤及時新。

老朽何堪幾大成，第隨默佑侍羣英。神鎗苦架思同化，掃蕩羣邪頌太平。

誰道生人止負形，靈明萬古不凋零。真君肖像興羣彙，梓里原來永福庭。

慶賀聖母領報二首〔十〕

救世宏基肇聖胎，福音乍報主神來。乾坤莫囿貞懷藴，久扃天衢今始開。
永福之門此日開，尊神報命自天來。朌霞郡内朝元后，萬物真君降聖胎。

雜　詠

静對青山入畫圖，層巒聳處翠雲鋪。一鈎新月松間掛，隱隱扁舟唱晚歌。〔十一〕
情深仰止歎空勞，隔院巖牆萬丈高。此日掛帆何處去，凝眸心駭浪滔滔。
横舟衝破萬層濤，島外人歡覯四豪。只有故園知己處，表儀苦遠少甄陶。

雜感五絶三首

世態曷堪哀，茫茫失本來。五傷恩甚大，誰憶報涓埃。

其二

毅志承三寵，貞心備七恩。今居神樂地，後入太平城。

其三

故人不可見，咫尺玉門關。飢渴情深處，鐘鳴夜未闌。

自述五律一首

睽隔關山外，心神在即離。縈情常默禱，頂祝代吟詩。三擊鈴鐺後，七番叩拜時。承行惟主旨，衡泌樂棲遲。

贈　郭

永福之門此日開，寵光共慶自天來。删除舊染摧魔陣，旋享真糧結聖胎。貴矣名登義子籍，榮哉心作大君臺。知卿堪慰蒼生望，廣厦今需柱石材。郭不知其名，亦不知何許人。時受洗，領聖糧，先生詩以賀之。〔十二〕

頌先師周鐸

葦城晦跡仰奇人，〔十三〕秉鐸遐方教澤新。鴨水夜凝初入國，鷺沙晝暗已成城。五旬勳業輝東土，七載慈祥感下民。何日天朝重聚首，依稀函丈笑言親。

讚聖若瑟

神呼驚起夢魂中，倉卒登程伴朔風。霜月侵衣身欲憊，峰巒阻險路方窮。姑憑老馬尋迷

道，潛向慈親問聖躬。此際淒涼不可訴，青山隱隱白雲東。（十四）

賀　友（十五）

崇階穩步寵無疆，簡越洪材任棟梁。浩浩經言參講席，煌煌祀典贊龍光。七賢古績風何遠，六級初登望自長。秉鐸他年宣德化，鴻動偉業不堪量。詩賀友人晉六品教秩。（十六）

聞教宗復辟

燈火滿山殿宇開，海濱砲震駭秋雷。宗君復辟干戈定，喜報遥從天外來。一千六百八十九年教皇亞立山第八即位（十七）

感謝聖會洪恩

至哉爾慈，憫世沉淪。韜榮下降，備受艱辛。臺乃苦架，身作犧牲。餘恩靡既，再選奇人。

繼徒敷教，跡遍乾坤。冥蒙丕啟，萬象回春。宏功懋績，千古猶新。非圖本耀，永顯爾名。煌煌信耀，暗冥真光。仇徒煽處，舉世茫茫。洪恩丕錫，垂法以匡。聖賢畢集，大義皇皇。會修名士，持論剛方。上符神指，下協侯王。中流砥柱，不畏瀾狂。鴻詞具在，欽守不忘。

讚宗徒聖西滿

日多創業是何人，被化名邦教澤新。勳績不慚大主弟，尊榮共羨母皇親。途逢季子功同顯，語壓邪徒道始真。獨憶風雷乍震日，天衢穩步樂無垠。

聖依納爵

述武功，充宿衛，素輕門弟之高。棄財色，謝世光，克守母皇之訓。共興偉業，同志十人。丕著洪修，要規三絕。育英才，理煩劇，師友之精神均竭。廣聰明，通世務，敷宣之體用咸宜。爰爲之頌曰：

人間愛火，主座近臣。超奇拔萃，棄俗神貧。修兼隱顯，貞潔精瑩。重端明鏡，剛毅堅星。

齋克良式，忍耐儀型。眷懷普世，樂引愚民。芟除陋習，摧敗魔兵。整復惻隱，釋怨解紛。忻荷苦架，翕合聖心。宗徒芳武，步步克繩。謙卑遜讓，盛德和平。文章極燦，透達奧情。鎮壓堅陣，大啟後人。真上智之指南，公義之平衡。熾心事主之至範，沉迷世海之耀燈。不特諸德之總匯，實聖教會信德之干城。

聖方濟各沙勿略〔十八〕

辭樂迓艱，就貧棄富。神注中華，鐸開印度。流厚澤於殊方，揚聖名於亘古。讚曰：特選之器，聖教柱礎。隨救世主，擔荷劇苦。聖父光榮，聖神特寵。〔十九〕私累胥捐，五司鞏固。重顧羣羊，一如聖祖。廣布福音，豈曰小補。指破迷途，宛然巨火。振醒吾民，咸思安土。非止本會之棟梁，實乃亞西亞之慈父。

聖若望保禄雅各伯日本國致命

寶架懸空，森列燦然，東國三星。洵矣難兄難弟，長奇〔二十〕義血同傾。

聖方濟各玻爾日亞

人世虛榮薄聖賢，主臺偉業燦雲煙。侯王禄位泥沙視，貞潔襟期玉石堅。懿訓永垂嚴子女，洪圖首重毓英年。勿悲巨制今何在，拭目來觀再造天。

聖達尼老格斯加

瀟洒離塵志不迷，髫齡悟道寵恩奇。知機審矣先辭父，攜杖飄然遠訪師。神健緣嘗天上味，身安豈待世間醫。勿云八月功修少，仰溯芳名萬古稀。

聖類斯公撒格

英年蒙寵召，矢志獻慈親。學業光前輩，師資裕後人。辭榮如避毒，全潔在離塵。五載功非久，千秋德澤新。

聖方濟各來日斯〔二一〕

聖德兆童年，端方正直；儀型超老宿，貞肅和平。愛慈親，敬守神，居恒切務；濟貧窮，扶患難，朝夕常規。倉箱告匱而復盈，仁心自有主助；士庶歡迎而遠送，聖名恰合奇功。是固聖會之棟樑，塵世之純神，寰區之愛火，後學之楷模。

賀　友

雲斷嶺南萬里，〔二二〕孤山兩度星霜。嗟歎溯洄無自，伊人在水一方。雁足飛來好信，巍峨五級榮登。用作鹽梅舟楫，果然上國之楨。

感詠聖會真理

三一含元妙，靈樞啟妙能。厚生非了義，歸極是真憑。摶上嗟中落，回天許共升。緝熙純暇備，先我有人曾。

其　二

寰區初建造，有地位中央。四序長春在，三時日不忙。此生皆極樂，其壽亦無疆。莫歎難尋覓，於今復降康。

其　三

晴日初收雨，春風已過冬。青溪沉寶櫝，曠野舉銅龍。萬箭消悲泣，三鋒息怒容。常生今有望，潑濯出塵封。

其　四

樂國豐筵備，傳呼起側微。麥膏餐不素，萄酒醉無歸。玉冕三光爛，金衣五色圍。臺前多有德，朝夕近容輝。

其五

廣樂鈞天奏，歡騰會衆靈。器吹金角號，音和鳳獅經。内景無窮照，真花不斷馨。此間纔一日，世上已千齡。

其六

此喜非常喜，鐸聲振四溟。七千年過隙，九萬里揚舲。杲杲中天日，煌煌向曉星。承歡無別事，一卷福音經。

其七

自天申爾福，有母性徽柔。美麗黄金殿，高超白象樓。大光通上下，渥寵富春秋。蜜蠟含芳處，瞻依十二旒。

其八

禔福佳音報，傳來悦衆心。靈禽棲芥樹，小騎擊萄林。遍地玫瑰發，凌雲獨鹿深。登堂無以獻，聽撫十弦琴。

其九

青枝歌凱樂，昂首渡滄洲。臂奮小天下，手擕大九州。聞聲山鼓舞，吹氣水溶流。幸託如飴母，藏身達味樓。

五絶

天外有天寬，長春不暑寒。人人今可到，我到亦何難。

又

永福在高天，人生非漫然。一身由我主，誰遣受拘牽。

罨中有感

畫筆何曾擬化工，畫工還道化工同。山川物象通明處，俯仰乾坤一鏡中。天地絪緼萬物醇，仰觀俯察溯生民。古今升降乾坤在，知有中和位育人。〔二三〕

誦聖會源流

十二重寰最上頭，主宫别自有春秋。氤氲花氣開玫瑰，燦爛珠光拜冕旒。天上欲求真福樂，人間須斷假營謀。試觀多少髫齡女，日日追隨聖母遊。

未畫開天問始基，高懸判世指終期。一人血注五傷盡，萬國心傾十字奇。閶闔有梯通淡蕩，妖魔無術逞迷離。仔肩好附耶穌後，仰止山巔步步隨。

萬古鴻濛鑿竅吹，一丸土塊走儀羲。花榮蟬噪全相應，雪暗風饕各不知。故簡中無生活趣，靈源別有主張奇。長言爛語留君耳，印取無言不語期。

一日嬰兒墮地時，庶無罪悔蓋難之。自天而降福哉福，由女以生奇矣奇。羣聖吁嗟勞引領，萬方舞蹈喜開眉。與偕昔許今來慰，記取陽回四綫期。

曾詠周詩陟降篇，如開雲霧覩青天。不圖日月重光世，却在庚申元壽年。學有知新純嘏借，道歸遠慮聖功圓。願隨霞珮聽高唱，豈獨驪珠耀一篇。

性理由來與道親，新詩吟罷一凝神。死前誰信天鄉樂，了後方驚獄火真。浮世功名鴻爪雪，勞生軀殼馬蹄塵。流光況復催人急，擬向真原細問津。

齒髮含靈號曰人，乾坤大父性中真。始知薇極天功亮，壹是蘭陔子職循。往事深悲千斛淚，來歡占斷四時春。不緣寵教開新教，争信常生禔福身。

最高之處府潭潭，眷屬團圓樂且耽。無古無今三位一，徹天徹地一家三。人名日益稱神可，世有奇花保聖堪。畫壁年年瞻配像，浄香理略鼻頭參。

榮加玉冕錫衣金，血戰功勞赤子心。萬色萬香萬花谷，一根一幹一萄林。牣靈飫飲耶穌爵，躍體傾聽達味琴。聖聖聖聲呼不斷，羔羊座下唱酬音。

超超妙體本無方，爲活蒸民顯復藏。宛爾一規新餅餌，依然六合大君王。人間今有全燔胙，天上恒存日用糧。曾是多愆容接近，形神飫處淚沾裳。

太極含三是漫然，真從元氣説渾淪。殘篇昔識誠明善，奥義今知父子神。位别近參含火鏡，體全遥指麗天輪。聖名顯示權相付，普地人間至教音。

十二天葩綴彩雲，冕旒新製母儀堪。色從無始光中賦，香自初胎寵裡含。奇絶一貞開寶蕊，榮超萬聖簇華參。何當受福朝元日，瑰麗親瞻面面涵。

總領天神

凛凛丰姿擬絶倫，翩翩羽翼似童身。趨承太始元尊主，總領諸天九品神。威鎮火牢降一鬼，恩標雲柱護多人。人間不識無形妙，誰向無形妙寫真。

護守天神

人間何處免仇傷，大主恩施浩莫量。禍福轉移神特遣，死生終始日須防。闇冥世宙提攜切，孤厄形神侶伴良。最是末期升墜際，預消魔策送天鄉。

克傲

傲惡知何似，驕獅不可馴。雄心誇有物，俯目視無人。幾日凌雲氣，千秋委地塵。爭如勤自克，萬德一謙真。

克吝

貪惡知何似，癡猴握固然。解囊眉早皺，拜賜色爭妍。卒世饒千算，終期但兩拳。爭如勤自克，心惠破慳鍵。

克淫

淫惡知何似，流情水決溪。乍污顏尚赧，稍縱意全迷。獸行叢多指，神監逼暗閨。爭如勤自克，貞德是金隄。

克忿

忿惡知何似，風狂火舉熛。無端纔有觸，誓死不相饒。豈是輕三尺，居然患一朝。爭如勤自克，常用太和澆。

克妬

妬惡知何似，平流忽起波。高才容我獨，好事恨人多。咄咄偏相逼，睊睊奈若何。爭如勤自克，一恕百無他。

克饕

饕惡知何似，溟墟吸衆流。萬錢難下箸，一笑爲擎甌。直待腹相負，方知軀是仇。爭如勤自克，甘節德之儔。

克怠

怠惡知何似，駑駘負主恩。有軀安豢養，無志望騫騰。神業難期頓，流光欲若奔。争如勤自克，振策入修門。

贈前輩道友

出世襟懷絶世姿，翩翩儒雅亦吾師。吴淞花鳥虚詩本，古薊星霜立道基。身外今知天爵貴，耳中别有鐸音奇。何時一句銘心語，化我堅頑骨肉皮。〔二四〕

七十〔二五〕

予學道未成，追前年月，痛惜虚度。兹用坡翁甲子重來又十年爲首句，遂成四律，以爲後惕。

甲子重來又十年，山中無歷音茫然。吾生易老同枯木，人世虚稱有壽篇。往事興亡休再問，光陰分寸亦堪憐。道修壯也猶難進，何況衰殘滯練川。

甲子重來又十年，破堂如磬尚空懸。虫秋四壁鳴還歇，漏雨三間斷復連。不願人扶迎貴客，〔二六〕久衰我夢見前賢。床頭囊橐都消盡，求舍艱難莫問田。

甲子重來又十年，飄然久不去琴川。〔二七〕堂前墨井水依在，屋後桃溪花自妍。懶讀有孫應長大，廢耕無役少煩煎。兩兒如願隨修業，却愛傳家道氣全。

甲子重來又十年，道行此地少安眠。夕朝奮理遊荒徑，俯仰搜觀坐井天。對雪未忘驢背上，思山常念墨池邊。而今啖蔗無多齒，自笑粗知老味全。

批注

〔一〕以魚爲齋，天主教法。

〔二〕渡嶺不由海。

〔三〕子在武陵，是否武林之譌。

〔四〕「計」陸本作「許」。

〔五〕是時往澳過嶺從廣東去，不由海道。

〔六〕似去澳不久即回。

〔七〕以下爲小石山房本三巴集所無，此據鈔本補。

〔八〕似係憶兄。

〔九〕是自注，是李注，不可考。

〔十〕陽三月廿五。

〔十一〕「歌」出韻。

〔十二〕此是李注。

〔十三〕茸城，華亭。梅村集十四有茸城客樓吟眺詩。

〔十四〕徐匯抄本尚有一首：「茹苦勤勞三十年，家寒擔荷謝無愆。功成應有天榮賞，死至何容世態牽。浄配瞻依慰自倍，慈君呵護寵難言。試觀千古多名聖，此日恩光誰比肩。」

〔十五〕下文五七頁亦有賀友詩。

〔十六〕李注。

〔十七〕康廿八，漁山五八。是年漁山已否離澳？此當是李注。

〔十八〕聖教雜誌第三年一號言，康熙廿七澳門葡督與耶穌會司鐸渡海至上川島將仆碑扶起，未知是漁山否？參觀上文五一頁。

〔十九〕「寵」出韻。

〔二十〕長崎，卅一頁作「長祁」。

〔二一〕無韻。

〔二二〕當是粵人。

〔二一三〕徐匯抄本尚有一首：「牛衣卧聽小兒啼，未得無情亦自迷。天地由來終寂寞，沾巾何事爲亡妻。」

〔二一四〕八十首。

〔二一五〕康四十，辛巳。此四首李氏從另本加入。

〔二一六〕宋犖自康熙卅一年六月爲江蘇巡撫，四十四年十一月遷，凡十三年餘。五十二年卒，年八十。張伯行康熙四十八年十一月爲江蘇巡撫，五十四年十一月免，凡六年。張鵬翮康熙卅七年十一月爲兩江總督，卅九年三月調。

〔二一七〕琴川指常熟。

卷四　墨井題跋

半幅董元，傳聞久矣，願見之懷，不啻饑渴。一日過太原之拙修堂，〔一〕幸得飽觀。其筆力扛鼎，奇絶雄貴，超軼前代，非後學者能窺其微藴也。

北苑龍宿郊民圖。山巖雄峻，樹木鬱茂，亭臺樓閣之富麗，而高棚張設珠燈錦綵，郊民聚而歡躍，蓋宋藝祖下江南也。毗陵莊氏所藏，予得請見，不及臨粉本。

巨然賺蘭亭圖。山不甚高，雄厚幽深，秋林蓁篠，小逕幽折，一人乘騎過橋，童子抱琴相隨，而寺門南向，大殿直階，下則水閣。閣中蕭翼，紗帽藍袍，智僧柘衣陪坐，並觀蘭亭。當其轉換間，已被其賺去，至今令人笑破口也。然則唐太宗不將勢奪，用蕭翼賺之，意謂無妨於雅事也。及遭殉葬，千古爲之三歎。巨然畫本，今亦不知所歸。

大癡晚年歸富陽，寫富春山卷，筆法游戲如草篆。傳聞有二本，一不知其詳，一被好事者拳拳寶愛，不離於手，迨將終時，投之於火，旁人亟取，已燒卷首尺餘矣。予在廣陵所臨者燼餘本也。歸而質之太原奉常公，公有石田背臨一卷，即將勘對。山川樹石，毫無遺失。但石田之設綵，乃其本色也。卷尾跋云：「癡翁本，向予所藏，請題於人，被其子乾没，而後

出售。貧不能歸，歎息背臨而已。」予所臨二卷，一爲奉常，一爲惠子也。〔二〕

浮嵐暖翠，癡翁第一合作也。絹素無恙，設色帶用青緑，皴擦少變。虞麓本色、墨葉二種，非平日所有。屋宇高低，不著一人。有小澗横出雲中，峰巒平疊連層，飛動於筆意外，真奇特也。予適在蘇郡得即手臨，乃山左宋氏所藏也。不知如何轉歸於塞北，聞遭殉葬。嗚呼！昔之蘭亭，今之浮嵐暖翠，傷哉惜哉！

大癡春山梵刹圖，用青緑和之，設色與夏山圖無二，全以北苑爲宗。跋云：吾年老耄，習氣未殊，蓋有此作也。曩予客吴興，吴刺史〔三〕招入墨妙亭，出此圖。匆匆一見，不遑臨之，追憶惘然。

陡壑密林圖，癡翁生平合作也。畫在箋紙，跋在絹素。絹雖剥落，而存處字墨維新。畫法如草篆奇籀，予每過拙修堂，〔四〕必請觀之。常帶筆就臨，曲盡窮摹，殆難得其神運。煙翁晚年亦歎息，此幅被書畫賈人俟貧乏時，輒爲貨求，不得不割去。意謂必歸山左矣。

叔明〔五〕靜深秋曉圖，設色絢爛，與秋山圖並美。蓋蒼松高下間雜楓樹紅紫，山之右有牌坊、門道、廳堂、密室。紫衣者危坐，童役抱琴書侍立。其後面樓臺，有雲鬟、珠翠、紅粉。澗旁之曲，有飛鷗，鷺集峰之轉處。邨落聚散，草樹霜紅，不勝繁茂。上有内府圖章。傳聞兵燹後冷灘上獲之。予得觀於劉尚書〔六〕齋頭竟日，次早再訪不得。

雲林吳淞山色，層疊高巖，磅礴之氣直逼巨然，非平遠手筆也。

毘陵唐氏，世藏叔明夏日山居圖。其欵識「戊申二月，爲同圓〔七〕高士畫於青邨陶氏之嘉樹軒」。予時客於許氏補處堂，〔八〕與唐氏靜香齋只隔一舍，其畫不肯借過，予就而觀之。筆墨景界，逼肖巨然，非山樵本色也。予得飽觀，又得手臨。至於年月，同在戊申〔九〕二月，是何奇也。

梅道人深得董巨帶濕點苔之法。每積盈篋，不輕點之。語人曰：今日意思昏鈍，俟精明澄澈時爲之也。前人繪學工夫，真如煉金火候。

雲林寫山，依側起勢，不兩合而成。米家山如積米，驟然而就。子久山直皴，帶染林麓，多轉折。三者皆宗北苑而自成。

徐崇嗣畫花萼，不作墨圈，用彩色積染，謂之沒骨花。張僧繇亦積彩色以成，謂之沒骨山水。而遠近之勢，意到便能移入心目，超然妙意。

山以樹石爲眉目，樹石以苔蘚爲眉目。蓋用筆作畫，不應草草。昔僧繇畫龍，不輕點睛，以爲神明在阿堵中耳。

潑墨惜墨，畫手用墨之微妙。潑者氣磅礴，惜者骨疏秀。

癡翁有畫，隔岸作數筆，遂分晴雨。如此手筆，高出於前人也。

元人擇僻靜之地，結構層樓爲畫所。朝起看四山煙雲變幻，得一新境，便欣然作畫。大都如草書法，惟寫胸中逸趣耳。一樹一石，迥然不同。

叔明以吴興山水爲粉本，煙嵐晚峰，霜紅林密，筆筆生動。當在巨然妙悟處參之，所謂直泝其源頭也。

黄鶴山樵，〔十〕一日掃室焚香，邀癡翁至，出繪學請質。子久熟視之，却添數筆，遂覺岱華氣象。相傳爲黄王合作也。

雲林生畫石，從大李將軍勾砍中來。畫樹謂之減筆營邱，蕭閒古澹，自成一種逸品，非學力所能到也。

李公擇初學草書，劉貢父謂之鸜哥嬌意。鸜鵒之人言，不過數句。其後稍進，問於東坡，吾書比舊如何？坡云可作秦吉了矣。余畫雖未積學，而近之作者不知少似秦吉了否耶？〔十一〕

山水要高深迴環，氣象雄貴，林木要沈鬱華滋，偃仰疏密。用筆往往寫出，方是畫手擅場。

范道人所居東軒，名之曰也足，蓋取詩之「但有歲寒心，兩三竿也足」之意。山谷老人一時賦詩，謂之勝事。余筆墨荒陋，未能髣髴前代風流，而鑒賞者不必有不足之歎。

往余與二三友遊南山北山，金碧蒼翠，參差溢目。坐卧其間，飲酒嘯歌，酣後曳杖放脚，得領其奇勝。既而思之，畢竟是放浪遊習，不若鍵户弄筆游戲，真有所獨樂。

社集非水齋，分題得春聲五言，滄漁又屬余寫其意。蓋畫爲無聲，今則春聲，爲之有聲。歐陽子秋聲作賦，予以春聲作圖，感物同心，恨不同時。

「萬壑響松風，百灘渡流水。下有跨驢人，蕭蕭吹凍耳。」俞清老詩也。「蒼煙衝寒來，索圖予不孤。」其意以凍手寫凍耳，或庶幾焉。

觀古畫，如遇異物，駭心眩目，五色無主。及其神澄氣定，則青黄燦然。要乘興臨摹，用心不雜，方得古人之神情要路。

潑墨法米，雨風驟至毫間。拖泥帶水，便成濕緑林巒。如老將快馬斫陣破敵而立見功也。

山居臘候，雪霽皎如。有懷許侍御〔十二〕在補處堂消寒，酒爐活火，不共二三年矣。〔十三〕呵凍擬李營邱雪圖以寄。

溪山無盡、萬里長江兩卷，梅道人法巨然也。筆下清雄奇富，變態無窮，出新意於法度之中，寄妙理於毫放之外，渾然天成，五墨齊備。此蓋仲圭之擅場，非後學者所能措手。

大癡峰巒雄厚，石臺層聳。山面有磥砢小石，林麓小港有細水迴環。屋宇水閣，草樹鬱盤，無不曲臻妙境。而小山下，邨落田塍遠致。予刳心立意，未能窺造其微。張融云：「不恨臣無二王法，却笑二王無臣法。」誠然。

山中六月，不知暑氣，就緑陰鼾齁。既醒，捉筆擬范山頭畫，如蟲蝕木，偶爾成文耳。

此予癸卯〔十四〕夏在太原氏拙修堂〔十五〕縮臨叔明林泉清集，不知何年落於惠子〔十六〕之手？今出請題，如逢舊面，顧戀之情，不能已已。

梅道人得董巨之風骨氣候，帶濕點苔，蒼蒼茫茫，有雄邁之致。予居物外，舊學已廢，有時興到，追尋昔之所見，其雄厚超古處，終不可得。

余秋居之暇，檢得宣紙二，喜其長而嫌其太矮，漫採癡黄黄鶴間筆法，又以己意參之，成一小卷，便可懷之出入。如米海岳袖中之石，但終襲稚子事矣。雖然，予齒七十加三，腕力漸衰，墨毫久秃，向後欲作兒戲，恐不復得，不能不爲之惕然。〔十七〕

余近年作畫，似勤似懶。有時不辭呵凍，忘暑忘飱，揮毫疾就。有時春暖晴牕，楮墨精良，對之瞌睡。吾不知此病之所來，或謂老之故也。然少年輩往往亦有如此。予數日前，頗覺腕力筆健，漫學山樵而成小卷，不欲人徵去，留此自養晚節。〔十八〕

邨農望雨，幾及兩旬。山無出雲，田禾焦卷。雖有桔槔之具，無能遠引江波，廣濟旱土。第恐歲荒，未免預憂之也。薄晚，樹頭雙鳩一呼，烏雲四合，徹夜瀟瀟不絶。曉來東阡南陌，花稻浡然而興，葢憂慮者轉爲歡歌相慶也。予耄年物外，道修素守，樂聞天下雨澤，已見造物不遺斯民矣。喜不自禁，作畫題吟，以紀好雨應時之化。〔十九〕

墨井道人晴牕氣暖，攤紙塗鴉。畫成，自烏目山下，同道俗二三子，酌高蹈泉，上劍門，望湖光，已而扁舟泛月歸。

古人能文，不求薦舉，善畫，不求知賞。曰：文以達吾心，畫以適吾意。草衣藿食，不肯向人。蓋王公貴戚，無能招使，知其不可榮辱也。筆墨之道，非有道者不能。

孫虔禮論書，以紙墨相發爲一助。昨得一箋，不減澄心紙，柔密光潤，頗與筆墨相宜。雖手腕力衰，喜無兒童氣習。

余學畫二三十年來，如泝急流，用盡氣力，不離舊處，不知二三十年後爲何如？筆墨如此，況學道乎。繪學有得，然後見山見水，觸物生趣，胸中了了，方可下筆。

畫要筆墨酣暢，意趣超古。畫之董、巨，猶詩之陶、謝也。

淵明篇篇有酒，摩詰句句有畫。欲追擬輞川，先飲彭澤酒以發興。

日高丈五，睡起把筆，寫山下一片耕桑之地，但少農人較雨量晴耳。

山中茶笋初肥，山人不爲梅天所困，信筆塗抹，而荒荒冷趣，頗近元人也。

晋宋人物，意不在酒，託於酒以免時艱。元季人士，亦借繪事以逃名，悠然自適，老於林泉矣。

人世事無大小，皆如一夢，而繪事獨非夢乎？然予所夢，惟筆與墨，夢之所見，山川草木而已。

水活、石潤、樹老、筠幽，非擬冷元人筆，不相入耳。

畫不以宋元爲基，則如奕棋無子，空枰何憑下手？ 懷抱清曠，情興灑然，落筆自有山林之樂趣。

風霜之變，百卉披靡，獨竹君之蒼秀卓絶。

乘醉畫竹，則有雨風披折偃仰之勢。

崖石犖确，乃見竹君之節操。

竹之所貴，要畫其節操，風霜歲寒中，卓然蒼翠也。 山中酒熟，獨酌成醉，信筆揮灑，遂成蒼翠，甚娱樂也。 何可一日不畫此君。

興來畫竹，要得其雨風流韻，霜雪灑然，乃得竹君之品格。

畫之游戲枯淡，乃士夫一脈。 游戲者不遺法度，枯淡者一樹一石無不腴潤。〔二十〕

高遁不必買山，有草亭竹木，亦可幽棲也。 蓋竹乃四時蒼翠，聲與靜宜，獨坐其中，抱素琴，得趣悠悠，樂而至於老。

「深山盡日無人到」，唐人句也。 非吾筆墨寫到山之深處，則不知無人也。 然招隱高蹈，古今所難。

陸放翁春愁詩有前後二首，書之合爲一卷。 凡遇有觸愁處，輒以展讀，庶可以解。 猶糟邱人病，仍以酒治之也。

嶴門一名濠境。去嶴未遠，有大西、小西之風焉。其禮文俗尚，與吾鄉倒行相背。如吾鄉見客，必整衣冠，此地見人，免冠而已。若夫書與畫亦然，我之字，以點畫輳集而成，然後有音，彼先有音而後有字，以勾劃排散，横視而成行。我之畫，不取形似，不落窩臼，謂之神逸，彼全以陰陽向背形似窩臼上用工夫。即欵識，我之題上，彼之識下。用筆亦不相同。往往如是，未能殫述。

李義山每歎九州恨此生未到，作詩云「海外未聞更九州，他生未卜此生休」。予將至，榜人手指，乃知李詩中之九州，第九點青螺，相去咫尺，前波飛立，無能衝入。憑舟望之，海氣微茫，或隱或見，如浮鷗然。

濠田無阡陌，有石沙。其土甚瘠，居人不諳事春耕，爲商賈者多。宅不樹桑，婦亦不知蠶事。全身以紅紫花錦覆披，微露眉目半面。有凶服者，用皂色。其男子拳髮披肩，戴帽如笠，見人則免之。服短毳衣，兩袖甚窄，衣之中間四旁多鈕扣，著革屐，屐只一齒。兩腰間横長短二劍，手執藤枝者，却是官也。

大凡物之從未見者，而驟見之爲奇異。嶴樹不著霜雪，枯株絶少。予畫寒山落木以示人，無不咄咄稱奇。

峰頭石色，宛似黑人之臉。然黑人俗尚，最深者爲美，淺者爲醜。蓋石迺澹墨色，真所謂醜石也耶。

芭蕉四季有花有實，其花瓣面赭背黃，其實一莖纍纍垂七八。有龍牙、鼓搥二種，採而啖之，龍牙者佳，熨齒酸甜軟滑。其地久寒不飛雪，知摩詰雪蕉有所本也。

椶竹枝葉修整，蒼翠處陰陰欲滴，海風驟至，亦不甚攲斜。〔二一〕

陳后山叢談，言蔡州壺公觀有大木，四垂旁出，人莫能知，誤以爲松，及張戣與后山言之，乃知榕也。閩之會城，名榕城，蓋謂榕也。嶴中榕木，濃緑參天，枝榦節節下垂。葉如木麻，蔭可十畝，知不減於閩。予每苦海氣薰蒸，坐卧其下，擬寫是圖，不加點葉，少遜松柏之後凋耳。

四旬清齋，海鮮蔬果，〔二二〕供幾殆盡。獨庭中紅荔未熟，竹笋遲出，不及嚼耳。齋後東歸，過屠門，甚快意。

居人喜作盤渦飯骨董羹款客。飯後以玻璃杯飲葡萄酒，每客數升，不用酒政，且從無爛醉作生涯者。更喜奇花異卉，不惜價覓。三山徑内，紅紫芬芳，四時俱有，但不知花之名耳。

墨井道人年垂五十，學道於三巴，眠食第二層樓上，觀海潮度日，已五閱月於兹矣。憶五十年看雲塵世，較此物外觀潮，未覺今是昨非，〔二三〕亦不知海與世，孰險孰危。索筆圖出，具道眼者，必有以教我。〔二四〕

批注

〔一〕王奉常。

〔二〕「惠子」應作「惠于」，見三秋閣畫録。小石本亦作惠子。

〔三〕吴綺，字園次，江都人。貢生。康五年任湖州府，八年遷。

〔四〕王奉常堂名。

〔五〕王蒙。

〔六〕康熙九、十年間無劉尚書，似是梁尚書清標。

〔七〕「圓」原應爲「玄」。

〔八〕許青嶼五。

〔九〕康七，漁山卅七。

〔十〕王蒙。

〔十一〕秦吉了軸，見過雲樓書畫記六，跋語與此有異同：「之」下有「於」字，「余畫雖未積學，而近之作者，不知少似秦吉了否耶？」作「予稚年學畫，揞揞塗抹，不逾鸜哥，今又老筆荒澀，勉仿叔明，質之民譽，得無少似秦吉了否？」蓋存稿時不無改竄。

〔十二〕許侍御六。

〔十三〕當是康熙廿二、三年在澳時語，但何得有雪？　參下文七四頁。

〔十四〕康二癸卯，漁山卅二。

〔十五〕王煙客堂名。

〔十六〕「惠子」應作「惠于」。小石本亦作惠子。

〔十七〕此爲湖山秋曉卷第二跋。三秋閣書畫録下，「加三」上衍「加十」兩字，末有「康熙甲申重陽日」。並見夢園録廿，「漫採」上有「乘興」，下有「擬」字，「小卷」下有「謂稍稍得志」，「稚子」下有「之」字，「向後欲」下有「如今之」，「惕然」下有「也十月小春墨道人再跋」。康四三，漁山七三。

〔十八〕横山晴靄圖卷，見過雲樓畫記卷六，「瞌」作「沈」，末有「墨道人又跋」。康四五丙戌。

〔十九〕農村喜雨圖書畫卷見虚齋名畫録五，題閏七月三日書。「邨農」作「農邨」，「澤」作「順」，又多一「者」字，餘皆同。康卅、卅八、四九均閏七月。陸刻本「澤」作墨丁，昭代本「雨澤」作「雨聲」。

〔二十〕虚齋十四，此係老年墨戲册之第九幀。

〔二一〕此條見墨井書畫集。

〔二二〕天主教齋食冷血動物，見上文四十五頁。

〔二三〕言未得覺悟也。

〔二四〕全與小石山房本同。

補遺

吴遵道任沅陵簿，坐事繫京師，子訥上書乞身代，未白而歿。永樂中，訥以醫薦至京，由監察御史官至左副都御史。坐事繫獄論死，既而得釋。正統四年，以老致仕。家居十六年，卒年八十六，謚文恪。節録明史

馮復京先賢事畧，謂吴漁山七世祖訥，爲言子游苗裔。其先坐事亡匿，以子游封吴公，改姓吴氏，名曰訥，藏言於内也。據是則吴漁山爲言子之孫，益爲敬企。初予編墨井集，未閲馮氏書，不知道人爲言子後裔，今知之，亟爲補録，以昭鄭重。

卷五　吴漁山先生口鐸〔一〕

趙侖脩令筆記

康熙三十五年七月十八日。〔二〕聖母升天瞻禮，有槎溪〔三〕一教友向先生稱慶，曰「幸哉，夫子之來也」。先生曰「余來何幸，爾來乃幸耳」。余退而思曰，旨哉夫子之言也。天主聖教，何日不在人目前，貴人信之望之愛之耳。不信不愛不望，何幸之有？能信能望能愛，乃幸耳。

先生謂余曰：「來兹固所深願，但今病腑如何。幸而天假之年，進而七十、而八十，又進而期頤，得與諸子相周旋相勉勵，未有艾也。然而操自上主，不可必也。」先生之意，蓋勉人恒思死候，及時操修耳。天假之「天」字作天主意，今不用。〔四〕

二十九日。〔五〕主日瞻禮。余講耶穌令聾者聽、瘖者言篇，講畢，先生謂衆曰：「向所講萬日略經，已明否乎？慎勿復聾復瘖也。凡人之過，不思則已，愈思則愈多。曷不及時修省告解，令靈魂潔浄光明，毫無障礙，可對上主耶？」

雨後先生移榻東樓，〔六〕時余擬造明年瞻禮單，初成，登樓求正，並請教示西音。先生將西音一一明訓畢，謂余曰：「明年瞻禮單，未便付梓，緣時憲歷未頒也。」先生之意，蓋戒愚賤之流，不可自用自專耳。下樓，先生送余出户，復坐。飲茶畢，余同教友陳亮問中漢關羽何如人，先生曰：「是人也，明明以漢家鼎祚白售與人，未足云聖也。」又問伯夷叔齊何如人，先生曰：「清矣，但未知其采薇西山餓死一事，果有之否。」〔七〕

八月十三日。〔八〕聖母聖誕瞻禮。先生彌撒畢，服祭衣，從臺左南向立，命衆昭穆分序立，謂之曰：「今日聖母聖誕，當知聖母未生以前，世間無限苦處。天主初生人類，本無一病。自元祖亞當方命，貽禍肉身靈魂，百病俱至，難以枚舉。至聖母將降生時而苦極矣。人生斯世，如長夜漫漫，自蒙其目，而遊于陷阱，一至焉墮矣，再至三至焉又墮矣，祖也子也孫也曾玄也，接踵入獄，而不自知其非也，其誰救我？賴天主至仁，俯憐我，救我贖我。而先生一童貞之聖母，從始胎時，萬德已全，萬福已備。如太陽將出，曉星先明，而後萬古之長夜，至此一明。經以曉明之星擬聖母聖誕，欲人知聖母未生以前，其苦無窮，如長夜漫漫，無所底止。聖母既生，太陽即繼。人之斃者，復蘇有機。天堂之閉者，開而可升。人當及時遷善改過，不可虚度此日，而負大主極愛之心也。」

先生又曰：「聖母一生，天上人間地下，三品皆樂。天上天神也，人間世人也，地下煉獄也。聖母未生，天上之天神無所補，世人之原罪本罪無所解，靈薄之古聖無自而復活，無由而升天。聖母一生，而太陽即繼，從前天上人間地下無限之苦，悉消除於聖母照臨之下。故曰今日天上之樂，世人之大慶瞻禮也。」

飯後衆環立，先生劇談要理。良久，余謂先生曰：「余志欲絶慾捐家，專心向主。但今未行先言，余滋罪耳。」先生曰：「汝田幾何？苟可以給妻子，則汝家亦可捐也。」余曰：「今之田，愈多則愈累，不足問也。」先生曰：「昔有二人甲與乙友善，朋比爲奸，靡惡不爲以致富。甲一日荷天主默啟，自思生平惡極罪大，生前暫過，死後何如。遂棄乙入山苦修，熱愛天主，聲名日盛。乙爲惡如故，常恨爲惡無同謀者。旦暮尋甲，不獲一睹。忽有人言某人在深山中，苦修甚嚴，但不識其姓名。乙意必此癡人也，且問人曰：彼何年月日入深山？人曰：不知也。乙覓路訪之，遇甲而甲形已槁，不可復識。甲仰呼乙曰：子非我故人乎？乙聞聲知爲甲，應曰是也。晤語久之，〔九〕乙謂甲曰：自別後，吾家富倍昔。子今枯槁山中，何苦乃爾。因備言世福之不可棄，以動甲。且曰：吾有閒屋一廛，堪供子坐，子盍與吾同歸，我當授粲給子，俾子靜修，慎勿死此深山也。甲極言天主之當愛，靈魂之當潔，以勸之。乙不從，甲姑從乙歸。至中途，紿之曰：吾入山，人饋送多金，俱藏座下丈餘一深谷中。子既欲我同歸，何不攜去以供朝夕之需？乙喜，復同甲至山。乙窺谷深甚，甲曰：我力已疲，汝可入取之。懸梯而入。既入，甲拔去其梯，使不得出。乙盡力搜金而不可得也，欲出無梯，哀憤呼號良久。甲慰之曰：此正汝安心處也。乙愈憤愈呼，而甲忽出山，不知何往。乙乃思出既不能，憤亦何益，遂安心棄家，與甲同修，後同爲聖人。噫！昔之人幸而有友勸之，强納其身於空谷，今無納吾身者，則惟有自納之耳。」

先生曰：「昔有司鐸行彌撒禮，而令會長作輔。此中大有深意，非僭亦非妄也。」顧予曰：「子其思之。」

先生謂予曰：「與彌撒與輔彌撒，有遠臣近臣之别，其得天主聖寵，亦有淺深大小之分。倘有力能爲之者，不可不勉副此職。」因出輔彌撒經示予，且命予録之。曰：「從今日至大瞻禮，尚有六日。子録完，須念熟，可即來輔彌撒。」越六日，〔十〕持經至堂，請曰：「蒙賜彌撒經已録完，敢璧，願近天主。」先生曰：「須備祭衣。」遂輔祭。〔十一〕

十四日。〔十二〕主日瞻禮，余講耶穌令癩者潔篇。講畢，先生曰：「善哉講也。」先生之意，蓋勉衆人之潛心諦聽，而戒余之始終勿怠也。時正欲遊堂羅溪，臨行，衆未散，先生謂衆及余曰：「昔聖方濟各，每學遠行百里，足力不疲。此正合天降大任，必先勞其筋骨之意。」余退而思曰：「此非絶欲不能。」

舟中，余舉教友朱園榮爲方濟各會人，〔十三〕園榮以未學辭。先生曰：「聖方濟各會人，不過因時淺誨，就地粗講，不比大堂講道長之難也，何辭之有？倘有未明，不敢遽妄對者，則辭以大堂講道長在，另日問明來對可也。如是則人皆服汝謙德，益信從矣，勉之。」又問，先生曰：「要理已盡前言。」

余問會長稱疾告退，殆不可允。先生曰：「聽之耳。但告退在彼，勸勉在汝。」余曰：「罪如之何？」先生曰：「今世何人無罪。」

余問教中人有過，可告神父，俾告解之際，提誨悛改，以成其德否？先生曰：「凡過皆宜隱，即告神父，亦必密語始可。」

登岸，先生却輿，徒步至堂晚膳。主人致敬，令先生異席，衆相讓坐。先生謂余曰：「來此同餐，蓋望余之離濁就清，出衆潔修也。」先生之儀度清而和，謙而謹，大率如此。

越一夕，彌撒畢，家伯氏有下鄉之請。〔十四〕先生停輿，訪張子安，余跱俟門外。出，謂余曰：「我與汝徒步同往。」先生之棄逸就勞如此。

夜膳時，主日方過，宜食大腥。先生減餐，酒不過半小杯，〔十五〕雞羊肉諸厚味概不沾箸。曰：「我病齒，不能用也。」先生之淡泊示表，而又稱疾慰人如此。

座中有教外人申某者，余姪桓式勸之入教，謂之曰：「子信儒教，我觀儒教中人未必盡賢」。〔十六〕申某曰：「我正謂天主教中人未必盡賢也。」先生聞之曰：「我勸汝從教，非勸汝從人。且子以是爲哺啜來與，殆非也。人生斯世，如敝舟行海，風觸即沉。僞禄暫福，概不足數。老大悲傷，雖悔莫追。何不尋一安身處耶？」申某默然，余謂曰：「向謂儒教中人，未必盡賢者，亦非詣道之言也。輕疑人罪，人之大過。抑知人之所是，未必非天主之所非；人之所非，未必非天主之所是。或是或非，天主知之；或賞或罰，天主主之。人何與也。今而輕疑人罪，不特教理不明，且先一罪矣。即如余一人，亦儒教中人也，幼而吟詩，〔十七〕長而裒集四書五經大全、註疏諸書，壯而屢試風簷，欣欣自得，以爲道在是矣。及返而求諸理之大本大原，則窮思極慮，殫精疲神而不可得。乃知死生之故，性命之源，即孔子亦罕言之，不可得而聞焉。用是洗心滌慮，俯首入教。從此蒙昧一開，而大本大原之所在，始恍然若有以遇之。自喜非復故我矣。今日者，余雖不敢自矜無過，而不睹不聞之中，時常競競業業，惟恐得罪於天主。此心耿耿，惟天主知之。苟不務本原，而徒於詞章之末，能寫便樂，則試思古今來元惡大憝何嘗無能文士耶？惡極罪大，而冥譴隨之，是耶非耶。〔十八〕君子之所爲，衆人固不識也，子慎毋輕疑人罪也。」先生頻點頭，語畢，姪桓式曰：「勸人入教，宜低聲以勸之。」申某曰：「我取其言之是耳，遑計其聲之高哉。」

余問教理洪深，人莫能喻，孰與講解。先生大呼曰：「汝去講解誘勸耳。」先生蓋迫於愛人，而不覺其命之切也。

余所繪聖母聖像，〔十九〕成已一年餘矣。先生拜禮訖，復展視一過，嘆曰：「汝所繪耶，善。多才多藝。」爲余指示西音，叮嚀再四，俾余勿忘。蓋先生視人之技，若己有之。有容之度，人莫能量也。

人有以余忿怒罪告先生者，先生曰「克己事多做些耳。」繼而徐謂人曰：「害財事小，聲名事大，汝當隱惡而揚善。」

將返駕，先生謂余曰：「願登君子之堂。」余以迂塗力辭。既登輿，謂御者曰：「我欲到修令相公家去。」時有教友申姓者，亦以迂途辭。余深愧拙荆之未克奉教，而深負先生極愛之心也，故勉之以先生之口鐸日抄無已。但恨鄉城迢隔，不獲朝夕相親，〔二十〕徒深懷憶耳。

先生謂衆及余曰：「將來欲興聖方濟各會，欲立一會長，以便分地走勸。凡與會者，立表爲先。必欲行如其言，勿使人有背後之譏，方可入會。」

二十七日。〔二一〕先生從西城終傳歸。〔二二〕余問前二十二日，〔二三〕宜講耶穌謂門徒弗克事天主兼事瑪滿財貨篇，〔二四〕先生曰：「天主命人勤于衣食，方得活，是緣元祖方命罰我也。耶穌令人先求天國，是哀憐我，救我也。一罰一救，仁之至義之盡也。」

二十八日。〔二五〕先生彌撒畢，謂衆曰：「昔耶穌之納應城，政出城闉，適出哭殯，死者乃一孀婦子。主視婦慟，心悲，命之復活。甚哉！機與時之不可失也。城闉路之最關〔二六〕處也，失此不得復遇。假令耶穌出而哭殯不出，則葬焉已，不復活矣。哭殯出而耶穌不出，則葬焉已，不復活矣。耶穌即遇哭殯，哭殯即遇耶穌，而婦哭之不慟，耶穌雖慈，亦未必即動其心之悲，而令之復活。今耶穌出之時，適遇哭殯出之時，哭殯出之時，適遇耶穌出之時，耶穌與哭殯遇，哭殯與耶穌遇，而適遇婦慟之時，一孀婦子，遂於是大幸而得寵復活。我等當想靈魂惟一，政如一孀婦子，得罪而死，可哀孰甚。天堂地獄關係之際，政如城闉之闉，不可一失也，一失即悔莫追。苟不於領洗之時，告解之時，真實痛悔，一入地獄，永不復升。夫悔非苟且之悔也，悔字從每從心，必每事攢心悔改，始可云悔。痛亦非苟且之痛也，痛如利劍刺心，無地可容，始可云痛。我謂世人動悔者多，慟悔者少。何謂動悔，見人告解亦告解，見人拊心亦拊心是也。何謂慟悔，淚自心下，痛從心生，自愧自訟，自恨自責，若無置身之處是也。雖然，動悔者亦慟悔之機，人或因其時之動悔，而漸引其心以慟悔焉，〔二七〕未可知也。今不特慟悔者少，即動悔者亦少矣，奈之何哉！」

余問拙荆未奉教如何？先生曰：「天主欲汝立功。夫外，猶内也。立功於外，猶立功於内也。」

十一月九日。〔二八〕聖方濟各會瞻禮。先生彌撒甫畢，祭衣未解，命衆東西序立，詔衆於堂曰：「凡聖人瞻禮，須學聖人行實，不可忽過。即如聖方濟各爲東洋傳教之首，梯航九萬里而來，歷盡許多艱危，茹苦如飴，行道以仁德，化人以超理。天主賜其異能，往往顯實聖跡，以證其所講之道。後來啟蒙人衆，超入天上之域。我等當想天主以愛人至極，故降生救贖。聖人體天主愛人之苦心，故不憚萬苦千難，勸人崇正闢邪，廣傳聖教。進教者亦當以正教勸人，盡愛人之心，而不使天主有恨於我。倘謂勸人至難，可置人於度外，不加力勸，即置天主於度外矣，何云進教。獨不思勸人固難也，一而再，再而三，苦口力勸，不憚煩勞，未有不悔悟者。良心發現，人有同然，但無人焉提醒之耳。今以勸人重任，退諉爲安，是子不肯勸人。而肯勸人與肯勸子者，復何人哉。我恐互相淪於地獄，而無窮期也。悲夫！」言畢，即興聖方濟各會。〔二九〕先生謂衆曰：「會長我也。」命楊聖生跪左，代先生領經，命余跪右陪應。余讓張九上，先生曰「如是已矣，何讓爲？」誦畢，命聖生代先生讀會規。畢，命俱入茶堂坐話。即入命坐，衆讓席，予亦讓，先生曰「序齒。」既坐，予僭居首席，先生北面。衆復讓，予曰：「此師生相見禮可也。」坐定，先生出茶一甌，饅頭三盂，糕三盂，命啖。先生指饅頭曰：「此有寓意。昔耶穌選宗徒，用此爲供。蓋取瑪納預像，養人靈魂之意。」指糕曰：「此亦有寓意。爾等遠行勸人，或中途腹餒，買此充饑，蓋取茹苦如飴之意。」九上曰：「吾等既入此會，當互相責過。」先生曰：「有過當忍，不可責也。或密告神父，令其悛改則可耳。」朱園榮曰：「第一在立表。」九上曰：「此大本大原所在。」予時方學忍默，無言可贅，提茶甌酌朱畹九。畹九遜，予曰：「勿遜。吾與汝同在途旅時，我可酌汝，汝亦可酌我，幸勿存爾我之見。」先生點頭，徐曰：「入是會者，效聖人負十字架，多苦以身立表，日惟勸人歸正爲本分。匪但勤行無倦，更忍不求安飽。恒切念耶穌諭宗徒傳教耐苦，若驅羊於豺狼中，化狼爲羊，尤宜感恩。天主於衆中，選我爲闡揚聖教，立講道之表式。凡諸規誡，宜守全備。諸凡毋讒誹，毋嘲謔等，會規言之詳矣。但天學緊要諸書，及儒書可資用者，俱宜講究。如關妄、日抄〔三十〕與夫胡致堂崇正堂序，〔三一〕務須熟讀詳玩，以備不時之辨難。昔聖人奉命傳教，多請賜十字架。請而予，予而復請，蓋不憚負荷之重，而必致身以殉之也。衆且坐，予入，將會規藏笥，即來。」頃之，出持聖牌六枚，分賜予及朱畹九、朱園榮、〔三二〕張青臣、張九上、楊聖生等在會六人，且曰：「予密封，任君自取。」衆讓予，予辭，不克，取領。次畹九，次園榮，次青臣，次九上，次聖生。領畢，坐談良久。予曰：「予所領聖牌，必方濟各像也。」先生曰：「曾啟視之否？」曰「未也。」先生爲予啟之，果然。予曰「此天主之意也」。餘諸位或聖母像，或天神或主教，種種不同，惟聖生所領與予同。視畢，衆起，將散，予及衆謝曰「天主恩典」。揖而別。

是日分領聖牌前，先生又曰：「今日方濟各會長，我代爲之。楊聖生爲予領經。異日另選一人充之。」

前一夕，入夜，先生篝燈燕坐。朱畹九入，言會長不循會規事。先生曰：「予所立會規，皆爲本堂而設，並未命付會長。肯從者從之，不從者任之耳，且勿論會規之循與否也。即循矣，口舌之功，天主寧遽享之乎，彼某者自取戾耳，子不必攻也。議論多而成功少，貴邑〔三三〕之人，大約如是。」

先生又謂衆曰：「入會勸人誠難，然立聖方濟各會，是天主恩典，萬不可失。汝等當于三春九秋，神功會前，遊堂時候，同走幾次。

歲丁丑正月初五日。〔三四〕先生彌撒畢，詔於衆曰：「甚哉癩之醜也。其始也不過尺寸之膚，疴癢已耳。染而不治，延及遍身，而一家一方俱染之矣。聞其穢氣，睹其穢形，孰不曰甚哉癩之醜也！有良醫焉，以其良方療人之疾，應手即愈，則人莫不竭蹶而求之，爲其能療己疾也。今人之罪亦然。其始也不過一二微眚已耳。犯而不改，人將曰：彼在教中者且如是也，於我何尤。於是延及一家，延及一鄉，而天下後世皆效之矣。相率而受地獄之永苦，遺臭無窮，流禍不已，醜也何如。其誰醫我，惟吾主耶穌立撒辣孟多七寵跡以救人靈之疾，〔三五〕應手即愈，是人所當竭蹶以求之者也。奈何漠不知求，諱疾忌醫，而虛此良

方耶？夫靈魂之疾，重於肉身之疾，不待辨而自明。今肉身有疾，則知治之，靈魂有疾，則不知治而甘心下墜也，悲夫！」〔三六〕

十一日。〔三七〕聖母往獻瞻禮。先生詔于衆曰：「爾亦知聖燭之禮乎？燭之爲物，得火則明，去火則暗。猶人之心，有熱愛天主之心則明，無熱愛天主之心則暗。蓋熱愛天主者，聖神之火也。聖經曰：求聖神之火，炙熱我等冰心。耶穌曰：我愛火之然者。皆謂是耳。爾等業已進教，可謂有燭矣。而無熱愛天主之心，是有燭而無火也。有燭而無火，是夜行險阻，陷阱當前，莫知所避，其不爲豺虎所啖者幾希。哀哉！」

又曰：「聖母今日抱耶穌往獻于主堂。爾等莫不有子，曷不效聖母獻吾主耶？有子而不獻吾主，易爲魔鬼所惑，易爲魔鬼之奴。既爲奴，則將伐之如薪，烹之似餐，可不畏歟？」〔三八〕

三月初一日。〔三九〕主日瞻禮。先生時在上洋，余冒雨告解，兼請辭家入堂。先生曰：「染俗之事，原如長江之水，不能一口吸盡，亦須楚楚停妥，而後辭絶。天主自從人願，毋急急也。」余曰：「吾志已定，不可復返。」先生曰：「此志固不必變也。世人猶有溺于俗而不知返者，子既能不染于俗，而亦勿遽脱于俗。將來者不可再尋，未完者亦當稍理之耳。」余曰：「悔不當初，早守童貞。」

四月初七日。〔四〇〕先生遊堂羅溪，〔四一〕將登舟，余時偕侄符式謂先生曰：「舟窄不敢奉侍，余徒行矣。但有十歲一童子，其足已疲，不能遠行，願附舟以歸。」余徒行數武，先生竚立以俟。且曰：「舟甚寬，更加數客，綽有餘地，獨多子二人耶？同舟坐談，庶不寂寂。」既登舟，予謂先生曰：「楊聖生已隨主教往京都矣。」〔四二〕先生曰：「子勿悔也。予兩日正欲掃一室，偕子同處，晦明晤對，入則讀書靜修，出則講道勸人。匪惟子慊，余亦與有幸焉。念子家事尚羈，未遑如此，子姑俟婚嫁既完，天主自從子願，毋急急也。」時朱園榮坐舟尾，聞先生言，謂余曰：「子向者講道於吾室，謂天主降生於馬槽。外教陸在茲聞之，不汝服也，子烏能講道。」先生曰：「人心未有天主，則正當語之以實，而廣其見聞，開其明悟。倘未肯從，則循循善導可耳。如或枉道殉人，另闢一新奇之論，以壞吾教，斷乎不可。且問子，天主降生，不謂之降生於馬槽，而降生於何地乎？抑別有奇論以發前人之所未發乎？如必從大西進教法，必將天主奧理，細講再三，待他極明確信，然後付聖水則奈何。」徐獻初在側，應曰：「然。講道法，凡道理極奧處，愈要發明與人聽，不可忽過。」予曰：「予向與園榮講道，非與外教人談，陸在茲旁觀者耳。」先生曰：「然。道真理確，無從置喙，旁觀者妄摘此以相譏耳。即如我一日在堂拊心痛悔，旁觀者曰，天主教固純正無疵，但此拊心是僞耳。」朱園榮曰：「人言不謬，果僞耳。」先生曰：「此又不可，皆無天主者之言耳。」言畢，顧童子徐問曰：「此何來？」予曰：「此童子領洗已半載，今其母亦將入教矣。昨過我門，我問曰爾何往？答曰姑母告解，晚宿於伊親家，夜半入城。予見其足疲不能歸也，故令之附先生舟以歸，遂不覺顧童子之勞，而不顧己之獲罪於先生矣。」先生曰「宜餐我飯」。余曰：「餐矣，賴先生恩而沈保禄與之食矣。」先生乃慰。先生之哀矜人也又如此。

放舟中流，余請曰：「不揣固陋，願聆教言，時常記録，竊附其香、其序之列。〔四三〕而每以鄉城迢隔，不獲親炙爲恨，奈何？」先生曰：「予言無足記也。倘子見余之忿怒，而亦筆之於書，則余滋愧矣。」夫文王一怒而安天下之民，怒豈無當於道者。先生之怒，義怒也，而先生之言如此，則先生之謙德，卓乎不可及矣。

廿一日。〔四四〕余詣堂，徐顯初謂余曰：「老爺在樓，曷不入見？」予曰「無事勿謁」。少頃，先生知予至，命顯初促予登樓，飲茶，並出新詩相示。正在諷詠間，朱園榮登樓突入，談及瞻禮早暮諸規。予問曰：「先生樓上主臺前，豈誦經可不焚香耶？故無爐耶？」先生曰：「子不聞明德維馨乎？有香則焚不爲功，無香則不焚不爲過。天主所愛，不在外香而在内香也。惟大堂做會則用香，以肅人之觀瞻，然亦末矣。」予又問〔四五〕以字紙易器物有罪否？先生曰：「無罪也。惟以異端書易器物則有罪，恐人讀之害其靈魂也。然或拆散裁碎以易器物，則亦無罪。」朱園榮曰：「予亦有一問。聖母會規，先生有之乎？」先生曰：

「有之。」園榮曰：「今敝鎮會長呂希音不依會規，每自出己意，增減多寡。沈公俊反言此出自先生所命，禮宜從寬，有諸？余觀先生會規有云：誦經條日，不許增減。安有會規出自先生，而即自先生使之不依者乎？」先生曰：「未也。惟十五端經所念天主經、聖母經，間念百五十遍，冗則衹念五十遍，余曾言之。〔四六〕餘則悉照會規，不可增減也。大凡會規，肯從固善，不肯從，亦無可奈何，姑從寬待之。緣貴鎮呂希音從郡中規例，不肯依我也。」園榮曰：「不然。希音領經日新月異，多寡不一，多出杜撰，非依郡中規例。〔四七〕敝地離郡中約遠二百餘里，郡中規例亦未見頒來。」先生曰：「此大不可。」園榮曰：「希音等於今三月初十，〔四八〕在上洋做公會，大堂領經。正值耶穌受難四十日內而誦歡喜五端，已被李文斗面叱其非矣。」先生曰：「有此一番，還不警醒乎？」園榮曰：「彼以爲文斗無燭錢到手，故吹毛求疵也。」先生曰：「愈謬矣！」余曰：「誦經既不依會規，目中已無天主，而又以貪饕之罪陷人，罪大如何。」先生曰「然。」園榮責予曰：「子不及令兄康令遠甚。」予曰：「予誠不如，願明教我。」園榮曰：「子擅作瞻禮單，近於驕傲。」先生曰：「作瞻禮單何罪？校正刊布，以便人瞻禮守齋，功也，非罪也。」園榮曰：「子自造鼻煙以贈人，而謂出自先生所餽，是妄証也。」予曰：「鼻煙雖微，實受先生大恩，不可以一物之微而遂忘本也。大凡教中事，當躬行實踐，不可徒以言爭耳。」出，予袖先生詩以歸。先生下樓送予曰：「此詩係向時所書，非新詠也。」〔四九〕予謝而別。

廿二日。〔五十〕先生過家昆康令齋，爲侄桓式終傅。禮畢，飯前謂余曰：「子所著瞻禮單，在所必需。教皇命我爲司鐸爲何意乎，恐大西人在中國，或有致命之日，則中國行教無人，而瞻禮單亦無由而見，正此意也。子其勉之。」

先生又謂余曰：「予往上洋見主教〔五一〕及各位鐸德。言及瞻禮單，予每答曰：予於上年八月間，見趙先生已告竣矣。今子之瞻禮單，上洋皆知之，子不可不勉爲之也。」

五月六日。〔五二〕聖若翰瞻禮。先生爲予亡侄桓式追思。畢，續舉聖方濟各會，〔五三〕命予領經。先生詔于衆曰：「此會舉自上年仲冬，與者六人。今楊聖生往從主教，朱園榮昆仲二人又不來，止存三人，可云少矣。然無慮其少也，惟少正易見功。一以當百，一以當千，在自勉耳，毋狥名而忘實也。試觀今日所懸聖像，圖中所繪何意？蓋言聖方濟各其始固功名士也，一遇聖依納爵，示以耶穌負十字架諸苦，即發愛人熱心，奮志勸人。遭衆不服，羣唾其面。一唾焉弗之拭，講道如故。再唾三唾，〔五四〕仍莫之拭，講道又如故。人迺奇之，歎曰斯人也，能忍如是，其品行必有大過人者，其所講之道必有可聽可從者，聚而聽之。其有能明者曰：信也，天主果我之大父母也。始而一人從，繼而十百，以至千人皆從也。率如其願，聖教行於中外。〔五五〕升天之後，身在玻璃棺中，至今面目如生，不朽不變，光華發外。人有過其地者，觀之莫不讚嘆。此何也？天主鑒其愛人之切而不没其心之熱，故發顯之，以待人之學之也。人惟愛人，始成其爲愛己。人苟愛己，未有不切于愛人者。愛人與愛己相須而不相離也。愛己而不愛人，吾未之前聞。故天主十誡，愛天主以下，即繫以愛人如己。愛己必以實，不以名，愛人亦必以實，不以名。名至而實不至，君子所愧也。惟朝夕孳孳，以勸人爲急務，不避艱苦，不憚煩勞，始成己成物，合爲一道，而愛人如己之德，實有諸己矣。冬間將定一會長，予心已有其人，子其勉之。在堂中亦可講道。」

少頃，先生命予登樓，謂余云：「適觀汝詩佳甚。」余曰：「昨作來年節氣時刻呈上，惟先生正之。」先生曰：「諒無差處。」隨賜念珠十字架。舍侄符式即至，先生賜葡萄酒作鼻煙，且命余嘗之。余受，跪誦祈福，立將舉觶，陳香谷適來。予讓香谷飲之，先生謂香谷曰：「各飲少許。」次予飲，又次及符式，先生復酌賜予曰：「子再嘗之。」先生手酌煙中爲余伴訖，曰：「作天學詩最難，比不得他詩。」乃出東樓詩及題鳳阿山房圖詩，〔五六〕并諸名公贈言賜覽，諷詠良久。余辭曰：「本圖久晤，奈刻下欲同舍侄往勸舍弟公亮進教矣。」揖而別，先生送余出户，余曰「須臾復晤也」。

午後余同弟公亮詣堂。先生寒暄畢，徐語及天學。金民譽〔五七〕率子紫六偕一畫士同詣堂，余問畫士云：「子願領洗乎？」答曰然。公亮曰：「天學可信則信之而已，何令賫詔臣，持赦書高聲宣讀乎？」禮有所定，不可廢也。天主降生，專爲此事。所定之禮，大有關係，豈可廢而不用。少頃印青臣、〔五八〕張九上、陳亮又至。九上問曰：「聖若翰何獨有誕生瞻禮？」先生曰：「若翰在母腹中，天主即赦其原罪故耳。」九上曰：「若翰有升天瞻禮否？」先生曰：「有之。若翰諫君之淫，被淫婦誣譖，斬首致命。今教中行斬首瞻禮，即其升天瞻禮也。」〔五九〕九上曰：「若翰致命，在耶穌受難前乎？」先生曰：「然。耶穌領洗于若翰，若翰遜謝不敢，親聞在天天主父高呼曰：此我極愛之子。于是領洗。」九上曰：「然則天主有何罪可洗乎？」先生曰：「此不過立表爲後人效法耳。」余曰：「若翰致命，亦當三十三歲有諸？」先生曰「然。」余曰：「若望九十三歲善終有諸？」先生曰「然。」余曰：「向余欲講此事，因先生已講聖方濟各聖跡，日色已南，恐妨先生早膳，故未遑多及。」先生曰：「余向所講，略道數語耳，餘工〔六十〕尚多也。」又問地堂在何處？先生曰：「大約在如德亞之間。昔有人曾至其地，見二聖人問聖方濟各曾出世否？人曰『出矣』，聖人曰『速矣速矣』。又問終窮在何日？聖人垂頭不答，蓋天主不欲使之言也。」公亮曰：「然則地堂不在地下乎？」先生曰：「不然。如在地下，即爲地獄矣。」九上曰：「二聖人何不知方濟各之出乎？」先生曰：「二聖人隱處地堂，不與地通，何以知之？」談論間，適傳宰官將比糧，公亮即辭歸。先生謂余曰：「余觀令弟一心掛糧上，進教之心，尚未誠也。」先生之言如此。嗟嗟，宰官比糧，應之固不可緩，天主審判，應之獨緩乎？悮矣。將別，余詢公亮曰：「今冬望君進方濟各會。」公亮及青臣齊聲曰：「恐涉爲名，故不敢與。」予曰：「余固未脱名字也。」先生曰：「三代以下，惟恐不好名。」揖別，余聞家母舅將進教，非青臣勸不可，因問青臣曰：「何日往勸家母舅進教乎？」青臣曰：「十一日〔六一〕聖伯多禄、保禄瞻禮後，可同往也。」先生曰：「聖伯多禄、保禄二位聖人瞻禮，非比尋常瞻禮也。」

十五日。〔六二〕余詣堂，先生命登樓並坐啜茗，詢曰：「今有人不任天主事，徒損天主，未知天主後來審判如何？」余曰「必嚴。」先生曰：「職司天主事，弗克盡厥職，一惟損天主，天主後來審判如何？」余曰「益增其罪。」先生曰：「今本堂基址原額二畝，納糧二畝一分七厘；堂西一巷，爲比隣所占；南屋二廛，又爲南屋所據。糧在〔六三〕本堂，地入兩隣，余職任司鐸，不克盡職，徒損天主，深憂審判之嚴。前冬曾詠破堂吟，〔六四〕爲是故也。今春客上洋，曾貽一札致會長，道此事，無人肯言之者，奈何？」余曰：「此會長事也。」先生出山園祈禱圖賜予，謝而別。

二十二日。〔六五〕余復詣堂，以先生十五日之言，語張青臣。青臣曰：「當亟明之。」同登樓，請先生。先生曰：「已矣。吾豈吝此些微哉，不過爲天主暴白之耳。倘妄有所舉，雖成亦不宜，已矣。」出聖依納爵像賜予，且命予同飲葡萄酒。夜膳，且曰「初八日〔六六〕主保瞻禮，宜傳之」。

六月十四日。〔六七〕聖依納爵瞻禮畢，余同家孟〔六八〕康令登樓，晤先生。先生整衣坐談，問曰「田事如何」？家孟曰：「天主今年必有以救人。」先生曰：「田固主賜，然歲歛未免無累。上洋主堂田約三百餘，分上中下三等。其上者一畝租可輸二畝糧，其中者僅足償糧，其下者則糧且無之。一歲之中，納糧所餘，不過糙米數斗，而又爲役銀所去。歲以司鐸俸銀五十餘兩損賠糧尚憂不足，田之累人，大抵如此。然上洋司鐸有四，〔六九〕故損賠猶易。倘止一司鐸，則仰屋無措矣。故今主堂不願買田，恐利微累重，將來司鐸願至者鮮也。」有間，余徐問曰：「伏讀三巴尊集，〔七十〕有云阿里襪油可炙魚供齋之事。今有教友言阿里襪油爛額，主教堅振抹過亟拭。主教二指聖過，故不爛，此說是否？」先生曰：「爲此說者，得無焦頭爛額乎？阿里襪油，大補之物也。付洗此油，堅振此油，終傅此油，成神品亦此油，〔七一〕皆取大補靈魂之意。彼說何謬至此者。上洋有一講道者，人問曰堅振何謂？講道者曰：新造舡，用油便固耳。此等妄言，算得講道否，真堪大笑。」將別，先生送余曰：「傳聞或未足信。」余曰：「彼方在稠人廣衆中宣講，余正憂衆人而不特憂一二人也。」先生曰：「事關聖教，當亟證明，但當同彼來面證爲可，不可於他人前誹議，愈誹議則彼愈不從矣。」

先生謂余曰：「凡早暮誦經，有聲爲上，無聲次之。蓋有聲則肉身靈魂齊事天主，且可以立表，使人效法也。」

六月二十九日。〔七二〕聖母瞻禮畢，午後余同朱園榮入見。時張九上已在座，人有於天主事，辭以不能爲不可爲者。先生正色曰：「如子之言，則爲司鐸，亦在所必不爲矣。寧爲之而不成，勿不爲而遂止也。」余曰：「凡人之靈魂，與我同賦於天主。內三司，外五官，各具可爲之質，能爲之材。惟不料己之不能爲不可爲而必爲之，是謂愛己；不料人之不能爲不可爲而必勸之爲，是謂愛人如己。故人之交友也，無論其爲親疏，爲遠近，必忠告而善導焉，至無可如何而止。則在己有成美之德，在人有輔仁之功，方不負天主生養照顧降生救贖大恩。如預度己之不能爲而不爲，是自棄矣。預度人之不能爲而不使之爲，是棄人矣。夫天主生吾人之靈魂，肖天主，似聖神，至尊且貴，而一旦棄之，是大負天主生養照顧降生救贖之恩也，惜哉！」

余請曰：「先生言行已略記萬一，但鄉城遼隔，不獲時聆教益，奈何？」金民譽曰：「盍遷入城。」〔七三〕余曰：「婚嫁未畢，未遑作向子平也。」先生曰：「中華待婚嫁畢，方遊五岳，若西國則無待也，志定者竟行耳。」

七月廿二暮。〔七四〕侍先生，朱畹九突至。余緣伊兄有談教不必用書之言，謂之曰：

「子毋以書爲無用也。書博而行純者爲大聖人，書未明者罕能行也。故顯修爲上，隱修次之。」先生曰：「天主固實有如此位置，但我等不言。昔有兩人争論聖人之大小，力辯未決，天主爲之和解，令見兩聖人親如昆弟，兩人争始息。」

八月初七日。〔七五〕聖瑪竇瞻禮，先生命余領經畢，先生詔於衆曰：「兹聖方濟各會，入者始六人，楊聖生從主教棲金陵，今五人自春徂秋，已歷三會。〔七六〕聖若瑟會期在上洋，諸友未到，今幸集，勉旃。凡入是會者，須讀書明辨，能講能走，以勸人爲急務，非徒拜跪誦禱，徒敬聖人已也。〔七七〕聖瑪竇不過征税人，一聞耶穌訓隨照即化，即率宗族鄉黨如德亞國厄日多人，争先歸化。復顯奇跡，化國王世子、公主宫女、世家女與數人，從教潔修。彼猶人也，何化之神速如此，子等勉旃。須效法聖人盛德，立表勸人，或近或遠，或一月或數日，或一日半日。即不能，或逢人便勸，一刻亦好。今子等入會後，或有心願出門而爲肉身俗事所羈，未能擺脱者，有力能出門而心願未切者，有心力俱未足者，我甚爲子等惜之。自今以後，須遷改自新，以補少年輕儇跳躍安逸懶惰之非，益己益人，爲功非淺。但今諸教友，頗似無妻，不然，何無一人延神父到家告解也？此事亦在子等催之。且余年遲暮，〔七八〕彌撒後津涎每竭，不能日日宣講聖道，惟賴方濟各會中人，代講爲荷。有願出門者，或獨行，或偕行，任意爲之，但須自己努力，勿問他人。」言畢，余奉命代講畢，先生顧衆曰：「趙先生爲余代講矣，子等切記之。」先生將登樓，余請曰「有問」，先生曰「何問」？余對曰：「敢問聖伯多禄童貞乎？抑鰥貞乎？」先生曰：「子問之何爲？」余曰：「將以宣講勸人也。」先生曰：「聖伯多禄夫妻貞也。有女名拔而巴臘爲聖女，彌撒中至今瞻禮之。」余出曰：「子等勿以夫妻貞與鰥貞，不得爲大聖人也。」〔七九〕

先生問：「有人曰我不信佛，亦不信天主，爾何以對之？」余無以應。先生曰：「凡人必有着落，不天堂即地獄，無中間空閒處可着汝落也。汝不信佛，善矣，豈有天主而可不信乎？」

先生問：「有人向爾言我佛亦敬，天主亦敬，汝何以對之？」余無以應。先生曰：「天下萬物，惟人爲貴。人爲萬物之靈，邪正不明，何以爲人？邪正如水火不相入，勢不並立也。」

聖母聖誕日。〔八十〕先生諭衆曰：「聖母未誕以前，普天昏暗。聖母既生以後，率土光明。譬如啓明一出，旭日隨昇，可勝稱慶。惜我今日當聖母既生之後，猶似聖母未誕之前，昏暗如初。長夜漫漫，何時旦耶？勗哉衆人，各宜猛省。」

聖瑪竇瞻禮日。〔八一〕先生諭衆曰：「聖瑪竇亦聲色利貨中人也，主光一顧，蒙昧悉除，主口一呼，愛欲皆割。如幽谷中一燈來照，葛藤内一劍來迎，向之纏繞難脱者，豁然除割矣。今諸公慎毋自拘於葛藤幽谷中，而不知所以自脱也，勗哉！」耶穌聖誕日。先生登堂講道，名論亹亹，不能勝紀，中有二語當切記，曰：「天主之甘受苦，正見天主之尊也。」

右口鐸爲趙脩令筆記。趙不知何許人，先生多其詩畫，則其人之才藝可知。

予所集墨井詩鈔、墨井題跋與三巴集詩前三十首，俱見小石山房叢書。余檢徐匯書樓中舊時抄本，又得先生口鐸一卷，而三巴集則多於山房書過半，兹全録之，以見先生之心跡。

又抄本中有上洋陶淑天懿氏所作康熙己亥年〔八二〕吟草，内有呈漁山吴師七律一首，列此以快世之敬慕先生者。詩曰：

延陵舊裔獨超羣，振鐸東南絶世氛。自喜辭家遊聖域，不貪入禁薦雄文。〔八三〕光分天闕塵寰曉，聲徹雲霄海宇聞。偏是腐儒持管見，甘爲自棄負慇勤。

予讀古里劉氏家乘，〔八四〕至劉御六傳，有天下多秋，時事日非，飄然遯跡窮鄉，與墨井道人吴歷嘯傲煙霞，放情山水，結物外之交。平昔如雲勝友，罕得而蹤跡之矣。從知先生恬退自若，落落有古人風，不自晚歲始也。

徐匯書樓抄本中，又有先生雜詠數首，未入三巴集，爲補録之。

漁父吟書寄脩令先生正

破網修多兩眼花，淘河不厭細魚蝦。採鰣曾進君王膳，四體雖勞敢辭倦。撒網常迷水似天，歌殘舟傍蛟龍眠。鬢髭白盡丰姿老，驚徧風潮怕秋早。朋儕改業去漁人，聞比漁魚更苦辛。晚知天學到城府，買魚喜有守齋户。

歎庭樹

庭栽不喜凡桃李，遠覓奇柯護養深。堪嘆此間多雨雪，十年猶未翠成陰。

觀渡頭浴禽

常觀江水浴江禽，帶濕飛鳴入遠林。堪嘆渡來多少客，不求一掬洗塵心。

試觀千里鏡

自分潛修不出廬，窗前草色任秋蕪。難忘故舊黄花處，此鏡懸看得也無。

謝惠鼻煙

病因口腹累無休，徧覓醫方得遠儔。未驗此煙能療治，但令鼻孔亦饕求。

東　樓

東樓無計那西陽，窗納炎光逼四牆。未見桐花先得夏，落殘桂子不知凉。吟髭笑撚稀應赤，月色低遲到亦黄。風觀露臺有幾在，而今且寄此爲鄉。

破堂吟〔八五〕

何年置此昭事堂，敬天御筆匾輝煌。像設西龕日應久，嘐鄉信奉至今有。當其買宅且買前，何意買隣在後邊。四壁漏痕如篆草，屋角風潮半傾倒。庭飄亂瓦同落葉，樹連蘿薜牆欲壓。道房冷暗徧生苔，問客難逢爲道來。旁通北舍踏成路，糧存地入南鄰鋪。當今旨下照舊存，〔八六〕里人願葺只空言。常年西士曾來住，畏溼陰陰雨多注。我今但能理荒荆，不能使脩不日成。

秋　柳〔八七〕

月中疏處最秋多，葉葉斜斜映淺波。曾折長條贈行客，至今黄落未歸何。

秋夜

秋雨過，夜如何，床頭新葺安眠處，小漏無多大漏多。

批注

〔一〕本名續口鐸日鈔。
〔二〕陽八月十五。時漁山年六十五，在嘉定東城。
〔三〕南翔别名。
〔四〕此是李注。
〔五〕陽八月廿六。
〔六〕下九六頁有東樓詩。
〔七〕徐匯書樓鈔本「陳亮」作「陳元亮」，「中」下有「邦」字，「清矣」下有「聖矣」。下文九十頁亦作「陳亮」。
〔八〕陽九月八日。
〔九〕鈔本「訪之遇甲」作「訪甲既遇」，無「聞聲知爲甲應」六字，「久之」下有「乙始識焉」。
〔十〕陽九月十四日。

〔十一〕有妻子之人亦可輔彌撤。

〔十二〕陽九月九日。

〔十三〕下八十一頁言欲興方濟各會，何以此已有方濟各會。八八頁言續舉方濟各會。

〔十四〕曰「下鄉」，然則堂在城。

〔十五〕鈔本此下有「粥不過半小盞」。

〔十六〕鈔本作「子儒教是矣但儒教中人未必盡賢也」。

〔十七〕趙能詩。

〔十八〕鈔本此下有「樂耶否耶」，「冥」作「天」。

〔十九〕趙能畫。

〔二十〕然則先生在城。

〔二一〕陽九月廿二。

〔二二〕先生住東城。

〔二三〕陽九月十七。

〔二四〕「財貨」二字元爲小注。

〔二五〕陽九月廿三，星期日。

〔二六〕「闢」應作「闊」。

〔二七〕由勉强幾於自然。

〔二八〕陽十二月三日，星期一。

〔二九〕興方濟各會。

〔三十〕日鈔，艾儒略口鐸日鈔。艾儒略曾在常熟開教，見十三年聖教雜誌第九册。

〔三一〕崇正堂序應作崇正辨序，因上文「堂」字而誤。胡寅，字明仲，號致堂，安國子，宋史四五三。崇正辨三卷，四庫儒家存目一。

〔三二〕朱二人昆弟。

〔三三〕貴邑，嘉定。

〔三四〕康熙卅六年，陽一月廿七日，星期。漁山時年六六。

〔三五〕鈔本「撒」下有「格」字，「跡」作「教」，「靈」下有「魂」字。

〔三六〕與孟子雞犬之喻、無名指之諭同。

〔三七〕陽二月二日，星六。

〔三八〕鈔本「易爲魔鬼所惑」至此，作「是棄子於魔鬼也棄子於魔鬼是子已爲魔鬼之奴而魔鬼將伐之爲薪烹之爲餐而不之愧不之憂昧矣」。

〔三九〕應作三月初二日，陽三月廿四。

〔四〇〕陽三月廿九日。

〔四一〕堂羅溪。

〔四二〕時羅文藻主教已卒，此主教當爲羅歷山。京都，南京乎？抑北京乎？下九十三頁作金陵。

〔四三〕其香李九標，其叙李九功，即著口鐸之人。
〔四四〕陽四月十二日。
〔四五〕鈔本此下有「今世敬字紙之説可從否」。
〔四六〕鈔本「惟十五端經」以下作「惟十五端經三分之一内所念天主經聖母經間念十遍冗則念各一遍余則曾言之」。
〔四七〕郡當是蘇州。雍正三年始改隸太倉州。
〔四八〕陽四月一日。
〔四九〕詩似未刊。
〔五十〕陽四月十三。
〔五一〕時南京主教爲羅歷山。
〔五二〕陽六月廿四。
〔五三〕續舉方濟各會，蓋係一種勉勵會。
〔五四〕鈔本此下有「以至百千萬唾焉」。
〔五五〕鈔本「中外」作「中國」。
〔五六〕東樓詩見下文九六頁，鳳阿山房詩見前卅二頁。觀此則墨井詩鈔當時未有刻本。鳳阿山房圖作於康十六年丁巳，至此已廿年矣。
〔五七〕民譽見卅三頁及九十三頁。
〔五八〕印青臣、張青臣，是一是二？

〔五九〕鈔本「今教中」以下作「後天主罰淫婦入海中冰合斷首首躍冰上其跡甚奇」。

〔六十〕鈔本「工」作「功」。

〔六一〕陽六月廿九日。

〔六二〕陽七月四日。

〔六三〕鈔本「在」作「存」。

〔六四〕前冬，康卅四。詩見下九六頁。

〔六五〕陽七月初十。

〔六六〕陽七月廿五。

〔六七〕陽七月卅一日。

〔六八〕家孟，上八八頁作家昆，猶云家兄也。

〔六九〕先生在此四司鐸之内否？

〔七十〕三巴集見上四十五頁。

〔七一〕「成神品亦此油」鈔本作「基利斯督此油」。

〔七二〕陽八月十五日。

〔七三〕然則先生在城乎？

〔七四〕陽九月七日。

〔七五〕陽九月廿一日。

〔七六〕三會，三次會也。

〔七七〕是勸勉會。

〔七八〕漁山年六六。

〔七九〕以下係散記，不記日。

〔八十〕此係某年之陽九月八日，非康熙卅六也。

〔八一〕陽九月廿一日。

〔八二〕己亥，康五八，先生卒後一年矣，是乙亥之譌。乙亥，康三四，即此口鐸之前一年。

〔八三〕第四句指辭宏博。

〔八四〕古里，常熟縣一村名。民七聖教雜誌十一、二月有常熟古里村劉應雷先生遺稿。

〔八五〕康卅四作。

〔八六〕旨是康卅一年事。

〔八七〕虛齋名畫録十四。

〔墨井集，吴歷著，李杕輯，宣統元年上海土山灣印書館排印。批注約作於一九三六年。參援庵吴漁山年譜及有關吴歷諸論文。〕

辯僞録批注

卷首批語

明藏五卷，清藏六卷。此刻照清藏，日本縮刷大藏經照明藏。清藏以明藏卷二論佛神化僞第十四以下析爲卷三，故清藏之卷四、五、六即明藏之卷三、四、五。

圓庵居士識

辯僞録序

元翰林直學士奉訓大夫知制誥同修國史張伯淳撰

天無私覆，地無私載，日月無私照。辯僞録之所云，良有以也。洪惟聖朝，繼天立極，論道經邦，以佛心子育萬方，以正法澤被四海。至元辛卯〔一〕之歲孟春，大雲峰長老邁吉祥，欽奉皇帝明命，撰述至元辯僞録。奏對天顔，睿覽頒行，入藏流通。原其所自，乙卯〔二〕間，道士丘處機、李志常等，毁西京天城夫子廟爲文城觀，毁滅釋迦佛像、白玉觀音、舍利寶塔，謀占梵刹四百八十二所。傳襲王浮僞語，老子八十一化圖，惑亂臣佐。時少林裕長老率師德詣闕陳奏，先朝蒙哥皇帝玉音宣諭，登殿辯對化胡真僞，聖躬臨朝親證。李志常等義墮詞屈，奉旨焚僞經，罷道爲僧者十七人，還佛寺三十七所。黨占餘寺，流弊益甚。丁巳〔三〕秋，少林復奏，續奉綸旨，僞經再焚，僧復其業者二百三十七所。由乙卯而辛酉〔四〕凡九春，而其徒鼠匿未悛，邪説謟行，屏處猶妄驚瀆聖情。由是至元十八年冬，欽奉玉音，頒降天下，除道德經外，其餘説謊經文，盡行燒毁。道士愛佛經者爲僧，不爲僧道者娶妻爲民。當是時也，江南釋教都總統、永福楊大師璉真佳大弘聖化，自至元二十二春至二十四春凡三載，恢復佛寺三十餘所。如四聖觀者，昔孤山寺也，道士胡提點等舍邪歸正，罷道爲僧者奚啻七八百人。挂冠於上永福帝師殿之梁栱間，故典如南嶽山之券，爲事僞者戒。試嘗考之，自大教西來，漢明帝迎摩騰、竺法蘭二師於洛陽。五嶽道士褚善信等，上表譏毀佛法。當時築壇以佛道二經焚之，道經悉爲灰燼，佛經放光無損。尊者蹈身作十八變，有「狐非獅子類，燈非日月明」之至言。道士爲僧者不可勝數。如寇謙之矯妄，崔浩惑魏太武，而崔浩卒以族誅。曇謨最之挫屈姜斌，斌流於馬邑。齊曇顯之愧陸修靜。唐總章元年，法明辯化胡之僞，勅搜聚天下化胡經，抑嘗火其書矣。由古而今，歷代帝王之制，斯可忽諸？蓋世尊等視三界衆生由如一子，棄背大覺，是子背其父也。子背其父，是自昧其所天也。且師老子者，道德二篇，以清虛澹泊，絶世棄智立其宗，隱居以求其志，翛然無爲爾。今盜名之徒，叢嘯黨援，假立冠褐，峻侈宮觀，苟世利養，豈老氏之用心哉？況老氏謂大辯若訥，大巧若拙，辯者不善，善者不辯，勿矜勿伐，抱一爲天下式，而占毀佛寺，竊經扇化胡之僞，是若拙若訥歟？是善者不辯歟？師老子而違其術，亦復違其自宗矣。若嫡師於老子者，則弗爲也，過歸末流爾。雖然，麒麟至於走獸，鳳凰至於飛鳥，蘭蕙至於薰蕕，栴檀至於穢壤，則世未有舍鳳凰麒麟之瑞，蘭蕙栴檀之馨，而愜走獸飛鳥之常，薰蕕穢壤之垢者。人心天理，愛惡之所同也，奈何菽麥未析，而甘事於僞妄不實之教，復誇誕其浮辭，侮慢大覺，訕毀至聖，而弗憚三塗之淪溺乎？斯辯僞録之正名教，造理淵奧，排難精明，凜乎抗凌雲之勁操，坦然履王道之正塗，而隄備後世之溺於巨浸者，其爲言也至矣。蓋有僞則辯，無僞則無辯，豈好辯哉？弘四無礙之辯者，邁公之德歟！言之者無罪，聞之者足以戒，故我皇金言喻辭曰：「譬如五指，皆從掌出。佛門如掌，餘皆如指。」信乎，王言如絲，其出如綸，明逾日月，堅逾金石，爲萬世之龜鑑，則斯録豈小補哉。〔五〕

批注

〔一〕至元廿八年。

〔二〕乙卯應作乙酉，涉下文乙卯而誤。乙酉係太祖廿年，金正大二年。

〔三〕蒙哥七年。

〔四〕乙卯係憲宗蒙哥皇帝五年，辛酉係中統二年。

〔五〕文中有至元廿四春之語，此序當作於至元廿四年之後。起數行又有至元辛卯語，辛卯爲至元廿八年。

辯僞録序

蓋聞五運未形，元無人物之號；三才既立，乃叙尊卑之名。肇分六爻，始畫八卦而有書契，定乎訓章。鳳篆龜圖，金縢玉字，百家之異轍，萬卷之分區。雖理究乎精微，言殫乎物範，紀情括性，未出乎域中；原始要終，詎該於化内。況乎法身無相，高超於象帝之先；真諦絶稱，迥出乎思議之表。英猷茂實，代有人焉。如意〔一〕者，俗姓乎延氏，太原人也。系乎延讚之裔，世傳纓冕累葉，播遷代郡，因爲家焉。九歲落紺，隨師請業。玉離荆岫，價重之德彌彰；桂去幽巖，馨香之風遠遞。阿師内窮三藏之奥，外覈九流之源，名冠於中華，聲聞於朝野。運談天之口，施不世之才。郁郁問綺錦之文，雄雄聳凌雲之氣。班馬之珠玉，未可同年；顧陸之文章，寧堪並駕。至若莊生墨生之學，黄老李老之書，三清謗道之文，十異九迷之論，混元隱月之祕，靈寶赤書之儀，煥若胸臆，明猶指掌。加以禪參於五派，傍閲於羣書，既有雄才巨筆，特專著述，運思之外，汲引無窮。挫邪則有吼石之功，扶正則具鞭屍之德。固以才侔安遠，學邁生融，實覺海之龍鱗，廼佛門之柱礎。切見全真道士者丘處機、李志常、史志經、令狐璋等，學業庸淺，識慮非長，並爲鄙辭，排毁正法。擊兹布鼓，竊比雷門，使中下之流，咸生邪見。欽奉薛禪聖明皇帝，〔二〕發大悲心，愍其盲瞽，恐墮泥犁，勅令製斯論耳。震蕩法海，摧彼詞鋒。碧鷄之鋭競馳，黄馬之駿争騖。狀鴻鑪之焚纖翼，猶炎日之煉輕冰。負勝之儔，於斯可見。蹔歸慈定，已破魔軍。至元十八年〔三〕十月二十日，復欽奉先皇帝聖旨，〔四〕勅令天下僞經，一時焚盡。由是佛日重暉於碧漢，法雲廣布於閻浮。右如意所作文賦注解、四經序、韓文別傳、性海賦等，在世已傳。然茲論五卷，〔五〕二百餘紙，窮釋老之淵源，分邪正之優劣，蓋唱彌高而和彌寡，深可愧焉。余文慚綺麗，學匪通圓，覩斯論之嘉言，欽吾皇之鴻護，不勝手舞，勉爲斯引。輒以藤綆，聯彼珪璋，庶博雅君子詳其致云爾。大雲峰住持襲祖沙門、雪谿野老、貴吉祥述。

批注

〔一〕如意當即祥邁之字。

〔二〕世祖。

〔三〕辛巳。

〔四〕稱世祖爲先皇帝，此序亦當作於成宗之世。

〔五〕據此則此論實五卷。

卷一

元道者山雲峰禪寺沙門祥邁奉勅實録撰

蓋聞法王御世，弘正道以濟時，明主臨軒，闡皇極而拯物。剪邪扶正，崇德辯惑，故堯誅四凶，而八紘道泰；佛降六衆，而五印歸心。皆所以整亂救焚，啓迪耳目。夫我佛者，功成曩劫，爲物降靈。無生示生，利見大千之土；絶相現相，頓化百億之方。猶皓月之流空，千江普應；若長風之噫氣，萬籟聞聲。誘癡子於一極之乘，引迷途於八正之路。拔五濁之熱惱，撤四倒之樊籠。指衣下之明珠，剖塵中之經卷。破魔軍於道樹，不下廟堂；摧外道於金河，折衝無外。恩流萬國，澤及四生。慈雲蔭有頂之天，法雨潤無疆之界。羣生無惑，大聖歸真。聖哲繼輝，維持玄範，則有馬鳴龍樹，恢教網於西天；提婆愛賢，建法幢於南印。世親擅鞭屍之德，陳那騁吼石之奇。挫外道於一時，播嘉聲於萬古。洎乎金容東夢，玉馬西來，摩騰顯正於洛陽，道書咸從火化；僧融破邪於關内，梵志結舌無言。懸佛日於昏衢，扇慈風於寰寓。英髦接武，俊彦聯芳。故有大統齊法上法師多能，折姜斌於魏闕；法琳博物，排傅奕於唐朝。騰盛德於當時，震佳聲於叔世。但以去聖逾遠，魔僞逼真；紫實亂朱，珉常混玉。自非上智，疇克考明？所以鼠璞濫名，周人一其貴賤；鷄鳳殊狀，楚俗迷其是非。故有守文曲流，拒爲異端之説；巧言邪道，引爲同己之談。雖至道無損於毫釐，而僞説有塵於視聽。此幽途所以易墜，聖門所以難陟者也。

我元之有天下也，慶叶金輪，禎符玉曆。掩六合而光宅，統萬國以提封。東盡蟠桃，西窮細柳，南移金鼎，北抵玉衡。自尊盧赫胥以來，秦漢隋唐之後，未有如今朝之盛者也。太祖、太宗，頒明詔而匡護；元帝、明帝，〔一〕捨金寶而修崇。咸思付囑之心，共仰慈悲之訓。免其賦役，展其化風。今上皇帝深仁睿智，體道寬明。荷四聖之雄基，纂百王之洪烈。萬機之暇，眷顧佛門。諷百千藏之金文，延數萬僧之勝會。植福覺苑，修建伽藍。政尚寬仁，澤及黎庶。搜揚仄陋，黜陟賢愚。明釋道之淺深，達邪正之優劣。

道士無識，蔑視國家。欺以朔方之居，肆其私臆之辯。丘處機妄言謟上，李志常矯飾媚時。萃逋役之罪徒，集排釋之僞典。令狐璋首編妄説，史志經又廣邪文。效如來八十二龕，集老子八十一化。古今不辯，經史匪通。攘竊佛書，收爲道教。採釋瑞而爲老瑞，換姓安名；改迦祥而作老祥，擅爲己德。僞中生僞，虚上架虚。張李聃出於空洞之前，屈迦文降於周莊之代。立傳圖像，行板流通。俾尹喜作佛，尊老聃爲釋迦之祖；伏犧授訓，高伯陽爲犧農之師。軒皇問道於廣成，認爲老子；文王師承於吕望，紐爲老君。周公屈膝於牀前，老子教以璇璣經孔子厥角於座下。問禮滅三教而獨顯，超千聖以居尊。孤高五運之前，作師百代之下。域中獨聖，更有誰何；巧飾百端，了無一實。詳此圖也，意欲剪除百氏，獨擅一宗。掩犧、軒之聖功，滅釋、孔之洪範。元惡大憝，世人不知。雖有窮之亂夏政，王莽之欺漢庭，未足過也。若非主上明聖，朗鑒無惑，孰能察辯真僞，目識是非。由是特下明詔，揀定虛實。萬載凶栽，一時而拔。爰有典教宗師少林和尚者，祖庭柱礎，梵宇棟梁。心質直而無私，性淵澄而深博。愍其愚瞽，蕩彼迷封。掃妖祲於長空，揭佛日而高朗。祥邁側聞斯論，不可惜言。嘉聖主之神聰，美少林之雅對。聊憑正典，斥破狂談。塞妄説之根源，倒邪山之林藪。使大羅玉帝，魂驚於九天之中；元始天尊，膽落於三清之上。萬天教主，羞赧難伸；九府洞仙，慚惶無地。分條數件，舉一例餘。俾夫金鍮各色，涇渭分流。玉液澆腸，使迷涎而蕩散；金鎞刮瞙，令智眼以分明。爲暗室之夜光，作幽衢之曉鏡。通明達士，知此道焉。至元二年歲次旃蒙龍集，星紀陽復之月，絶筆於萬壽蘭若。〔二〕

批注

〔一〕定宗、憲宗。

〔二〕乙丑。此序係戊午第一次焚經後所著。

卷三

後記

余昔見唐人譏道士云：「出言猥穢，誑妄不真，使人奉者，不仁不孝，家生梟獍之兒；無禮無親，世出豹狼之子。」又見新落髮道士罵長春宮家云：「教門無事，汝等受榮；教門有害，使俺受辱。尊稱掌教，披秉藍袍，日無素飡，月有佳宴。粉白黛黑，滿目歡呼；螓首蛾眉，終宵私樂。睛他上分之饌，受他罄折之恭。昧天謾心，今日自感。」乍聆此語，以爲不然；今此觀之，未爲過也。老子生於厲陽之鄉，終於槐里之地。此本墳隴，棄而不修。恣荆棘之荒涼，任狐兔之蹂踐。年終臘節，孰聞道士之蒸嘗；獻歲秋成，弗覩女冠之礿祀。行人爲之隕涕，見者爲之哀矜。而漫說化胡之妖言，流落他邦而不返。王浮發乎餘竅，志經又揭臭風。使老子重玄之妙門，到此掃地而蕩盡。且今八十一化，其中五十餘化，偷佛效顰；二十餘化，道聽塗說。唯有一化，言老子授尹喜道德真訣，全將合氣運精，而爲立功，不以清浄爲心，專以交遘爲道。以斯祈福，福云何生？以斯禳災，災云何殄？祥邁仰荷宸恩，忝充釋子，刳心守道，閉户閒居。待殘喘於桑榆，無求辯於邪正。憤志常之姦狡，嘉少林之甄明。蕩化胡之穢談，返遏占之寺宇。光輝釋範，匡弼真乘。功蓋補天，業隆立極。雖摩騰見美於漢朝，法上溢名於齊代，法上北齊大統與道士争論，道士落髪。以今校古，曾何足云哉。加以主上明聖，洞曉佛心，知玉石之不同，審薰蕕之異氣。佛是聖中之大聖，老是賢中之大賢，既天壤之懸殊，亦珠礫而異價。由是特回天睠，目察實虛，偃彼濁風，朗兹慧日。祥邁預斯嘉會，慶躍心靈。希前代之清塵，仰先哲之洪範。輒憑古典，斥破今圖。拔妄説之根株，折志經之誑辯。本顛末墜，瓦解冰消。豈唯千載之楷模，亦顯一時之奇事。靡敢箴於龍藏，亦可續於弘明。唱斯言而不慚，冀英能而知賞。摭我華者，難與言論云。至元單閼之歲〔一〕孟春絶筆道者山大雲峰禪寺。灑掃比丘祥邁記。

欽奉聖旨禁斷道藏僞經下項見者便宜燒毁：

化胡經王浮撰　猶龍傳　太上實録宋謝守灝撰

聖紀經　西昇經　出塞記　帝王師録

三破論齊人張融假託他姓　十異九迷論傅弈、李玄卿

明真辯僞論吴筠　十小論吴筠

欽道明證論唐員半千假託他姓　輔正除邪論吴筠

辟邪歸正議杜光庭　齕邪論梁曠

辯仙論梁曠　三光列記　謗道釋經破大藏經，林靈素、杜光庭撰

五公問虛無經　三教根源圖大金天長觀道士李大方述

道先生三清經　九天經　赤書經

上清經　赤書度命經　十三虛無經

藏天隱月經　南斗經　玉緯經

靈寶二十四生經　歷代應現圖

歷代帝王崇道記　青陽宫記

紀勝賦　玄元内傳　樓觀先生内傳

高上老子内傳　道佛先後論

混元皇帝實録〔一〕

長生天氣力裏大福廕護助裏皇帝聖旨：道與中書省、樞密院、御史臺、隨路宣慰司按察司達魯花赤、管民官、管軍站人匠等官，并衆先生每：在前蒙哥皇帝聖旨裏，戊午年〔二〕和尚、先生每折證佛法，先生每輸了底上頭，教十七箇先生剃頭做了和尚，更將先

生每說謊做來的化胡等經并印板都燒毀了者，隨路觀院裏畫著底、石碑上鐫著底八十一化圖盡行燒毀壞了者麼道來。如今〔四〕都功德使司奏：隨路先生每將合毀底經文并印板至今藏著，却不曾毀了。更保定、真定、太原、平陽、河中府王祖師庵頭關西等處，有道藏經板這般奏的，上頭教張平章、張右丞、焦尚書、泉總統、忽都于思翰林院衆學士、中書省客省使、都中書省宣使苦速丁淵、僧録真藏僧判、衆講主長老等，張天師、祁真人、李真人、杜真人〔五〕衆先生每，一同於長春宫内分揀去來。如今張平章等衆人每迴奏：這先生家藏經，除道德經是老君真實經旨，其餘皆後人造作演說，多有詆毀釋教，偷竊佛語，更有收入陰陽醫藥諸子等書，往往改易名號，傳注訛舛，失其本真。僞造符咒，妄言佩之，令人商賈倍利，夫妻和合，有如鴛鴦，子嗣蕃息，男壽女貞，誑惑萬民，非止一端。意欲貪圖財利，誘說妻女。至有教人非妄佩符在臂，男爲君相，女爲后妃，入水不溺，入火不焚，刀劍不能傷害等。及令張天師、祁真人、李真人、杜真人試之於火，皆求哀請命，自稱僞妄，不敢試驗。今議得除老子道德經外，隨路但有道藏說謊經文，并印板盡宜焚去。又據祁真人、李真人、杜真人等奏告：「據道藏經内除老子道德經外，俱係後人捏合不實文字，情願盡行燒毀了，俺也乾浄。」准奏：今後先生每依著老子道德經裏行者。如有愛佛經底，做和尚去者。若不爲僧道，娶妻爲民者。除道德經外，說謊做來底道藏經文，并印板盡行燒毁了者。今差諸路釋教泉總統、中書省客省使都魯前去，聖旨到日，不問是何官吏、先生、道姑、秀才、軍民人匠、鷹房打捕諸色人等，應有收藏道家一切經文，本處達魯花赤、管民官添氣力用心拘刷見數分付與差去官眼同焚毁。更觀院裏畫著底、石碑上鐫著底八十一化圖，盡行除毁了者。自宣諭已後，如有隨處隱匿道家一切説謊捏合，毁謗釋教，偷竊佛言，窺圖財利，誘説妻女，如此誑惑百姓符咒文字，及道家大小諸般經文，若所在官司不添氣力拘刷，與隱藏之人一體要罪過者。外民間諸子、醫藥等文書，自有板本，不在禁限。准此。

至元十八年十月二十日

長生天氣力裏皇帝聖旨：宣撫司每根底、城子裏村子裏達魯花赤根底、官人每根底，張真人爲頭兒先生每根底，宣諭的聖旨。馬兒年〔六〕和尚、先生每持論經文，問倒先生每的上頭十七箇先生每根底教做了和尚也，已前屬和尚每底先生每占了的四百八十二處寺院，内二百三十七處寺院，并田地水土産業，和尚根底回與也麽道。張真人〔七〕爲頭兒先生每退狀文字與了來。又先生每説謊做來的化胡經等文字、印板教燒了者，石碑上有底不揀甚麽上頭寫著底文字有呵盡都毁壞了者麽道來。又已前先生每三教裏釋迦牟尼佛的聖像當中間裏塑著有，老君、孔夫子的相貌左右兩邊塑著有來，如今先生每把已前體例撇了，釋迦牟尼佛的聖像下頭塑者有麽道，這般説有依著已前三教體例裏做者，釋迦牟尼佛的聖像下頭塑有呵改正了者麽道斷了來。如今少林長老〔八〕爲頭兒和尚每奏告：教回與來的寺院内一半不曾回與了的却再争有。又説謊做來的化胡經等文字、印板一半不曾燒了有。三教也不依著已前體例裏做有麽道，這言語是實，那是虚，真箇這的每言語，一般呵一般斷了者，别了呵怎生行的。依著已前斷了的内不曾回與來的寺院有呵，但屬寺家的田地、水土、産業回與了者。説謊做來的化胡經文書、印板，不曾毁壞了的有呵毁壞了者。三教也依著已前體例裏做者。俺每的這聖旨這宣諭了呵已前斷了的言語，别了呵寺院的田地不回與呵，争底人有呵斷按打奚罪過者。又這和尚每有聖旨麽道已前斷了的已外，不屬自己的寺院田地水土争呵，不怕罪過那甚麽？聖旨俺每底，鷄兒年〔九〕六月二十八日開平府有的時分寫來。

長生天底氣力裏、蒙哥皇帝福廕裏、薛禪皇帝潛龍時令旨：道與漢兒州城達魯花赤、管民官，僧官、僧衆，道官、道衆人等。據少林長老告稱，蒙哥皇帝聖旨裏，委付布只兒爲頭斷事官斷定隨路合退先生住寺院地面三十七處，却有李真人差人詐傳蒙哥皇帝聖旨，一面奪要了來。這言語問得承伏了，是李真人差人詐傳的上頭，如今只依先前的聖旨，委付布只兒爲頭斷事官元斷定三十七處地面，教分付與少林長老去也。

准此。

至元戊午年〔十〕七月十一日開平府行。

批注

〔一〕當爲至元廿八年辛卯，見前張伯淳序。

〔二〕以上爲辯僞録第一次撰成之文。以下均爲後來所加入。

〔三〕戊午，蒙哥八年。

〔四〕如今，至元十八年辛巳。蓋後戊午廿三年矣。此係舊事重提。

〔五〕張宗演、祁志誠、李德和、杜福春。四名見卷六碑文頁三、頁四。張正一，祁全真，李、杜真大道。

〔六〕馬兒年即戊午。

〔七〕張志敬，卒於至元七年。

〔八〕少林，卒於至元十二年。

〔九〕當爲中統二年辛酉。卷首張伯淳序有「由乙卯而辛酉」語。

〔十〕戊午係蒙哥八年。「至元」二字涉前旨而誤加入，至元無戊午也。然明藏已有此二字，惟磧砂藏本無。

卷四〔一〕　元道者山雲峰禪寺沙門祥邁奉勅實録撰

夫三聖人教列於中國，猶鼎足而峙以扶皇化。夫子之言仁義者，軌於不道之士也。老子之守謙退者，息於躁競之徒也。釋氏之談性命者，欲令返源也。而叔葉紛論，獨師已見，自矜自勝，迷本迷宗，蓋不達道之通途，守於一岐之說也。殊不知仁義行，則人人蹈於君子之徑矣；謙退行，則人人杜於貪悋之求矣；性命明，則人人達於妙道之源矣。不如是者，何爲達士君子乎。仲尼所謂齊一變至於魯，魯一變至於道，幾於此矣。而晚世道士，專尚誇誕，以譎詭不經爲奇異，以誑妄不真爲妙門。棄二篇之醇濃，雜三張之穢術。王害風以顛狂爲至德，不識道之淵源；丘處機以行鸞爲神奇，失全真之要妙。西行萬里，不明對主之談；東迴三年，偶合標其殊異。欺人謅聖，矜衒自高。始爲烏有之談，終成無是之說。古來矯妄，且略不言，今朝行事，且陳數段。

我太祖成吉思皇帝龍飛朔野，虎步中原。膺寶曆以匡圖，赴昌期而司牧。順天革命，戡亂定功。軍國雖煩，留心覺路。首頒恩詔，護持佛門。「大聖神化不可測量，所在形儀，無得損壞。隨處寺宇所有田地、水澆上地、水碾水磨、寺用什物，凡是佛底，并令歸還，莫得侵占。大小科役、鋪馬祇應，并休出者。出家僧人是佛弟子，與俺皇家子子孫孫念經告天，助修福者。凡是僧人，去住自在，休遮當者。有歹人每倚著氣力搔擾佛寺，奏將名姓來者。」〔二〕後代明君，咸遵此式。而魔辯逼真，妄生高下，咸言丘公開三教之基，爲儒釋本地。試叙首末，請詳臧否。

初全真之興，事非振古。按元裕之重陽真人碑云：金朝正隆中，有王世雄者，三輔人也。少以任俠見稱，中歲忽有所得，遂棄家事，浮沉酒間，謔浪無節，猖狂妄行，咄空獨笑，時人以爲病狂，遂目王害風焉。後遇氈裘二道士，汲水飲酒，狂縱愈甚，狡獪難測。於縣東撅墓止之，以活死人目之。居之二年，移於劉蔣庵。大衆不聚於三人，庵不搆於二屋。自是棲遲士窟，託處窮巷，破裘敗絮以裹其身，執杖操瓢，乞食自濟。效癡禪之守默，坐環牆而自拘。嘗謂禪僧達性而不明命，儒人談命而不言性，余今兼而修之，故號全真。行丐而東，至寧海軍，得弟子馬丹陽、丘處機、劉、譚、郝凡七人，全真之教，乃大行焉。後其徒潘志源等，致范君幕府致之王君書，數命元裕之述碑贊德。裕之引葛洪稚川之於晉，陶弘景貞白之於梁，寇輔真謙之之於魏，司馬子微之於唐，陳圖南摶之於宋，叙此數賢，皆不及之，曲成其美。而全真之輩謂不光，故好問之文，立而復毀。其徒又發杜順寶塔聯環金骨，埋於世雄壙中，爲王害風之舍利焉。金朝世宗章廟禁斷其風，使楊尚書就海州竟杖斷丘公八十，而音不絕，世之共聞，非妄言也。道士丘處機字通密，登州棲霞人，號長春子。師王害風，繼唱全真。本無道術，有劉温字仲禄者，以作鳴鏑幸於太祖，首信僻説，阿意甘言，以醫藥進於上，言丘公行年三百餘歲，有保養長生之術，乃奏舉之。戊寅〔三〕中，應召北行。丘公倦於跋涉，聞上西征，表求待迴。使中書湛然温詔召之，丘公遂行。初上西征大石林牙及可弗叉國，盡有其地。唯算端汗奪破乃滿之地，軍馬强盛，據有尋思干城。或云邪木思干，遼之河中府也。聞上西討，即南走入鐵門，遁於大雪山南，潛趍印度。上率衆襲之，駐蹕大雪山南。辛巳冬十一月十八日，丘公至尋思干城，以雪山大雪屯谷可有二丈，深不可行，且止城中。壬午夏四月初五日，始過雪山，達於行宫。至上前數拜，退身致敬，禮畢然後入帳。上問有何長生之藥，以資朕躬。丘公逡巡拱身答曰：「有衛生之道，而無長生之藥。」上以言實，賜以馬乳。時迴紇山賊亂於密邇，且令丘公還尋思干城，期以十月再詔。八月後旬，丘公復至行宫。凡有所對，皆平平之語，無可採聽。問其年甲多少，僞云不知。考問神仙之要，唯論固精養氣，出神入夢，以爲道之極致。美林靈素之神遊，愛王害風之入夢，又舉馬丹陽。恒云屢蒙聖賢提奬真性，遨遊異域。蓋由福薄不能致好夢也。又問湛然居士觀音贊意，中書輕而不答，而有識聞之，莫不絶倒。既而東迴，表求牌符，自出師號，私給觀額，自填聖旨，謾昧主上，獨免丘公門人科役，不及僧人及餘道衆。古無體例之事，恣欲施行。上之所説，湛然居士編入西遊録中，備明丘公十謬。回至宣德等州，屈僧人迎拜。後至燕城，左右鼓奬，特力侵占，使道徒王伯平騶從數十，懸牌出入，馳躍諸州，便欲通管僧尼。丘公自往薊州，特開聖旨，抑欲追攝甘泉本無玄和尚，望其屈節，竟不能行。西京天城，毁夫子廟爲文城觀。景州奪龍角山，〔四〕賈先生改爲沖虚觀。後僧欲争，丘公移書從樂居士，文過飾非。平谷縣水谷寺，正殿三身，皆劉鸞絶手，悉打澗中，改觀居之。太原府丘公弟子宋德芳，占浄居山，穿石作洞，改爲道院，立碑樹號。相州黄華山，隋唐古刹，碑刻存焉，道士占定。混源西道院本崇福寺，道士占訖。灤州下縣數座佛殿，道士拆訖，并毁佛像。檀州黍谷山靈巖寺，昔是鄒衍吹律之處，堂殿廊廡，悉皆完足。全真賈志卒、王志欽，倚著丘公氣力，蕩除佛像，塑起三清。石幢子推入澗中，有底曰園，占佃爲主，改名大同觀。檀州木林寺，正殿懸壁，壬子年全真許知觀拆毁塑像，改立三清，號爲天寶萬壽宫。良鄉縣東南張謝村，興禪寺地土、棗樹、林檎園，并外白地，丘公弟子孔志童强占種佃，欺侮尼衆。如此等例，略有數百。雖莊蹻狼戾於南荆，盜跖跋扈於東魯，方今剽劫，未爲過也。不以道德爲心，專以攘奪爲務。後毒痢發作，卧於厠中，經停七日，弟子移之而不肯動，疲困羸極。乃詐之曰，且偃之與寢何異哉？又經二日，竟據厠而卒。而門弟子外誑人云，師父求福，編丘公録者，李浩然集來即日登葆光而化，異香滿室。此皆人人具知，尚變其説。餘不公者，倒皆如此。故當時之人爲之語曰「一把形骸瘦骨頭，長春一旦變爲秋。和濉帶屎亡圊厠，一道流來兩道流」。斯良證也。大道四祖之語也即丁亥年七月初九日也。〔五〕後道士志常，字浩然，號真常子，簪冠自整，紹復前蹤。斂道士之財，買王臣之意，媮薄巧飾，趍媚時流。虚冒全真之名，不行道德之實。梟鳴正道，虎視釋家。挾邪作威，侵占佛寺。襲丘公之僞跡，扇殘賊之餘風。縱羣下之剽奪，任私情之毁撤。打佛像而安老像，廢菩薩而作天尊。貪得忘仁，窺求無度。他處遼遠，恐人未憑，且叙京城，及内屬州縣，占奪寺舍，侵植田園，磨毁碑幢，損滅佛像，略舉一二，驗知虚實。京通玄關觀音院正殿三間，塑畫完具，李志常遣本觀道衆打絶聖像，塑著三清。雖屢陳訴，抗詔不與。今雖革正，而街西院舍近三十楹，尚未分付。京浄恩禪寺，正殿房寮、方丈庫舍，五十餘楹。殿内無量壽佛、十六觀像，金碧炫目。女冠改作修真觀，永占住持。京憫忠寺東塔院，大道信道姑〔六〕占守住坐。京慈聖院長春宫，薛道録改爲玄都觀占住。京寶塔寺經藏院，天長觀下任道姑福童占定住坐。京資聖寺，唐遼舊剎，前後通街，地有三十餘畝，房有百十餘間。全真鞏志朗改作葆真觀，占定住持。京顯花門外金橋寺，正殿釋迦，渾金成就。全真張知觀拆毁大殿，平治基址，安先生丘塚改作墳地。京銅馬坊建福院，全真鬍頭張先生占改住坐。京春臺坊西萬盈坊弘教院，正殿、聖堂、僧寮、厨庫、菜園、石碑，盡被樊先生拆打訖，却將木石於戴外郎宅東蓋訖天齊仁聖廟。京西北隅吉祥院，長春宮占作窯場煉丹。經今聖旨斷定，由未分付。玉田縣北鄉妙峰院，全真榮道士盡行拆訖，於田家莊蓋女冠楊道姑、路道姑住坐。通州在城觀音院，前後正殿、厨庫、僧房，全真陳和童打壞觀音，改塑老君，易名通仙觀。宛平縣齋堂村靈樂寺，全真劉知觀把釋迦太子賣與他人，火爆石碑，藏了銅鐘，拆訖佛殿，壞了舍利寶塔，平蕩墳林，改作通仙觀，塑起三清。涿州在城設濟院，有舍利塔七層五十餘尺。全真賈先生夜間拆了塔尖。本官詰責，逃了。甲寅年〔七〕改爲齊仙觀。涿州行滿寺觀音殿，有白玉石觀音菩薩，坐高三尺。有糠禪任志堅〔八〕夜中打碎，共十一塊，并占訖寺院，改爲永寧觀住坐。廣因寺常住位舊堂咸備，全真梁先生改作十方觀住坐。平谷縣曆西寺正殿聖容，全真王知觀打壞塑像，占植栗園，磨了石碑，耕了地土。文家莊水谷寺殿宇、三門、雲堂、庫房、水碾、園土，全真王知觀打了塑像，却塑老君。并獨波寺正殿拆訖，占植栗園，改作道院。順州〔九〕年豐龍泉寺麻地、棗園，并餘白地，盡被馬法師占定，改爲大道觀。安次縣北臺寺，全真羊皮李占佃。普慈寺，楊道姑占訖。遵化縣臺山寺下院靈應山栗園，劉先生占。净因院羅文谷栗園，張先生占植。縣東北般若院大殿、中疃寺雲堂、净家谷雲堂三門，盡被張先生拆了，蓋作開陽觀。薊州天香寺栗園地土，盡被王道政占佃。舍利寶塔高四十尺，王道政拆訖，塔上鐵竿亦自使了。又拆了墳塔十三座。甘泉山下院水碾一所，孫先生强行蓋了。報國寺下院栗園，賈先生占了。崆峒山下院田地栗園，吴先生蓋觀占守。如此等例，寧可具詞。其餘東平、濟南、益都、真定、河南、關西、平陽、太原、武朔、雲中、白霫、遼東、肥水等路，打拆奪占，碎幢磨碑，難可勝言。略知名者，五百餘處，皆李志常之所主行。又自覽貢獻圓米、果木、蜜煎茶薑，馳驛馬疋。每歲上下，要君取榮，不以謙退爲心，專以衒名爲務。壬辰〔十〕中合罕皇帝吊民洛汭，問罪汴梁，急於外征，未遑内整。而志常姦心狙妬，欲欺佛家，蔑視朝廷，敢爲不軌。乘國軍擾攘之際，當羽檄交馳之辰，縱庸鄙之徒，作無稽之典。令狐璋首集僞説，史志經又廣邪文。菽麥不分，古今匪辯。採王浮之詭説，取西昇之鄙談。學佛家八十二龕，糅老子八十一化。要合九九之數，簧鼓二篇之風。乃舉李耳在虚無之前，屈迦文降周莊之代。倚竊佛教，增闡多端。欲高釋氏之前，乃説李耳在陽甲之歲；欲登儒者之上，乃立九歲在太易之先。欲同佛家五方如來，乃説五方出法度人。擬偷佛經，世界初成，風輪下布，乃説氣射往來，變作彌羅之氣。如此之事，一一難陳。秖欲混自濁流，濫彼清濟。金鍮相雜，涇渭難分。調聖欺賢，蔽蒙天下。瞎他正眼，味自心靈。天遏佛門，溝壑正道。慠慢典憲，不懼朝章。使秦川道衆，暗板流傳，遠地發揚，欲妨自害。不遇明聖，真假孰分。佛法中興，待時而顯。苟非其人，道不虚行。我蒙哥皇帝，克岐克嶷，曰聖曰明。布政簡嚴，聰達神武。修祖宗之令典，酌先代之洪規。率由舊章，不忘外護。初鑄國寶，先贊佛門。凡是僧人，並無徭賦。聖旨特賜那摩國師白金二千定。計鈔二十萬兩修福佛門。又令勝庵主，發黃金五百兩、白金萬兩，於昊天寺大作佛事。七日方滿，飯僧萬餘也道門志常，以八十一化圖刻板既成，廣張其本，若不遠近咸布，寧知李老君之勝，宜先上播朝廷，則餘者自然草靡。乃使金坡王先生、〔十一〕道人温的罕，廣賫其本，徧散朝廷近臣土魯及乞台普華等，并授其本。時少林長老裕公，建寺鶻林，皇上欽仰。因見其本謗訕佛門，使學士安藏獻呈阿里不哥大王，〔十二〕訴其僞妄。大王披圖驗理，閱實甚虛，乃奏天子，備陳詐冒，破滅佛法，敗傷風化。天子未詳真僞，俾召少林長老，及道士李志常，於大内萬安閣下，共丞相鉢剌海、親王、貴戚等，譯語合剌合孫，并學士安藏。帝御正座，對面窮考，按圖徵詰。志常一詞罔措，拱身叉手，唯稱乞兒不會而已，推以不知。少林讓曰：汝既不知，何以掌教？志常又默無言。少林因曰：道士欺負國家，敢爲不軌。今此圖中説李老君生於五運之前，如此妄言，從何而得？且史記老子與孔子同時，出衰周之際。故唐初秀才胡曾詠史詩云：「七雄戈戟亂如麻，四海無人得坐家。老氏却思天竺住，便將徐甲去流沙。」此則周末時人明矣，何乃妄搆此説，謾昧主上乎？志常曰：此是下面歹人做來，弟子實不知也。少林又曰：老子既是大賢，宜當佐國安民，匡君不逮，何乃坐視亂亡，西去流沙，忍而不救乎？〔十三〕自己家鄉而不能整，且欲遠化羌胡，不亦謬哉。此同頭上火燒而不能却，且欲遠救他山之火，縱是愚人，亦知迂誕。志常拱默無言，面赧汗出。少林重奏曰：「道士欺謾朝廷遼遠，倚著錢財壯盛，廣買臣下，取媚人情。恃力凶愎，占奪佛寺，損毁佛像，打碎石塔。玉泉山白玉石觀音像，先生打了。隨處石幢，先生推倒。占植寺家園果梨栗、水土田地。大略言之，知其名者，可有五百餘處。今對天子，悉要歸還。」而志常情願吐退，別無酬答。少林又曰：「此化胡圖本是僞造，若不燒板，難塞邪源。」志常唯言情願燒却，更無伸説。上曰：「我爲皇帝，未登位時，舊來有底，依古行之；我登位後，先來無底，不宜添出。既是説謊，道人新集，不可行之。」時勝講主瞋目詈之，指爲畜類。〔十四〕塊然無對。帝謂羣臣曰：「道士理短，不敢詶答也。」少林翌日復上表云：〔十五〕「和林上都北少林寺嗣祖雪庭野人，誠惶誠恐，頓首頓首，謹言：聞舉直錯諸枉，能使枉者直；舉枉錯諸直，能使直者枉。此二者賞罰之源。治亂之機，莫不發乎其中矣。自生民以來，淳朴未散，故三皇五帝，垂拱南面，其政教不肅而成，不嚴而治。是以聖人觀天文以察時變，觀人文以化成天下也。及三代以降，姦宄日萌，故聖賢間生，應時設教。或洗之以道德，或封之以仁義，以防微後世之弊也。於是我釋迦大覺，以周第五主昭王二十四年甲寅四月八日，生於天竺。父曰浄飯皇帝，母曰大術聖后。夢感白象駕日輪，忽墜於懷，覺時乃娠。誕彌厥月，聖母攀枝，右脇神化而生。列宿覲於紅蓮，九龍沐以香水。三十二相以嚴體，八十種好以隨形。指天地以稱尊，現吉祥而應世。四門觀苦，午夜逾城。六年苦行以圓曠劫之因，萬德周身以克多生之果。教談三百餘會，化揚八萬之門。受波旬請而入涅槃，順衆生機而示圓寂。由是道超凡聖，化被人天。凡聲教所及，莫不波蕩風靡而從之，冠其位於列聖之首也。學其道者，持五戒則備於五常，修十善則杜其十惡。存者安於王道，亡者託於人天。其大則頓息生死之源，獨出聖凡之表也。繼有東夏賢者，是曰老君。以周第二十二帝定王二年丙辰九月十四日，生於楚國苦縣厲鄉曲仁里。父曰韓乾，母曰精敷。孕八十一年而生於李樹下，因以姓李。名耳，字伯陽。身長四尺六寸，額凸眉龐，反唇騫鼻，髆尖胯闊，聃耳鬅頭，生而皓首，故曰老聃。以疑獨之道祕于心，以三寶之德資于用，曰慈，曰儉，曰不敢爲天下先。至簡王二年，官至守藏吏。十四年遷太史。及景王二十三年己卯，以七雄分霸，天下擾攘，老氏不忍坐視其弊。有紫氣浮關，欲西涉流沙而訪。至函谷，得關令尹喜，授以道德二篇，深造妙道之理。已而弗克流沙，死於槐里，即而葬焉，乃京兆之興平也。後之學其道者，虛心實腹，游於道德，黜於聰明，高蹈煙霞，迴出塵世。聲利不能屈，刑勢莫能移。雖二聖賢時有先後，教有淺深，觀其聖賢之心，未嘗有間也。自我皇朝聖祖開闢大統以來，兵燼之際，有學者興，肇起其門，是曰全真。冠伯陽之衣冠，稱伯陽之徒黨，棄伯陽之宗廟，悖伯陽之道德，浸漫四方，不可勝數。毁拆寺宇，摧滅聖像，僞興圖籍，妄設典章，肆其異端，以干時惑衆。殘賊聖人之道，輙以無稽之言。自彫入藏，目之爲經，良可笑也。如新集老氏八十一化圖、化胡經等，百端誣誕之說，使識者誦之則齒寒，聞之則鼻掩。圖云『老君以殷第十八王陽甲庚申歲，真妙玉女晝寢，夢日精駕九龍而下，化五色流珠，吞之而孕。八十一年，至二十一王武丁庚辰二月十五日，其母攀李樹，剖左脇而生。九步生蓮，四方乘足。日童揚輝，月妃散華。七元流景，祥雲廕庭。四靈翊衛，玉女捧接。其母攀枝，萬鶴翔空，九龍吐水。七十二相，八十一好。指天指地，唯道獨尊。及長爲文王守藏吏，至成康爲柱下史，而棄周爵。』不知此語何從所出也？又云『老君以周昭王二十四年四月八日，上昇太微，復生於成都李氏家。與尹喜會，復上昇適西竺，使尹喜作佛，以化胡人。剃鬚髮爲僧，誓而歸之。』如此謬妄數端，皆兒戲之語也。嘻噫！佛生周昭，老生於定，尹喜受道德於景王之己卯，相去五百有七年，何尹喜之爲佛耶？是今日適越而昔至也，無乃太誕乎？夫老氏之首末，具載周史，而今以爲殷陽甲真妙玉女所生者，然則真妙者，凡耶聖耶？若聖，則老氏豈復仕周爲吏耶？若凡，則何族耶？況老氏之聖也，有萬種禎祥，而世人豈不知，復以爲吏耶？何捨明趣味如此，可不愧歟？況今槐里塚墓在焉，其徒以爲老氏白日上昇，何塚墓之有哉，乃棄於荆棘之間而不祀？此皆具人眉目者之所不爲也。其莊、列氏，亦伯陽之命世亞聖也，而子莊子言老聃死，秦佚弔之，三號而出，獨不言上昇太微之事乎？子列子，雖關尹喜一言之善，又嘗捨之，又喜仲尼答西方有大聖人，以爲至言，獨不言化胡之事乎？略舉其兩端，則衆謬斯釋矣。以前後所説，全與本史相違，似非老聃者也。然則老聃外，别有太上老君者成聖耶？何設僞以非聖人者如此？且夫世亦有至不肖者，然樵牧之豎安敢輒欺之，況大聖人乎？仲尼曰，非聖人者無法，此大亂之道也。又許昌新作三教碑，以老氏正席，佛、儒翼之，亦不稽古之甚也。且三教之位，自漢至今，千有餘載，如指之據於掌，短長左右，固有定處，豈匹夫匹婦能異哉？觀此效顰忘本之徒，必欲毁滅大覺之道，非毁而能滅，惜乎伯陽之道掃地矣！何哉？猶藤蘿倚於喬松，枝葉繁榮，蔭及頃畝。樵牧過之，仰而嘆曰：大哉鬱鬱乎，藤之茂且盛矣如此。而不言松柏之大本也。既而松無以施其枝葉則枯，枯則絶，藤蘿委地，靡所不致。雖深根固蔕，而復欲望之於雲漢，不亦遠乎。于戲！伯陽之道，其若是而已矣。幸遇主上英雄紹聖，聰哲御天，軒鑑洞乎八方，舜日照於四海，察纖毫而莫隱，臨大統以無私。仰願正三教之典謨訓誥，保合太和，爲萬世之規矩準繩，固非小補。但野人福裕，無任瞻天望聖，誠惶誠恐，頓首頓首，謹言。」〔十六〕即乙卯年〔十七〕八月也。帝既目覽是非，具知臧否，乃傳聖旨曰：「那摩大師少林長老奏來：先生毁壞了釋迦牟尼佛底經教，做出假經來有。毁壞了釋迦牟尼佛底聖像，塑著老君來有。把釋迦牟尼佛塑在老君下面坐有。共李真人一處對證問來，李真人道，我並不理會得來。今委布只兒衆斷事官，那造假經人及印板木，不揀是誰根的有呵與對證過，若實新造此說謊經，分付那摩大師者。那造假經底先生，布只兒爲頭衆斷事官一處當面對證倒時，決斷罪過，要輕重那摩大師識者。又毁壞釋迦佛像及觀音像，改塑李老君底，却教那先生依前舊塑釋迦、觀音之像。改塑功了，却分付與和尚每者。那壞佛的先生，依理要罪過者，斷事官前立下證見，交那摩大師識者。若是和尚每壞了老子，塑著佛像，亦依前體例，要罪過者。」即乙卯年〔十八〕九月二十九日，君腦兒裏行此聖旨。那摩大師緣此聖旨，見奉福寺先生侵了，餘占寺院先生不肯分付，及玉泉山白玉觀音，先生打了，不肯陪還。使少林長老、金燈長老，就德興府對今上皇帝宣前聖旨，即要陪償。少林長老先與執結，而張權教志敬妄欲支吾，不肯分付。今上大怒，令劉侍中活者思毆擊罵之，頭面流血，全無愧耻。明年遣使胡覩孫下來，依著皇帝聖旨本意，盡行歸斷。時築界墻，分付奉福寺家，初蒙哥皇帝聖旨裏委付布只兒爲頭衆斷事官隨路合退先生住著寺院地面三十七處，并令分付釋門。而李志常不依歸斷，差道士樊道録再奏，聖旨別生情見，依著胡覩虎那演抄數，已後不許改正。雖如是奏，上未允許。而道士樊志應但向乞台普花處説，便詐傳皇帝聖旨，一面却都奪了，復推界墻。丙辰年〔十九〕五月，那摩大師再共少林長老、奉福亨長老、統攝温庵主、開覺邁長老、大名津長老、上方雲長老、資福朗講主、塔必小大師、蘇摩室利中山提領要阿失、真定譯言蒙古歹，〔二十〕並上合剌鶻林，預待李志常等，共對朝廷，與先生每大行辯論。以七月十六日覲帝於鶻林城之南昔剌行宮。帝引諸師入內，溫顏接話，並賜金帛，專待道士辯明真僞。而李志常怯不敢去，〔二一〕自念前對天子，唯推不知，今更相抗，慮恐墮負。乃使權教張志敬、字義卿魏仲平、溫的罕等，遷延緩進，狙僧遠近，竟不面會。覷聞諸師退朝，即復趍程。天子、阿里不哥大王知此道士無理，雖復多語，竟不與言。而李志常見僧上行，進退狼狽，愁思內鬱，變成腦疽，股慄魂驚，又感雷震，因而殂焉。故常時之人爲詩詠云：「楂子店前不死方，老丘傳與李真常。三千玉女長春館，十二瓊樓偃月堂。服氣變爲休息痢，吞霞化作腦疽瘡。全真業貫年來滿，霹靂掀簷罪玉皇。」聞者以爲實言，即戊午年六月日也〔二二〕帝以諸王大會，封賞事殷，僧道對辯之事，且令阿里不哥大王替行問當，所有事件，一一奏聞。

初，盤山中盤法興寺，亥、子年間，〔二三〕天兵始過，罕有僧人。海山本無老師之嗣、振公長老，首居上方，橡栗充糧，以度朝夕。全真之徒，挾丘公之力，謀占中盤，乃就振公，假言借住。振公以謂道人棲宿，猶勝荒涼，且令權止。占居既久，遂規永定。王道政、陳知觀、吳先生等，乃改拆殿宇，打損佛像。又冒奏國母太后娘娘，立碑改額爲棲雲觀。〔二四〕院內古佛舍利寶塔高二百尺，又復平蕩。影堂、正殿、三門、雲堂，悉皆拆壞。屢僧爭奪，而不能革。乙卯年，〔二五〕聖旨斷與和尚，不肯分付。後上方長老雲公，忿其無理，破碎其碑，奏告今上皇帝。又共那摩大師、少林長老，朝覲蒙哥皇帝，具陳其事。聖旨委付今上皇帝改正其弊，却爲僧院，即戊午年〔二六〕九月初四日也。德興府水谷寺，舊來佛像及十六羅漢，並是石作，妙盡奇功。兵火之後，無僧看守，有諸道士竊而居之。日久綿遠，恐僧爭奪，故泯其跡，遂毁諸像，填於水塹。後僧爭之，諱本道院。僧搜刷像出，道士乃伏。上方提領雲長老負壞像首，上奏朝廷。阿里不哥大王見而悲感，即喚金坡王先生、道人右法籙，嗚鏑射之，以石打之，道士頭皆流血。謂道士曰：佛之真身，杳然絶朕，猶如虚空，不可破壞。眼尚不覩，豈能損耶？但汝無知，作地獄種子，縱汝邪愚。世中有底，汝能壞了，還曾損著真佛身耶？明知道士侵占佛寺，壞了佛像，故不虚語。又燕北玉泉山，舊有白玉石觀音像，被道士打壞，身首分離。擊碎石塔，穿石作洞，内刻道像。上諂朝廷，爲國家修善之所，投簡福地。欲永占定，恐後爭奪，李志常後腦疽既發，雷震而卒，〔二七〕遂假葬。棺柩内盛笠子、柱杖，埋於玉泉，而實屍葬於五華觀中，圖欲移年遷葬，但顯空棺，妄待傳播，效他達磨尸解仙去。而神不容姦，欲隱彌露。因賽典赤使人貢傘具，陳其事。蕃漢聞之，哂其姦佞。皇弟大王聞斯矯詐，乃訴於帝曰：道士從來欺謾國家。昔年説爲投簡福地，今日返葬浩然臭身。若實如此，不可輕赦。乃遣驛使何會必闍赤及阿斯蘭，下來發掘，果掊出空棺。鞫問實尸，埋在五華觀内，剖而視之，已成腐爛。如此僞妄，天下共知。而道士刻圖，出神上昇，而天長觀内千片雲板，自破無聲，萬人之鑊，不覺罅裂，瑠璃巨閣，忽爾崩摧。不祥之事，難以具數。斯亦積僞謾之所致也。而玉泉山水地土，聖旨盡付那摩國師，跨崖據泉，上蓋觀音重閣，内塑其像。金塗綵繪，巧妙丹青。却爲釋有。帝對諸師曰：「我國家依著佛力，光闡洪基，佛之聖旨，敢不隨奉。而先生每見俺皇帝人家，歸依佛法，起憎嫉心，横欲遮當佛之道子。這釋、道兩路，各不相妨，只欲專擅自家，遏他門户，非通論也。今先生言道門最高，秀才人言儒門第一，迭屑人奉彌失訶言得生天，達失蠻叫空謝天賜與，細思根本，皆難與佛齊。」帝時舉手而喻之曰：「譬如五指，皆從掌出。佛門如掌，餘皆如指。不觀其本，各自誇衒，皆是羣盲摸象之説也。」時逼冬寒，而先生每終不肯到，路上淹留。帝謂諸師曰：「道家既不肯來，必是理短，不敢持論。」却令僧衆乘驛還燕。乃丙辰年〔二八〕九月十日也。丁巳年〔二九〕秋八月，少林長老、金燈長老再上朝廷，阿里不哥大王特傳聖旨：道家前來做下八十一化圖，破壞佛法，并餘謗佛文字有底板木，燒毁了者。有塑著底、畫著底、石頭上刻著底，先生每不依舊時體例裏底，并與壞了者、刷洗了者、磨了者。委付今上皇帝如法行了者。帝念此處已定，漢地不知。若不就彼廣集對辯，辭窮自屈，乃訟國家强抑折伏。時今上皇帝建城上都，爲國東藩。皇帝聖旨，倚付將來，令大集九流名士，再加考論，俾僧、道兩路，邪正分明。今上皇帝承前聖旨事意，普召釋、道兩宗。少林長老爲頭衆和尚每，張真人爲頭衆先生每，就上都宫中大閣之下，座前對論。內衆即有那摩國師、拔合斯八國師、西蕃國師、河西國僧、外五〔三〇〕路僧、大理國僧、漢地中都圓福超長老、奉福亨長老、平灤路開覺邁長老、大名津長老、塔必小大師、提點蘇摩室利、譯言真定蒙古歹、北京詢講主、大名珪講主、中都壽僧録、資福朗講主、龍門育講主、太保聰公等三百餘僧。儒士竇漢卿、姚公茂等。丞相蒙速速、廉平章，丞相没魯花赤、張仲謙等二百餘人，共爲證義。道士張真人、蠻子王先生、道録樊志應、道判魏志陽、講師周志立等二百餘人，共僧抗論。今上問曰：道家所造八十一化圖，并餘謗佛文字，李志常先於蒙哥皇帝面前共少林辯論，已屈伏了，招承燒却。〔三一〕

批注

〔一〕明藏卷三。

〔二〕太祖未嘗有此詔。

〔三〕元太祖十三年。

〔四〕道藏不字有龍角山志一卷。

〔五〕太祖廿二年，崩。

〔六〕真大道道姑。

〔七〕元憲宗四年。

〔八〕糠禪亦冠姓。

〔九〕順州，今順天府順義縣治。

〔十〕元太宗四年。

〔十一〕王志坦。

〔十二〕阿里不哥，中統元年叛。

〔十三〕此何等語？

〔十四〕僧猷。

〔十五〕少林上蒙哥皇帝表。

〔十六〕少林表至此止。

〔十七〕憲宗五年。

〔十八〕憲宗五年。

〔十九〕憲宗六年。

〔二〇〕參下文卷末。

〔二一〕甘水仙源録四，王鶚撰志常道行碑，云志常六年六月十九卒，是年春即辭歸。時李已卒。

〔二二〕戊午憲宗八年。戊午辯論時，志常不到，既知其死，故造此謡。非謂志常戊午卒也。

〔二三〕丁亥，太祖崩年。戊子，拖雷監國。

〔二四〕即姬志真雲山集卷七之盤山棲雲觀碑，道藏兄上。

〔二五〕憲宗五年。

〔二六〕憲宗八年。

〔二七〕李志常卒於憲宗六年丙辰，即第一次焚經之前二年。

〔二八〕憲宗六年。

〔二九〕憲宗七年。

〔三〇〕外五，畏吾。

〔三一〕「今上」以下四十三字，下卷重出。明藏本已如此。

卷五〔一〕 元道者山雲峰禪寺沙門祥邁奉勑實録撰

今上問曰："道家所造八十一化圖，并餘謗佛文字，李志常先於蒙哥皇帝面前共少林辯論，已屈伏了，招承燒却。皇帝恐先生每心内不伏，特傳聖旨，再倚付將來，令子細持論。若是僧、道兩家，有輸了底，如何治罰？"釋曰："西天體例，若義墮者，斬頭相謝。"而道士相顧，莫敢明答。帝曰："不須如此。但僧家無據，留髮戴冠。道士義負，剃頭爲釋。"時先生每梟躍鶴列，藍袍錦袖，攘臂争前。僧曰："釋道辯諍，源起化胡。今將從頭一一討論。且如汝書題云『太上混元上德皇帝明威化胡成佛經』，若具辯之，恐成繁雜，且舉大意，試爲評論。"問云："今化胡經文，端的實是老子説耶？"道曰："是老君説也。"釋曰："若是老君説來，化胡經中説俺僧衆剃髮受戒，所行之事，汝宜知之。受戒儀範，詳細説來。"道曰："你每之事，我不管之。"釋曰："受戒小事，汝猶不知。明顯化胡經文，并是偷佛經作。"道士無答。又問："化胡成佛，佛是何義？"道曰："佛是世間上等好人。"釋曰："自古以來，多少好人，何不稱佛耶？佛之深義，汝本不知。"道曰："佛是覺義。"釋曰："覺個甚麽？"道曰："覺察、覺悟。"釋曰："何者能覺？何者所覺？"道曰："覺天覺地，覺陰覺陽，覺仁覺義，覺知覺信，無所不覺，是佛義也。」釋曰：「佛是大聖之人，窮盡性命之道，豈但覺於仁義耶？　五常訓世之典，孔子所談，佛若但知此者，孔子何不稱佛耶？」道士無答。圓福長老問姚公茂曰：「仁義等語，老子之言耶？　孔子之言耶？」姚公茂答曰：「孔子之教也。」圓福曰：「道士從來偷俺佛經，改作道書。儒門唯有仁信之言，汝家看守不定，亦被道士每當面偷了。」帝問諸儒曰：「仁義之語，孔子所談耶？」姚公茂等對曰：「是孔子之説也。」帝曰：「既是孔子之説，云何將來説佛？　明知道家之言，并是説謊之語。」道士既不能答，乃將老子傳化胡經、史記等書，呈於帝。　帝曰：「不須道士多言，但取文字爲證。」帝曰：「此是何人之書？」道曰：「此是漢地自古已來有名皇帝集成底史記，古今爲憑。」帝問：「自古皇帝，唯漢地出耶？　他處亦有耶？」道曰：「他國亦有。」又問：「他國皇帝與漢地皇帝都一般麽？」道曰：「一般。」又問：「既是一般，他國皇帝言語，漢地皇帝言語，都一般中用麽？」答曰：「都中使用。」帝曰：「既中使用，老子他處不曾行化，而這史記文字，主張老子化胡，不是説謊文字那？　這般史記，都合燒了，不可憑信。」道士并無一答。那摩國師以拄杖指著道士駡曰：「這般驢馬之人，〔二〕百事不曉，與這般先生説個什麽？」拔合思八國師問曰：「老子留下根本經教，名爲什麽？」答曰：「有道德經，是正根本。」再問：「除此經外，更有什麽根本經教？」再答：「唯此道德爲源本經。」再問：「此道德中，還有化胡事麽？」答：「無有此事。」問：「此中無有，何處説耶？」答曰：「漢兒地面史記文字説化胡事。」問：「你上説言，他國史記與此漢地史記一般中用。俺西天有頻婆娑羅王史記，言語還憑麽？」答曰：「都是史記，敢不憑信。」又問：「既然憑信，彼史記道，天上天下無如佛，十方世界亦無比。此是西天史記恁般説來，既天上天下無如佛，何處更顯老君化胡成佛來？明知你每之言，并是虚諂之説。」道士無答。國師又曰：「彼史記又言，天下有頭髮底俗人，禮拜一個小小沙彌。這般言語，彼史記道來。不曾見説老君度人，汝曾聞麽？」道士答曰：「不曾聞得。」上怒曰：「偏此史記汝不聞得，漢地史記你偏聞得。」姚公茂謂道士曰：「守隅曲士，難論大方。只爲執著漢兒史記，自語相違。向者前言，都是史記，敢不憑信？既西天史記如此言之，則佛是聖也。今已輸了，猶更折證。」道士默然。帝曰：「老君之名，但聞此處。佛之名字，普聞天下。何得與佛齊耶？」道士言：「既無據，面赧詞窮。」先是少林上表於蒙哥皇帝，論道不真。中有一道士不勝其憤，高言謂少林曰：「汝之表文，謗李老君，言其實死。妄引莊子『秦佚吊之』，此乃莊周寓言，何可憑信？」少林曰：「莊子之書，道家宗尚。既是寓言，則道藏之言，并無實説。」道士又屈。帝問張真人〔三〕曰：「你心要持論否？」張真人曰：「不敢持論。」上曰：「你每常説道士之中，多有通達禁咒方法。或入火不燒，或白日上昇，或攝人返魂，或驅妖斷鬼，或服氣不老，或固精久視。如此方法，今日盡顯出來。」張真人并無酬答。時逼日没，閤中昏暗。帝曰：「道士出言掠虚，即依前約，脱袍去冠，一時落髮。」當時正抗論者一十七名論畢，那摩大師使西京明提領、燕京定僧判、玉田張提點、德興府龐僧録，及隨路僧官，監守防送，來到燕京。既入都門，塔必大師、蘇摩室利，使道士星冠袍服，掛在長竿，普令曉諭。并所占寺宇山林水土四百八十二處，并令分付釋家。洎燕京奉福寺，長春宫所占虚皇大閣，却分付與金燈長老。上件八十一化等僞經，及有雕底板木，并令燒却。并天下碑刻之文，塑畫之像，道家無底，盡與剗除。少林長老與僧議曰：「若盡要了，恐譏恃力。却回與二百八十處，但取訖二百二處。」大小讚美，稱佛門之多讓焉。今上皇帝〔四〕乃降聖旨曰：「依著蒙哥皇帝斷來聖旨：先前少林長老告稱李真人〔五〕爲頭先生，雕造下説謊底文書化胡經、十異九迷論、復淳化論、明真辯僞論、辯正謗道釋經、辟邪歸正議、八十一化圖上，欽奉聖旨，倚付將來。俺每拘集至和尚、先生對面持論過。爲先生每根脚説謊上，將和尚指説出來底説謊化胡經衆多文書，并刻下板燒毁了者。這般斷了也。恐别人搜刷不盡，却教張真人〔六〕自行差人各處追取上件經文板木，限兩個月赴燕京聚集燒毁了者。及依著這説謊文書，轉刻到碑幢，并塑畫壁上有底，省會隨處先生就便磨壞了者，刮刷了者。先生不得隱藏者。若有隱藏的，或人告首出來，那先生有大罪過者。」時戊午年〔七〕七月十一日行。張真人既聽讀訖，乃使人就雲臺觀追取説謊僞經化胡經、八十一化圖等板木，及隨處宮觀有底僞經，輦載到燕京，於大憫忠寺正殿之西南面，對百官并與燒却。〔八〕萬壽諫和尚與下火云：〔九〕「伏聞三元五運之肇，百家諸子之書，莫不導人倫信義之風，述堯舜周孔之道。統其要也，未達真俗之源；陳其理也，不出有無之域。豈若三達無礙之智，百神無以儔；十方無等之尊，千聖莫能匹。梵天仰焉，帝釋師焉。道濟四生，化通三界。圓音一唱，則外道摧鋒；法鼓暫鳴，則天魔稽首。故號佛爲天人師，無上大法王，豈得與衰周老子，比德争功。但以法流漸遠，魔外滋多。爰有全真，裒集道藏，充函溢几，空多修煉之方；堆案盈箱，謾説導引之術。延年却老，自古虚傳；羽化長生，於今有幾？無奈祭酒道士，王浮志經，學謝管窺，智慚螺測。矜白鳥之翼，望駭泰山；負爝火之明，争輝日月。攄己所憾，悖乎揚言。妄語化胡，謬稱十異。邪言惑正，魔辯逼真。攘竊佛經，黷亂聖典。全無忌憚，恣其猖狂。履水而説涅槃，曾無憑據；蹈火而談妙法，有類俳優。用梵爲唐，以冠加足。文多訛謬，義有差違。誣詐自彰，寧煩縷説。既非老氏所制，毁之則有益生民；况是鄙人所談，除之則有光先哲。伏承我聖朝世主，大國賢王，膺千載之期，安九五之運。扶危濟世之德，越湯武而獨高；夷凶剪暴之功，逾漢唐而孤顯。蕩蕩巍巍，聖德難名。加以留心釋氏，駐意佛門。志欲還淳，情存去僞。理乖事舛者，雖在親而必除；義當名符者，雖有疏而必舉。近聞隨處道觀，妄傳化胡僞書，并餘傳記，屬詞鄙陋，殆不可聞。出惡語若梟鷹，肆慘毒如蠆尾。述妖妄，惑人心，傳淫書，亂物性，爲善寡，爲惡深。玷辱先賢之典謨，敗傷人倫之風化。如聖旨到日，拘刷前來，於燕京稠人廣衆之前，并皆焚毁，杜絶邪源。若私畜者，準制科罪。從此葉墜柯摧，雲收霧卷。狀洪爐之焚纖羽，猶炎景之爍輕冰。負勝之流，於斯可見。暫歸慈定，已破魔軍。聊奮慧刀，即除邪教。可謂廓清寰宇，大振玄風。佛日猶是增輝，法雲所以大布。蒙皇家闢正覺之路，使黎民出邪見之杜，正當今日。既然滿載將來，好與一時燒却。且道燒却後成得個甚邊事，諸人還委悉麽。西風也解嫌狼藉，吹却當年道教灰。」己未年〔十〕九月初七日，於中都憫忠寺前築臺，集在城僧道官僚及士庶人，焚燒諸路應有道藏經傳記，并刊行印板，并皆除毁，掃其邪蹤。仍仰隨處道觀。不得私畜，如違治罪。今築土臺，用記其處。其天下占了寺院，亦即改正。所有星冠袍服，普散西蕃、回回、大理國，咸使聞見。其落髮道士，偏散諸寺，無一逃失。若去了者，與賊同罪。當時論畢，有一道士，潛隱名姓，不勝憤怒，乃上言三百八十歲，駕言壽永，以傾僧人。上召問曰：「你既多年，當初宋上皇時，僧有何過，使戴冠耶？」道士曰：「山中住來，不知此事。」上曰：「既言三百，何言不知？既不能知，此是説謊人也。」使賚佐張仲謙元學士窮考年數，乃三十餘歲，本邢州人也。上怒其不實，始則配塗役夫，終竟喂了豹子。嗚呼！作德心逸日休，作僞心勞日拙。桀紂殊世而齊惡，奸人異代而等僞。斯言信乎！初丘公西行，壬午年中，見太祖時，有七十四五。至於遷化，纔近八十。而劉温誑詐太祖，言丘公有三百餘歲。及太祖問以年甲，僞云不知。故湛然居士編此語在西遊録中，標其謟主。今此道人，又踵前蹤。既一言之出口，終駟馬之難追。恣倔强而狂言，竟葬身於豹腹。疾在膏肓而莫療，心同頑石以難廻。前車已覆其轅，後車又不改轍。邪妖僞妄，歷代恒興，略叙二三，以彰奸匿。初後漢沛人張道陵，客遊蜀土，住鵠鳴山，造作道書，創置條儀。縻鶴山頂，誑誘獠民。奉其道者，出米五斗，時號米賊。後爲大蛇所吞，身葬蟒腹，弟子詐云全身上昇。後魏寇謙之，字輔真，自號天師。佞惑太武，於嵩高山上建浄輪天宫。太武親受符籙，旗幟尚青，以合道家之色。覬覦長壽，而太武身感癘疾，寇謙身亦早卒。勞擾萬民，竟無一補。金陵道士陸修静，辯口利語，增制符章，妄陳三籙，救世禳凶。會梁武捨事李老，詔行天下，道不能興，乃率門弟子北投高齊，廣贈金帛，徧散王公，冀行道法。專倚淺術，欲振佳聲。文宣試之，一無可驗。昇空者墜於臺下，入火者燎却眉毛。唐之葉静，妖術亂主。夜引玄宗遊於月宫，而禄山構禍，幾於亡國。道士趙歸真巧言取譽，惑亂武宗，行合氣穢術，服金石毒藥。長生未驗，藥燥先亡。宋林靈素衒騁小伎，要君取榮。夜引上皇夢遊神霄，傾惑耳目，號爲天師。既而汴水泛溢，陷没齊民。上俾林氏治之，了無一效，洪波湧沸，上起天津。朝野驚惶，控告無所。上皇焚香禱佛，謝過責躬，感泗州僧伽大聖現身，雲濤自弭，萬民歡慶，林氏逃亡。金朝末代，有烏骨崙先生，常披麻被，徒遊里巷。咄空罵衆，詐號神仙，下愚庸徒，亦有信者。哀帝惑之，頗信鄙術。任道士狡獪之情，行世間猥媟之法。道士身罹於憲網，哀帝命盡於蔡州。如此奸凶，隨代常有。始禍延於閭里，終傾覆於家邦。若孽狐之爲祥，猶蛇虺之泄毒。以怪生怪，將虛捏虛。聽之則滿耳洋洋，求之則捕風繫影。散道德之醇粹，扇澆漓之邪風。汙辱人倫，敗傷王化。而更賜頑嚚，不懼朝章。無上善若水之能，有下愚饕餮之行。侵黎民之沃壤，占釋氏之膏腴。買權勢之人情，遮佛門之正道。首濫觴於丘老，卒潰堰於志常。雖恣縱於奸心，終見笑於智者。善乎湛然中書西遊録中云：「客問居士曰：今之出家人，率多避役，苟圖衣食。若削髮則難歸於俗，故爲僧者少，入道者多。兵火已來，精刹名藍，率例摧壞。若道士不占，亦爲勢家所有，或撤以爲薪，有何益焉？居士曰：聰明特達之士，必不如此。脱有爲此者，此愚人鄙夫爾，又何取焉。既號出家之人，返爲小人之事，改寺毁像，侵奪山林，所以君子責備於賢者也。此曹始居無像之院，後毁有像之寺。初奪山林之精舍，豈無冀望城郭伽藍之意乎？從遠至近，從少至多，深存奄有之智，亦所圖不淺爾。設有古墳宿塚，人愛其山崗之雄麗，林麓之秀茂，乃曰：此塚我不伐，則後亦有人伐。我將出其骸骨，棄諸溝壑，而瘞我之父母，較之人情，以謂如何爾。古人美六月衣羊裘，而不拾遺金者。既爲道人，忍作豪奪之事乎？此曹首以修葺寺舍，救護聖像爲名。居之既久，漸毀尊像，尋改額名。大有摩滅佛教之意。其修護寺舍者，乃如此乎？果欲弘揚本教，固當選地結緣，創建宫觀，不爲道門之光乎？大丈夫竊人之宇舍，毁人之祖宗，以爲己能，何異鼠竊狗盗之作乎？因他成事，豈不羞哉？兵火之事，代有廢興，未嘗有改寺爲觀之事。渠蔑視朝廷而敢爲此不軌乎？昔林靈素託神怪詐力，見用於宋，可爲元惡大憝矣，尚未敢改寺爲觀，毁像爲道。今則此曹所爲，過靈素遠矣。豈非神明震怒，而促丘公之壽乎？夫物速成則疾亡，晚就則善終。昔佛教西來，迄今二千餘載，明君賢相，罔不宗敬。高僧奇士，隨代而出爲國師者，何世無之。佛圖澄後趙國師，衛道安，符秦見重。羅什姚秦，師仰法果。元魏家師朗公，諸國咸奉。北齊敬崇大統。隋朝重於天台。大唐老安惠忠，北宗神秀，清涼國師，不空三藏。大遼竹國師。大金圓通善國師。如此名師，未有改道觀爲寺宇者。是以佛祖之道，根深蒂固，確乎其不可拔也。若釋得志以奪道觀，道得權而毁佛寺，則鬬諍之風，無日而息矣。夫國之憲章，漢唐舊政，非一代之法也，實萬世之法也。時君世主，皆則而用之。若大匠之規矩，莫可廢也。雜律有毁像之嚴刑，勅條載禁邪之明式。今此曹毁宣聖之廟，撤釋迦之像，遊手之人，歸者如市，糊口之客，日聚其門，不分臧否，一概收之。此所謂聚逋逃之淵藪爾，會觀不攻而自敗也。噫！林泉之士，不與物競，韜光匿跡，人猶耻之。况自專符印，抑有司之權，奪有司之民，自覽貢獻，懸牌上下，取媚人主者，豈能見容於世乎？以此證之，則乖譎不軌之事，人皆知之，詎待予之喋喋也。」〔十一〕蒙哥皇帝初壬子〔十二〕春，詔以今上皇帝征吐蕃及花馬大理等國。上於大理國得舍利及黄金塔，高可二尺，晨夕禮奉，載以前驅。迴至六盤山，今庵主温公爲教門統攝，聚集天下名僧，於清涼山建百日勝會，享供文殊大聖。官給所需，絶瑞嘉祥，不能備紀。上道回秦川，見三教堂有以老君處中，佛却傍侍，乃謂左右曰：老子世人中賢，其教少用，未達聖人之理，難超生死之津。共佛同坐，於理不堪，况乃僭尊，愈爲不可。明年至日月山，俾中山府乾明寺長老志公，奉旨乘驛，隨處改正。通四十九處，塑者碎之，畫者洗之，所有乖戾，并與遷革。於河中、京兆、絳州、平陽府四處立碑，旌其僞妄。集録者曰，古稱根深果茂，源遠流長，斯言信矣。昔我法王三無數劫，積功累德，果成道圓，然後百億世界，一時現身。説法四十九年，度脱百千萬億。梵王帝釋，稽首傾心，外道天魔，蹶角折膽。集萬聖於菩提場内，伏六師於跋提河邊。化緣事周，返歸蓮藏。八大國王，競分舍利；五百羅漢，結集微言。教滿人天，法流沙界。無爲之風扇矣，不言之化行焉。逮乎像季，斯文不亡。馬鳴龍樹，纂其徽音。無著天親，播其遺美。蜚英聲於四海，騰茂實於八方。法蘭僧會，齎貝典而東傳；慧遠道林，唱玄風於南國。佛圖澄掌照千里，阿目佉坐剗羣凶，衛道安注教科經，隋智者分宗立典。救生靈於塗炭，解危縛於倒懸。拔出生死之津，高置涅槃之岸。巍巍蕩蕩，無德而稱；煥煥融融，有生斯賴。明君外護，碩德内持。歷代帝王，仰弘聖範。所以漢明帝遣使西請，繪像翻經；晉明帝口誦金文，手圖佛像。簡明帝恒思法味，孝武帝稟受戒章。宋文帝受訓跋摩，齊武帝欽崇僧遠。梁武帝講經持戒，陳宣帝降意法筵。宣武帝廣供梵侶，齊文昌專憑佛力。隋文帝屈膝曇延，玄宗注般若真文，肅宗誦仁王寶典。德宗、憲宗，迎舍利而供養；宣宗、懿宗，復覺路以興行。梁晉爭衡，徽猷未輟。炎宋受命，付囑不忘。大遼則傾國奉佛，金朝則始終崇釋。大元啓祚，睠意法門。太祖則明詔首班，弘護兹道；太宗則試經造寺，雕補藏經。谷與罕〔十三〕則令僧扈從，恒誦佛經。蒙哥皇帝則供僧書經，高營寶塔。今上皇帝則飯僧建刹，造像鎔金。捨廣大之珍財，誦無上之藏教。以拔合思八爲國之師，耳目具知，非爲虚飾。莫不構巨殿而安其像，架長廊以處其徒。味其道而澡其神，尊其人而遺其禮。非唯緝熙於帝道，乃亦協贊於皇基。返澆漓於醇源，躋黎民於壽域。家知積惡之苦，人興趣善之方。始風靡於朝廷，終波流於士女。若非至妙，安能久行。昔公孫龍，古之善堅白之者，田巴之徒坐租，丘議稷夏，非三皇，滅五帝，强詞巧辯，口伏千人，而不流傳於後者，以無實道可傳也。佛生西域，教興東方，賢宰哲王，繼踵護持者，其道可法也。故大顛和尚對韓愈曰：「自漢至於今，歷代如此其久也；君臣士民，如此其衆也；天地神祇，如此其明也；而佛之説，乃行於中。其人仰而信之，無敢議而去之，此必有以敵天地而不耻，關百聖而不慚，妙理存乎其間，然後至於此也。子盍深思之乎。」斯確論也。今之道士，專飾詐力，夭閼他門。苟騁奸心，蔽蒙覺路。不荷國家，寬恩洪溥，更恣私臆，廣撰謗文。言無入聖之詮，文有亂真之誑。竊佛聖教，妄作僞書。恣其猖狂，不思顛蹶。覩法華教，即云在蓮華中；見金光明，便説坐火焰上。全迷至理，巧會經名。醜語似於梟鳴，暴戾過於狼噬。悖言亂德，妖詐惑人。玷辱憲章，蠹傷風化。如或不剪，惡種復滋。仰惟今上皇帝，道協夏禹，業廣周文。紹三五之洪圖，安九五之寶位。神襟内朗，智鑒外明。有德者，雖在怨而必封；無功者，縱至親而決罰。明達四目，幽枉咸通。威震九服，奸邪克剪。體僧徒之實理，委道士之虚聲。具召二門，辯析宗趣。而道士欲張魚目，用奪驪珠，眩彼蹄涔，争多滄海，聊題綱目，結舌無言，試探宗源，銜璧納欵。元戎走陳，李浩然先敗於前；裨將倒戈，張志敬緘言於後。雖梟趍而鶴列，終瓦解而土崩。摘星冠而面慚，脱霞氅而情愧。佛真道妄，於是顯焉。積歲姦凶，今朝敗露。由是雲收席捲，葉墜柯摧。猶赫日之爍纖冰，若洪爐之燎輕羽。蟷蜋拒轍，豈曰堪任？蚍蜉奮威，終成虀粉。昔明帝驗真僞之情，子書咸從火化；今上辟妖邪之氣，道經并作煙灰。化胡出塞落空亡，謗道辟邪隨風散。費叔才當時憾死，李志常膽破先殂。日赴五千之威靈，於今何在？飛符起尸之神變，此際不聞。藏天隱地之勝方，了無半驗；移山掣斗之祕術，莫顯微徵。笑倒閭巷之庸夫，羞愧隨鑾之會首。一場出醜，千載難磨。雖巧言之如簧，終貽顔之厚矣。故得聖上回睠，朝臣改觀。佛日於是再懸，法雲由茲廣被。廓清寰宇，大扇慈風。剪邪見之稠林，闡法王之正路。歡呼帝苑，舞蹈閶闔。盛德孔昭，嘉聲遐暢矣。嗚呼！太虛浄而迷雲起，大聖生而外道興。異學亂真，自古而有；非汝諍論，那顯我宗。以汝不平，起我不平，汝道若平，則我自平爾。正道如海，汝能堰乎？正道如空，汝能滅乎？仰面唾天，只自汙首。徒興角辯，於汝何補哉！不勝舞蹈，謹申讚曰：

覺皇利見，龍興五天。教唯入善，宗本忘筌。
聖哲欽依，愚夫大笑。道不絶倫，匪爲要妙。
異道凶頑，瀆聖無禮。明主難惑，片言可折。
邪難扶正，僞不掩真。魔雲永滅，佛日長春。
聖壽萬年，英聲千古。熙帝之載，享天之禄。
大海有竭，虚空可量。弘規雅範，永遠無疆。
偉法王之鴻烈，邁今古而獨高。
廓五乘而圍範，運六通而遊遨。

坦八正之達路，蘊十智之鉗韜。
跨四大而超步，冠百氏之雄豪。
據大千之疆域，濟四生之劬勞。
慈風軼於麟趾，仁化逾於鵲巢。
侔陰陽之蓋載，等造化之甄陶。
智者知而欽慕，愚者迷而遠逃。
嗟聖運之澆季，慨正道之生蒿。
嘉吾皇之聰睿，明鑑察於秋毫。
哂全真之爲僞，欲桀犬而吠堯。
曾一言之未整，咸脱氅而去袍。
喬山壓於春卵，洪爐燎於羽毛。
蕩魔雲於八表，皦佛日於九皋。
至道鬱而復闡，真乘軸而再膏。
美斯文之未喪，播盛德於旌毛。

道士持論師德一十七名〔十四〕

燕京

圓福寺長老從超　奉福寺長老德亨

藥師院長老從倫　法寶寺長老圓胤

資聖寺統攝至温〔十五〕　大名府長老明津

薊州

甘泉山長老本璡　上方長老道雲

灤州開覺寺長老祥邁

北京傳教寺講主了詢

大名府法華寺講主慶規

龍門縣抗講主行育

大都

延壽寺講主道壽　仰山寺律主相叡

資福寺講主善朗

絳州

唯識講主祖珪　蜀川講主元一

持論道士落髮者一十七名〔十六〕

大都天長觀一十二名

道録樊志應　道判魏志陽　提點霍志融

講師周志立　講師周志全　講師張志柔

講師李志和　講師衛志益　講師張志真

講師申志貞〔十七〕　講師郭擇善　待詔馬志寧

真定府神霄宫講師趙志修

西京開元觀講師張志明

平陽路玄都觀講師李志全〔十八〕

代陽勝寧觀講師石永玉

撫州龍興觀主于志申

薛道録并道士李掌祭暗中在逃，餘者一十七名。先是童謡有云「十七换頭」，至是驗矣。

後詩曰

可笑全真説化胡，洎乎論議盡成虚。

詞窮理盡抛冠氅，負墮頭傾剃髮鬚。

暮禮佛名慚接和，晨參僧衆謾長噓。
自從漢代燒經後，恥道爲僧兩徧輸。

其二

全真論議口如緘，納欵爲僧别老聃。
昨日擎拳猶稽首，今朝合掌便和南。
七星冠帔纔拋却，三事衣盂尚未諳。
自做這場千古笑，丘劉雖死也應慚。

批注

〔一〕明藏卷四。
〔二〕僧錟。
〔三〕張志敬。
〔四〕今上，世祖。時在潛邸。
〔五〕李志常。
〔六〕張志敬。
〔七〕憲宗八年。

〔八〕此是元朝第一次燬化胡經。

〔九〕下火文。

〔十〕己未，憲宗九年。

〔十一〕引西遊録至此止。

〔十二〕蒙哥二年壬子。

〔十三〕谷與，即貴由，定宗也。

〔十四〕「道士」上應加「對」字。

〔十五〕至元四年卒。

〔十六〕此是憲宗八年戊午事。

〔十七〕樊志應、申志貞見長春道教源流卷六葉十二、三。申見甘水仙源録卷八。

〔十八〕李志全見甘水仙源流卷八，卒於中統二年，年七十一。又見長春道教源流卷五葉十。

卷六〔一〕　元道者山雲峰禪寺沙門祥邁奉勅實録撰

聖旨焚毁諸路僞道藏經之碑

翰林院臣唐方楊文郁王構李謙閻復李濤王磐等奉勅撰〔二〕

至元二十一年三月日，詔遣資德大夫、總制院使兼領都功德使司事相哥，〔三〕諭翰林院：戊午年僧道持論，及至元十八年十月二十日焚毁道藏僞經始末，可書其事于後。〔四〕臣磐等謹按釋教總統合台薩哩所録事跡：「昔在憲宗皇帝朝，道家者流，出一書曰老君化胡成佛經及八十一化圖，鏤板本傳四方。其言淺陋誕妄，意在輕蔑釋教，而自重其教。罽賓大師、蘭麻總統、少林福裕以其事奏聞。時上居潛邸，憲宗有旨，令僧道二家詣上所辯析。二家自約，道勝，則僧冠首而爲道；僧勝，則道削髮而爲僧。僧問道曰：汝書謂化胡成佛經，且佛是何義？道對曰：佛者覺也，覺天覺地，覺陰覺陽，覺仁覺義之謂也。僧曰：是殆不然，所謂覺者，自覺覺他，覺行圓滿，三覺圓明，故號佛陀，豈特覺天地、陰陽、仁義而已哉。上謂侍臣曰：吾亦心知仁義乃孔子之語，謂佛覺仁覺義，其説非也。道者又持史記諸書以進，欲以多説僥倖取勝。帝師辯的達拔合思八曰：此謂何書？曰『前代帝王之書。』上曰：今持論教法，何用攀援前代帝王？帝師曰：我天竺亦有史記，汝聞之乎？對曰『未也』。帝師曰：我爲汝説，天竺頻婆娑羅王讚佛功德有曰：天上天下無如佛，十方世界亦無比，世間所有我盡見，一切無有如佛者。當其説是語時，老子安在？道不能對。帝師又問：汝史記有化胡之説否？曰『無』。『然則老子所傳何經？』曰『道德經』。『此外更有何經？』曰『無。』帝師曰：道德經中有化胡事否？曰『無』。帝師曰：史記中既無，道德經中又不載，其爲僞妄明矣。道者辭屈。尚書姚樞曰：『道者負矣。』上命如約行罰，遣使臣脱懽將者樊志應等十有七人，詣龍光寺削髮爲僧，焚僞經四十五部，天下佛寺爲道流所據者二百三十七區，至是悉命歸之。〔五〕道教提點甘志泉所居吉祥院，其一也，據而不與。至元十七年夏四月，僧人復爲徵理。長春道流謀害僧録廣淵，聚徒持捉，毆擊僧衆。自焚廩舍，誣廣淵遣僧人縱火，且聲言焚米三千九百餘石，他物稱是。事達中書省，辯其誣，甘志泉、王志眞欵伏。詔遣樞密副使孛羅及諸大臣覆按無異辭，志泉、志眞就誅，劓別流竄者凡十人。〔六〕仍徵所聲言米物如其數，歸之僧衆。會有道家僞經尚存，爲言者聞諸皇太子。十八年九月，都功德司脱因小演赤奏言：往年所焚道家僞經板本化圖，多隱匿未毀。其道藏諸書，類皆詆毀釋教，剽竊佛語，宜加甄別。於是命樞密副使與前中書省左丞文謙、祕書監友直、釋教總統合台薩哩、太常卿忽都于思、中書省客省使都魯、在京僧録司教、禪諸僧及臣等，詣長春宫無極殿，偕正一天師張宗演、全眞掌教祁志誠、大道掌教李德和、杜福春，暨諸道流，考證眞僞。翻閲兼旬，雖卷帙數千，究其本末，惟道德二篇爲老子所著，餘悉漢張道陵、後魏寇謙之、唐吴筠、杜光庭、宋王欽若輩撰造演説，鑿空架虚，罔有根據。詆毀釋教，以妄自尊崇，復愛慕其言，而竊爲己有。假陰陽術數以示其奥，裒諸子醫藥以誇其博，往往改易名號，傳註訛舛，失其本眞。又所載符咒，妄謂佩之令人商賈倍利，子嗣蕃息，伉儷和如鴛鴦之有偶，將以媒淫辭而規財賄。至有教人非妄，佩符在臂，則男爲君相，女爲后妃。入水不溺，入火不焚，刀劍不能傷害之語。其僞妄駁雜如此。道流之徒，以誑惑愚俗。自道德經外，宜悉焚去。臣等同辭以聞。上曰：道家經文，傳訛踵謬，非一日矣。若遽焚之，其徒未必心服。彼言水火不能焚溺，可姑以是端試之。俟其不驗，焚之未晚也。遂命樞密副使孛羅、守司徒和禮霍孫等，諭張宗演、祁志誠、李德和、杜福春等，俾各推擇一人，佩符入火，自試其術。四人者奏言：『此皆誕妄之説，臣等入火，必爲灰燼，實不敢試。但乞焚去道藏，庶幾澡雪臣等。』上可其奏，遂詔諭天下，道家諸經，可留道德二篇，其餘文字，及板本化圖，一切焚毀，隱匿者罪之。民間刊布諸子醫藥等書，不在禁限。今後道家者流，其一遵老子之法。如嗜佛者，削髮爲僧，不願爲僧道者，聽其爲民。乃以十月壬子，集百官于憫忠寺，盡焚道藏僞經雜書。遣使諸路，俾遵行之。」〔七〕臣磐等聞老氏之爲道也，以清淨爲宗，無爲爲本。謙沖以處己，損抑以下人，非有貪欲好勝之事。厥後枝分派列，徒屬寖盛。襲訛成僞，誇誕百出。清淨一變而爲汙穢，無爲一變無所不爲。如漢之文成、五利，致身求僊，恍惚誕幻。帛書飯牛之詐，黄金可成之妄，一旦敗露，爲武帝所誅。三張之徒，以鬼道惑衆，倡亂天下，爲皇甫嵩、曹魏所滅。宋王仔昔居上清寶籙宫，與女冠爲姦，林靈素自稱神霄紫府僊卿，禳大水不驗，並爲徽宗誅竄而死。迨金末年，復有麻被先生、鐵笠李二人，以姦謀祕計，出入時貴之門，肆爲淫汙之行，咸受顯戮。歷代以來，若此之類，不可勝數。追惟禍亂之源，姦宄之本，率皆假符籙以神其教，託僞經以警其俗，横肆巧誣，倡爲詭狀，詆毁聖教，竊攘内典，固已悖老氏不争不盜之禁矣。及陷刑辟，皆孽子自内作愎，將誰咎哉？且夫釋氏之教，宏闊勝大，非他教所擬倫。歷百千世，聖帝明王，莫不尊崇。東冒扶桑，西極昧谷，冰天桂海，山河大地，昆蟲草木，胎卵濕化，有情無情，百千萬類，皆依佛蔭，生息動止於天地之間。故天上天下，惟佛爲尊。超出乎有生之表，歸極乎無礙之眞。智周三界，神妙諸方，澤及大千，功用不宰，其大有如此者。慈航所至，無溺不援。法雨所霑，有生皆潤。憫世人之沉淪幻海，顛覆迷津，展轉多生，流連累劫，將使之脱凡企聖，蠲弊崇眞。故神光破沉晦之門，大覺指無生之路，其仁有如此。何意狂謀，輙形媢忌。雖積毀銷骨，衆煦漂山，法體圓成，初無小玷。譬如盲人之毀日月，何傷日月之明；井蛙之小河海，奚損河海之大。多見其不知量也。欽惟聖天子，識超四諦，道慕三乘，參無象之眞空，傳法王之心印。所以尊崇之禮，歸向之誠，矯百僞以從眞，黜羣邪而歸正，有不容不嚴者焉。況乎筆墨勸婬，妖術誤世，恣爲欺誑，鼓蕩羣愚，若不大爲改革，則邪説肆行，枉道惑衆，其如天下後世何。凡天下之理，有善有惡，有正有邪，有眞有僞，常混然而同處，雜然而並行。自非稟上聖之資，誕生知之性，智出庶物，明照羣情，則紅紫之亂朱，洼淫之變雅，是孰得而辯明之哉？由是言之，聖天子匡濟眞圖，翼扶大法之功至矣，概諸聖不可有加矣。于以鑿含靈之耳目，開正途之荒穢，使般若之光，永乎無際。劫徧滿恒河沙界，延洪聖壽於無疆，衍緜儲君之福利，鼎祚於億萬年之久者，庸有既乎。是可述也。臣磐等敬爲之書，以貽後人。俾爲老氏之學者，有所警焉。

至元二十一年三月　日

皇帝聖旨裏中書省：近據長春宫先生王志眞等，告奉福寺淵僧録，使令小和尚馬戒顯放火，燒訖本宫倉庫房舍，及盛放米糧三千九百餘石，并油麵鹽粉公事，歸問得當。始元係是甘提點教道馬戒顯交指著淵僧録使令放火，王志眞使令馮道童將馬戒顯作放火賊人捉拿，及詐作知宫名字。馮道童教唆語言告狀人。又問得元告糧食不曾燒訖，却指此爲名，於諸人處要訖施利錢物。取其各各招伏。六月二十二日，有孛羅副樞、張平章、張右丞、焦尚書、耿參政、脱因脱里阿里尚書等官員，欽奉聖旨節該，先生與和尚争奪的觀院，其間聚著五百箇來先生，把著棍棒打和尚每來。他每教法裏不行胡做呵，那裏有那般體例。前京兆府地面裏王祖師庵頭聚著人衆生歹心來，如今這先生每又那般胡行有。這先生每明白招來了，上頭爲頭兒底殺了兩箇也，别箇的割了耳朵鼻子的割了也，别箇的打了也，其餘的交做了軍也，這般斷了也。欽此。除今將斷訖人數開具下項，及將提點甘志泉首級於本宫門首竿子上常川懸掛，合行立石曉諭者。」正典刑二名：教令虚指淵僧録放火犯人提點甘志泉，虚拿馬戒顯放火賊人知宫王志眞。割耳朵鼻子一名：添寫狀情節人提點蔡志祥。流於邊遠六名：聚衆行兇人殷鶴童、陳道廣，上都先告狀人王志玉、陳志用，寫狀檢人蘭德義，虚報燒訖糧食人李德禎。斷放三人：使令王志眞告狀人提點蔡志希、同告狀人副宫周道旋、賈志柔。〔八〕

右示諸人通知。

至元十七年六月　　日立石

聖旨就大都大憫忠寺焚燒道藏僞經，除道德經外，盡行燒毁。遂命拈香舉火，謝恩畢，拈香云：〔九〕佛心天子愍衆生，恐墮三塗邪見坑，箇裏了無偏黨處，就中朱紫要分明。所以道聖鑑無私，天機莫測，既來頌德，敢不酬恩。此香端爲祝延大元世主當今皇帝聖躬萬歲萬歲萬萬歲！伏願金輪與法輪同轉，福越三祇；舜日共佛日齊明，壽延億劫。次舉火云：憶昔當年明帝時，曾憑烈焰辯姸媸，大元天子續洪範，顯正摧邪誰不知？嗟乎！道教陰蠹佛書，自古至今，造謅捏僞，盜竊釋經言句，圖謀貝葉題名。謗毁如來，贓誣先聖，醜辭惡語，何可言哉。無蔕狂談，實難徧舉。始自張陵杜撰，不遵老氏玄言，謬作醮書，兼集靈寶。詐道從空而得，妄言太上親傳。用三張鬼法，以誑惑愚夫；設五運神符，而魘姦匹婦。以此觀之，葛孝先徒搜要妙，陶弘景謾述浮辭。杜光庭白拈巧偷，劫賊無異；陸脩静外好裏弱，説客何殊？若非喫苦不甘，争肯説長道短。鮑静被誅猶可，王浮招報非輕。傅奕、姜斌，不堪齒録；張生集輩，何足言論。寇謙之口舌瀾翻，損他利己；林靈素機謀諂詐，敗國亡家。毁人祖兮，定遭一時之辱；滅賢良兮，必招三世之殃。因果無差，報應有準。嗚呼！悲法琳不遇而遭貶，嗟道世雖再而難爲。致令釋子傷心，幸得皇天開眼。恭惟我大元世主聖明皇帝陛下，闢邪歸正，去僞存眞。恐衆生永墮迷津，令萬姓咸登覺路。雪冤已竟，感謝皇恩。粉骨碎身，莫能酬報。遂以火炬打一圓相云：諸仁者，只如三洞靈文，還能證此火光三昧也無。若也於斯會得，家有北斗經，枉教人口不安寧。其或未然，從此灰飛煙滅後，任伊到處覓天尊。急著眼看。

至元十八年十月二十日。

大都報恩禪寺林泉倫吉祥〔十〕長老奉勅下火。

批注

〔一〕明藏卷五。

〔二〕王構下應有趙與票，李濤下應有李槃。據佛祖通載卷卅三，正奉大夫、樞密副使臣商挺奉勅書，光禄大夫、中書左丞相、監修國史臣耶律鑄奉旨篆額。元名臣事略，王磐至元卅年卒，年九二。廿一年致仕，年當八十三。

〔三〕相哥即桑哥，元史二〇五姦臣傳。至元廿八年正月罷，七月誅。

〔四〕憲宗八年戊午第一次，至元十八年第二次。

〔五〕以上叙第一次在龍光寺削髮。據卷五葉七，則己未焚經在憫忠寺也。

〔六〕共十二人。

〔七〕以上叙第二次在憫忠寺。

〔八〕共十二人。

〔九〕此是第二次下火文。

〔十〕倫者從倫，萬松弟子，參宗絶編年廿六。

〔至元辯僞録，祥邁撰，光緒三十三年揚州藏經院板。一九四〇年左右批注。參援庵南宋初河北新道教考。〕

困學碎金批注

卷一　易

召平、董公、四皓、魯兩生之流，士不以秦而賤也。伏生、浮邱伯之徒，經不以秦而亡也。萬石君之家，俗不以秦而壞也。剥之終曰：碩果不食，陽非陰之所能剥。

全云：此深寧有感於身世之言。據袁清容集，言深寧當元初，嘗爲俗吏所窘。〔一〕其時甬上故公相家子弟，皆不免於折辱，惟杜門用晦而已。久之始有稍稍致敬於深寧者。會修學宫，求深寧作記，〔二〕然深寧杜門如故也。士不以秦賤，經不以秦亡，俗不以秦壞，言雖壯而心則痛。考深寧序桃源世譜，已有此數語。

批注

〔一〕元史一五三，賈居貞至元十五年遷江西行省參知政事。時逮捕民間受宋二王文帖者甚急，坐繫巨室三百餘。

〔二〕重修鄞縣儒學記，至元三十年撰，見文鈔摭餘編卷一。

卷二 書

漢董賢册文，言允執其中。蕭咸謂此堯禪舜之文，非三公故事，班固筆之於史矣。而固紀竇憲之功曰：納于大麓，惟清緝熙。其諛甚於董賢之册。當憲氣燄方張，有議欲拜之伏稱萬歲者，微韓稜正色，則無君之惡肆矣。此固所以文姦言而無忌憚也。倪正父駁昆命元龜之制，有以也夫。

何云：倪語非也，蘇子瞻富公神道碑有重華協明之語，亦將以爲罪歟？全云：重華協明，尚是泛言其德，昆命則巽位矣。且觀人當於其素，富公君子也，蘇公亦君子也，其行文本無他意，無可致疑。若寶慶大臣，〔一〕即不至萌無君之心，而諂之者不異班固之於竇憲矣。時草制者爲陳晦，又史氏之私人也。何氏以倪語爲非，强爲之辨，豈知深寧於此固有深慨也夫。又云：宋初趙中令制詞，亦有此語，陳晦據以絀倪思之説。以史氏之勢，而倪敢論之，其直節自不可殁。〔二〕

批注

〔一〕理宗初年史彌遠相。

〔二〕論考據則陳説是，論義理則倪説是。

「巢伯來朝。」〔一〕注云南方之遠國。正義謂南巢。李杞解曰：成湯放桀于南巢，巢人納之，意者終商之世義不朝商乎。誠如是，亦足以見巢之忠，商之盛德矣。〔二〕商亡而周興，於是巢始來朝。其説美矣，然無所據。

批注

〔一〕周書旅獒後。

〔二〕商能容巢，故曰盛德。

張子韶書説，於君牙、冏命、文侯之命，其言峻厲激發，讀之使人憤慨，其有感於靖康之變乎。〔一〕胡文定春秋傳，於夫椒之事，亦致意焉。朱子詩傳，其説王風揚之水亦然。

横浦集冏命論曰：余觀君牙伯冏之篇，亦虛心於治道矣。穆王其父昭王，溺死於漢水，〔二〕略無恢復之志，而馳騖四方，與兩篇之言，絕不相似。然而余三復兩篇，見其懇懃惻怛，有足以感動人者，何也？曰德宗何人哉，有陸贄作奉天詔書，遂使山東父老爲之泣下，則夫二篇之命，亦必當時仁人君子，憫穆王之無志，故脩辭立誠，以勸厲于臣下也。或曰：安知非出於穆王之自爲耶？曰：穆王無志如此，以五十之年，乃即尊位，而乃不以父耻爲念，區區如兒輩，務夸馬力，奔走四方，此不才之主也，安得有此至誠之言？

文侯之命論曰：以史考之，是平王因申侯殺其父而得立也。〔三〕嗚呼！尚忍言之耶。使平王知有父子，方且痛傷，求死之不給，肯爲殺父者所立乎？使平王權以濟事，方且枕戈嘗膽，以報父仇，肯命文侯而無一言以及幽王，略無傷痛之辭，何也？豈初造國家，未能勝之，故爲此畏懼，將以有待耶？而在位五十年略無設施，是特不孝之子而已。孔子存之，蓋以著平王之罪，與允征同也。〔四〕

批注

〔一〕參六卷二九頁、十三卷二七頁。

〔二〕前九百六十年。

〔三〕前七百七十年。

〔四〕此以書而罪之。

春秋定公十四年，五月，於越敗吴於檇李，吴子光卒。胡傳曰：定公五年，於越入吴，至是敗吴於檇李，會黄池之歲，越又入吴。悉書於史。哀之元年，吴子敗越，棲勾踐於會稽之上，而史策不書。疑仲尼削之也。吴子光卒，夫差使人立於庭，苟出入，必謂己曰：而忘越王之殺而父乎？則對曰：唯，不敢忘。三年乃報越。然則夫椒之戰，復父讎也，非報怨也。春秋削而不書，以爲常事也，其旨微矣。〔一〕

揚之水，朱子集傳曰：申侯與犬戎攻宗周而殺幽王，則平王與其臣庶不共戴天之讎也。今平王知其立己爲有德，而不知其弑父爲可怨，至使復讎討賊之師，反爲報施酬恩之舉，則其忘親逆理，而得罪於天已甚矣。嗚呼！詩亡而後春秋作，其不以此哉。

批注

〔一〕此以不書而許之。

卷三　詩

「薄伐玁狁，至於太原。」後漢西羌傳：穆王西征犬戎，遷戎於太原。夷王衰弱，荒服不朝，乃命虢公率六師伐太原，而戎至於俞泉。宣王遣兵伐太原戎不克。蓋自穆王遷戎于太原，而太原爲戎狄之居，宣王僅能驅之出竟而已。其後料民太原，而戎患益深，驪山之毗，已兆於此，其端自穆王遷戎始。西周之亡，猶西晉也。書此以補詩説之遺。

全云：深寧此説，有感于燕雲之爲禍烈也。〔一〕此條翁本漏。

批注

〔一〕全氏原稿作「禍胎」，此據屠本。

「凡百君子，各敬爾身。胡不相畏，不畏于天。」〔一〕荆公謂世雖昏亂，君子不可以爲惡，自敬故也，畏人故也，畏天故也。愚謂詩云「周宗既滅」，哀痛深矣，猶以敬畏相戒。聖賢心學，守而勿失，中夏雖亡，而義理未嘗亡，世道雖壞，而本心未嘗壞。〔二〕君子修身以俟命而已。

閻按：王氏二十年杜門不出，概見於此。

批注

〔一〕小雅節南山之什，雨無正。

〔二〕社會雖亂，而是非未嘗亂。

擇三有事，亶侯多藏，貪墨之臣爲蟊賊。小東大東，杼柚其空，聚斂之臣爲斧斤。文侯之命所謂殄資澤於下民也。是時虢石父好利用事，而皇父以卿士爲羣邪之宗。

何云：此皆感歎公田之事。全云：宋之弊政，始於趙與𥲅、岳珂之聚斂，繼而爲史宅之、趙汝楳之履畝，又繼而為賈似道之公田，深寧所以浩歎也。〔一〕何説未備。

批注

〔一〕齊東野語十七有景定行公田條，言之頗詳。錢唐遺事亦有之。

孝經引詩十，引書一。張子韶云：多與詩、書意不相類，直取聖人之意而用之。是六經與聖人合，非聖人合六經也。或引或否，卷舒自然，非先考詩、書而後立意也。六經即聖人之心，隨其所用，皆切事理。此用經之法。

全云：陸文安公所云「六經皆我注腳」之語，斯之謂也。〔一〕觀深寧所言，而後知其不足駴。

批注

〔一〕孟子所謂公劉好貨、大王好色，皆是如此。

卷六　春秋

宣之於仲遂，定之於意如，〔一〕以私勞忘大誼，不若叔孫昭子遠矣。晉文公以定襄王而請隧，王弗許曰：班先王之大物，以賞私德。又曰：余敢以私勞變前之大章。〔二〕真文忠文章正宗，以此篇爲首，其有感于寶慶之臣乎？〔三〕懍懍焉春秋之法也。

閻按：寶慶，理宗初即位，乙酉改元。「之臣」謂史彌遠。

批注

〔一〕公子遂，宣元。季孫意如，定元。

〔二〕僖廿五。

〔三〕二卷五五頁言張子韶有感於靖康之變，十三卷二七頁言阮嗣宗有感於師、昭之際。

左傳

原繁曰：臣無二心，天之制也。〔一〕此天下名言，萬世爲臣之大法。西山讀書記取之。博議貶繁，恐未爲篤論。

全云：此有感於留、王之輩。

元圻案：博議曰：「原繁自莊公之世，用事於朝，〔二〕歷忽亹儀突之變。國四易主，入則事之，出則舍之，視立君如傳舍。觀原繁對厲公之辭曰：苟主社稷，國內之民，其誰不為臣。〔三〕信如是説，則苟據君位者，皆無所擇，篡亦君也，僭亦君也，盜亦君也，讎亦君也。爲臣者皆操此心，則人君將安所恃乎？甚矣繁之姦也。」據此，繁之爲人，原有可議，節取其言可也。

批注

〔一〕莊十四。

〔二〕原繁，鄭臣。

〔三〕中説述史篇第七：董常曰：元經之帝魏，何也？子曰：天地有奉，生民有庇，即吾君也。

鄭伯謂燭之武曰：若鄭亡，子亦有不利焉。〔一〕觀魏受禪碑、〔二〕唐六臣傳，利菑而樂亡者有矣。

元圻案：六臣：張文蔚、蘇循、楊涉、張策、薛貽矩、趙光逢也。歐陽修五代史曰：予嘗至繁城，〔三〕讀魏受禪碑，見漢之羣臣，稱魏功德，而大書深刻，自列其姓名，以夸耀于世。又讀梁實録，見文蔚等所爲如此，未嘗不爲之流涕也。夫以國予人，而自夸耀，及遂相之，此非小人，孰能爲也。

批注

〔一〕僖卅。

〔二〕魏文紀注。
〔三〕今許州臨潁縣西北。

杜氏注云：仲尼之徒，皆忠於魯國。〔一〕史記載夫子之言曰：夫魯，父母之國。國危如此，二三子何爲莫出？〔二〕此夫子之訓也。

全云：然則深寧之拜疏出關，豈得已哉。宋史不知本末，書之曰遯，使與曾淵子輩同科，當改正。

批注

〔一〕哀十五。
〔二〕卷六十七，弟子列傳子貢傳。

漢世祖〔一〕罷郡國都尉，晉武帝去州郡武備，其害皆見於後。唐穆宗之銷兵，則不崇朝而變生焉。故曰「誰能去兵」。〔二〕

何云：厚齋蓋傷宋初防節鎮尾大之禍，削其兵權，卒也外患疊乘，莫之能禦也。

〔一〕世祖，光武。
〔二〕襄廿七。

卷七　論語

古者士傳言諫，其言責與公卿大夫等。及世之衰，公卿大夫不言，而士言之，於是有欲毁鄉校者。有謂處士横議者，不知三代之盛，士亦有言責也。夫子曰「天下有道，庶人不議」，而不及士，其指微矣。

原注：乙酉二月，夢前宰輔以太學所上書，求余跋語。夢中作此，寤而識之。

閻按：乙酉爲元世祖二十二年，宋亡已九載，猶感夢如是，與韋孟夢争王室何異。

何云：前宰輔似謂陳宜中。

全云：陳宜中在太學，嘗上書攻史嵩之。〔一〕

批注

〔一〕史嵩之爲丁大全之誤。此據癸辛雜識續集上之誤，應據宋史四一八本傳。

卷八　孟子

無恒產而有恒心者，惟士爲能，古之士所以異於民也。蘇秦無二頃田，而奔走游説，豈所謂士乎哉？水心葉氏云：周衰不復取士，孔孟不以其不取而不教也，孔孟之徒不以其不取而不學也，道在焉故也。〔一〕

全云：此亦因賤儒之世，而鼓勵弟子耳。

批注

〔一〕信州重修學記。

民心之得失，此興亡之大幾也。林少穎云：民之思漢，則王莽不能脅之使亡，民之忘

漢，則先主不能彊之使思。唐與政云：民心思漢，王郎假之而有餘；民心去漢，孔明扶之而不足。〔一〕

全云：江陵之行，荆楚從之者至十餘萬人；祁山之出，隴右響應。非民心去之也，天命之移，民亦無如之何。

批注

〔一〕唐仲友，南宋書六三，宋史翼十三，軼事彙編八八九。

卷十一　國策

晏元獻論秦穆公以由余爲賢，用其謀伐戎。夫臣節有死無貳，戎使由余觀秦，終竭謀慮，滅其舊疆，豈鍾儀操南音，事見左傳文公〔一〕九年樂毅不謀燕國〔二〕之意哉。秦穆之致由余而闢戎土也，失君君臣臣之訓矣。元獻之論，有補世教，故録之。

元圻案：三國志魏武帝紀，建安十五年冬，作銅爵臺注，引魏武故事，載公十二月己亥令曰：昔樂毅走趙，趙王欲與之圖燕，樂毅伏而垂泣，對曰：臣事昭王，猶事大王。臣若獲戾，放在他國，没世然後已，不忍謀趙之徒隸，況燕後嗣乎？孤每讀此書，未嘗不愴然流涕也。

批注

〔一〕應作「成公」。

〔二〕潛丘劄記二引綱目報王三十六年條。羣書疑辨十一誤作廉頗事。

卷十三　考史

君子小人之壽夭，可以占世道之否泰。諸葛孔明止五十四，法孝直纔四十五，龐士元僅三十六，而年過七十者，乃奉書乞降之譙周也，天果厭漢德哉！

何云：温庭筠五丈原〔一〕落句云：「象牀寶帳無言語，從此譙周是老臣。」蓋亦憾天道之不可知也。

批注

〔一〕應作過五丈原，温庭筠詩集四。

張文潛梁父吟曰：「永安受詔堪垂涕，手挈庸兒是天意。渭上空張復漢旂，蜀民已哭歸師至。堂堂八陣竟何爲，長安不見漢官儀。鄧艾老翁誇至計，譙周鼠子辨興衰。」〔一〕其言悲壯感慨，蜀漢始終，盡於此矣。說齋云：人心思漢，王郎假之而有餘；人心去漢，孔明扶之而不足。

全云：書中再引說齋此語，豈徒感季漢也，痛崖山耳。〔二〕

批注

〔一〕張耒柯山集卷四，聚珍本；張右史文集卷五，叢刊本。

〔二〕八卷十六頁作「民心」。

阮嗣宗蘇門歌曰：「日没不周西，月出丹淵中。陽精蔽不見，陰光代爲雄。亭亭在須臾，厭厭將復隆。富貴俯仰間，貧賤何必終。」其有感於師、昭之際乎？〔一〕然勸進之作，焉能逭春秋之誅？

批注

〔一〕參二卷五五頁、六卷二九頁。

康節邵子西晉吟：「有刀難剖公閭腹，〔一〕無木可梟元海頭。禍在夕陽亭一語，上東門嘯浪悠悠。」考之晉史，賈充納女以壬辰，劉曜陷長安以丙子，〔二〕相去纔四十五年。姦臣孽女之敗國家，吁可畏哉！

原注：近世賈妃之册以壬辰，而宋之禍亦以丙子，〔三〕悲夫！〔四〕

閻按：壬辰爲宋理宗紹定五年，十二月朔，進才人賈氏爲貴妃，似道之姊也。

批注

〔一〕賈充字公閭。

〔二〕三一六。

〔三〕一二七六。

〔四〕天下事之巧，有如此者。兩丙子相距九百六十年，即十六個甲子。

晉史忠義傳可削者三人：韋忠不見裴頠，辭張華之辟，初節亦足稱矣。而仕於劉聰，爲之討羌而死，非爲晉死也，謂之忠義可乎？王育仕於劉淵，劉敏元仕於劉曜，舍順從逆，皆失節者也，忠義安在哉？唐之修晉史也，許敬宗、李義府與秉筆焉，是烏知蘭艾鸞梟之辨。

全云：譙登應傳而不傳，〔一〕此晉史之所以謬也。

批注

〔一〕華陽國志十一。

焚石勒之幣，江左君臣之志壯矣。僭號之國十六，而晉敗其一，原注苻堅滅其三，原注李勢、慕容超、姚泓。〔一〕不可以清談議晉。

何云：感慨深矣！

閻按：此王氏得毋自傷其本朝乎？

袁絜齋邊防質言論十事，其論戰云：晉之渡江，國非不弱，而未嘗肯與敵和。石勒來聘，輒焚其幣。祖逖出鎮，而河南復爲晉土。苻秦南牧，一戰而却之。蓋强敵在前，晉人朝思夕慮，求勝敵之策，所以能保其國。

批注

〔一〕苻堅前秦，李勢成，慕容超南燕，姚泓後秦。

袁宏以伏滔比肩爲辱，似知耻矣，而失節於桓温之九錫，耻安在哉？

全云：此指葉李輩，嘗立名節而不終。〔一〕

元史一百七十三葉李傳：李字太白，一字舜王，杭州人。宋景定五年世祖南伐，會憲宗崩，世祖班師襄陽，圍解。賈似道自詭以爲己功，益驕恣。李乃與同舍生康棣而下八十三人伏闕上書，攻似道。似道知書藁出於李，嗾其黨劉良貴誣李僭用金飾齋扁，竄漳州。會宋亡，歸隱富春山。至元十四年，命御史大夫相威行臺江南，且求遺逸。以李姓名上，即授浙西道儒學提舉。李聞命欲遁，而使者致丞相安童書云：士君子當隱見隨時，其尚悉心以報殊遇。李乃幡然北向再拜曰：仕而得行其言，此臣夙心也，敢不奉詔。

批注

〔一〕元史一七三。

陳無淮、無荆襄、無蜀，而立國三十二年，江左猶有人也。

全云：此有感於劉整之以蜀，吕文焕之以蜀，〔一〕夏貴之以淮西，並降於元，而當時中外諸臣遂不能自支也。

批注

〔一〕「蜀」應作「襄陽」，尚有范文虎之以安慶。

卷十八　評詩

陶靖節之讀山海經，猶屈子之賦遠遊也。「精衛銜微木，將以填滄海。刑天舞干戚，〔一〕猛志固常在。」悲痛之深，可爲流涕！

何云：公蓋自況。

全云：深寧集一百二十卷不傳，然如哭袁進士鏞詩，老淚可掬，悲痛爲尤深矣。

方樸山云：於此見厚齋之忠。

甬上耆舊詩載厚齋挽袁進士鏞詩云：「天柱不可折，柱折勢莫撐。九鼎不可覆，鼎覆人莫扛。袁公烈丈夫，獨立東南方。欲以一己力，代國相頡頏。適遭宋祚移，耻爲不義戕。奮然抱志起，誓欲掃攙搶。拔劍突前麾，手回日月光。賊勢愈猖獗，山摧失忠良。嗚呼絶倫志，不得騁才長。妻孥悉從溺，枯骨誰爲裹。忠烈動天地，游魂爲國殤。山水倍堪悲，抱恨徹穹蒼。穹蒼幸一息，庶幾紀星霜。西風白楊路，哀猿號崇岡。解劍挂墓柏，泣下沾衣裳。惜哉時不利，抽毫述悲傷。」

批注

〔一〕桐江續集十二有辨淵明詩，謂曾紘改「形夭無千歲」爲「刑天舞干戚」，辭意不相諧合，不當輕改云云。

文宋瑞指南録，爲或人賦〔二〕云：「悠悠成敗百年中，笑看柯山局未終。金馬勝遊成舊雨，銅駝遺恨付西風。黑頭爾自誇江總，冷齒人能説褚公。龍首黄扉真一夢，夢回何面見江東？」

閻按：王應麟傳：〔二〕寶祐四年，帝御集英殿策士，召應麟覆考。考第既上，帝欲易第七卷寘其首。應麟讀之，乃頓首曰：是卷古誼若龜鑑，忠肝如鐵石，臣敢爲得士賀。遂以第七卷爲首選。及唱名，乃文天祥。此即詩所謂龍首也。龍首黃扉二句，則指留夢炎一輩言。

批注

〔一〕見指南後録，即文山全集卷十四。

〔二〕宋史四三八儒林傳。

卷二十　雜識

呂成公謂爭校是非，不如斂藏持養。

全云：此名言也。深寧其有感於晦翁與同甫、黃中、〔一〕子靜之事乎？

批注

〔一〕林栗字黃中，宋史三九四。

周恭叔〔一〕跋秦璽文曰：「嗚呼斯乎，是嘗去詩書以愚百姓者乎？是嘗聽趙高以立胡亥者乎？是嘗殺公子扶蘇與蒙恬者乎？是嘗教其君嚴督責而安恣睢者乎？使其璽不得傳者斯人也，而其刻畫，吾忍觀之哉！」

案陳后山談叢：〔二〕前世陋儒，謂秦璽所在爲正統，故契丹自謂得傳國璽，欲以歸太祖。太祖不受，曰：「吾無秦璽，不害爲國。且亡國之餘，又何足貴乎。」契丹畏服。

批注

〔一〕周行己。

〔二〕學海類編七九册。

〔困學紀聞，王應麟著，有何焯、全祖望等七家箋注。援庵輯其精語八十條，名困學碎金，其中三十條有批注，時間約在一九四四年，參援庵通鑑胡注表微。〕

陳垣全集之三十四

教材

安徽大學出版社

史源學實習

課程說明

（一）

擇近代史學名著一二種，逐一追尋其史源，檢照其合否，以練習讀一切史書之識力及方法，又可警惕自己論撰時不敢輕心相掉也。三年級選修。每周二小時：全年四學分。

教科書：本年擬用趙翼廿二史劄記。參考書即用廿二史劄記所引之書。

（二）

擇近代史學名著一二種，一一追尋其史源，考正其譌誤，以練習讀史之能力，儆惕著論之輕心。

歷史研究法的史源學大概分四項：一、見聞，二、傳説，三、記載，四、遺跡。今之所謂史源學實習，專指記載一項。

考尋史源，有二句金言：毋信人之言，人實誑汝。

空言不能舉例，講授不便，貴乎實習。孔子曰：我欲託之空言，不如見諸行事之深切著明也。古人有言曰：臨淵羨魚，不如退而結網。

練習，臨摹，選書。

選書有四難：一、分量不大不小。二、時代不遠不近。三、範圍不廣不狹。四、品格不精不粗。

（三）

取清儒史學考證之書如顧氏日知録等爲課本，注重實習，因其所考證者而考證之，觀其如何發生問題，如何搜集證據，如何判斷結果，由此可得前人考證之方法，並可隨時糾正其論據之偶誤，增加本人讀書之經驗。研究生必修。每周二小時：全年四學分。

廿二史劄記

（一）

大正三四年，日人中村久四郎撰近世支那背景之日本文化史，其中史學一節云：趙翼廿二史劄記，我國學者幾無人不讀，且有安政三年（咸豐六、西一八五六）、文久二年（同治元、一八六二）翻刻之和版。

賴山陽排斥清人考證，謂其益人之處無多，然跋廿二史劄記，亦贊爲良著。

土井聱牙曾譏清人考證爲叢脞複沓，概無足觀，然代拙堂先生撰翻刻廿二史劄記序，謂其盡著書之能事。

古賀穀堂遺稿讀廿二史劄記，至推爲史學千古一人。

其以劄記名所著史籍者，則有羽蒼簡堂之温史劄記八卷。

堤它山則校刻其皇朝武功紀盛，善庵、天民、菊厓三氏則校刻其簷曝雜記云云。可知趙氏史學在日本維新（同治七年、明治元年、西一八六八）前之地位。

（二）

讀劄記之法

一、看其根據是否正確：板本異同，記載先後，徵引繁簡。
二、看其引證是否充分。
三、看其叙述有無錯誤：人名，地名，年代，數目，官名。
四、看其判斷是否的確：計算，比例，推理。

（三）

廿二史劄記卅六卷。
卷七三國晉書：漢復古九州起六條是史事，一人二史各傳四條是史法。
卷八晉書：八王之亂起十三條是史事，唐人避諱之法一條是史法。
卷九、卷十宋齊梁陳書並南史：全是史法。
卷十一宋齊梁陳書並南史：南史增梁書瑣言碎事起四條史法，宋齊多荒主起三條史事。

卷十二宋齊梁陳書並南史：全史事。
卷十三魏齊周隋書並北史：末一條太上皇帝起是史事。
卷十四、十五：全史事。

（四）

卅年九月星三　史源學　二〇九教室

九月廿四日　總論。
十月　一日　假。
　　八日　一頁前半。
　　十五日　五頁前半。廿二史劄記卷一補表條所本。
　　廿二日　十頁。
　　廿九日　十四頁半。漢王父母妻子條書後。
十一月五日　十七頁二行。
　　十二日　假。　卷一七國反條考證廿一頁。
　　十九日　十九頁六行。

廿六日　考試。
十二月三日　二卷三頁三行。卷二漢書書恒山王條書後。
十日　二卷五頁。
十七日　卷二完。
廿四日　四卷五頁。卷四光武及漢文年歲考證。
卅一日　四卷七頁。
卅一年
一月　七日　六卷五頁。卷六論魏紀對漢獻及陳留王書法。
十四日　六卷十一頁。
廿一日　六卷十六頁前半。劄記三國志注條。
廿八日　六卷完。
二月　四日　考試。
十一日
寒假。
十八日

卌一年三月史源學實習　星三

三月　四日　七卷廿頁八行。七晉書條末引唐藝文志訂誤。

十一日　九卷二頁四行。鈔南史四齊高帝紀末符瑞。

十八日　九卷十一頁背五行。十七史商榷五五齊高帝紀增删皆非條書後。

廿五日　九卷十四頁背三行。鈔陳書十六劉師知傳。

四月　一日　九卷十八頁背四行。廿二史劄記九陳書劉師知傳條正誤。

八日　春假。

十五日　九卷廿二頁。劄記正誤提要未讀完。

廿二日　九卷完。鈔點隋書廿七後周官制，並以通典卅五册府五〇五校之。

廿九日　小考。隋書廿七卷後周禄秩條校釋。

北宋校刊南北八史諸臣考。

五月　六日　十卷四頁二行。

十三日　十卷五頁八行。

廿日　八頁二行。

廿七日　十六頁背四行。四年級學期考。全謝山先侍郎府君生辰記書後，先鈔點，再作書後。

六月　三日　十九頁二行。
十日　十一卷六頁九行。四年級畢業考。
十七日　大考。
廿四日　暑假。

（五）

廿六年一月廿五日輔仁史源學實習試題

1 宋書多徐爰舊本，有何證據？
2 宋書書宋齊革易之際，與南史不同者何在？
3 齊書缺一卷，所缺者何？
4 陳書多避諱，何以見得？

（六）

廿六年一月廿六北大史源學實習試題

1 趙甌北先生讀史之本領。

2 半年來講論之要點。

3 以史源學實習讀一切史當有何結果？

（七）

廿六年五月廿四日試史源學實習諸生

近閱諸生畢業論文，固有佳者，亦有劣者。良由平日習作太少，事先不與人討論，初稿不求人指摘，冥行暗索，至不成章，甚可憫也。今請將此次畢業論文題目，及作法寫出：1．體例略仿何書。2．引用書名。3．經何人指導討論。4．稿曾幾易，經若干時。5．心得之處。6．缺憾之處。7．擬如何修改補訂。詳細敘述，將於此覘諸生前程之大小焉。其未畢業者，可述近日作業。

（八）

廿六年六月廿二日北大史源學實習試題

以史源學論南、北史、新唐書之價值。

以史源學論西魏書有無著作之必要。

以史源學讀廿二史劄記所得之教訓。

（九）

讀廿二史劄記所得教訓，試就左列各點舉例説明之。

一、讀書不統觀首尾不可妄下批評。

二、讀史不知人論世不能妄相比較。

三、讀書不點句分段則上下文易混。

四、讀書不細心尋繹則甲乙事易淆。

五、引書不論朝代則因果每倒置。

六、引書不注卷數則證據嫌浮泛。

（十）

卅一年四月廿九日小考

隋志廿七卷後周祿秩釋

自「其制祿秩」句起，至「俱爲四十石」句止，凡四行。釋明其語意及各級石數。原文頂格，釋文低一格。

前九級由下而上，已知之數三；後九級由上而下，已知之數二。由已知推未知。卿益上大夫之二分一，孤益卿之三分一，公益孤之四分一，即遞益二千石也。八秩至一秩，每二秩遞去九秩之六分一，即遞去二十石也。二秩一秩俱爲四十石，今脱「一秩」二字，應據通典卅五、册府五〇五補之。

日知録

（一）

苦於不知讀何書，又不知如何讀法。

因人所讀之書而讀之，知其引書之法，考證之法，論斷之法。知其不過如此，則可以增進自己上進之心；知其艱難如此，則可以鞭策自己淺嘗之弊。

日知録是日記式，故有時引書甚長（如卷八孫洙論資格，楊萬里論選法），所以自便檢閱。若亭林文集，則未有引一大段書者。今日作論文不得以日知録爲藉口。

有時求之過深者，如卷八銓選之害條，紹興卅二年及淳熙元年一段，見於通考卅八，而諸君引繫年要録及中興兩朝聖政是也。

找史源以無書名、無人名者爲難。若有書名、有人名，則不足貴。卷九輔郡條金都大梁一段，無人名。

（二）

廿六年度從十八卷起至卅二卷止　考證法

廿七年度從八卷起至十五卷止　考證法

卅六年度從八卷起至十九卷止　史源實習

卅七年度從一卷起　考證法

卅八年三月從廿卷起又廿三卷　考證法

（三）

清代史學考證法　星期五第三堂

廿六年

十月　廿九日　日知録大概。

十一月五日　十八卷廿四頁止。（至卅二卷止）

　十二日　假。應點至十九卷。

　十九日　講至十九。應點至廿一卷。

　廿六日　講至廿一卷三五頁。

十二月三日　廿二卷完。

　　十日　廿三卷廿五頁。查十二頁西溪叢語，卅二頁顔氏家訓。

　十七日　廿四卷廿七頁。册府五一七考證。

　廿四日　廿五卷止。春申君傳。路史改火論。

　卅一日　年假。

廿七年

一月　七日　廿六卷十七頁。七病。五代史地理志。

　十四日　廿六卷完。

　廿一日　學期試驗。

二月十八日　廿七卷十七頁。
　廿五日　廿七卷卅六頁。漢書注。
三月　四日　廿七卷五五頁。杜子美詩注完。
　十一日　廿八卷完。通鑑注延廣、徙戎。
　十八日　廿九卷廿頁海運條止。查四頁兵衛。
　廿五日　廿九卷完。
四月　一日　卅卷完。
　八日　期中試驗。六日至十二。
　十五日　春假。十三至廿四。
　廿九日　卅一卷未講，但尋柳城條。
五月　六日　卅一卷十四頁。明一統志之謬。
　十三日　卅一卷廿六頁。
　廿日　卅一卷完。
　廿七日　卅二卷七頁完。
六月　三日　卅二卷十四頁，元字未完。

十日

十七日

（四）

廿七年四月八日考日知録卷三十天文條「七月流火」數句，日食條劉向言，月食條張衡言，五星聚條天官家言，各注出處。

妖人闌入宮禁條出處。

正五九月條兩引册府元龜卷數。

佛寺條出典。

並自述考索之經過及方法。

（五）

通鑑漢武帝太初三年，膠東太守延廣爲御史大夫。胡注：延廣，史逸其姓。日知録曰：延即姓也。以後漢延岑、延篤爲證。此可證延爲姓，不能證延廣必姓延也。通鑑此語何所本？胡注何所見？顧説果足據乎？抑尚有其他佳證乎？顧説是旁證，非本證。

通鑑説本漢書百官公卿表。胡注因史記漢興以來將相名臣年表御史大夫延廣下索隱獨無注，故曰「史逸其姓」。顧説不足據。荀悦漢紀作膠東相王延廣，則延廣固姓王也。

（六）

日知録廿九徙戎條，薛謙光疏出於何書？謙光疏所引郭欽策，及取巢、取駕、克棘、入州來之事，出於何典？試詳答之。

薛謙光疏出册府元龜五五四直諫門，並見五三二。郭欽疏見晉書九七匈奴傳。吴伐楚取巢、入州來見左傳成七年，取駕見襄三年，克棘見昭四年。

（七）

卅六年九月史源學實習　上午九時至十一時二〇九教室，星三，日知録

九月廿四日　八卷，四頁「長策也」。

十月　一日　假。日知録引唐割屬東川六州制考。

八日　日知録卷八史源。

十五日　去南京。

廿二日

廿九日　十八頁都令史條止。

十一月五日　廿一頁「子美詩」止。

十二日　假。日知録卷九史源。

十九日　卅四頁「之材與」止。述月來檢書之興趣，廿六交卷。日知録卷十史源，十一月三日交。

廿六日　九卷九頁「戴叔倫」止。

十二月三日　九卷卅一頁。唐置採訪使原委，卷十一史源。

十日　十卷廿一頁止。

十七日　十一卷一頁「不應若此之重」。十二卷史源。

廿四日　十一卷十八頁「少矣」。

卅一日　十一卷四四頁「丁環」。十三卷史源。

卅七年

一月　七日　十二卷十九頁。

十四日　學期考。日知録九封駁條唐故事考。

二月　四日　寒假。

　廿五日　注册。

三月　三日　十二卷廿八頁。二十頁周書韋孝寬傳百里種五樹解。十四卷史源。

　十七日　十三卷廿頁前半。十五卷史源。

　廿四日　南京。

　卅一日　十三卷卅一頁六行。十六卷史源十四日交。

四月　七日　春假。

　十四日　十三卷四四頁八行。

　廿一日　小考。十七卷史源五日交。

　廿八日　十四卷十七頁。

五月　五日　十五卷十八頁止。文翁石室考。

　　　　　十八卷史源。

　十二日　十六卷十二頁。

　十九日　十七卷十五頁。十九卷史源。

　廿六日　十七卷廿九頁前半。

六月　二日　十八卷十三頁。
九日　十九卷完。
十六日　大考。
廿三日　暑假。

（八）

卅六年十月史源學實習

陳修軒　二頁。太少。又六頁。
劉淑娟　二頁半。引通典卷廿二，應在「職官」二字之上。
李秋璿　三頁半。「賞譽」錯「黨譽」。
侯榕生　六頁。小注應改大字。
葉淑芳　五頁。頗多錯。
王亞春　七頁半又四頁。不必抄全文。
劉樹貞　十二頁。
李　瑚　七頁。三人合作。

周奎正　四頁半。
陳絅章　三頁半。
趙璞珊　五頁。一二等字可省。
郭蘭圃　九頁半。不必抄全文。
張寶山　六頁。小注宜改大。
郭傳真　四頁。書名應在前。
甲　凱　八頁半。應注明止句。原注應注明。
王保祺　三頁。要按原書次第。
吴廣明　四頁。玉函山房不能引。
韋銘春　七頁。引水經應注明某水。引册府應注門類。
王志亨　三頁半。引左傳不必引卷數。
劉立三　四頁半。常漏題目。
高士哲　七頁。不必抄全文。
劉翰屏　十二頁。小注雙行應改大字。
楊興海　十二頁半。

楊　堤　五頁半。

（九）

對劉翰屏史源學實習作業的批語

日知録引唐割屬東川六州制考

總評：詞句清楚，書法尤佳。

日知録八停年格條注引辛埱考

眉批：

題目太低。改空四格爲二格。

查字是公牘用語，不宜入文。批在「遍查魏書、北史之目無其傳」上，改「查」爲「考」，圈去「之目」、「傳」三字。

虎，避唐諱作彪。批在「北史二五有薛彪子傳，魏書四四作虎子」上。

讀書得間。

條理清楚。

不在其位，不謀其政，洛陽令胡爲上書言選舉事乎？

總評：

考證精審，得未曾有。○○○△。

述月來檢書之興趣

眉批：

調查、檢查，已成時代用語，故有時不得不用。此外惟公牘上用「查」字，普通行文，甚少用也。

總評：

文固佳，字亦好，故愈覺得其文之可愛，誰謂寫字不要緊也？○○○。

日知録九部刺史條唐置採訪使原委

眉批：

好！

清本日知録誤。

清楚。

點明。

不如列表。

新志似不足據。指新唐書百官志。

錯字應點在字之中間。點在字旁者乃尋常酬應之件耳。

總評：

○○○。

周書韋孝寬傳百里種五樹解

眉批：

今本二字不能省。批在「又周書韋孝寬傳乃以北史六四孝寬傳補亡」上，在「周書」上添「今本」。

總評：

○○○。

鮚埼亭集

（一）

從前專重考證，服膺嘉定錢氏；事變後頗趨重實用，推尊昆山顧氏；近又進一步，頗提倡有意義之史學。故前兩年講日知録，今年講鮚埼亭集，亦欲以正人心，端士習，不徒爲精密之考證而已。此蓋時勢爲之，若藥不瞑眩，厥疾弗瘳也。

（一九四三年十一月二十四日致方豪函）

（二）

關於汝所擔任功課，我想鮚埼亭集可以開，我已試驗兩年，課名是史源學實習，即以此書爲實習。每期選出文四頁，長者一篇，短者二篇，預先告學者端楷鈔之，雖自有書亦須鈔，亦一種練習。且應先預備同樣格紙百頁，以便一年之用。鈔好後即自點句，將文中人名、故事出處考出，晦者釋之，誤者正之。隔一星期將所考出者綴拾爲文，如某某文考釋或書某某文後等等，如是則可以知謝山文組織之方法及其美惡。惟其文美及有精神，所以不沾沾於考證；惟其中時有舛誤，所以能作史源學實習課程，學者時可正其謬誤，則將來自己作文精細也。余用力於此書者四年，隔年一講，故已講過兩次。甚欲用經典釋文體，作一鮚埼亭集考釋。但其書博大，未易畢業也。僅於一二頁短文中釋得數十篇，可以够一年多講授之用也。未講此書前，余曾講日知録兩年。又前，曾講廿二史劄記好些年，皆隔年一次。錯誤以劄記爲最多，鮚埼次之，日知較少。學者以找得其錯處爲有意思，然於找錯處之外能得其精神，則莫若鮚埼也，故甚欲介紹於汝。

〔一九四六年六月一日家書。〕

（三）

聞願下年開鮚埼亭，至慰。但史源學一名，係理論，恐怕無多講法，如果名史源學實習，則教者可以講，學者可以實習。余已試用兩年，覺頗有趣。可先將全集點讀一遍，選其千字以内之文爲課本。兩年來（中隔一年）我所選前集廿五篇，外集四十八篇，其中有兩年同講一篇者。點讀之後，如有意見及疑問，即來信討論可也。總之，朱竹垞、全謝山、錢竹汀三家集，不可不一看，此近代學術之泉源也。能以爲課本者，全氏最適宜。

〔一九四六年六月二十三日家書。〕

（四）

鮚埼亭集類別

類別	前集	外集
頌	1	0
賦	2	1
語	4	0
辭	5	0
碑銘	6	4
行狀	25	9
傳	27	12
廟碑	0	13
祠堂碑	0	14
雜碑銘	0	15
論	29	36

記	30	16
序	31	23
議	33	39
考	0	40
簡帖	34	41
雜著	35	48
雜問目	0	47
雜文	0	50
題跋	36	27

（五）

四庫提要地理類二水經注釋條屢提全祖望名，又行水金鑑條已引全祖望作鄭元慶墓誌見鮚埼亭集十九鄭芷畦窆石志，則館臣早已見鮚埼亭集未刻本，特不敢著録耳。

（六）

卅二年九月史源學實習　星三

九月廿二日　鈔鐵橋漫稿七及類徵詞臣十二全紹衣傳，及外集八先曾王父先王父神道闕銘。

廿九日　抄集卅六族祖真志先生墓石本跋以下共七首，點句並將人名考出。

十月　六日　抄集二十方定思墓誌銘、外集二十紫藤軒記。

十三日　鈔愚山年譜序及宋詩紀事序（不提出處）。

廿日　鈔同谷及石坡二記。

廿七日　鈔胡舜陟二跋。

十一月三日　鈔宋史張邦昌傳等三首。

十日　鈔曠亭記二首。廿一畫馬記云葬於非堂先生墓旁，據卷八墓志，雍正二甲辰始葬。

十七日　抄不波航記二首。

廿四日　小考。1．趙谷林太君世系説明。2．述兩月來檢書之甘苦。3．鈔通鑑分修一首，抄綴學堂初稿四，同題，一首。4．書全謝山通鑑分修諸子考後，外集四十。尋其史源，别求他證，判其是非，組織成文。執柯伐柯，其則不遠。

十二月一日　抄余生生樓一首。

八日　假。

十五日　抄余生生借鑑樓記及海巢記。講至沈引前四行。

廿二日　抄梨洲思舊録序、錢侍御東村集序。書通鑑外紀温公序後。講至海巢記七行。

廿九日　抄錢芍庭誄、陸佛民志。思舊録甫講完。

卅三年

一月　五日　抄王尚書畫像記二首。錢芍庭誄甫完。

十二日　期考。1．膺滂蕃武、文陸張陳、王留、則堂、東維指何人。2．宣光綸旅、夫己氏、「父不肯帝，子不肯王」，出何處？3．讀鮚埼亭集之興趣，及最愛者何篇。

廿六日　廿五日舊曆新年。

二月　二日　七日（舊正十四）至十二日注册。

九日　十四日（舊正廿一）上課。

卅三年二月史源學實習　星三

二月十六日　鈔一作一。鮚埼亭集蔣文穆公端硯記考釋。
廿三日　鈔施蘗齋墓誌、宋文憲畫像記。端研記「通考尚載其目」止。孔陸論華川王氏再考。
三月　一日　鈔題真西山集二篇，書全謝山題真西山集後。
八日　鈔明故張侍御哀辭二篇。
十五日　鈔宋蘭亭記石柱銘二篇。作全氏與宋室關係考，參前集卅六告身跋、宋史理宗紀以後、元史世祖紀以後。
廿二日　鈔陳忠肅碑二首。
廿九日　小考：1．桓谿祠堂碑引七録正誤。2．陳忠肅祠堂碑引葉元吉志錯否？3．寧波府儒學碑所稱横浦玉川是何人？4．瀛國公有子見元史何卷何名。
十九日　鈔巘山相韓三首，作考釋一首，附表。
鈔韓性墓誌及元史性傳，鈔畢點句，照元史删改墓誌。講至巾子山背九行。
廿六日　鈔項燕二首。書全謝山拾漢豫章太守賈萌事後。
五月　三日　鈔二老閣二首。
十日　鈔書宋史胡文定傳後二首。作讀全謝山跋岳珂傳。

十七日　鈔李杲堂軼事二首。

廿四日　四年生考試。鈔杭堇甫二首。書全謝山與杭堇甫論金史第四帖子後。

卅一日　鈔杜洲二首。

六月　七日　抄耕石二首。耕石老人詩集序考釋。

十四日　應預備將全年所讀六十一首分類或分體彙訂之。考試總述本課一年來所習之經過。

（七）

對金家瑞耕石老人詩集序考釋的批語。

生藏銘見杲堂詩文鈔，今有刊本，不必引耆獻類徵。小注姓名，均須改大字入正文，方合。不然，不能成爲文句。薛國觀卷數似誤。原注「見明史二五二」。

（八）

對侯桂五耕石老人詩集序考釋的批語

類徵即採自杲堂文鈔，應引文鈔，不引類徵。

聞道詩指順治十六年鄭成功入鎮江事，與華、王無涉。批在「哭華、王之詩，則題作問道者也」上，並圈去「問道者」三字，改爲「小園閒居雜感及懷舊者是」。

（九）

對叢治湘耕石老人詩集序考釋的批語

引書注意數目字，不要誤。指陳演等人傳在明史中的卷數。

明史有卷數，何以晉書無卷數？

（十）

對王之璞書全謝山與杭堇浦論金史第四帖子後的批語

宋之北京，即大名府。

昌字斷句。

劉豫事跡，是曹溶所傳抄，非溶所著也。批在「曹容之劉豫事跡」上，並改「容」爲「溶」，在其下補「所傳」二字。

此段全是引文，可節引。

中國史學名著評論

課程說明

（一）

擇取歷代史學名著說明其史料及來源，編纂之體例及得失，板本之異同，使學者明瞭著述及讀史之方法。二年級選修。每週二小時；全年四學分。

（二）

取歷代史學名著，說明著者之生平，本書之體例，以及史料來源，編纂方法，板本異同等等，俾學者讀書引書時得一明瞭嚮導。

教材

教科書　筆記　參考書　史部各書

（三）

史學名著評論説明　卅五年一月十七日
星四　舊北大
取史學上有名之著作，而加以批評。每書舉：作者之略歷，史料之來源，編纂之體制，板本之異同，以及後人對此書之批評等等，以爲學者讀史之先導。

試題及教學日記

（一）

女院史籍解題小考　廿五年十一月廿一日聽史書解題之心得。
裴注三國，有何特例？
晉書斠注之編纂方法。

（二）

女院第一學期中國史籍解題考試題目

廿六年一月廿三日

北朝著述傳至今者有幾？能舉其名歟？

魏書受謗之原因安在？

唐修五代史紀傳之年歲及撰人。

北齊書殘闕有由北史補者，以何法考之。

（三）

女院史籍解題小考　廿六年四月廿四日

南北史編纂法。

著書與注書有何不同？李清南北史合注是注書否？

有舊唐書何以要編新唐書？有新唐書何以舊唐書不能廢？

新舊唐書合鈔體例有可議否？

（四）

女院第二學期考中國史籍解題　廿六年十月

現在舊五代史之來歷，及有何書可以校之。

宋史卷帙特鉅之原因。

遼史編纂法。

金史世宗紀名句。

（五）

輔仁史學名著評論半學期考試題　廿六年十一月廿二日

史成於衆手與成於獨手有何利病？

史記史料之來源有幾類？

史漢體例有何大不同？

選聽此課有何意味？

（六）

輔仁史學名著評論小考　廿七年四月十一日

遼史史料缺乏，編纂有何妙法？

金史世宗紀箴言。

司馬温公著通鑑，更著何書以副之。

（七）

廿九年（上章執徐）　九月　史學名著評論　星期三　女院

九月廿五日　遷書删改古書異詞。

十月　二日　史料來源完。

九日　班馬異同項、高紀比較。甲子表戌、壬、癸、庚、寅、辛皆有誤。

十六日　會注考證開始。

廿三日　開始講增文。

卅日　漢書補注將完。歲陽歲名。廿八宿。

十一月六日　後漢卷數將完。
　十三日　十二頁完。
　　廿日　小考。
廿七日　三國十七頁完。周興嗣千字文前四百字旁注平仄。
十二月四日　廿二頁晉書板本二行止。
十一日　廿五頁完。周禮六官官屬每排作一官。
十八日　卅一頁二行齊書志。
廿五日　聖誕。
卅年(重光大荒落)
一月　一日　假。
　　八日　卅五頁魏書前五行。
十五日　大考。
廿二日　寒假。
廿九日　寒假。
卅年(重光大荒落)二月　史學名著評論　星期三

二月十二日　四十頁梁書止足傳。千字文從「都邑華夏」起旁注平仄。
十九日　四四頁開始。
廿六日　四七頁賚允三行。
三月　五日　五二頁十五行完。隋書四九牛弘請開獻書之路表，「經籍所興」起，「少垂照察」止，一一九七字。北史七二「昔周德既衰」起，「觀閣斯集」止，六六二字。
有「上納」之句，即爲止。
十二日　五六頁八行完。
十九日　假。
廿六日　五十九頁完。
四月　二日　小考。
九日　六四頁前三行。
十六日　春假。
廿三日　六六頁十四行。
卅日　六九頁十九行。
五月　七日　七三頁十七行。

十四日　七八頁六行。
廿一日　八三頁完。
廿八日　九十頁六行。
六月　四日　九六證補完。
十一日　一〇七頁明史完。
十八日　考試。
廿五日　暑假。

（八）

卅年四月二日小考

1．後梁事跡載於何書？五代史志成於何年？
2．周齊同出鮮卑，何以二書所述文野迥異？
3．隋書史料缺乏，於何見之？
4．南北史出自八書，何以閱八書必須參檢南北史？

（九）

卅年六月十八大考

1．今本舊五代史之來歷。

2．彭注五代與裴注三國有何不同？

3．史糾批評宋史如何？

4．清人修元史運動。

5．試列舉北平語讀爲平之入聲字。

（十）

卅一年二月二日考史籍評論題

宋書列傳不載晉末群雄而志則上溯魏晉，其原因安在？

魏書當時號稱穢史，何以能傳至今不廢？

北齊書缺卷以北史補者用何法辨之？

周齊同出鮮卑，而文野迥別，能言其故歟？

（十一）

卅二年（昭陽協洽）九月史學名著評論

星一

九月　廿日　泛論近來史觀改變。

廿七日　史記史料來源之「見聞」，方開始。

十月　四日　滹南遺老集開始。

十一日　史記板本瀧川書未講。

十八日　漢書史料來源有三，一據父書。剛完。

廿五日　梁玉繩人表考表多婦女一層未講。

十一月一日　假。

八日　後漢編纂方法之第二特長，十一頁止。

十五日　十七頁十二行輔臣贊注完。

廿二日　小考。1．史記史料之來源應分幾類求之。2．漢書卷數有數説，其故安在？3．後漢書編纂法有幾種特長？4．聽本課之興趣及願望。

廿九日　廿一頁剛完。

十二月六日　廿四頁十一行半約自序未講。

十三日　廿八頁完。

廿日　卅四頁七行。

廿七日　假。

卅三年（閼逢涒灘）

一月　三日　假。

十日　四十頁梁書完。

十七日　期考。1．三國志注與其他史注不同之點安在？2．晉書有何注本？其體例如何？3．宋書何以有二重隱諱？又何以知其隱諱？4．何謂唐修五代史？五代史志今附何書？

廿四日　廿五舊年。

卅一日

二月　七日　舊正十四，至十二日注册。

十四日　舊正廿一，上課。

卅三年二月史學名著評論　星一

二月十四日　病假。

廿一日　四九頁完。

廿八日　五五頁南北史開始。

三月　六日　六十頁前五行。

十三日　六四頁完。

廿日　瞻禮。

廿七日　六八頁完。

四月　三日　小考。北齊書缺卷由北史補者以何法證之？周書有兩重修飾，能言之歟？新舊唐書編纂法異同。今本舊五代史來歷及有幾種板本。

十日　春假。

十七日　七五頁十行宋史。

廿四日　八二頁五行遼史。

五月　一日　八八頁十行金源劄記。

八日　九二頁元史之編纂法完。

十五日　返校節後一日。
廿二日　一〇一頁蒙兀史二行。
廿九日　一〇七頁七行明史。
六月　五日　五頁十二行通鑑考異完。
十二日　九頁八行朝野雜記。
十九日　考試。1．明人修宋史存於今者幾種？　2．金人著述存於今者幾種？　3．清人纂輯遼時史料者幾家？　何以不能注遼史？　4．清人修元史者幾家？　試言其得失。

（十二）

卅四年九月史學名著評論　星一　一〇九教室

九月　三日　開學典禮。　抄、講、作。
十日　泛論。　抄胡注通鑑序。
十七日　抄商榷開篇第一條。　作讀胡注通鑑序。
廿四日　抄史記考異五「爲太史公書」條。

十月　一日　假。

八日　作讀十七史商榷開篇第一條。抄廿二史劄記一各史例目異同列傳條。

十五日　作廿二史類目表及跋，參洪飴孫史目表、黄炎培廿五史篇目表，跋另帋鈔來。講至考異五、卅三頁一行。

廿二日　抄廿二史劄記一漢王父母妻子條，講列傳條至北史止。

廿九日　假。

十一月五日　當考試。抄陳蘭甫先生引書説。發回作文。講列傳。作廿二史劄記一漢王父母妻子條書後。

十二日　假。

十九日　作廿二史劄記一史記自相歧互處條書後，講引書説。

廿六日　抄十七史商榷五五齊高帝紀增添皆非條（或分一二），書後。又抄南史四齊高帝紀末符瑞廿二條，從「始帝年十七時」句起至末。

十二月三日　講至南紀四、十八頁背四行第八段。

十日　抄廿二史劄記二漢書多載有用之文。

十七日　抄新五代史三四一行傳、序，又三五唐六臣傳序。

廿四日　假。
卅一日　假。
卅五年
一月　七日　抄宋濂送吕仲善使北平采使序，宋學士文集卷七；宋濂吕氏采史目録序，宋學士文集卷十四。六臣序背三行。
十四日　卷十四目録序講完，卷七采史序未講。
廿一日　學期試驗。詳述半年來聽本課之心得。
卅五年二月史學名著評論　星一　一〇九教室
二月十八日　史記辨惑完。
廿五日　四頁班固原本八表完。
三月　四日　七頁古今人表之四行止。
十一日　十二頁四行。
十八日　十八頁七行。
廿五日　二十頁十三行。
四月　一日　二三頁十八行。

八日　二八頁完。
十五日　考試。一、史記史料之來源。二、後漢書之編纂法。三、裴注三國之特例。
四、本學期之講授法與前期異同。
廿二日　春假，十八星四至廿七星六。
廿九日　三三頁七行。
五月　六日　三七頁十四行。
十三日　四二頁十行。
廿日　返校節後一日假。
廿七日　五二頁九行。
六月　三日　五七頁六行。
十日　六十頁止。
十七日　考試。

（十三）

卅五年六月試題

1．唐修五代史紀傳及志成書之先後。

2．北齊書缺卷考證法。何謂周書文字有兩重修飾。

3．隋書史料缺乏，於何見之？

4．述課外之心得。

（十四）

中國史學名著評論試題

乾隆改譯遼金元史譯名之得失。

校補輯本薛史之方法。

板本與史學之關係。

中國史學名著選讀

（一）　學科説明

取學者必須誦讀之史學名著，而部帙大小適合一年之用者，令其先期精讀，然後爲之解釋疑難，指授體要，以爲閲讀一切史書之練習。

（二）

廿七年十月司鐸書院國學名著選讀，星四

十月　廿日　放假。

廿七日　泛論並介紹輶軒語。

十一月三日　無書泛論。

十日　讀書宜正音讀剛開始。

十七日　讀經宜明訓詁開始。

廿四日　假。
十二月一日　宜專治一經開始。
　八日　假。
十五日　九頁背四行。
廿二日　十一頁四行。
廿九日　十一頁背五行。
廿八年
一月　五日　十二頁八行。
十二日　十三頁七行。
十九日　十五頁五行。
廿六日　十六頁三行。各家集名及卷數。
二月　二日　十七頁背三行。
　九日　考試。述數月來讀書之經過及願望。
十六日　寒假。
廿八年三月國學名著選讀　輶軒語　星四

三月　九日　泛談。
十六日　瞻禮。
廿三日　十八頁背七行。
卅日　十九頁完。
四月　六日　假。
十三日　假。
廿日　廿頁背六行。
廿七日　試將讀書宜多讀古書條所列各書分卷數、撰人、輯佚、板本四項製爲簡表。
五月　四日　廿四頁十行。
十一日　閒談。
十八日　瞻禮。
廿五日　廿九頁背四行。聖教序四種存閱。
六月　一日　語文第八頁完。
八日　完。
十五日　考試。

（三）

廿八年四月廿四日名著選

何謂貌異心同貌同心異，試舉其例。

書事篇有五志三科四煩，試舉其目。

燕石妄珍、學子名母之出處並解釋。

哀江南賦序佳句試舉數聯。

（四）

一九五一年中國史學文選　星一，九時，星四，九至十時

二月十五日　星四，舊曆初十日。接一月十一日星四，觸槐而死，不以楚而無乎，趙盾事三書異同。

十九日　「用是佚而不反」。

廿二日　皆輕死爲勇。發「使札來聘」。

廿六日　「吳公子札來聘」開始。

三月　一日　「使札來聘」左氏完。發「曹公孫會自鄸出奔宋」。
　　五日　「而不以叛也」。
　　八日　婦女節，放假半天。「與之玉節而走之」。
　　十二日　公羊完。發過秦論。
　　十五日　「陳利兵而誰何」。
　　十九日　過秦論完。
　　廿二日　星四春假三天。
　　廿六日　項羽贊剛完，「過矣」句未講。發外戚世家序。
　　廿九日　星四。「盜賊多有」。未講。
四月　二日　酷吏序剛完。發西門豹和藝文志。
　　五日　「不敢復言爲河伯娶婦」。發陶朱公。
　　九日　陶朱公剛開始。
　　十二日　應交藝文志點句，未交。陶朱完，發廉頗傳前二頁。
　　十六日　星一。「逆强秦之驩，不可」。發廉頗傳後一頁。
　　十九日　星四。期中試驗。廉頗傳完。

廿三日　藝文志總序完。
廿六日　孝經論完。
卅日　五頁。小學論剛完。
五月
三日　十二頁。兵形勢剛完。
七日　十五頁。形法論剛念完未講。發信陵二頁。
十日　「安在公子能急人之困也」。發信陵後三頁。
十四日　「已却秦存趙」。
十七日　星四。「魏公子兵法」。發荆軻傳三頁。
廿一日　信陵君傳完。又發荆軻傳後三頁。
廿四日　「就車而去」。三頁背四行。
廿八日〔一〕

〔一〕當日離北京赴四川參加土地改革，教學日記中斷。

（五）

一九五一年一月十八日點句

	錯	分
王雪明	25	75
魏玉英	18	70
何世蘭	12	85
蔡泓培	18	80
陳世蘭	20	70
艾斯超	6	85
王迺珍	19	80
徐保善	23	75
何無忌	33	65

	錯	分
朱萊英	27	70
郭鳳弟	23	70
于德禮	15	80
韓榮寶	12	85
張靜如	10	85
賈乃謙	12 74漏	65
張奎元	40	65
南文樞	15	85
黃綺文	22	70

	錯	分
喬明清	38	65
高遠平	21	70
王紹先	11	85
田玉珠	15	75
李巨芳	26	70
王金恒	17	80
梁希孔	17	80
鄭志富	19	80
徐亦孺	11	85
梁希立	40	65
林振華	24	75
郝惠莊	25	65

	錯	分
趙健生	11	85
張達生	23	75
李延齡	19	80
梁建章	45	65
陳日新	18	80
鄭振擇	17	75
安慶浩	18	80
黃心平	23	70
杜文鐸	13	85
李吉唐	14 64漏	75
商洋	13	85
李長民	13	80

中國通史

廿六年九月研究生中國通史試題

一、前四史外，何史有注？注者何人？試備舉之。

二、今本舊五代史之來歷，試詳述之。

三、遼金元史有國語改譯本，能辨别其孰爲改本乎？試舉三五譯名爲例。

魏晉南北朝史

（一）

廿五年十一月十八日輔仁魏晉南北朝史試題

1. 三國裴注之特例。
2. 晉書斠注之編纂方法。
3. 宋書之斷限。
4. 魏書招怨之原因。

（二）

廿六年一月廿七日輔仁魏晉南北朝試題

1. 三國及梁、陳諸史皆無志，何以考其典章制度？
2. 讀八朝史何以必須兼讀南北史？

3．後梁年代與陳相等，其史跡於何見之？

4．周與北齊同出鮮卑，文野迥殊，其故安在？

（三）

廿六年四月廿一日小考三國南北朝史

晉八王之亂，亘若干年，劄記所記有大誤者何事？

晉書所記怪異，吾人當作何觀察？

劄記於九品中正之制只採晉書，若續考之應用何法？

閱劄記所提出之題目，吾人亦有何題目欲提出乎？

（四）

廿七年一月十九日輔仁魏晉南北朝史試題

三國及梁陳諸史皆無志，何以考其典章制度？

北齊書俗語特多，本於何人？　能舉出一二條否？

周、隋二書史料不足，於何見之？

周與北齊同出鮮卑，文野迥殊，其故安在？

（五）

魏晉南北朝史　星三

廿七年

九月廿八日　總論，至一政治。

十月　五日　總論完。

十二日　十八頁。史家立場不同。

十九日　三國志辨疑序。

廿六日　晉書好採小說，由政治史進爲社會史。

十一月二日　晉書完。

九日　宋書二五頁，帶叙法完。

十六日　二九頁子顯生平，年四十九止。

廿三日　三三頁，魏收生平完。

卅日　小考。

十二月七日　三五頁末，魏收妬才忌前。
十四日　假。
廿一日　三九頁陰僧仁梁撮要卅卷。
廿八日　四四頁前二行。
廿八年
一月　四日　四六頁周書第一段。
十一日　四九頁完。
十八日　五十頁完。
廿五日　五四頁第八行。
二月　一日　五七頁完。
八日　考試。
十五日　寒假。
魏晉南北朝史　星三
廿八年
三月　八日　五九頁十七行。

十五日　史料説明完。

廿二日　漢復古九州。

廿九日　七卷五頁背三行。

四月　五日　七卷十一頁四行。牛弘表。冬青樹樂府序。

十二日　假。

十九日　七卷完。

廿六日　小考。一、默書。寫半個字，檢查諸生所臨之字帖。

五月　三日　八卷六頁。八王世系表附卒年。東晉幼主年歲表。

十日　運動會假。

十七日　八卷十五頁完。宋世子孫屠戮之慘。

廿四日　八卷十八頁九行。

卅一日　十二卷一頁三行。晉長沙王乂卒年考。

六月　七日　十二卷三頁十行。

十四日

廿一日　考試。

（六）

廿七年十一月卅日小考魏晉南北朝史

1．三國裴注四例。

2．宋書二重隱諱。

3．編輯各書文録之經過。

（七）

學校全上古文十二函，自第四函起爲三國文，至隋共九函。

三國：一函（第四）　十册

晉：三函（五至七）　廿三册

宋：一函（第八）　八册

齊：一函（第九）　四册

梁：一函（第十）　十一册

陳：　三册

魏：共一函（第十一）　七册

齊　　　　　　　二册

周：共一函（第十二）　三册

隋　　　　　　　五册

嚴著以人爲主，閲此知其人之文散見於何書。今欲以各史爲主，而知各紀傳中有何人之文。

一、將各朝引史傳之文按目抄出。

二、查所引原書卷次，注其下。

三、按原書卷數找出，注葉數及行數。

四、按卷葉爲次，再録其文之目録。

五、書成後名曰某書文録。

鈎稽各史，須自撰目録，利用嚴著，可省自撰目録之勞。本意將各史之文録出，而借嚴著爲工具。〔一〕

〔一〕超按：援庵一九三八年在輔仁大學講授魏晋南北朝史時，布置學生作業之一爲編輯各朝史之文録。此文即指導學生如何利用嚴可均之全上古三代秦漢三國六朝文作爲工具。

（八）

廿七年十一月卅日收各朝文録卷

佟碩勛　北齊　十一頁，至卷四九完。
周長海　宋　十三頁，至卷十順帝紀。
李慶桂　隋　四頁，至卷五帝紀，續交八頁，志完。
邱　炳　陳　十四頁，至卷卅六完。鋼筆。
王希光　三國　七頁，至卷三紀。續交六十三頁，蜀吳完。
耿俊傑　北齊　四頁至卷廿六，續交五頁，四十九卷完。
郭殿鈞　周　十四頁已完。字佳。
康蔭樸　南齊　六頁，續來卅五頁，五十九卷完。
劉厚沛　梁　二頁，續交十四頁，至卷卅。人名在下層，不合。
劉雨恩　北齊　三頁，續交六頁完。墨淡。
王守純　三國　十四頁，續交四十五頁，完。
馬夢仙　三國　十四頁，續交四十四頁，完。字端正。李邈疏見蜀十五楊戲傳李永南贊注，頁十七。

王建秋　陳　十三頁至卷卅六完。字端楷。

鹿道鑑　北齊　十一頁至卷四九完。字端正。

李闓東　北齊　十二頁至卷四九完。字端正。

李英俊　周　十一頁已完。洋紙。未交總數。

苑漢清　北齊　九頁至卷四九完。

劉冠文　陳　十二頁至卷卅六完。字端正。

赫連鉅忠　陳　十四頁已完。

王紹楨　周　十一頁已完。

余德培　隋　僅得一頁。續交二十五頁，完。

詹道楷　周　十八頁已完。又北齊書十三頁。

申祖勗　晉　卡片，四十一片。

陳光棣　三國　十三頁，續交四十四頁，完。

劉　駿　三國　四頁，續交廿六頁，魏完。

仇金閣　陳　後交十三頁。

余德培　魏　五人合作魏書，七十六頁。

佟碩勛　晉　五人合作晉書。

苑漢青　梁　二人合作梁書，十五頁。

郭殿鈞　魏　五人合作魏書，七十一頁。

	書頁	文頁	分數	板本	算者
三國志	825	250	1/3	中華	劉駿
三國志	1405		1/4	百衲	王希光
晉書	2727	634	1/4		王希光等
宋書	2820	599	1/4	百衲	周長海
南齊書	1039	240	1/5	百衲	康蔭樸
梁書	960	259	1/4		劉厚沛
陳書	419	65	1/6	五洲	王建秋等
陳書	302	93	1/3	五洲	赫連鉅忠
陳書	302	93	1/3	五洲	劉冠文

魏書	2617	503	$\frac{1}{5}$	五洲	仇金閣等
魏書	2617	502	$\frac{1}{5}$	五洲	王紹楨等
北齊書	547	39	$\frac{1}{14}$	五洲	李闓東等
北齊書	549	58	$\frac{1}{13}$		詹道楷
北齊書	567	43	$\frac{1}{13}$		劉雨恩
北齊書	567	42	$\frac{1}{13}$		耿俊傑
北齊書	539		$\frac{1}{14}$		鹿道鑑
周書	656		$\frac{1}{14}$		鹿道鑑
隋書	1674	248	$\frac{1}{7}$	百衲	李慶桂
隋書	1757	187	$\frac{1}{9}$	五洲	余德培

（九）

廿八年四月廿六日小考魏晉南北朝史

漢復十四州爲九州，試述十四州九州之名。

三國之主用人不同之處何在？

牛弘言書有五厄，試默其一。

寒假春假之作業及其心得。

（十）

廿八年六月六朝史試題

齊梁諸君多才學，十六國諸君亦有文學，能舉其人歟？

六朝最重世族，何以寒人多掌機要，能言其故歟？

宋齊多荒主與禪代廢立有關係否？ 試暢言之。

唐修諸史避諱之法有幾？ 試舉其例。

唐史研究

中國歷史甚長，有斷代研究之必要。

世人爲上古史及近代史研究者尚多。唐爲中國歷史之中站，亦有研究之必要。

今以兩唐書爲基礎而旁及唐代現存及與唐有關係之典籍，分類研究，冀養成唐代史專門知識。

參考書籍：兩唐書、隋書、新、舊五代史。唐會要、五代會要。通鑑、通典、通考。册府元龜、全唐文、唐詔令。唐内典録、開元釋教録、續高僧傳。唐五代人筆記及文集等。

校讎略

（一）

廿八年十二月廿三日　校讎略

方守毅　太不用心，錯漏全未校出，書名多未斷句。

許　德　進步甚速。誤字應作「，不作＜。

姬若瑟　進步甚速。字斜。

袁希安　極用功。

鄭長誠　極用功。

雷震霞　用功，但旁注太多，不如另寫筆記。眉批悉斜右，何也？

林少蒼　較前進步，仍差。錯字多在左，何也？

董文隆　有進步，仍差。

周慕文　有進步，仍差。

陳寬明　極用功。
胡德夫　誤字多未校出，書名則已標注。
王道安　字太生硬，墨太膠。
張炳蔚　錯漏不盡校出。
楊　讓　平常，字劣。
吳懷赤　錯少，然錯漏未盡校出。字佳。
胡世聖　頗佳，但大錯漏未校出。
郭時敏　佳，但每字必斜，亟應矯正。
師博德　字太潦草，書名標識不盡。

（二）

廿九年一月廿日　陳范異同　臧洪書、華佗傳〔一〕

吳懷赤　分評，各頁半。研求字句，爲己取法，任意批評，殊不自量。墨淡。
王道安　評分三段，二頁半。字筆畫輕重不勻，墨不勻。
袁希安　評頁半。「乃就操求還取方」，范從「方」字點句。

胡德安　評頁半，亂評一頓。墨淡。
郭時敏　評頁六行。字大進步。爲删十許字。墨不勻。
陳寬明　評半頁，極佳。
師博德　分評，書四行，傳半頁。墨淡，不勻。
胡世聖　分評，各半頁。文句未通，多誤字。
周慕文　評八行，句語通。
方守毅　分評，三行、四行。
楊　讓　分評，五行、四行。白話。
許　德　評二行半，文未通，墨淡。
雷震霞　分寫，墨不勻。
姬若瑟　墨不勻。
張炳蔚　不注卷數。
林少蒼
董文隆　字黑白不勻。范華佗傳末一行特另行，甚是。
鄭長誠　墨淡。原提行空格者，應照提。

凡旁注仍應一字一格：袁、雷。

墨淡：吳、胡德、師、許、鄭。

墨不勻：王、郭、師、雷、姬、董。

〔一〕臧洪書，指臧洪答陳琳書，載陳壽三國志卷七、范曄後漢書卷八八臧洪傳；華佗傳載陳書卷二九、范書卷一一二下。

（三）

廿九年三月十六日，以明史二八五、二八六文苑傳王蒙、林鴻、王紱、沈度四傳校曝書亭集六三

王蒙，畫家。附郭傳，文家。「坐是被逮」，明史誤「坐事」。

林鴻，附鄭定、王褒、唐泰、高棅、王恭、陳亮、王偁、周玄、黄玄，皆詩家，是爲閩十才子。高棅、王偁、王洪，曝書亭皆另傳。今加入高棅、王偁，又將洪加入王偁傳；既加入王偁，則王恭傳王偁一段不能不删去。

王紱，書家兼畫家。附夏昶，畫家；平顯，詩家。

沈度，書家。弟粲，亦書家。附滕用亨、陳登，皆書家。夏昺夾入沈度傳中，與前王洪之夾入王偁傳中同，謂之附見，不得謂之附傳。

王蒙傳：「翰林應奉、直起居注」，能點斷者只三人。「布政司右參政」，竟有以「政」字爲句者。

林鴻傳：未校出明史補高棅、王偁、王洪傳者三人：張、方、雷；校出而未補者五人：董、袁、許、王、胡世。

1．各小傳提行寫者：段、董。2．各小傳空格寫者：林、雷、胡德、師、袁。3．各小傳有鈎勒者：陳、姬、李。4．空一行寫者：楊、吴。

有標識者：胡德、師、姬、吴、陳、周、王、林、許、李。

1．校記在句下者：胡德、林、董、許。2．校記在傳後者：陳、袁、段、郭、師、雷。3．校記在眉者：張、胡世、郭。4．校記在旁者：鄭、楊、吴、李、姬、王。5．校記眉旁並用者：方、周。

姬若瑟字大進步，點句亦大進步。

字草者：師、林。

（四）

司鐸書院文史組成績批判　廿九年五月，以入學先後爲次。有三圈者可以教初中國文，有雙圈者可以教小學國文

二年

許　頗有進步，但太費力。

周　亦有進步，但根柢太差。

董　頗有進步，但甚遲緩。

〇〇〇鄭　全班最好，但精神稍弱。

〇〇姬　根柢本淺，但進步甚速。

方　頗有聰明，但太不用心。

林　頗有聰明，但不甚用功。

〇〇〇陳　根柢本淺，但甚有進步。

年半

雷　根柢本淺，尚能用功。

○張　根柢甚淺，但頗有進步。
　王　根柢太差。

一年

○○○袁　全班第一，最有盼望。
○○吳　根柢雖淺，但有盼望。
　胡　根柢太差。
　楊　根柢太差。
　師　根柢太差。
　郭　根柢太差。
○胡　根柢甚淺，但有盼望。

半年

○○李　入學未久，頗有盼望。
　段　根柢太差。

（五）

廿九年六月八日。與孫季述書二首：一在卷葹閣文乙集三，一在卷四，乾六十刻，見年譜洪（亮吉）乾四五順天舉人，時卅五；孫（星衍）乾五一江南舉人，時卅四。孫乾五二榜眼，時卅五；洪乾五五榜眼，時四十五，嘉四戍伊犁，時五四，嘉五放回。第一首未中舉，乾四四在京，年卅四，孫在句容。第二首已中舉，乾五十年十一月二十冬至，在固始，四十歲，孫時在汴梁節署。

鄭長誠　以第二書作於嘉慶八年十二月後，又云時先生里居，據更生齋詩及年譜生壙成於嘉八也，五十八歲。又疑長沙非賈誼，以所引文未見也。知季述爲何人。

姬若瑟　以長沙爲賈誼，而引文未詳出處。圈從左而右。

林少蒼　長沙誤。之客誤之容。

王道安　長沙誤。丙舍引後漢清河孝王慶傳。圈從左而右。

董文隆　長沙未注。圈從左而右。

雷震霞　長沙未注。丙舍引後漢八五清河孝王傳，合。

師博德　長沙誤。圈誤。
許　德　長沙誤。圈小似誤。
楊　讓　長沙誤。以姊爲姊歸，謂杜鵑。奄忽猶倏忽。圈從下而上。
周慕文　長沙誤。季述未詳何人。姊歸誤。圈小從下而上。
袁希安　長沙誤。以弄姿與下文蓄神。疑界當作介。
李靖園　長沙誤。圈從左而右。
段福雨　長沙誤。圈小而從左。
郭時敏　長沙誤。
張炳蔚　長沙誤。圈從左而右。
陳寬明　長沙誤。
胡世聖　長沙誤。
吳懷赤　長沙誤。以姊爲姊歸，指杜鵑。不圈。注特多。
胡德夫　長沙誤。丙舍引迺賢詩。圈從左而右。
方守毅　長沙誤。

國學常識

（一）

全作，每題三十分，廿六年六月

類書與叢書之分，並舉一二書爲例。

何謂書之行輩，試以舊五代史說明之。

四庫總目有著録書，有存目書，如何分别？

（二）

補考國學常識試題　廿六年十一月

一、類書與叢書之分何在？

二、清朝官修之類書叢書，以何者爲最大？

三、何謂書之行輩？

大一國文

（一）

卅三年四月代理社經一乙國文，下午四至六時，星一、五

四月廿一日　洪亮吉戒子書十一行。

廿四日　與孫季述書六行半。

廿八日　作文書信陵君傳後。

五月　一日　檀弓剛完。

五日　荆軻傳二行，背以後未點句。

八日　荆軻傳十三頁二行。

十二日　假。返校節前練習。

十五日　假。返校節後一日。

十九日　荆軻傳完。

廿二日　作文陳仲子論。
廿六日　論語四頁五行，孟子七頁「不見諸侯」，九頁「使舜完廩」。
廿九日　孟子八頁逢蒙章。
六月　二日　孟子完。
五日　作文逢蒙庾公之斯合論。
九日　范式傳完。
十二日　廿二頁七行逸民傳論。
十六日
十九日　考試，象喜亦喜論。
廿三日

（二）

卅三年四月代理「數物化德」國文　下午五時至七時　星二

四月十八日　從前講過者荀子勸學，信陵君傳，鼂錯貴粟疏，論孟至戴盈之。今日所講者「訓儉」至背七行半，並點逸民傳論。

廿五日　與孫季述書前四行。
五月　二日　作文書信陵君傳後。
九日　季述書完，陳仲、樂正二章。
十六日　作文陳仲子論。
廿三日　孟子九頁「君子所以異於人者」完。
卅日
六月　六日　逢蒙庾公之斯合論。　孟子完。
十三日　與吳質書。
廿日　考試。

（二）

一九五〇年代史系大一國文　星四下午三至四，星一上午十時
三月十六日　商君傳七頁三行至九頁二行止，發虞師晉師滅夏陽。
廿日　商君傳十頁一行止。
廿三日　一頁完，發二三頁晉趙盾衛孫免侵陳。

廿七日「趙盾遂刎頸而死」句止。發陶朱公。

卅日講陶朱公至「王使使封之」。

四月

三日陶朱公完。發宋人及楚人平。

六日春假。

十日宋人及楚人平完。發西門豹。

十三日作文述近日思想的改變。

十七日往天安門拍電影。

廿日西門豹至「今皆得水利」，發吳子使札來聘。

廿四日吳子使札，至「皆曰諾」，發齊侯使國佐如師。

廿七日國佐如師完，發廉頗相如傳。

五月

一日國際勞動節放假。

四日青年節放假半天。

八日相如傳「大王亦常教臣」止。

十一日廉藺傳完。

十五日發孫子傳史六五「乃設鈇鉞」止。

十八日　公教瞻禮。
廿二日　小考評陶朱公二子事。
廿五日　「孫子與有力焉」，史六五。
廿九日　返校節後一日。
六月　一日　堂下作文譯孫子傳後半。
五日　孫子傳尚有「已過而西」及萬黿未講。發張綱傳。
八日　「皆臣子所切齒者也」，五教未講。
十二日　發李燮傳。至「乃辭還營」。
十五日　「冀即捕殺之」。發范滂傳。
十九日　端午節。范滂傳「莫不厭塞衆議」。
廿二日　范傳完。
廿六日　大考期。
廿九日　大考期。

辦學文件

（一）記孤兒工讀園及平民中學

孤兒工讀園之成立，發起於番禺葉玉虎先生。民國九年，華北大旱，流離滿道。適葉先生四十生日，親朋醵金爲壽。葉先生辭不獲已，乃以萬金委垣招收災兒。又以災兒不勝收，乃選其中孤兒無告者二百餘名，借西直門大街民房收容之，請青年會張君福蔭經營其事。繼以徒事收容，不施訓練，非計也，乃創爲工讀之法，以半日作工，半日讀書。男學木工及小鐵作，女學紡紗縫紉。如是者半年，成績頗著。十年八月，同人以寒士子弟小學畢業無力升學，乃有平民中學之設，亦於西城火神廟賃民房爲之，請鄧君詠年主持其事，同人純任義務，每月僅由孤兒工讀園助款二百餘元。十一月租得農商部權度製造所舊址，加以修葺，乃將工讀園、中學同時遷入。當時經費綦絀，適華北救災會有賑災餘款十九萬元，（下缺）

〔約作於一九二四年，標題爲編者所加。〕

（二）爲北京孤兒工讀園所撰對聯

無私蓄，無私器，同惜公物
或勞心，或勞力，勿作游民

（三）眼病傳染論識語

眼病傳染論（眼瞴肉砂炎症）

▲辦市政衛生者注意
▲辦棲寒所者注意
▲辦災民收容所者注意
▲辦貧民工廠者注意
▲辦貧兒學校者注意
▲辦孤兒院者注意
▲毋——賊夫人之子

眼病極多，今所論者爲「眼瞴肉砂炎症」。此症又名「顆粒性結膜炎」，漢醫所謂風眼、疫眼、風熱眼、暴生赤翳、暴風客熱、臉生風粟之類，殆皆屬之。此症有傳染性，人衆不潔之處，傳染尤易。醫宗金鑑曰：「天行赤眼者，四時流行，風熱之毒，傳染而成，老幼相傳，沿門逐户、赤腫淚澀，羞明疼痛」，即此症也。此症多發生於兵營、學校、監獄。去年華北大旱，各慈善團體在灾區北京各處，設灾民收容所。據吾人調查，灾民病者，諸病中以此病爲最普及。禦防稍懈，輒令全體受病。其所以致此者，因此病傳染雖烈，然不至於死亡，故人不甚措意。不知此病雖不至死，然遺患極大。一染此症，輕者十餘日，重者及不善調理者，可延蔓數年或數十年，時止時發，不幸而至於盲。即不至於盲，而倒睫拳毛，羞明畏光，爛弦生翳，亦足爲終身之玷。吾人試一參觀各處灾兒收容所，其已有此現狀者，實萬方一概。夫其人本有此病，至是復發，尚可諉爲非吾之過。若其人本無此病，因受吾之收容，吾人不善豫防，至令其傳染此病，則吾之咎深矣。以慈善始，以害人終，吾何以對此無告之窮民哉。居恒每以此勸告同人，苦不能遍，因憶廣東光華醫事衛生雜誌第四五期有此病之論文，原爲華僑受驗眼苛例而作。兹特略爲删易，刊版流布，冀惹起世人之注意，宜亦好善君子所樂聞也。民國十年六月，新會陳垣謹識。（文略）

光華雜誌原文至此終止。吾人既重視此病，故吾人所辦之孤兒工讀園，對於此病，特下戒嚴之令，務以撲除此病爲職志。孤兒之始至者，以此病爲最衆，五人中殆必有一人。

逐漸遞減，幾三越月，然後肅清。今將吾人所經歷之豫防方法，略舉如下：

一、入園兒童，必先經醫生之檢查。

二、有此病之兒童，即入隔離病室，施以相當之治療。

三、每日晨起，必經管理員檢視一次。

四、有自覺眼中作癢，或發紅者，即告管理員請醫生診治。

五、洗面手巾，各人一條，不得混用。

六、被枕各人一具，不得混用。

七、有眼病者，面盤食具之屬均另備。

八、眼無論有病無病，擦眼必用左手，養成習慣，以減少器具之傳染。因尋常使用器具，多用右手也。

九、使各兒童均明白眼病傳染之理。由於患眼膠液，借器物爲傳染之媒介，須隨時謹慎。

十、說明眼病既傳染於人，則己病即不易痊愈，使患眼兒童，厚自檢點，務求己病不傳染於人。故本園有訓條曰：一眼有病，不可傳二眼，二眼有病，不可傳三眼，傳至三眼，即傳至第二人矣，傳至五眼，即傳至第三人矣。又爲之譬曰：一燭之火易滅，二燭三燭以上之火難滅，一人之眼疾易愈，二人三人以上之眼疾難愈矣。且傳至多人後，即使已病已愈，然循環傳染，易再受病，病無已時矣。故本園之兒童，均能謹守此戒，而眼睟肉砂炎之病，遂漸肅清於孤兒工讀園。陳垣又識。

〔録自眼病傳染論，北京孤兒工讀園一九二一年六月刊行。〕

（四）北京私立平民中學立案申請

爲立案事。竊查平民教育係一爲有志無力之向學兒童而設。近年京師一隅平民學校已達數十，實屬良好現象。惜只限於國民、高小兩部分，而中學部分尚無所聞，致使高小畢業、家貧無力升學者有向隅之感，而人才淹没尤爲可惜。垣默查斯意，特約合同志創設平民中學，專收此項貧苦學生，不收學費。所有學科及教授時間均遵照部規辦理。所有創辦平民中學各緣由理合附填表式二分，具文呈請貴局鑒核立案存轉，實爲德便。謹呈

京師學務局局長

陳垣

附各項表册各二分。

中華民國十一年二月　日

〔抄自北京市檔案館私立中學卷。〕

（五）平民中學同學録序

古之學者，多從一師，否則亦守一先生之説，故有門籍。漢儒則重師承，宋言道學，恪抱師説尤謹。因是同受業者，恒互稱同門。此不得不謂爲我國之學有系統。然而墨守之習，門户之見，由是生焉。喪失懷疑之精神，而自悟自明之理鮮。雖大群，仍一小己，無益也。科舉興，以僥幸獵取之名，結合道不同學不同地不同之人，强爲一團，名曰同年，譜録甚重。是所謂禄利之道耳，第其體甚堅，往往相助。學校既立，前蔽盡袪，顧仍不能無學録之紀載姓氏里居。其跡即近泥，而學者以爲記憶作用，可以變化增大吾人之意識。質言，實吾人精神之長此寄託。是則同學録者，大言之，亦此旨也。我平民中學，凡類是閥閲性質者，均無取。諸生自編訂此録成，問言於予。予惟宗記憶作用説，以發其真義而已。世每舉司馬氏爲仲尼弟子立傳，以炫其説，則亦閥閲之見未除也，願諸生進而研討之。

中華民國十一年二月新會陳垣。

〔北京平民中學第一期同學録（一九二二年二月）。〕

（六）北京私立平民中學呈報表册

爲呈報事。竊本校自十年九月廿一日開學上課至十一年七月十五日止，第一學年修業期滿。七月十七日起放暑假，擬九月一日開學上課。所有本届學年學生年級表，離學學生備查表，周年概况等，理合遵章填報二分，具文呈請貴局鑒核存轉，實爲公便。謹呈

京師學務局

北京私立平民中學校長陳垣

附各項表册二分

中華民國十一年七月廿九日

〔抄自北京市檔案館私立中學卷。〕

（七）私立北平輔仁大學緣起（附録）

民國元年，丹徒馬相伯，北平英斂之二君，爲振興公教教育，上書羅馬教廷，請派高才碩德之教士來華，創設公教大學，發展中國固有之文化，介紹世界科學新知識，以示公教之公。旋經歐戰，事遂停頓。民國八年羅馬教宗派員來華，巡視各省公教狀况，報告中亦以

公教高等教育機關，尚屬缺乏，因是教廷始確悉中國公教設立大學，爲刻不容緩之事。次年，美國公教司鐸奧圖爾博士來華調查教育，審查社會所需要與人民所缺乏，乃商之英斂之君，二人所談，對於公教興學一事，極相契合。奧博士乃赴羅馬謁教宗，陳述情形，並謁傳教部長牘列利害，又晤全球本篤會總長斐德理氏，請求設法完成此舉，奔走鼓吹，不遺餘力。於十年十二月，羅馬教廷始諭斐總長商議在華興學事，均以此等責任委之美國本篤會爲最宜，以其籌經費較易也。旋教宗本篤十五殂落，今教宗比約十一繼位，注意中華，有加無已，更以懇切之詞鼓舞會衆，急起赴此事功，並親捐義幣十萬，以爲之倡。迄十二年八月七日，全美本篤會開大會議，而北平建學之事始行成立，將北平創辦大學之全權，委諸美國攀西卧尼省聖文森院院長司泰來氏，他院皆以人才及款項輔助之，北平建立公教大學之事至此始定。司泰來氏遂要發起人奧博士爲本校校長，於十四年一月來華，至七月以華幣十六萬元永租前濤貝勒府舊址，鳩工修葺，爲公教大學校址，着手籌備，乃先招學生一班，以爲升入大學本科之預備，取名輔仁社，以英君爲之長。英君自創辦以來，盡瘁鞠躬，不意獎掖後進之志願稍遂，社甫成立，竟以勞瘁過度，十五年一月十日逝世，臨終以校務付託於前教育次長陳垣君。陳君任事數月後，基金已甚鞏固，校中設備，亦漸次完全，學生益形增加，乃遵照前教育部部章，組織董事會，設正副校長，推選奧圖爾博士爲正校長，陳垣君爲副校長，更名輔仁大學，開辦文科。十六年六月呈部立案，派員視察，批準試辦。十八年六月，本原定計劃，遵照國民政府教育部部頒大學組織法，添辦理學、教育學二院，合之已成立之文科共爲三院，暫分十二學系，附設醫預科，及美術專修科，改組董事會，推選張繼先生爲董事長，馬相伯先生等爲董事，呈部批準立案，改推陳垣君爲校長，奥圖爾博士爲校務長，劉復博士爲教務長。並依部令停止預科，改辦高中，採用三三制，添設初中，以期培植大學良好基礎。因於本校南院增設樓房一所，以爲大學部，除實驗室、圖書室外，教室、宿舍各可容學生五百餘人，禮堂可容千人，十九年九月即可竣工。其原有校舍即以分設初高中兩部，一切課程悉依據部章，以介紹西歐新科學，發展中國舊文化爲主旨。此本校成立之緣起也。

輔仁大學民國十九年六月訂　北平西城定府大街

私立北平輔仁大學校董會董事

董事長　張　繼

董　事　馬　良　柯劭忞　傅增湘　陸徵祥　陳大齊　沈尹默　陳　垣　沈兼士　劉　復　英千里等廿六人

（八）爲輔仁大學題詞

孔子曰：「君子以文會友，以友輔仁。」孟子曰：「一鄉之善士斯友一鄉之善士，一國之善士斯友一國之善士，天下之善士斯友天下之善士。以友天下之善士爲未足，又尚友古之人。」　乙亥立夏。陳垣。

〔一九三五年五月〕

（九）輔仁大學應勉進者三事

英斂之先生憫中西之隔膜，正教之難行，而懷想從前利瑪竇湯若望之成績，徐光啓李之藻之事功，特著勸學罪言以見志。幸而教廷有北平輔仁大學之設立。余繼任校事，推闡先輩遺志，以爲吾校應勉進者三事：

一、採取西學新方法以謀中國舊史之整理。

二、編譯各種工具書以謀中外學者之便利。

三、傳達華學新研究以謀世界合作之進行。

三者並重，而互助合作爲尤要。英儒雷格譯諸經，王韜氏助之而成功。法儒沙畹譯史記》，僅成四十七卷，至今尚無人繼續，非未得互助合作之效歟。

三者皆所以去中西之隔膜而利正教之推行，不難超過利湯徐李往日之成績。區區之志，甚願能得中外學者之贊助也。

一九三五年七月陳垣

〔據原稿〕

（十）輔仁年刊序

聚東西南北之士，罔寒暑昏晝，切磋砥礪，閱數載以蕲通乎一藝，一旦畢業，把袂分別，風流雲散，歷時稍久，則居里莫相憶，姓氏或相忘，甚且面目不相識，歷年滋久，相忘滋深，以硯席之親，而視同路人，曷可傷也。是以刊行兹册，訂車笠之盟，結久要之好，留蹤跡，聯感情，異日者，或顯或晦，或窮或通，皆得於斯刊以爲之印證。夫自昔登科題名之録衆矣，而宋紹興十八年、寶祐四年登科諸録獨重於世，豈非以其中有令人可景仰之人哉。今吾同學百數十人，志趣雖殊，爲學以求用於世則一，若能守之以弘毅，持之以貞固，秉忠直之氣，爲士民之倡，易俗移風，利澤施乎社會，則物亦可藉人而傳，吾於斯刊覘之矣。苟其行違忠直，馳逐聲勢，同流而合污，後之人展兹刊曰：是非某校之徒歟，何其行之若是也？則是刊繫於吾校之譽者甚大，吾同學可不自警自惕勉學而慎行哉！　中華民國二十五年六月新會陳垣。

（十一）一九三七年爲輔仁畢業同學録題詞

益者三友，損者三友。　友直、友諒、友多聞，益矣。　友便僻、友善柔、友便佞，損矣。

（十二）一九三九年爲輔仁年刊題詞

毋事浮囂，毋失禮於人，毋徒顧目前，毋見利忘義，永保汝令名。

（十三）一九四〇年輔仁校友返校節題詞

規矩嚴，功課緊，教授認真，學生在校時每不甚願意也；　及至畢業出世，所知所能者少，則又每咎學校規矩之不嚴、功課之不緊、教授之不認真。　何也？　語曰「書到用時方恨少」，又曰「閒時不學臨時悔」。　諸君皆過來人，能一告在校同學使毋貽後悔乎？

中華民國廿九年五月十八日

輔仁校友返校節　陳垣

努力努力，加緊努力！

（十四）一九四〇年爲輔仁年刊題詞

子張問行，子曰：言忠信，行篤敬，雖蠻貊之邦行矣；言不忠信，行不篤敬，雖州里行乎哉！今諸君畢業將行，謹書此爲贈。

（十五）一九四一年對返校校友贈言

孔子曰：益者三友，友直、友諒、友多聞。諒，信實也。謹贈

三十年返校校友　陳垣

（十六）一九四一年爲輔仁年刊題詞

品行第一：人之生也直，罔之生也幸而免。身體第二：父母唯其疾之憂。學問第三：不患無位，患所以立。近來同學頗知向學，是佳現象，但每輕重倒置，故以此告之。

（十七）一九四二年爲輔仁年刊題詞

孝經曰：士有諍友，則身不離於令名；父有諍子，則身不陷於不義。交友之道在切磋之益，毋徒事佚游宴樂，是謂之輔仁。

（十八）一九四五年九月三日在輔仁大學開學典禮上的講話

「民國二十六年以來，我們學校已有八年不行開學典禮，因我們處在淪陷區域，國旗拿不出來，國歌亦唱不響亮，甚至連説話都要受限制，爲了避免一切不必要的麻煩，以往的八年是由不動聲色的黑暗世界中渡過來的。從昨天日本投降簽字起，世界的永久和平已經産生，光明的新時代已經開始，所以八年來解放後之第一次開學典禮，是特别值得慶賀的。」

「在民國二十八年的時候，我們學校演映世運會影片，忽然顯出我國國旗，在場同學皆起立鼓掌，致特務巡官所長等連次來校責難，但是此種力量係由每個人的内心發生出來，並非外力所能限制。可憐給人服務二年後的警察，已經忘了我們國旗的本來面目，從此輔大竟被人注意爲抗日大本營，雖然未免過獎。」

「在徐州陷落時，我們學校接到被强迫慶祝的命令，本來國土的淪陷，是我們最悲痛的事，可是偏偏要我們慶賀，懸起冒牌的青天白日滿地紅旗，使人一見，感領土之淪亡致爲泪下。我們認爲懸起冒牌的國旗，是最大的耻辱，以後學校返校節等集會，皆以校旗代國旗，但是以後每逢八九日仍須挂冒牌國旗，使人痛心。」

〔北平正報一九四五年九月四日〕

（十九）一九四六年輔仁返校節題詞

卅五年返校節誦詩二章以表歡迎。陳垣

菁菁者莪，在彼中阿。既見君子，樂且有儀。

久别之後，見校友之歸來，樂而有節也。

泛泛揚舟，載沉載浮。既見君子，我心則休。

喪亂之後，見校友之平安，中心為之喜慰也。

〔輔仁生活，一九四六年五月十九日。〕

（二十）私立輔仁大學致北平市教育局公函

案查自抗戰軍興以來，本校處敵僞嫉視壓迫之下，惟持有不屈不撓精神，努力奮鬭，以完成建國儲才之使命。二十七年五月，本校因拒絶慶祝徐州陷落，附屬中學曾遭封閉。二十八年八月，訓育主任伏開鵬因遣送學生南下而遭縲紲。於是敵人遂指本校爲抗日大學，嫉視摧殘變本加厲，憲兵特務眈眈環伺，過事吹求，師生之被檢舉者遂層見叠出。二十九年六月，伏開鵬復被捕。三十一年十二月，文學院長沈兼士南下，祕書長英千里亦被檢舉。三十三年三月，代理文學院長董洗凡、教育學院院長張懷等爲抵制敵僞奴化教育，祕密組織文教協會，奠定地下工作，又與英千里及教授並附中教員等三十餘人被捕，迨三十四年七月始次第開釋。竊念本校在八年長期抗戰之中，全校同人備受艱辛，所以委曲求全者，無非爲保存淪陷區教育之一綫。自二十九年以後，僞教育總署曾屢向本校索取學生名册及各項表件，不得不略爲敷衍。又自歐戰勃發後，本校經費奇絀，曾向各方捐募；僞組織極願每月有所補助，囑爲呈請，經本校婉詞拒絶，不得已，僅接受地方公益奬券餘款兩次，以資接濟。此爲本校八年間委曲求全之實在情形，理合據實陳述，函請查核。

一九四六年七月二十六日

（二十一）輔仁運動會開會詞

輔仁大中小學男女及幼稚園聯合運動會，以前未有舉辦過，這算是第一次，參加的七百人，這也是實現「輔仁一家」的初步。

查運動會的宗旨，志在提倡體育，互相切磋，我有一句對同學常說的話，就是「身體第一」。

競賽雖限於一時，但是練習在乎平日，深望同學們都要注意身體的鍛煉，成一個智育德育體育完全的人。況且青年是負有建國的重任的，更應當有强健的身體。

盼望各同學以此次的運動會爲始基，養成運動的興趣，隨時作健身的活動，總期各展所長，努力表現，遵守規則，服從裁判，使大會得一圓滿結果，才不負這次大會的宗旨。記得民國卅一年我說過孔夫子開運動會的故事，古時的運動會，大概與「鄉飲酒禮」同時舉行。運動的種類，就是「射箭」，當時是很重視的。孔夫子說過：「君子無所爭，必也射乎。」就是說一個君子，平日不與人競爭，但到開運動會的時候，就不客氣了。但競爭又有一個條件，他說：「其爭也君子。」就是說雖然競爭，仍須守着君子的態度。這句話對我們今日運動會說，是最好不過的。

現在我附帶報告一句，這一次的獎品，由教授會名義捐贈的，大概都是實用的物品，現尚未購齊。

由學校名義獎贈的，有美國罐頭、朱古力糖、信紙、信封、牙刷、牙粉、刮臉刀、玩具，及其他化裝品等等，也都是實用的物品，價值二百多萬。如果拏來買對蝦，可以買得二百對。完了。

〔據講稿〕

〔援庵十七歲教蒙館，開始了長達七十四年的教學生涯。以後他教過小學、中學、大學。在大學，他首創了多門新的課程。全集的教材部份，主要刊載他在大學任教期間保留下來的課程說明、教學日記、試題、批改作業等。他任孤兒工讀園園長和平民中學校長時的五份文件，是他早期從事教育的珍貴文獻。〕

陳垣全集之三十五

詩稿

安徽大學出版社

壬寅初秋過朱仙鎮〔一〕

胡騎縱横未可欺，漢家兵馬復猜疑。幸虧幾度金牌召，猶保威名萬古垂。

注釋

〔一〕援庵於壬寅年（清光緒二十八年、一九〇二年）再入開封，參加「光緒帝三旬萬壽恩科」鄉試，因改試策論，未中。

壬戌中秋與容兒遊虎丘

一塔欹斜欲插天，劍池神話憶當年。點頭頑石今依舊，説法生公早渺然。

癸亥夏日與勤弟漢姪遊焦山歸途

大江西望碧霞丹，一日清遊興未闌。纜斷幾回舟欲覆，驚心甘露寺前灘。

寧姪北來出示蓮姊照片已不相識感而賦此

久别容顔異往朝，兒時舊事未全消。不知薑性酸仍辣，持向簷前雨水澆。自注：兒時在四宅舊屋與蓮姊共食酸薑，辣甚，則持向簷前雨水澆之。

絶句二首〔一〕

滿城標榜倒陳垣，五十年來此紀元。受寵竟居張李後，鯫生也把姓名傳。
不聾不痴不作師，古語翻新意更奇。一處歡迎一打倒，同門桃李各分枝。

注釋

〔一〕作於一九二六年。作者爲保護故宫，既得到支持，也遭少數人反對。

知命歌壽李道衡

光緒戊寅年，臘月二十七，西一八七九，一月十九日，吾友李道衡，懸弧逢此吉。丁酉設帨時，兩曆曾同一。今歲在丁卯，君年適五秩，民國改陽曆，生辰又一律。佳會豈易逢，百載指三屈。再越四六春，九六期可必。此是永和後，癸丑廿七出。君身其康强，孫曾羣繞膝。少長集蘭亭，祝君壽無匹。巧曆細推求，誰謂不能悉。

五十生日〔一〕

生日恰逢雙十節，勝朝遺事溯慈禧。如今功令行陽曆，又遇元勳誕降期。自注：余以庚辰十月十日、陽曆十一月十二日生。十月十日在前清時爲慈禧壽辰，陽曆十一月十二日在今日又爲總理誕辰。

英年櫜筆走京師，自詡長才不易羈。今也無聞尼父笑，忽然已至孔融悲。

沔陽自昔受恩深，此日欣聞座右箴。猶憶當年施太守，嗤予狂妄亦知音。〔二〕

海内儒宗賜壽箋，令人感奮倍從前。焕曾讀史才三載，仲武爲詩未一年。

京口從來出勝流，感君風義似曹丘。浮名浪得知非未，老耄猶能讀易不。〔三〕

典書祕閣劉中壘，修史先朝班孟堅。多病未須頻閉户，何如欣對話斜川。自注：少濱贈詩有「清

明多病唯耽静，籬菊黄時祇閉門」句。〔四〕

青蒼萬丈銷磨盡，已去流光不再還。學道未能儕墨井，寫詩何敢和龜山。

注釋

〔一〕作於一九二九年。

〔二〕沔陽，作者參加縣試時之新會知縣楊介康，沔陽人。施太守，當時主持府試之廣州知府施典章。

〔三〕尹文。

〔四〕朱師轍。

初學爲詩

達夫五十始爲詩，老似呀呀學語時。憶昔趨庭曾詔我，此兒一定愛歌詞。

得心愉手書以小詩答之兼簡慧博〔一〕

廿年不踏芳村路，入夢猶聞花埭香。江北江南遊蹤遍，雲泉山館最難忘。自注：在粵日，曾與諸同學爲珠江南北之遊，憇蒲澗雲泉山館，心愉招待慇懃，男女同學均感之。

早起忽聞秋雁至，開封微覺藕花香。自注：函書於藕香水榭。手中剛翦憑君贈，十八年間日未忘。自注：元年冬束裝將北行，心愉贈余小剪，至今用之。

注釋

〔一〕作於一九二九年。心愉，作者廣州光華醫校同學蘇心愉；慧博，光華醫事衛生雜誌同事葉慧博。

挽陳横山〔一〕

郵筒久闕磨刀巷，搦管翻成挂劍詞。爲告月泉新史料，梁相少日已能詩。

昔與先生論鎮江也里可温寺碑，不知撰者梁相爲何許人。後閲月泉吟社春日田園雜興詩，知第三名高宇，第十三名魏子大，皆即梁相之隱名，時相年僅十五。其詩有「彭澤歸來惟種柳，石湖老去最能詩」之句。未及告先生，不意先生遽殞。

蕃語疑消胡木剌，鳳翔碑認太宗朝。可憐未共横山證，奇字空留也立喬。

梁相碑「忽木剌」之名凡七見，不解所謂。年前得鳳翔磻溪谷長春觀聖旨碑，有「和尚根底寺，也立喬大師根底胡木剌，先生根底觀院」之文，知胡木剌即基督教會堂，也立喬即也里可温之異譯。碑書戊戌年閏四月，知爲元太宗十年，亦未及告先生，至爲遺憾。

注釋

〔一〕挽陳慶年(横山)詩，發表於一九二九年十一月二十五日大公報文學副刊第九八期。詩後有副刊編者識語：「按右二詩有關史料，非尋常輓詩。也里可温寺碑見至順鎮江志卷九。」

題胡金竹先生草書千字文〔一〕

棠下墟期三六九，先生故里幼常過。當年未讀鄉賢傳，天地玄黄總咏歌。江村畫跋年前見，朱草詩林今又聞。翰墨因緣真不淺，早從鴻桷誦遺文。自注：余十七歲得讀鴻桷堂集。

注釋

〔一〕約作於一九二九年。胡金竹，名方，新會金竹岡人。

壽吴曉春先生八十

畲腦山中歲月更，五胡舊事記分明。庚申一炬憐焦土，嶺海人方説太平。自注：庚申英法聯軍之役，先生十一歲。

光風霽月心常泰，江漢秋陽道不汙。近代儒生多上壽，翁姚紀趙宋王俞。自注：覃溪、惜抱、曉嵐、甌北、于庭、湘綺、曲園皆八十以上。

漢姪書來知詢虞八叔及耀東大兄近狀以此寄之

卅年不到古岡城，記否鄰庵念佛聲。六韻五言吟甫罷，北門樓上已三更。自注：石溪陳氏試館在邑城北門大街，左右鄰均爲尼庵。縣試頭場必殿以詩，夜深始交卷。

東海桑園百畝租，十年膏火賴無虞。清明共踏蛇山路，定過君家賣酒爐。自注：詢虞昆仲耕白雲祖東海園學租，在圩上糶穀釀酒。每清明省太祖墓蛇子形，必於此聚集。

惠愛街前秋意新，入闈主考虎紋茵。紅男緑女爭相看，蕞爾科名竟醉人。自注：耀東尊人設肆藩司前，每秋試主考入闈，即邀余往觀。

初夏寄施大妹〔一〕

曩別諸甥尚倚牀，喜聞妹快作姑嫜。臨歧贈我鵝毛扇，留待今年好納涼。

注釋

〔一〕援庵大妹嫁施姓。

悼讓兒寄瑜卿妹

昔年南武受書時，一病經旬賴護醫。豈料北來方四載，依然辜負妹恩慈。

到香港寓宗强弟宅

小小臨街百尺樓，難兄難弟兩情投。一千幾百西洋景，任取何時可卧遊。

寄薛二妹

十年兄妹阻關河，世亂憂深鬢已皤。記得故鄉風味否，石頭出色是燒鵝。

四妹强邀

□來無面見江東，廿五年前事盡空。怎得神經被麻醉，不教遺恨藴腸中。

三十四年冰作雪，嶺南二物竟無分。撒鹽飛絮空相擬，一見原來勝百聞。

無　題

多時不食脯腌魚，深悔離鄉北地居。兩度南旋剛橘緑，土鯪猶未上村墟。

寄漢姪石頭

昔吾廿五居鄉校，今汝傳經太祖祠。日懔白沙追遠訓，湖光山色最宜詩。

寄漢姪太祖祠

岐山頭畔百花鮮，艷説真人聖水傳。〔一〕爲問近年儺禮日，祠堂香火可如前？

注釋

〔一〕新會石頭始祖名宣，宋末助宋軍與元軍戰於南雄。宋亡，囑子孫毋仕元。郡縣以其子考充貢，考聞，遁廬山學道，稱真人。

初夏食西葫蘆味同節瓜而形大

西葫蘆味清如許，恍惚吾鄉釀節瓜。或説本來同一物，居分南北遂相差。

無　題

天台道上喜重逢，差幸今宵月正濛。不見容顔免羞怯，鄉音依舊聽吴儂。

題鮑潤生司鐸譯楚辭司鐸德國人〔一〕

屈子喜爲方外友，騫公早有楚辭音。自注：隋釋道騫撰楚辭音最有名。如今又得新知己，鮑叔西來自柏林。

演西也是西來客，天問曾刊藝海塵。陽瑪諾字演西，著天問略，藝海珠塵採之。此日若逢山帶閣，引書定補鮑山人。山帶閣楚辭注引利瑪竇説稱利山人。

注釋

〔一〕鮑潤生（Rev. F. X. Biallas　一八七八—一九三六），華裔學誌創辦人。

徐文定公三百年紀念五十韻

童時讀大學，條目首格致，其要戒自欺，其功極平治。稍長閱史傳，求人與書比。諸葛内明法，外申討賊義，氣象近儒者，證諸淡泊志，惟傳木牛制，不見陳壽記。紫陽説性命，學正行端粹，徒侍經筵講，未受軍國寄，一病爲庭竹，窮理信非易。千古兩大賢，尚不容求備，偉哉文定公，挺出明之季。維時國難亟，安攘爲要計，建酋踞遼瀋，流寇遍内地，廟算棋不定，剿撫紛論議。惟公策攻守，請多造火器，規制仿西洋，巨礮敵魄褫。練兵三萬人，大效先小試，前徵寧遠捷，後鑒申甫躓，此策果得行，成敗定易位。枚卜嗟已晚，齎恨溘然逝！公抱濟時略，規畫靡不至，鹽屯及河漕，尤究心民食，天津種閒田，秉耒力自飼，暇復著農書，包舉十二事，農本訖荒政，各爲類相次。餘力治曆算，深思識其意。始悟地圓形，密考歲差例，汲汲皆實用，種種豈小藝。由公首闡明，以待梅王繼。尚論公生平，一節最堪異，公生萬曆中，王學啖方熾，外儒而内釋，末流益狂肆。朝野立門户，争權矜意氣，公介然孤立，有若污塵避。天主教東來，傳之自郭利，俗士狃於習，難免瞠目視。

公獨發信願，有若羊棗嗜，以公識宏朗，決非漫取棄。人心盡陷溺，儒佛總虛僞，海外求大藥，庶可起聾跛。大學揭新民，中庸事上帝，道在止至善，德該仁勇智。公實能容之，可謂隱而費。所惜護法力，未久遭禁忌。時會有廢興，日月自光霽，距今三百年，世久澤不墜。遺書既大顯，清風更遠被。悠悠吴淞水，長繞徐家隧。羊公遺愛在，觀碑共灑淚，頌德爲此詩，聊當香花饋。

〔我存雜誌第三卷十期，一九三五年十二月。〕

示門人〔一〕

師法相承各主張，誰非誰是費衡量。豈因東塾譏東壁，遂信南强勝北强。自注：余藏有陳東塾批崔東壁遺書。

注釋

〔一〕約作於一九三六年初。門人，陳述，作者在北平師範大學時之學生，時在歷史語言研究所。

題弘一法師書

季谷先生屬

未知名號未嘗參，喜共壬申五十三。敢在佛頭施罪過，韓非老子竟同龕。

題弘一法師書。

丙子立夏陳垣

弘一書華嚴經偈末署云「沙門勝力壬申年五十三」，故次句及之。

題新印醫籍考〔一〕

新會陳垣

竹垞竹汀合一手，庶幾醫學之淵藪。成自東儒大是奇，實齋史籍亡何有。

卅載聞聲富士川，夢中何幸到鄉嬛。食單見後思鴞炙，喜遇醫林復古年。

注釋

〔一〕醫籍考，日本多紀元胤撰。上海中西醫藥研究社一九三六年九月出版。

題我存雜誌第五卷二號〔一〕

李楊聞道着先鞭，大力徇宣復邁前。更喜曹瞞諸葛瑾，也來于越作鄉賢。

注釋

〔一〕我存雜誌，杭州天主堂主編。一九三七年二月出版之該刊第五卷二號，封面載李之藻、楊廷筠兩人畫像，云據燕京開教略。實爲鴻文本增象全圖三國演義之曹操、諸葛瑾像。參作者燕京開教略畫像正誤一文。

吴漁山年譜成適方司鐸書至書此答之

教中柱石推朝士，墨井荒涼置道邊。今日譜成聊舉逸，發揮仍賴有豪賢。豪賢謂方司鐸、徐盧伽。〔一〕

勸君莫笑山中客，名字曾登御製詩。可是葉公編像傳，乾隆時事誤康熙。吴修論畫有「笑他墨井山中客」之句。漁山天池石壁圖曾經御題，見乾隆御製詩二集。清代學者像傳〔二〕誤康熙。

〔載我存雜誌第五卷第五期，一九三七年五月。〕

注釋

〔一〕方豪、徐景賢。

〔二〕清代學者像傳，葉衍蘭（蘭臺）纂。参見作者清代學者像傳之吴漁山一文。

爲馬相伯先生九十八壽辰題詩

地未三萬六千轉，月已一千二百圓。詼諧遠過漢臣朔，學道恍惚吾宗摶。

挽梁士詒聯〔一〕

張江陵膺重寄，致羣議警疑，孤月心明，百歲神游定何處
歐陽公有盛名，爲先生描畫，浮雲世變，九重泉路盡交期

注釋

〔一〕作於一九三三年。

挽張相文聯〔一〕

與君共事議曹，讜論邁時流，著述等身訂元史
偕我同襄輔校，地文精學派，淵源兩世接宗傳

注釋

〔一〕作於一九三三年。

題鋤耕圖手卷

兩世論交話有因，湘潭煙樹記前聞。寒宗也是農家子，書屋而今號勵耘。自注：吾先人在湘潭辦茶。先父名田，號勵耘。

仲尼立論輕農圃，儒者由來愛作官。可是丈人勤四體，未教二子廢鉛丹。

司鐸書院海棠

朱門本屬忠襄伯，三座橋邊話夕陽。相府如今成學府，海棠能否作甘棠。自注：院在三座橋側，爲忠襄伯和珅舊宅。

海棠原自海州來，三百年間次第栽。結果只今無幾樹，應從廣處植新荄。自注：院中海棠只存五株。

十年樹木成詩讖，勸學深心仰萬松。今日海棠花獨早，料因桃李與爭穠。自注：萬松野人著勸學罪言，爲今日司鐸書院之先聲。所書十年樹木楹帖，今存書院。

西堂曾作竹枝吟，玫瑰花開瑪竇林。幸有海棠能嗣響，會當擊木震仁音。自注：尤西堂外國竹枝詞：「阜城門外玫瑰發，杯酒還澆利泰西」。「擊木震仁惠之音」，見景教碑。

宣南首善傳新曆，元借東林舊講堂。此日北城追盛軌，海棠仍自海州來。自注：湯若望曆局在宣武門内首善書院，爲東林諸公講學之地，即今天主南堂舊址。

園亭夙羡太常南，約客看花三月三。勝事年年渾不斷，替人何幸有曹參。自注：田山藴有南太常園亭歌，謂南懷仁。園屬溥心畬時，每當海棠盛開，修禊於此。

海棠屏對湖心榭，妙筆新題兩助軒。漫説名園曾易主，東家依舊是王孫。自注：湖心榭，余季豫先生用利瑪竇友論句題爲兩助軒。院東今爲畫院，溥雪齋先生主之。

題某人行樂圖

裒然一束牛腰卷，今日題名盡勝流。可是百年重裱後，此中能有幾人留。

無　題

鳳安橋畔尋芳侶，白鶴洲邊盪晚舟。共説魚生粥味好，醒來錦蝶倚牀頭。

寶米齋

百里半九十，仍然七十强。寶米留佳話，多謝夢園方。

西　苑

三日不相見，如同幾度春。迢迢西苑路，難現有心人。

爲乃和文發表

病中久候無佳訊，佳訊如今不用求。一紙論文傳日下，聲名喜並外廬侯。

佛　堂

佛堂數載樂無窮，論古談今日不空。考據共推錢竹老，法書獨愛米南宮。

拈花寺

日夕相依意正濃，忽然負笈隔西東。幾回躑躅拈花寺，咫尺天涯夢裏逢。

入　蜀一作乘夔州輪入蜀〔一〕

蜀道古稱難，如今並不難。夔州輪上客，一覺過巫山。

注釋

〔一〕此首及下一首爲一九五一年六月赴四川參加土地改革途中所作。

重慶温泉

何事最難忘，南泉游泳場。與君行樂處，一日九迴腸。

一九六一年元旦集句呈石公吾師

欲寡過而未能

不知老之將至

一九六一年元旦書示迺龢仁棣

樂以忘憂不知老
欲寡其過而未能

讀柴蔣二君駁秀夫爲放翁後口占〔一〕

家譜從來愛造謡，望之竟嗣鄮侯蕭。蘇州駁後揚州繼，雙矢同時貫一雕。

注釋

〔一〕柴爲柴德賡，時爲蘇州江蘇師範學院歷史系主任，蔣爲蔣逸雪，揚州師範學院教授。柴德賡陸秀夫是否放翁曾孫一文載一九六一年九月十五日光明日報。

今日〔一〕

東風今日换人間，化雨無私煦大千。共喜黌門弦誦好，艱辛締構想當年。
宣南壇坫昔頻登，六十年來幾廢興。廣厦淩霄今日起，掀髯俯視舊觚棱。
山河八載憶淪胥，閉户西涯苦著書。今日九州紅已遍，文光彪炳復充閭。
風雨曾摧舊泮林，繁枝今日沐甘霖。芬芳桃李人間盛，慰我平生種樹心。

注釋

〔一〕一九六二年爲慶祝北京師範大學成立六十周年而作。

題鑑真和上紀念册

傳法爲重　捨身爲輕
六度出海　終抵東瀛
濟物利人　舉國歡迎
千二百年　永保令名

鑑真和上紀念册
一九六三年六月廿一日
陳　垣

挽周義中聯〔一〕

莅校三載方期並肩同作戰
噩耗忽傳全校師生盡愴神

注釋

〔一〕周義中，北京師範大學副校長，一九六四年四月逝世。

元　史〔一〕

元史從來不易探，成書倉卒欠精嚴。典章端賴清儒補，金帶新加御史銜。自注：元史廿八英宗紀：「至治二年十一月戊申，賜戍北邊萬户千户等官金帶。」下文接着「御史李端言」。元典章提要將「金帶御史」連讀。

據惜抱書録，此提要實出惜抱。

注釋

〔一〕前兩句一作「句逗不明難治史，有元一代更難參」，爲六五年二月改。與詠新唐書連書。

新唐書

事涉僧家盡去之，宋公惡佛過昌黎。若非胠篋偷神枕，那得唐書載辯機？

注釋

〔一〕大唐西域記撰人辯機一文第八節有作者自注：「余詠史舊句有『若非胠篋偷神枕，安得唐書載辯機？』句。」又第七節言：「新唐書，歐陽修主修紀、志，宋祁主修列傳。宋祁不喜浮屠，故舊書方伎傳有僧玄奘、神秀、一行等傳，新書皆削而不書。唯辯機則以高陽公主故，不惜一見再見。」

又，前兩句，一作「闢佛成風古所稀，一行神秀盡芟夷」。又一作「歐宋原來是一支，僧家史料盡芟夷」。

壽慎園主人九十〔一〕

早年發憤箋三國，晚始傳書類伏生。可笑胡昭魏耆宿，諸家均誤漢熹平。自注：魏嘉平二年胡昭年八十九，明監本、清殿本以至同文局本均誤作熹平，集解正之。

清儒高壽數西河，近代期頤逐漸多。預祝慎園老詩伯，菊生白石定能過。自注：清儒年過九十者只毛西河等三數人，新社會年過九十者日多。

注釋

〔一〕慎園主人爲盧弼，一八七六年生，著有三國志集解等。

壽顧子虬先生六十大慶

讀史從來喜至元，玉山秀野幾回翻。而今又有芬它利，勝概千年屬顧園。自注：曩治元史，常參玉山草堂雅集及秀野草堂詩選。

顧侯文教著吾鄉，原是君家叔祖行。賸有岡州遺稿在，且歌粤曲侑瓊觴。自注：顧迂客官新會，嘗刻白沙集并纂邑人之詩爲岡州遺稿。

礜虎書來謂頗聞余情緒不佳以此答之〔一〕

月滿庭除風滿齋，蕭然得失久忘懷。君侯過聽旁人語，情緒何曾有不佳。

注釋

〔一〕礜虎，葉恭綽字。

聯句（三首）

百年史學推甌北，萬首詩篇愛劍南。
易牙自昔能知味，鑿齒如今又著書。
著書難比習鑿齒，知味何如齊易牙。〔一〕

注釋

〔一〕此聯爲贈牙科醫生朱硯農者。

附録　贈富學玉〔一〕

「學而時習之」，論語第一言。「王何必曰利」，五字冠七篇。試讀此二語，其他猶後焉。孔

孟豈欺我，弟子豈誤編。此必是大義，服膺謹拳拳。其餘經史學，於後更勉旃。中華民國卅二年五月卅日書贈富學玉學士。陳垣

注釋

〔一〕一九三九年，援庵從論語、孟子中選出四十八則，編爲論孟一臠，作爲大一國文課的課外讀物。

〔援庵詩作，大部份生前没有發表過，有些也不一定是定稿，故名之曰「詩稿」。〕

陳垣全集之三十六

解放後重要講話文章

安徽大學出版社

在輔仁大學歡送考取華北革命軍政大學及南下工作團大會上的講話

今天我來參加這個慶祝會并歡送會，感到非常高興。跟着北平的解放，我們學校也在活躍起來了。以前學校雖然落後，但青年都是一樣的有作爲、有能力、熱心的青年。現在我們同學有的考上了三大學，有的參加南下工作團。三大學主要的是學習，南下團主要的是去工作（當然也不是完全不學習），但是你們的最終的目的，都是爲了加緊進行各種準備工作，爲了健全自己和自己所學的理論與實踐結合，爲解放全中國而效力，或作改革及建設新中國的準備。

諸君離開學校，并不就是放棄學習，因爲參加革命工作是個最好的學習機會，并且可以把學到的東西，直接用之於服務人民，這是歷史所賦予諸君的重大任務。

諸君都是輔仁的好學生，希望你們得到革命的培養與深造後，不要忘了我們的學校和同學，因爲學校現在也正是向改革的途中邁進。希望諸君用你們的所學，隨時來扶助學校，隨時提供意見來作學校改革的參考，來幫助學校的長成。今天我用最大的熱忱，送諸君邁出學校的大門，一方面雖然依依不捨，但一方面却非常興奮、非常欣慰，謹祝諸君健康。

明年今日或是返校節日，我們在校的同人，預備開盛大的歡迎會，歡迎你們革命工作完成，解放全中國，勝利歸來。

〔一九四九年三月二十日。據講稿。〕

在五一五四紀念會上的講話

今日係北平解放後第一次舉行五一、五四的紀念。這個紀念，在我們的輔仁是特別可紀念的。如果北平未解放，恐怕輔仁今日還没有這個紀念。輔仁的作風近日改變了，前進了，不同往日的保守、往日的落後了。同學們、教授們都活活潑潑的活動起來，連我這七十老翁也變成三歲孩童。如果大家肯向前邁進，前途是一定光明的。講到五四紀念，論日子靠緊在五一勞動節後，論年，靠緊在蘇聯十月革命後，越兩年中國共産黨就成立了。所以這個紀念，意義是非常重大的。俗語説「夕陽無限好，只是近黄昏」，這是可惜我們覺悟太遲的意思。但我覺得没要緊，今日雖然黄昏，過了一夜，又是黎明了。輔仁往日雖然落後，今日加緊學習，便可迎頭趕上了。希望大家努力。

〔一九四九年五月四日，據手稿。〕

在輔仁大學新校委會籌備會上的講話

一

我們學校自二月中旬，外國人願交出行政權後，我們即由教職員、學生、工友與學校舊行政人員，共同組織一臨時校政會議，已經有兩個多月，校務照常進行，并未停頓。

但輔仁缺點，向來只知注重學術，不與政治發生關係。當初以爲學術與政治可以分開的，在八年抗戰中，更提倡一種埋頭讀書，不問政治的消極態度，勝利後仍然這樣，不知這種態度是錯誤的。解放後才感覺出來，開始從新學習。幸同人及同學尚能努力，但難免有幼稚的地方，很想與文管會取得聯絡，將學校在新民主主義下辦好。今日得周、張兩同志肯來校指示一切，〔一〕至爲榮幸。月前張同志曾在本校講演，但不是專爲本校説話，今天才是正式的來校，給我們的指示，同人無限歡迎。

二

我是舊人，我的思想在這三個月内已全盤粉碎，好像西直門城根一帶已拆去的房屋，但新思想尚未建立起來。改造自己，已是不易，領導學校尤其困難。這個責任恐非本人所能勝任，因思想尚可改變，精力不能加强。這一節且在學校改進就緒時再想辦法。

〔一九四九年五月二十日，據手稿。〕

〔一〕指華北文管會負責人周揚、張宗麟。

在輔仁大學校務委員會成立大會上的講話

今天是校務委員會成立的一天，這是從矛盾鬭爭中得來的，現在我把組織的經過説一下。北平解放時我們還没有開學，二月十八日我報告外國朋友願意退出行政機構。三月三日我們組織了臨時校政會議，那時我正病着，人選是教員六人、講助五人、學生三人、職工二人和我共十七人。至現在正三個半月，都是臨時校政會議主持校政。其中没有甚麽大的錯誤，大家表現的都很好。不過臨時校政會議與政府教育當局没有正式聯繫，直至四月廿八日晚文管會周揚、張宗麟二同志約我去談話，才對教育施政有一個概念。五月五日，我們開始組織校務委員會，這個校務委員會和臨時校政會議不同處就是教會代表可以參加，職工職員順利退出。擬定校委會組織大綱九條，各位想已見過。教授由師生推舉，五月底講助、學生名單都出來。根據各方意見，推出校務委員十二人，教會代表二人，講助二人，同學二人。我把名單念一下：

顧隨先生、杜任之先生、徐侍峰先生、張重一先生、趙光賢先生五位爲委員兼常委；歐陽湘先生、余嘉錫先生、魏重慶先生、張星烺先生、楊成章先生、劉景芳先生、趙錫禹先生七位爲委員。教會代表爲芮歌尼司鐸、蘆修女。講助代表爲趙東征先生、賈世儀先生。同學代表爲縱瑞堂先生、金永齡先生。教會芮歌尼司鐸、講助趙東征先生、同學縱瑞堂先生爲常委。

行政人員，祕書長張重一先生，教務長徐侍峰先生，副教務長趙光賢先生。文學院院長余嘉錫先生，理學院院長芮歌尼司鐸，原擬請陳光熙先生，因陳先生同時爲高工校長，所以商議請芮司鐸擔任，教育學院院長爲徐侍峰先生。此外還要有好些委員會，開會後才能決定。

我們輔仁有二十多年的歷史，中間經過種種困難及抗戰八年的奮鬬，校友們服務各地的很多，去解放區的也不少，圖書設備等都比較豐富，是很可愛很有希望的一個學校。解放前因新聞封鎖和舊的歪曲宣傳，與新社會隔斷，因之對學校之措施往往有許多錯誤，尤其在政治上是落後的，無可諱言。又因中外之間言語風俗習慣不同，常有誤會，解放後學校有不穩的狀態，這是應有的波折，當然的結果，必經的過程，主要的在我們彼此瞭解，克服困難。好在我們要把輔仁做好的目的是相同的，最近又經教育當局的調護和指示，矛盾得以調解。今天校務委員會成立，我是非常高興的。以後如何，要看大家努力。

〔一九四九年六月十九日，據輔大快訊第十四期。〕

對北平各界代表會議的感想

我們對北平各界代表會議的情況已有了認識。我們一定就會想到，在解放以前，我們是不是看見過這樣的會議呢？别人我先不説，就拿我自己説吧，這樣的會議，我是從來没看見過的。因爲在中國以往的無論是什麽政權下，只有封建的專制，或者是假的民主，就没有一個政府是真正替老百姓辦過一點事的。很多人都知道，我從前對於政治不願聞問。爲什麽呢？就是因爲所有我看見的政治，没有一次是使我滿意的，没有一個政府不黑暗，不令人灰心的。我以前没看見過好的政治，就以爲凡是辦政治的就辦不好，就令人失望，於是只好用消極的辦法，對政治不聞不問，當然這種態度現在應從新批判，不過從前我看過的都是骯髒的政府，有什麽法子呢？現在不同了，從解放以後，我静心的觀察政府的一切措施，一切法令，真是基本上和從前不同了。不用説别的，就看他們提倡艱苦樸素的作風，没有一點奢華享受的習氣，已經是從前所没見過的。政府所有工作的人員，除去原機關留用的不算外，都是不領薪水只辦事的人，的確是歷史上最省錢、最廉潔的政府。他們對自己的要求儘量降低，對人民的生活則逐漸設法改善。難道説他們都是生來就願意吃苦的嗎？不是的，就是因爲他們肯「對人民負責」。他們眼光看得遠，他們是爲了全中國，以至於全世界的勞苦人民着想的。抱着這種態度的人，來替我們老百姓辦事，還到那裏去找貪污的官吏，那裏去找黑暗的政治呢？我們在這樣的政府之下生活，還有什麼理由能對政治灰心、對政治不聞不問呢？

前些時，有人問我，北平解放後，你看見些什麼和以前不同，我告訴他，看見的先不說，我告訴你看不見的。解放後的北平，看不見打人的兵，看不見打洋車夫的警察，街上看不見乞丐，看不見整天花天酒地的政府官吏，看不見託人情送官禮的事情，更看不見有所謂「新貴」在琉璃廠買古董，這些雖只是表面的現象，但這表面的現象，説明了政府實質上已有了根本的不同。這不同於以前的改朝换代，的確是歷史上空前的、翻天覆地的大變革。既然是翻天覆地，既然認清了政府的本質，那我們必須要愛護這個政府，而且要督促這個政府、協助政府，來用我們自己的力量，配合實際的工作，去推動政府的施政綱領。我們應該進一步的團結，不再把困難完全依靠政府來解決。應當把這次各界代表會議的決議，貫徹到自己的具體工作中去。比如像決議所説的精簡節約，肅清特務分子等等，從會議結束以後，各工廠，各學校，各企業部門都已經開始用行動來執行大會決議，我們學校也應該趕緊執行，各單位、教職員會、學生會、職工會等，都要趕快分别開會，分别討論：一、怎樣把大會決議，來配合實際工作，二、應當把會議上的施政工作報告和決議作爲學習材料來討論，作更深一步的了解。我們要緊密團結，在支援前綫、建設新北平的雙重任務下，實行精簡節約，克服一切困難，每個人都應該以最大的力量，和政府共同努力，完成這個中心的工作。

〔一九四九年九月七日，載於九月九日人民日報。〕

新輔仁發刊詞

新輔仁經過多日的籌備，經過大家的努力，在北京解放整整一年的今天，已和大家第一次見面了。

我們輔仁大學，在過去，有他的歷史條件，因爲種種的關係，比較保守，落後，是不可諱言的。自從北京解放以來，我們全校師生，已開始走上了新的道路，已經有了新的認識，經過我們自己不斷的學習，奮鬭，和社會的協助，已與全中國的人民，一起站起來了。現在的輔仁，已今非昔比，當我們看見新的輔仁，無論是先生，無論是同學，是校務的進行，是工作的推動，是政治理論的學習，是日常生活的態度，是學術趨向，是思想方法，漸漸在改變，漸漸在進步的時候，我們的心裏，真是有說不出的欣慰和興奮。的確，整個的輔仁，呈現了年青，茁壯，活潑，躍進的空氣，輔仁整個是在動，是在發展着，他已有了新生的力量，已有燦爛的前途。當然，他還有很多的缺點，還有更多的困難，但是這缺點和困難，我們一定要去設法糾正和克服，這是每一個輔仁的人，和愛護輔仁的人所應當而且必需繼續爭取和努力的。我們一定要這樣作，去推動新的輔仁，不但使他站得穩，并且使他往前邁進，也就是說不僅僅讓他要站起，而且要讓他走，使他在新中國的建設事業上，使他在新中國的文化事業上，使他在新民主主義的教育事業上，能與其他戰士們，并肩作戰，共同負擔起全中國人民所給與我們的希望和使命。

我們的新輔仁，是我們自己的刊物，過去輔仁所出的校刊，没有真正的掌握在先生和同學們自己的手裏，而且也没有真正的和生活聯在一起。新輔仁已和以往不同，是我們校委會，教學委員會，工會，學生會戮力合辦的，是我們全校教職學工自己培養起來的。它將是我們實際的生活與鬬爭真實的紀録，他將是使我們進步的有力武器，所以，我們的新輔仁一定要本着新民主主義的教育方針，來推動我們師生的學習，反映我們的實際生活。要有計劃的配合我們工作的進行，使我們在思想上，業務上，在實踐中不斷的進步與提高。

新輔仁是新輔仁的力量，新輔仁是新輔仁的象徵，新輔仁將告訴我們新輔仁的前途，新輔仁將指出新輔仁的方向。我們一定要把輔仁辦好，一定要把新輔仁辦好，因爲我們有決心，有勇氣，我們要以實際的行動來保證任務的完成。

現在創刊號已與大家見面，但是我們還没有達到應有的水準，希望大家共同協助，負責認真的提出具體意見，使我們一步步的補充和改進。

〔載於新輔仁創刊號，一九五〇年一月三十日。〕

在輔仁大學教職學工大會上的講話

各位同仁、各位同學：

我們學校的問題已經拖得很長的時候了，從七月三十一日我們全體開過一次大會以後，到今天整整兩個月。這兩個月之中，教會方面和我們斷絶經濟關係。我很感謝我們自己的政府，不讓我們全校三千多人失業失學，爲我們墊發經費，使同仁可以安心工作，同學可以安心學習，一切招新生、開學、上課，照常進行，不受絲毫影響。這兩個月之中，我們没有開過一回口向教會要錢，這一點我要特别聲明的，我們當時希望教會代表方面，能够多多了解人民政府的政策法令，能够改變那種以爲錢就可以壓倒一切的態度，真心誠意來共同辦好輔仁。

中間經過一個月，中央人民政府頒布了高等學校暫行規程，和私立高等學校管理暫行辦法。我在八月底正式送一份給芮歌尼司鐸，我於九月四日又寫信問他：「教會從八月一日起不付經費，是不是就是教會從此不辦輔仁的意思，希望他給一個明確答覆，我好正式報告中央人民政府教育部。」他九月六日的回信，説明没有不辦的意思，并説願意遵照私立高等學校管理暫行辦法辦理。至於經費一節，已打電報給教會當局請求從長商議，相信在一切校務重新納入正軌之後，是不會再有甚麼重大問題的。

我接到他的回信以後，覺得不很明白，九月十二日又問他兩點。第一點關於五位教員續聘問題，他没有再提，是否已經撤銷了這項要求；第二點問他「校務重新納入正軌」是否就指遵照政府新頒布的法令辦理。第二天芮司鐸回信，説「重新納入正軌，是指依據部頒私立高等學校管理暫行辦法，改組校董會，重行立案，以次革新校務而言。一俟走上新的正軌之後，不論學校經費，與教員聘任，當都可再無問題。」

從這封信中，他提出要改組校董會，重行立案，這倒是應該做的事情。但輔仁不是一個要辦未辦的學校，而是辦有二十多年的學校，有幾千教職學工天天在這裏工作學習，如果要停辦或變更，也應該先幾個月呈報政府核准，那能馬上就停止經費來等待校董會改組。

到了九月十九日，忽然又接到以芮司鐸名義發表的告本校同仁同學書，已在新輔仁登過，想大家都已看見。

到了九月廿五日，教育部馬部長約芮司鐸到教部，給他一份書面談話。這談話是因爲芮歌尼司鐸八月廿七和九月十九兩次上書周總理，周總理交給教育部答覆的。談話的内容分兩部分，第一部分五條，是關於原則性的；第二部分九條，是關於輔大的具體問題，見新輔仁十六期。馬部長的談話最後一條，是要芮司鐸在九月底以前把輔仁的事件解決清楚。本來我們這兩個月的經費，是向政府借的，不能算爲正規的辦法，現在學校已經開學上課，應該安定學習情緒，爲學習預備條件，政府這一個措施，完全爲了輔仁師生員工的利益，完全正確，我們大家都期望着有一個適當的辦法。

到了昨天晚上，我們正在開慶祝國慶的晚會，忽然教育部來電話，説教會代表已經報告教育部，并没有遵照馬部長的指示，他們決定停止輔大的補助費。他既然決定停止補助費，當然不必再談甚麽。中央人民政府教育部對輔仁這次事件，始終表示支持，決不讓同仁同學失業失學，政府一定要想辦法的。我們從馬部長的書面談話中看到：「你們倘若不願意這樣做，政府即決心採取最適當的辦法，以保障輔仁大學的工作得以順利進行。」老實説，我們不能被十四萬四千美金壓倒的，如果教會一定停止補助費的話，我們政府自然會接辦。

各位同仁，各位同學，現在，我要向大家提出幾點要求，希望大家注意。

（一）我們學校辦下去，不成問題。我們教職學工要各守崗位，加緊工作，加緊學習，不可放鬆一步。

（二）我們要把帝國主義行爲和教會分開，和信教自由分開，我們要團結教徒與非教徒，我們都是中國人，大家團結起來，一切爲新輔仁而奮鬬。

（三）我們要愛護公共財物，不能一絲一毫被人破壞。關於事務方面，一切要問祕書長，教務方面，一切要問教務長，重要的事情自然要問校長，不應有無組織無紀律的現象發生。

今天是國慶日的前夕，我們輔仁兩三個月的鬬爭，今天可以告一段落，願我們大家努力把輔仁辦好，使輔仁的前途，和中華人民共和國的前途一樣光明，這樣才對得起人民政府對我們的支持，才對得起中國人民。

〔一九五〇年九月三十日，據講稿。〕

中央人民政府教育部接收輔仁大學時講話

諸位首長、諸位同仁、諸位同學、諸位教友：

輔仁大學由教會創辦二十五年，今日由人民政府接辦。接辦的理由，剛才馬部長〔一〕已明白宣示。我爲這件事，在七月廿九日以前，已向教會代表芮歌尼司鐸談過多少次，可惜他們根本不了解新中國的形勢，又不肯虛心考察，加以平日懷疑共産主義的心理，所以造成這個結果。

又因爲他們帝國主義的色彩太濃厚，始終認金錢爲萬能，以爲掌握着金錢，就可以操縱一切。誰知今日的中國，已不是舊日的中國，今日中國的人民，已不是能被金錢屈服的人民了。

這次的事件，近因雖因爲要解聘幾位教員，遠因實因爲他們平日的態度，一貫是帝國主義對待殖民地人民的態度，與同仁處得不好，發展到現在的階段，是必然的，不是偶然的。

如果他們肯虛心考察，了解新中國的形勢，檢討他們的優越感，改變他們的態度，全心全意和我們合作，事情的發展，或者不會這麽快。

這次的事件，不是政府要接收輔仁，而是教會自己要放棄輔仁。從八月一日起，教會已實行停止撥付經費，中間經過兩個多月。諸位同仁同學和教友們，試回憶一下，如果不是中央人民政府的支持，我們這兩個多月怎麽辦？是否要輔仁關門讓幾千教職學工失業失學？如果不關門，是否要我們向帝國主義者面前屈服？這是不可能的，所以我們政府才接收過來自辦。

我是一個七十多歲的老人，認識天主教狠深的朋友。一個人年紀大，就會比較穩重的，比較能容忍的。至到我都不能容忍，就可想到帝國主義的氣焰厲害到甚麽程度了。我今日最高興的，是能够得到與帝國主義者作現實的鬬爭，這是我最感興奮的。今後要把輔仁大學辦好，除遵守人民政府的指示外，就是要倚靠羣衆的力量。這一節盼望大家共同努力。現在我要喊幾句口號來結束我的話。

我們要尊重信教自由！我們要打倒帝國主義！我們要把宗教與帝國主義分開，我們不能讓帝國主義者利用宗教！

〔一九五〇年十月十二日，據手稿。〕

〔一〕馬叙倫。

輔仁大學反帝鬭爭的經過

輔仁大學是天主教設立的，創辦人是馬相伯、英斂之。英斂之生平創辦過兩件事業，一是北京輔仁大學，一是天津大公報。現在大公報是屬於人民的了，輔仁也是人民的輔仁了。輔仁有廿五年的歷史，有將近四千人的畢業生，最初由羅馬派本篤會辦理，一九三三年由聖言會接辦。這個大學是在抗戰時期壯大起來的，經過許多困苦艱難，中國同仁是有相當努力的。那時彼此團結，老老實實地研究學問，努力教書，曾連續出刊輔仁學誌到十五年之久，畢業生功課很着實，做事很認真，這都是中國同仁對輔仁的貢獻。同仁中多數不是奉教的，與外籍司鐸往還很少，又因爲他們常有帝國主義對待殖民地人民的態度，惹得大家不愉快。學生和司鐸、修女之間，也不斷有磨擦。到了解放以後，同仁同學認清了輔仁的性質，對外籍司鐸的態度更不像從前那樣温和了。

教會代表芮歌尼司鐸當人民解放軍初入城時，也曾宣布校產與教產劃分，學校主權歸中國人，行政方面，教會不再負責，經費照常供給。但後來他們知道人民政府不會没收教會學校的，他們的態度又强硬起來了，行政上的事情仍然想干涉。爲了芮歌尼的校務長名義引起許多爭執，最後決定他的身份是教會駐校代表，可以出席校務委員會。去年暑假爲了四九年度的經費問題，經過許多次的交涉，由每年廿二萬美元降爲十六萬美元。這一年中，爲了政治課，爲了個別人的態度和感情，小磨擦又不斷發生。今年五六月間，全校師生員工要求下年度經費早日決定，大家可以安心工作與學習。我爲此事和芮歌尼談話至十數次，他總没有確定的回答，而牢騷和不滿，却每次都發作。我總希望他們了解新中國的形勢和人民政府的政策法令，改變從前那種看不起中國人的心理，大家合作，辦好輔仁。可是到了七月十四日，芮歌尼給我一封信，説經費有了辦法了，每年可給十四萬四千美元，但必須實行四個條件。

這次鬬爭的開端，七月十四日那封信就是導火綫。我們認爲要我們承認條件他才拿經費，不是友好合作的態度，何況條件中有不續聘五位教員的一條，是侵犯我國教育主權，絶對不能答應的。他就聲明從八月一日起不給錢了，還發有威嚇性煽動性的傳單。因此，七月三十一日全校開一個大會，反對帝國主義行爲的鬬爭正面接觸了。中間經人民政府教育部的支持，借墊八九兩月的經費，學校一切工作照常進行。但是帝國主義者并不死心，却上書周總理，企圖越過教育部，又偷偷地在校外另組織董事會，企圖撤换校長。這些陰謀，爲政府所揭破，九月廿五日邀他在教育部談話，輔仁事件限月内解決。到九月三十日，他們答覆決定停止補助費了。假定九月廿五日談話後，他們以一個電話通知我們祕書長，説「今後學校經費，無條件的仍由教會支付，這兩個月教育部借墊之款，即日歸還」，這樣，政府就可以許他們繼續辦下去。但他們因爲自己階級的限制，不這樣做，也不可能這樣做，政府才決定接辦。所以這次輔仁的接辦，完全是教會自己放棄的，政府不能坐視三千多師生員工的失學失業，政府的措施是完全正確的。就學校來説，輔仁從此可以脱離帝國主義的羈絆，得到解放，就中國教育史上來説，帝國主義在半殖民地的文化教育侵略的一環首先攻破了，這是中國人民的勝利，值得大家慶祝的。

這次事情，他們始終認金錢爲萬能，以爲學校的存在，全靠金錢，而將我們同仁平日的勞力一筆抹煞，又以爲有出錢的義務，就要有發言的權利，而不知許他在中國繼續辦學校，并許他在學校内得設宗教選修課程，就是他們莫大的權利。又以爲我政府現在決無力接辦這個學校，又存有第三次大戰的幻想，所以造成這個結果。我們同仁認清了帝國主義的面目，受不了他們動輒以金錢相要挾的壓迫，這回不論是教徒非教徒都站在一條戰綫上，像接辦大會上説話的徐希德，他是英歛之的老門生，報載他是奉教三十二年的天主教徒，其實他是奉教四十二年的老教徒，他年近六十，在輔仁大學任文牘課長等職已二十餘年，他是誠實而進步的教徒，他在教會戴莊師範教過書，好些神甫修士都是他的學生，連他也感覺政府如不接辦，學校簡直没有法子維持，願意大家團結起來，辦好新輔仁。我們非教徒和教徒之間，所以能團結一致，最重要的一點，就是開誠布公的説明：我們要保護教育主權，我們要反對帝國主義行爲，我們不能讓教會做帝國主義者的巢穴，也不能讓帝國主義者利用宗教，要嚴格把宗教與帝國主義分開，我們并不是反對宗教，我們擁護共同綱領，尊重信仰自由，大家認清了這點，就團結得更緊密了。今後輔仁由政府接辦，我們仍然是這個態度，我們要團結一切信教的朋友，在辦好人民的輔仁大學的目的下，努力前進。

一九五〇年十月十九日

〔先後發表於新觀察第一卷第九期及十月二十六日香港大公報。據原稿。〕

對輔仁大學的天主教徒講話

我們傳達北京市第三届各界人民代表會議完畢，趁這個機會，對我們輔仁的天主教徒説幾句話。彭真同志的報告裏，政治方面特别着重抗美援朝運動和鎮壓反革命分子兩項。抗美援朝運動，我們學校曾相當努力，今後仍當繼續不斷努力。至於鎮壓反革命分子，我們做得還不够，我們學校裏曾發現過幾個殘餘的特務分子，但都是公安部門發現，不是我們學校檢舉出來的。今後我們要特别小心，特别防範，特别警惕。

我們輔仁本來是一個教會學校，教職學工裏，不少教徒，尤其是同學中有中國籍神甫七十多人，如果把這種力量加入愛國主義運動中，可以起很大的作用。但是北京市天主教徒自立革新運動宣言，至今還未發出，這是北京天主教徒的恥辱。我們輔仁既然擁有一部分知識分子的教徒，又有七十多位中國籍的神甫同學，我們就要負一部分責任。這宣言遲遲發不出來，中間一定是有阻力。阻力在哪裏？就在背後有帝國主義分子把持、操縱、造謡、恐嚇，説什麽「天主教是超政治的，超國籍的」等等。大特務頭子于斌，不是整天搞政治麽？近日發現許多外籍神甫爲美帝國主義作間諜，這不是搞政治是搞甚麽？

近日又發現有不少的刊物，如「聖而公教會」，如「學習參考」，如「基本哲學問題」等等，說什麼「三自運動就是背教，就是裂教」種種讕言，顯見背後尚潛伏有操縱的人；又說「天主教會既不曾與任何帝國主義發生聯繫，如果承認斬斷聯繫，就等於承認發生過聯繫」等等。這些話不是帝國主義分子想把持天主教，奴役中國人民，是甚麽？至於近來破獲的「公教報國團」、「民衆建國協進會」和大批藉天主教爲掩護的特務分子，更足以證明天主教超政治的話是矇人的。

中國人民站起來了，這是帝國主義者不能忍受的。其實我們的天主教徒，未受過帝國主義者氣的，恐怕很少；我們的中國籍神甫，未受過帝國主義者侮辱的，也恐怕很少。我們試閉着眼睛想一想，帝國主義者幾時當我們是人，幾時當我們中國籍的神甫是神甫。天津有個文主教，現在還活着，他說：「你們中國神甫，都不是神甫。」這句話我好些年前就聽見，昨天（三月十三日）的光明日報也登出來了。「中國人愚蠢，没有升主教的資格。」這句話也是中國神甫們聽見過的。「你們若作愛國運動，就把你們的神權暫擱起來。」這句話又有人聽見過的。明明是他給的權，偏要説是神權，明明是帝國主義者所給的權，偏要説是神權，這不是大大的可笑嗎？

以往的天主教，常爲帝國主義分子所利用，現在的天主教，仍不免有一小部分爲帝國主義分子所控制和把持。我們愛國的天主教徒們，愛國的中國籍天主教神甫們，一定要大大的覺悟，與廣大羣衆團結起來，認清自己是中國人，熱愛自己的祖國，不要受帝國主義者的恐嚇和私恩小惠的麻醉，要獨立不懼。我們輔仁的創辦人馬相伯、英斂之，就是因爲要作天主教的革新運動，受過他們的神長很嚴重的警告。這是光榮，不是恥辱。你們站起來吧！你們如果爲愛國主義運動而受到帝國主義者的處罰，全國人民一定支持你們的。你願意作帝國主義者的走狗像于斌之流，還是願意作一個愛國的天主教徒像徐光啓那樣呢？就請你們自己選擇了。我很擔心你們之中的個別分子會被帝國主義者所利用，要受到人民的制裁和鎮壓，所以借這個機會爲諸君一談。

我們的共同綱領，已明確規定宗教信仰自由，中國人民一定會保障你們的宗教信仰自由的。教徒裏受帝國主義者所利用的，只是教會裏極少的一部分；我們大多數的教徒，都是熱愛祖國的，都是反對帝國主義的侵略的，是和中國全體人民的政治要求一致的，和我們輔仁全體非教徒的目標也是一致的。希望你們不要輕信謠言，不可誤信帝國主義者和其走狗們的荒謬言論，要站穩人民立場，共同協助人民政府肅清反革命分子，爲抗美援朝愛國主義運動而努力，爲建設我們幸福美好的新中國而努力！

（一九五一年三月十四日，載於三月十七日人民日報。）

擁護政府爲民除害

刑人於市，與衆共之。國人皆若可殺，然後殺之。這些話我們早就聽見過，但從没有做到，現在真做到了。這不獨三代以下所無，就是三代以上也何曾有此。國人皆曰可殺就殺，還怕有時激於一時的義憤，易生差錯。現在第一要證據充分，第二要合於懲治反革命條例，第三然後徵求人民大衆的同意。開了三次會，這是狠慎重的狠細密的，不會殺錯了人的。

還有一層，這種大會，不獨是鎮壓是懲治，而且是富於教育的意義。這真是前古所無的盛治，是共産黨毛主席領導的人民政府才能有的。我們應該感謝共産黨毛主席。我的話完了。

一九五一年三月廿七日

〔輔仁大學傳達北京市區人民代表擴大協商會議決議後發表感想，載新輔仁第二十九期，四月二日。據手稿。〕

我光榮的參加了下鄉宣傳隊

四月八日我參加了歷史系一二年級的宣傳隊。下鄉宣傳在我這是生平第一次，我住在城裏的時候多，很少與農民接近，這次到德勝門外明光寺區宣傳，深深感到農民是十分可愛的，和他們談起話來，都很誠懇親熱，他們一般的政治覺悟已經提高，尤其他們自己身受過日本鬼子的欺侮和壓迫，所以對於美帝扶植日本這件事，經過同學們的講解，都表示堅決反對。同學們演出的快板、小放牛、唱歌等，都受到老鄉們的歡迎，同學們詳細的給他們講宣傳圖片，他們都聽得入神。我認爲這次宣傳工作，作得是相當成功的，希望今後更加一步的努力。不過以後講話時，還要特別注意所用的詞句。這一點同學們已經很注意了，當地的老鄉也有反映：「這次知道了很多事情，比上次學生們來，講的話容易明白。」我覺得最好還要通俗些，比如「侵略」、「扶植」、「領空權」、「杜勒斯」等等要盡量少用，或是多加解釋，真正使他們每一句話都能明白，就會收到更大的效果。

尤其使我感動的，當地的老鄉和第十四區第二派出所的工作同志及村長、農會幹部，熱烈的招呼我們，照顧我們，給我們送茶送水，一位公安工作同志，爲了我們的安全，我們在那裏一天，他就始終和我們在一起，一會也不休息，這種高度的負責精神，是值得敬佩，而且應當學習的。

回來路上，同學們都問我累不累？我哪裏累呢！同學們先生們宣傳的熱情，表現了高度的愛國精神，老鄉們的樸實直爽，派出所工作同志的誠懇負責，給了我們很大的鼓舞，增加我無比的力量，我只覺得非常感動，非常興奮，并且真等於上了一課，這一課是如此新鮮、深刻，如此有意義，使我的感情，更和農民們接近了一步。

宣傳影響的力量是很大的，當同學唱歌的時候，有幾位老大娘也跟着同學們唱了起來，我問她們怎麽學會的呢？她們説：「孩子們在城裏念書，回家唱我們就學會了。」她們對於抗美援朝瞭解得很多，都是受了她們的孩子的影響，就可以看出，宣傳工作作得好，我們的抗美援朝運動就能普及。同學們！我們的責任是很大的，我們一定要把宣傳工作作好，這是毛主席給我們的偉大任務，每一個同學都要擔當起來，我們要共同努力，保證完成和超過每一個大學生宣傳二十人的任務，要把抗美援朝運動真正能普及和深入的開展。

〔載於新輔仁第三十期，一九五一年四月十三日。〕

我參加土地改革工作後思想上的轉變

在全國人民進行三大運動的勝利鬭爭中，我能有機會參加這歷史上空前的土地改革運動，幫助農民弟兄翻身，并在這尖鋭的鬭爭中鍛鍊和提高了自己。我感到非常榮幸，非常興奮！

在四川鄉下兩個多月，我的思想感情，逐漸變化。現在簡單的講一下思想上主要的收獲：

一、對於土地改革的認識

我對於土地改革的認識，最初只是從書本上得來，理論上瞭解土地改革必需進行，瞭解到土地改革是爲了解放農村生產力，發展農業生產，是爲新中國工業化開闢道路。但是對於農村的情況，對於地主如何剥削和壓迫農民，實在是知道的太少。所以對於地主階級没有深切的仇恨，只知道農民的生活狠苦，對他們有「無限同情」之感。因此覺得把地主的田地分給農民是最合理的，以爲農民分了田，土地佔有的關係改變，則問題解決，土地改革就可以成功。對於「土地改革是一場系統的激烈的鬭爭」，理解得不够。這是因爲不認識土地改革不但有經濟的内容，而且還有豐富的政治意義。

我在參加工作的過程裏，認清了地主階級的本質。他們是一個長期壓在人民頭上的統治階級，他們兇惡、殘酷、頑固，是最狡猾、最反動的階級。所有的地主，都是靠剥削形成的，他們不勞而食，用農民的血汗，來供自己的享受。農民辛苦所得，全年的主要收獲，百分之八十甚至百分之百都給地主交了租，只靠一點副産物來維持生活，終年不得一飽。此外地主并用加租加押、高利盤剥、非法奪佃、强迫無代價勞動等等辦法來掠奪農民，農民所受的痛苦是訴不盡說不完的。

除了經濟剥削外，地主階級并和反動統治勾結一致，他們和國民黨、三青團、特務組織、匪首惡霸、封建會道門結成一體，掌握着農村政權和武裝，對人民施行殘暴的血腥統治。

在政治上他們保持着優勢；在經濟力量上，他們佔有一半以上的土地與財富，控制了農民賴以爲生的生活資料和生産資料。在這樣殘酷的、兇暴的封建制度束縛之下的農村，農民怎麽還能有力量去發展生産、提高技術，這樣的封建制度不僅束縛了生産力，而且是我們民族被侵略、被壓迫、窮困和落後的根源，也是我們國家民主化、工業化，獨立、統一和富强的根本障礙。這樣的制度不徹底打垮，不根本摧毀，則全國百分之八十以上的農民弟兄得不到解放，得不到翻身，工農如何聯盟，人民民主專政如何鞏固呢？

但是打垮根深蒂固的封建制度，也不是一件簡單的事，因爲地主階級不是一個軟弱無力的敵人，他不但在未經土地改革的地區深固的統治着農村；而且他有着二千多年的統治歷史，他有深厚的統治力量，和豐富的統治經驗。他們不甘心、也不可能自己死亡。在土地改革中，他們想盡各種辦法破壞土地改革，企圖保持陣地待機復辟。

我在農村裏親眼看見一家惡霸地主曾經隱藏武器的地方。在將要解放時，他和他的管事一同埋藏了迫擊炮三門，步槍七十多枝，子彈幾十箱，又有銀元一萬和元寶、大煙土等。他和他的管事說：「你不可對別人說，等到我得勢後，給你個縣長做。」這就可以看出他們實在是野心不小，隨時在準備向人民反攻。

他們中間一部分更篡奪農會，勾結特務，陰謀暗殺工作幹部。有的散佈謠言，惑亂人心，藉以威脅農民羣衆。有的地主說：「我暫忍一時之氣，終有我得勢的一天。」有的地主作詩道：「龍在沙灘受蛇氣，虎落平原被犬欺，有朝一日時運起，土改轉劫要登基。」可見地主們不甘罷休的心思，他們就是這樣的頑强，他們說暫時忍耐，他們想復辟登基。我們要消滅這個殘酷而又頑强的敵人，就必需要有系統的進行極其激烈的階級鬬爭。要消滅他的武裝力量；摧毁他的政治特權；解散反動組織、封建會門，揭穿他們的造謡欺騙，啓發和提高農民的階級覺悟，然後再没收他們的剥削工具。才能根本消滅封建剥削制度，才能消滅地主這個階級。這都是我未參加土地改革工作前所認識不到的。

二、對於「超政治」「超階級」的批判

幾十年來，我感到社會的黑暗、政治的腐敗，對於「政治」深惡痛絶，於是「不問政治」，不與任何反動統治合作。連自己曾經當過國會議員，做過教育次長，都對之憎恨，不願提起。所以我自從「脱離政治」後，就決心埋頭念書，絶對不與任何官僚政客往來，反動統治時期廬山會議國難會議等邀我出席，固然不到；就是報章雜誌、廣播電臺等邀我對時事撰稿或講話，我也一概拒絶。三十年來保持着這樣的「政治態度」，一直到了解放。

在這三十年中，我只看重了書本，把自己關閉在書堆裏，只看出當時的反動統治不合理，而不曉得革命，不知道起來反抗，并没有因爲厭惡當時的政權，而進一步有推翻這個政權的意思，我那時常常想，任你們鬧得地覆天翻，我自己讀我的書。真正作到「兩耳不聞天

下事」的地步，自以爲超然物外，不與世事浮沉，對於轟轟烈烈的人民革命事業，也採取了不聞不問的態度。認不清自己能够爲改變環境出一份力量，就只有逃避現實，以不了了之的辦法躲在一旁，坐視邪惡横行，善良被害，客觀上是與舊社會妥協，對於反動統治起了扶持作用，也就爲反動統治者所歡迎。而我自己就以爲這是「超政治」，以爲是對反動統治的一種反抗。

我當時的思想情況，就是把讀書和政治孤立起來，把書籍本身也和一定的政治經濟基礎分割，而且從前所謂「政治」骯髒，是只看到反動的政權，而没有看到另一面。解放後，我親眼看到新社會的一切，又讀了些革命理論的書籍，多年所渴望的理想社會，一旦呈現在眼前，才恍然大悟。我真是一切要從頭學起，從頭認識，幾十年來就像井底蛙一樣，根本不知道還有多少人是爲這理想的社會在鬭爭、在流血。

從前我爲什麽會存在着這「超政治」「超階級」的思想呢？主要是爲小資産階級的不革命性所限制。不滿現實，不願同流合污，又不敢起而反抗，讀到歷史上的隱逸傳，和我思想暗合，於是就走到所謂「超政治」「超階級」的路綫。今天分析一下所謂「隱逸」，實質上大部是在朝失意，就掛冠歸去的大地主，在官是壓迫百姓，在野也是剥削農民。如果只從表面上看，他們離開當時的政府，甚至諷刺當時的政府，不從他們的階級本質去看，就很容易景仰他們表面的行動。

原來在階級社會裏，政治就是階級鬬爭，你不爲革命階級服務，就是爲反革命階級服務。這次我在農村才看得清清楚楚，階級對立是異常分明的，階級鬬爭是非常尖鋭的，是不可調和的。我們看到地主階級的殘酷剥削和他們的狡猾無恥，看到農民弟兄的悲慘生活，聽到他們的血淚控訴，使我進一步認清「超政治」「超階級」的不存在，在這兩大對立的階級營壘之中，你不是站在農民階級，就一定是站在地主階級，再没有第三條路可走。你思想感情站在農民隊伍這一邊，就更看得清楚敵我的界綫。在農民階級立場來看「厭惡政治」的思想，不就是説明你厭惡被壓迫階級起來反抗，厭惡農民弟兄和地主階級進行正義的鬬爭嗎？這思想是要不得的。

三、對於歷史書本的從新估計

由於對階級鬬爭的認識，想到我畢生精力所研究的内容，也是要加以批判的。在這階級對立社會中，歷史書籍、文字記載是有它一定的階級性。以前我們所喜愛的書籍，所鑽研的歷史，大多數是爲封建地主統治階級服務，那一件是記載農民弟兄、勞苦大衆的事情呢？

幾千年來，政權掌握在地主階級手裏，不許勞動人民學習文化，文字也操持在他們手裏，而當時的知識分子，所謂文人墨客，或本身就是地主階級，或是爲地主階級幫閒，他們爲反動統治者歌頌盛世、粉飾太平。他們所記載的是上至皇帝，這個最大的地主，下至各鄉各鎮各種不同地主的所謂「豐功偉績」，至於勞動人民的生産技術和生産知識，是他們所不屑爲、不足道的。勞動人民的生産所得，爲地主階級掠奪享用，却成了應當受之無愧、天經地義的事情，而四體不勤，五穀不分的地主階級和他們的幫閒，却成了聖人君子，這無異於承認了勞動人民是天生的應當爲地主階級服務，承認了反動統治是合理合法。而農民弟兄的革命事跡，則説是「叛亂」、是「造反」。還有比這更不公道更不合理的事情嗎？

這次我在鄉下，看見很多紀念碑、紀念塔之類的東西，上面所刻碑文，都是對某某人稱頌，説他們如何對農民有利，而實際上這個人就是當地農民所痛恨入骨的大地主。我看見一個地主，他爲了興修水利後增加收成，可以得更多的租金，於是强迫農民一萬人把堰塘修起，結果水道流通，地主就大量的加租加押，并且奪佔了很多好田。堰塘修成後，地主説：「這是對農民有利的，應當建築一個紀念碑來稱贊我的功德。」於是圈佔了十幾家農民的稻田，修起碑來。在碑上刻着：「堰成，歲歌大有，各農民飲水思源，相與勒石紀念，誠盛舉也。」而當地農民告訴我們説：「我們不知道爲什麽修碑，不知道碑上刻些什麽，只知道修碑的時候，有十幾家農民弟兄，都被趕走，弄得妻離子散，到現在還流落外鄉。」這就是地主階級所説的「盛舉」。其實是農民階級所深惡痛絶的。

有的地主的家裏，私設公堂刑具監牢，用以吊打農民、殘害農民，而他們的雕樑畫棟的廳堂上，就掛着「宅心仁厚」「傳經衛道」的匾額，由於他們這樣的「仁厚」，使得農民遭到無情的壓榨，也就是這樣的人，才能「傳經衛道」，而歷代的經傳史籍也正是爲維護着地主階級的利益，聖人賢者的言論，也就是靠着地主階級所傳播所保衛，這本來就是一回事情。我的思想一直是受着這些毒害的影響，只能停留在地主們的雕樑畫棟之間，就看不到他們後院的公堂牢獄，看不到金字匾額下面的農民痛苦，聽不到農民弟兄的憤恨控訴。

從前反動統治的幫兇和幫閒有所謂「歸田」、所謂「歸耕」，歸田和歸耕的解釋，就是説不做官歸里耕田。其實那裏是耕田，不過辭官歸里，過寄生的剥削生活而已。讀陶淵明、陸放翁的詩，所説的農村生活，田園樂趣，都是大地主的樂趣。我在成都看到很多大地主的别墅，門口都標上某園某廬，其中一家門額寫着「農閒小憩」四個字。在舊社會裏，誰見過農民在農閒的時候，住在亭臺樓榭中去休息。他所説的農閒，就是地主收租以後的悠閒享樂，不是農民秋收後的農閒。農民在秋收後都把谷子交給了地主，他們仍要去出賣勞動力，奔走他們一家的衣食。可見古來詩人所謂田園之樂，大都是地主階級的所謂「農閒」；連飯都吃不飽的農民，那裏會有「雲淡風輕近午天，傍花隨柳過前村」的閒情逸致呢？

我和農民一起生活一起鬭爭的時候，才掀起了真正的階級仇恨。因之，更深一步的體驗到閱讀歷史書籍，要用階級分析方法把這些歷史材料從新估計，不然就會顛倒是非，以善爲惡了。在這一點上，兩年來雖已有些理解，但一直到這次參加實際鬭爭，自己的思想和農民弟兄一同翻了身，才更清楚的從過去封建統治階級思想束縛中解放出來。

總之，這次參加了歷史上空前的反封建鬭爭，思想上才起了階級的變化。我從前看不見廣大羣衆，看不到羣衆的力量，這次在羣衆鬭爭中，才認識了羣衆偉大的創造力；也就是只有在羣衆面前，才能正確的認識自己。我從西南回到北京後，正是京津高等學校教師學習開始，在這次學習運動中，除了我自己努力以外，還要依靠羣衆的幫助，來徹底改造自己的思想。

〔一九五一年十一月廿九日在中央人民廣播電臺廣播〕

自我檢討

一、我與輔仁的關係

（一）解放前在輔仁工作的態度

輔仁大學是天主教設立的，創辦人是馬相伯、英斂之。我和他們倆人是老朋友，我因研究宗教史的關係，常到英斂之那裏找天主教史材料，時有往來。

一九二六年英斂之病了，在他臨死前，把我介紹到輔仁，有些像託孤的意思，讓我作輔仁社社長，後來就改爲輔仁大學。

我没到輔仁前曾任國會議員，參加過曹錕賄選，又曾任教育次長，代理過部務，深感到當時政治的污濁，就脱離政治舞臺，在北大、燕京教書。但都是兼任，到輔仁才是專任。

自一九二六年一月到一九四九年二月北京解放，我在輔仁整整二十三年。這二十三年裏，天主教會由本篤會改爲聖言會，雖然經過抗日戰爭，經過解放戰爭，但是我在輔仁的態度二十三年一直是一樣。是一個什麽樣的態度呢？一個總的基本精神，就是除文史兩系和例行公事外，一切校務都不甚過問。

當時輔仁是帝國主義分子掌持校政，學校的主要事務，他們自然不願意我過問，我就作一個傀儡校長，什麽事情不告我的，我就不聞不問，只空有一個校長名義而已。

既是有名無實，我爲什麽願作這個校長呢？

第一，我那時不曉得帝國主義是在披着宗教外衣進行文化侵略，還錯誤的以爲他們在中國設立了一個大學，是對中國有好處的，這是一個根本的錯誤看法。我以爲作校長可以教幾點鐘書，可以拿出大部時間從事研究工作，又可以利用輔仁這個圖書館讀書方便，又清閒。所謂清閒，就是如果作一個當時的國立大學校長，就真正要管事；作一個教會大學校長，他們不讓我管事，我正樂得清閒，正想埋頭念書。我當時還想，這是一個很好的讀書處所，於是就讀起書來。這三十年中我發表的論文，大約有八十六種，其中的七十四種都是到輔仁以後作的，這并不是誇耀，是説明我在輔仁主要工作就是讀書。

我當時自以爲是一個「清高」的學者，在政治上我已是退隱山林，澹泊自守，自以爲決不和反動統治同流合污。在學校裏，名義是個校長，等於前清的書院山長，又可以不管事，正合夙願，當時還自以爲是不壞的。

因爲抱着這樣的態度，就造成我老老實實、俯首貼耳地爲帝國主義服務了二十三年。

（二）解放前對教會的看法

我是研究過宗教史的，但并不是只研究天主教，像回回教、道教、基督教、佛教等都研究過，因此，從前對於宗教有一個看法，認爲在人煩惱的時候，失意的時候，信仰宗教可以得到安慰，因此對任何宗教都有好感，對天主教也是這樣的看法，雖然我自己并不是一個天主教徒。

這裏我也簡略的説一下，我研究歷史的一個大缺點：

我研究歷史，不但立場、觀點、方法是錯誤的，而且因爲我自己想「不問政治」，也就不研究近代史，因爲近代史與當時政治關係密切，牽涉太多，爲的是「脱離政治」（當時自以爲是脱離政治），所以不很研究近代史。因此對於近百年的國際變化，完全認識不清楚，認不清中國社會的性質，當然也認不清帝國主義國家的侵略本質；又加上對於宗教有好感，因此就錯誤地認爲中國自己辦的大學不多，教會來到中國辦大學，可以幫助我們辦教育，是對我們有利的。

這個錯誤思想一直影響到解放後，等一會我還要談。

有這樣一個錯誤的看法，所以就「自以爲是」的甘心作着帝國主義的傀儡。

帝國主義者爲了實行他們的侵略，用軍艦和槍砲，送來了宗教，以教會爲其侵略工具，傳教士掩蓋在宗教下面，進行其經濟上、政治上的侵略陰謀，并披着宗教的外衣開辦學校，以進行其文化侵略，企圖培養爲帝國主義忠心服務的奴僕。而我爲了個人利益，爲了個人研究的便利；又因爲我認不清帝國主義的本質，看不見中國人民，所以在輔仁作校長，基本上是與帝國主義站在一個立場，對校務不管，讓他們隨心所欲，爲所欲爲。而我當時實際上是俯首貼耳，唯命是從，因此得到帝國主義者的信任，得到帝國主義者的重視。

他們看出我是他們很得力的奴才，因此表面上客客氣氣，使我面子上過得去，讓我心安理得，甘心情願的爲他們服務，以達到他們對中國人民奴役的目的。

我爲了自己好名，爲了自己「清高」，爲了不願沾染當時的政治氣氛，就毅然離開政治舞臺，自以爲是找到一個理想的棲身之所，而實際毫沒有人民立場，喪失了民族氣節，馴順安適的投到帝國主義的懷抱。二十三年來，作了帝國主義者的俘虜，忠實的替帝國主義者奴役和麻醉青年，帝國主義者就通過我，穩紮穩打來在學校裏作着「太上皇」。

二十三年來，通過我給青年灌輸奴化教育，培養出爲他們服務的人材，貽誤了多少青年子弟，還自以爲「超階級」、「超政治」，還自以爲「清高」，其實就是做了幾十年污濁、卑鄙的買辦和幫兇，而不自覺。

帝國主義的文化侵略行爲，是比殺人更厲害，更毒狠的。後面操持着的人，固然是帝國主義分子，而拿着武器，在最前綫衝鋒陷陣的人，却是自以爲「清高」的我。

這二十三年裏，尤其是最後三年多，解放戰爭時期，我的態度更看得明顯。

當學生運動澎湃，民主力量高漲的時候，我以輔仁是「不罷（不罷課）的大學」爲光榮，就拿出我一貫的主張，就是帝國主義者所贊成擁護的主張，告訴同學們「要好好讀書，不要參加政治活動」，阻止三青團貼壁報，同時也不贊成同學們參加學生運動，表面上好像是中間路綫，當時自以爲是不偏不倚，而事實上正是與敵人打成一片，阻礙了爭自由、爭民主、反饑餓、反迫害的學生運動，使得進步力量在輔仁不能發展。

我這樣堅定不移地爲帝國主義服務，爲反動統治服務的立場，一直到臨解放前，在一九四八年十二月北大五十週年紀念日的時候，我還準備講「亂世與學術」。這個演講雖然由於别的原因没有講成，但這已充分説明我當時的思想情況了。

二十三年來，我就是以這樣「不問政治」的態度，在死心塌地的忠實的爲帝國主義者效勞，替反動統治來維持社會秩序，危害了人民，貽誤了青年，喪失了教育主權，背叛了民族利益。

我認清了自己在當時所起的作用，認清了我自己所站的立場，才明瞭臨解放前，國民黨反動派這樣對我不忍放手，一次二次三次的派飛機來接我離開北京的原因是什麼了。幸虧我當時稍稍接近了些進步力量，没有離開北京，有了向人民贖罪，爲人民服務的機會，不然我就會永遠作了人民的罪人，背叛人民到底了。

二、反帝鬭爭中我的思想轉變

（一）解放後對帝國主義者的看法

解放以後，我的思想開始在變化。我的政治學習是毫無基礎的，解放後才讀新民主主義論，才逐漸明瞭中國的社會性質，才開始得到真理的研究，但是非常粗淺，非常幼稚的。

學校裏成立了臨時校政會議來管校務，解放前的校務長帝國主義分子芮歌尼作爲教會駐校代表參加校政會，同時成立了臨時教務委員會、中國教員會等，學校的大部分教職學工已開始和帝國主義分子作鬭爭。當時帝國主義分子以芮歌尼爲代表，在想盡陰謀處處刁難，自一九四九年他們就爲了課程上添社會發展史、歷史唯物論等；爲了圖書館買政治理論書；爲了我們展覽「從猿到人」的圖片；爲了同學們的暑假實習等，他們屢次用類似警告的信件來提出他們的無理要求。帝國主義者自從解放後，就蓄心積慮的不放鬆任何事情，處處想鑽空子，時時在進攻，以圖在輔仁鞏固他們的權利。我們全校師生很多人已站在人民立場，用各種不同的辦法和他們鬭爭。

但是我自己呢？當時我主觀的看法是這樣的，我想：中國人民革命，自然是要反帝、反封建，但是教會來中國辦學校，尤其是解放以後，在人民政府領導之下，他們出錢我們辦理，這樣不是對人民有好處嗎？因爲有這樣一個根本錯誤思想，所以使得我把帝國主義分子當作外國朋友，所以在各種事務措施上，在各種會議上，有人提出比較對教會不客氣的話來，我就不明白。比如有一次開臨時校政會議的時候，出席的人除學校行政負責人及教職學工代表外，還有教會駐校代表芮歌尼、盧修女。他們教會的規矩，修女出門必須要兩人一起，芮歌尼又帶了一個翻譯，則教會代表本是兩人，實際出席的成了四人。有人提出他們出席四人不應該，當時我就想：輔仁既要繼續辦下去，我們應當合作，應該在互相協商之下才能辦下去。我很感到爲難，我想教會要那樣，大家要這樣，學校的事以後怎樣辦呢？於是就大不高興，拂袖而去，離開會場。我當時沒考慮到，教會代表忽然偷偷的就增加了一倍，是對我們的危害，我却自以爲是站在「公正」立場，而實際上是與帝國主義分子思想一致，爲他們着想，而感到我自己是束手無策，滿腹委曲，所以那次回家以後，就寫了一封信向校政會辭職。後來經過大家的幫助，退還辭職信，我才繼續幹下去。

帝國主義分子是非常狡猾的，這次帝國主義的走狗中國神甫孫振之，還把我寫的那封辭職信騙到他手裏，説字寫得好，要作爲美術品收藏着，我也没注意就給他了。後來他們要改組董事會更换校長時，還拿這信給别人看，説「你看，校長曾要辭職」。這就説明我毫無警惕，毫無防備，没有拿他們看作敵人，因此嚴重影響了反帝鬬爭的展開，影響了反帝鬬爭的情緒。

當解放後不久，芮歌尼不作校務長以後，我怕他們不和我們合作，和我們鬧決裂，我還提出來請芮歌尼作理學院院長。我當時的想法是：理學院院長由他來作，可以安定他們的心情，多籌些款辦好輔仁理學院。就和教育部商議，結果决定了。

我就是這樣無原則的遷就敵人，事事怕得罪那侵略我們的敵人，爲他們想得無微不至，就好像是只怕他們不能隨心所欲的來繼續侵略一樣，委曲求全，失去了中國人民的立場，向帝國主義者妥協、投降。

我在抗日戰爭時期，自以爲是有民族立場的。著論駡日本帝國主義，駡漢奸賣國賊，但同時却在帝國主義分子所辦的輔仁大學安心服務。這還不算，到了解放，在中國人民已經站起來的時候，我還不知不覺的爲帝國主義效勞，現在才使我更清楚的認識我以前的民族立場是資產階級狹隘的民族立場。如果没有人民立場，没有無產階級立場，是不可能有正確的民族立場的。

(二) 解放後對同仁的態度

我因爲那時没有站在人民立場來處理校務，因此對於學校裏的工作是非不明，對人事關係上敵我不分。我現在舉幾個例子，來説明此時思想情況。首先説一下我對楊榮春和魏重慶先生的看法。

我是一個舊思想舊習慣很深的人，從小就受着封建教育，因此培養了我的封建思想，講究封建道德。

因爲我認爲楊、魏二先生，在解放前爲了得到天主教會的幫助，或爲了在天主教辦的學校教書，就信奉了天主教，當時我覺得信教可以，但是爲了自己的出路而信教是可耻的，因此就看不起這樣的人。

解放以後，楊、魏二先生的覺悟提高了，認清了帝國主義分子利用宗教在進行文化侵略，毅然的脱離宗教，堅決的站在人民立場，表明自己的態度。這樣的態度，作爲一個中國人民，站在反帝的立場，我們是應當歡迎的。而我那時還没有這認識，我比他們進步慢，没有看到這一點。我却以爲他們既已歸教，而解放後又忽然反教，就覺得他們太反覆了，在封建道德來説，這是反覆可恥，所以對他們不滿。當然我政治覺悟提高後，已逐漸認識到這是我自己的錯誤，不是他們的可恥。而是由於我自己過去對宗教的感情，由於封建道德的觀念，更由於我還没有站穩人民的立場，所以同仁們已經在飛躍的進步，我却躲在陰暗的角落裏，用帝國主義者的尺度去衡量他們，現在想起來實在是痛心的很。

其次，對於劉景芳先生，我的錯誤思想更看得明顯。本來我和劉先生是并無隔閡的，在解放後，他作臨時教務委員會主任委員（就相當於教務長）的時候，我總覺得他態度不好，對校務獨斷獨行，不和我商議。劉先生站在反帝立場上和我爭執，我却不明是非，一方面從個人出發，認爲喪失了我的威嚴；另一方面更嚴重的是我常常不知不覺的從帝國主義立場考慮問題，覺得劉先生的主張，增加了我工作上的困難，而感到校務難辦，因此對劉先生表示不滿。別人和帝國主義作鬭爭，我以爲是和我爲難；別人維護中國人民教育主權，我以爲是和我過意不去。我不去檢查自己的錯誤思想，而却錯怪了別人。我當時想，帝國主義統治學校時，他們還恭維着我，使我「面子」過得去，解放後我也是要求進步，爲什麽人民當了家的時候，我却受人打擊呢？我完全認不清，不知道爲什麽這樣，自己感到受逼太甚，有一次竟對劉先生説：「你簡直是帝國主義！」我却完全想不到，就因爲我重視「面子」，客觀上又被帝國主義者利用了。

我當時不但不能站在反帝行列去和敵人作鬬爭，反而分不清敵我，竟認敵爲友，以友爲敵，没有和敵人鬬爭的勇氣，却與自己人爭執。只怕得罪了敵人，怕鬬爭太激烈，怕他們不能繼續辦下去。我還錯以爲我這樣作是維護人民利益。不了解我的表現是阻礙了反帝鬬爭。

我當時不但對同仁們的進步認識不清，而且缺乏政治警惕性，就在我們的臨時校政會上，有特務分子李永佞，從解放後直到五〇年五月逮捕他時爲止，他一直作着校政會議的記録，這是多麽危險的事。

這種情況都可以很好的説明解放後，輔仁接辦前我的思想情況，由於我的立場不穩，敵我不分，就給人民教育事業帶來了不可彌補的損失。

（三）在反帝鬬爭中

一九五〇年六月初，爲一九五〇年度的經費問題，我們和帝國主義分子的激烈鬬爭開始了。但我那時的思想仍是很模糊的，我當時還是想，中國剛剛解放不久，到處需要建設，需要用錢，教會出錢辦學校，只要他們遵照我們的章程辦事，有什麽不可以呢？學校一樣辦，我們又可以省一筆錢，不是對中國人民有利嗎？

我的政治覺悟不高，而且對政府的教育政策的精神體會不够，只理論上認識了中國人民革命要反帝反封建，理論上認識了不容許帝國主義侵犯我們的教育主權，實際上只是一個空洞的政治概念，并没有真正了解。因此，對站在面前的帝國主義分子就認識不清，自己的思想有時又和他們一致，所以就想：既有人民政府教育部給我們作主，當時政府也没有説「外國人」不許辦學校，只要遵照我們的章程，還可以繼續辦下去。我們學校的外國人不一定是帝國主義分子，能够讓他拿錢還繼續辦，是對我們有利的。學校的行政已由我們掌握，則政治上没有問題。只要經費問題能解決，使同仁同學不致於失業失學，就是交涉成功。我就抱着一個這樣的看法，去同他們交涉。我爲了一九五〇年度的經費早些解決，我和芮歌尼談話至十幾次，他總没有確定的回答，并且還時常發牢騷和表示不滿。因他總不給肯定的答覆，我雖然對於他們已有些懷疑，但是對他們還是存在着幻想。

直到六月底，經費仍不定，聘書不能發出，我當時很急，很氣，我想：爲了我們同仁同學的利益，還是去和他們交涉，交涉成功，讓他們拿出錢來，才算是勝利；鬧決裂了，學校停辦，就不能算是勝利。

到了七月十四日，芮歌尼給我一封信，説經費有辦法了，每年可拿十四萬四千美元，却提出四個條件作爲撥給經費的要挾。四個條件裏，有一條是「人事聘任教會代表有最後否決權」，并根據這條，提出解聘五位教授。這時我才開始認識到：在我們學校裏，在我們的面前的，原來就是最狡猾最毒狠的帝國主義分子。他們一手拿着錢，一手拿着條件，來要挾我們，運用否決權來侵犯中國人民的教育主權，這樣的無理要求是我們所不能容忍的，要堅決反對的。

在七月二十二日，我還和他們作了最後的交涉，對他們所提出的四個條件，其中校産與教會財産劃分和當時所謂「神甫花園」定時開放兩項，認爲可以答應。關於新董事會問題，認爲由教會與校長選任，經教育部核准，即可成立，已經等於四個條件中答應了他兩條半。但是帝國主義者仍然堅持最後否決權，作爲繼續津貼的條件。至七月二十九日，芮歌尼發表了一篇富有煽動性和恐嚇性的所謂「告本校同仁同學書」，聲明自八月一日起教會不負輔仁經費責任，一切開支應歸陳校長負責。一面又鼓動工友索薪。同時又要改組董事會，企圖撤换校長。

到了這時候，他們不但侵犯了中國人民的利益，并且直接危害了我個人的利益，才使我如夢初醒，我才真正的覺得忍無可忍了。這時才使我進一步認清帝國主義者的猙獰面貌。我才把反對帝國主義的理論與實際鬬爭漸漸結合起來，才堅決的肯定的站在中國人民立場，在黨和教育部領導之下，與我全校教職學工向侵犯中國人民教育主權的帝國主義分子展開鬬爭。

在起初，我看不清帝國主義者的面貌，是因爲當時帝國主義的要求對我個人利害没有直接的危害和威脅。到了危害到個人利益，危害到個人名譽地位的時候，一方面因爲有羣衆的正義要求，一方面又因爲有政府的支持，才使我政治認識逐漸提高，才使我鬬爭意志逐漸堅定。

他們要改組董事會的意思，就是説：如果校長不聽話，董事會就可以換校長。當然在他們看來，我這個校長一直是唯命是聽的，現在已漸漸開始不聽話了。由於這個改組董事會的事情，令我深刻的明白，以前他們利用我，允許我作校長是因爲我能爲他們效忠，是對他們有利的。這一件事不提出，我仍是糊裏糊塗，立場不明確，而且對帝國主義者還始終存着幻想，雖然這可恥的可憐的幻想，在一次又一次的交涉中已經逐漸減少、消滅，以至於變爲仇恨。但這仇恨的鞏固，還是結合了個人的利益，個人的名譽地位在内的。

今天想起來，我當時以這樣的思想去和帝國主義者作鬬爭，真是危險已極。如果不是共產黨在領導，如果不是教育部在支持，如果不是我們全體教職員工正義的鬭爭，我就很可能作出喪權忍辱的事情，很可能倒在帝國主義的懷抱。

總起來說，在反帝鬭爭開始時，我的立場不穩定，是兩面摇擺的，又想站在人民這邊，又想拉住帝國主義分子。我當時是想，如果答應他們的要求，錢雖拿出來了，但學校仍然辦不下去；如果不答應他們，他們不拿出錢來，是有人民政府支持的。我當時的思想關鍵就在此。又夾雜上個人利害，個人名譽地位；因此就堅決與他們鬭爭。

不但如此，我當時對於新民主主義教育政策也體會不够。我只有經濟觀點，沒有政治觀點，只從經費出發，沒有深刻體會到教育政策。所以，後來教育部撥給了十萬斤小米，我的膽子就壯了，鬭爭意志也堅定了。難道說沒有這十萬斤小米，我們就能喪失中國人民教育主權嗎？這思想今日想來真是可恥，基本上是沒有站在人民立場考慮問題，沒有全面的從人民教育事業着想。

從三反運動中，認識了我那時思想的錯誤和自私自利，我這思想嚴重地影響了同仁們的思想，延遲了反帝鬭爭，阻礙了學校的進步，嚴重地損害了人民的利益。

〔一九五二年二月二十三日，對輔仁大學全校檢討。此爲檢討的第一、第二部分，先後載於三月六日光明日報、三月十日文匯報。第三部分爲「工作作風」。〕

檢討卅年前曹錕賄選事

一九二三年的曹錕賄選案，我是參加的。曹錕要做總統，因爲舊國會議員欠薪，他就利用補發欠薪的名義，凡參預選舉者就在出席時交給你五千元支票一張。

不出席的除非出京，不然，就有警察督促。無勇氣離開北京的，就要出席。出席的得錢，不出席的得禍。

我是一個研究歷史的人，材料靠公共圖書館之外，總要自己多備一些書。當時因爲有書數百箱，捨不得離開北京，就同後來抗戰時不肯離開北京一樣，都係這幾百箱書累了我。

又自己想，這是補發欠薪，受之何愧。且這是集體數百人的事情，又抱着「恥獨爲君子」的思想，誰知這樣就上了大當。

平日說埋頭念書，不問政治，參加國會賄選，還算不問政治嗎？這是自欺欺人的話。後來標榜不問政治，就因爲打過這回敗仗，一失足成千古恨，真是痛心。所以自己曾任過國會議員一節，總不甚願意提起。記得抗日時，敵人憲兵隨便捕人，我當時曾有這樣的信，給我在香港的兒子，説「如果我有不測，你們萬不可作哀啓送人」。這是甚麽意思呢？就因爲我曾任國會議員，哀啓上如果不説，就漏了一段歷史，有意埋没事實。如果説，就狠容易令人聯想到賄選。所以像遺囑似的囑兒子等不要作哀啓送人，都是爲這個原故。

每年學校舉行畢業式的時候，我總拿操守二字來勸勉同學，又常常解釋操守二字就是有機會拿錢不拿，有機會貪污不貪污。其實我自己對此事有經歷、有隱痛，有不可告人的苦衷。有時子弟輩問到這事的原委，自己也有難言之隱。以一輩子驕傲而自負的人，歷史上有了這一點污點，真正是「坐卧思之，何以爲心，攬鏡照影，何以爲顔」了。

抗日時期，敵人常要我們填履歷，我總説「二十年不問政治」。當時只可説二十年，二十年以前，是問過政治的。正因爲曾問過政治，弄得一身污濁，不可洗濯，成了畢生的缺憾。不經過這次三反，更無法洗濯了。在三反運動前，我只認識這事爲可恥。經過三反運動以後，我更知道這是爲反動的北洋軍閥服務，更爲可恥。這應該感謝共産黨和毛主席。

一月廿一日第一次檢討時，我已準備將這件事説出，後因同志們以爲可以不提，就没有提。第二次檢討雖曾提到，但未詳細批判。今同人提出這意見，我非常感謝，使得我有機會盡情暴露，如骾在喉，吐之爲快。

但是以此事爲奇恥大辱，上當後悔，仍是從個人名譽地位出發。究竟此事在今日應該怎麽樣批判才合適，請大家給我一個指示，至爲感幸。

〔一九五二年二月二十四日。據手稿。〕

思想改造在輔仁大學

「三反」運動是工人階級思想和資産階級思想之間的一場激烈的戰鬭，這一場鬭爭在高等學校裏是完全必要的。

舊中國是半殖民地半封建的社會，在這樣的社會裏生長起來的所謂高級知識分子，接受的是殖民地和封建的教育，思想是相當複雜的，有洋奴買辦思想，封建地主思想，最普遍的就是有着體系完整的資産階級腐朽墮落思想。這樣的思想在我們高等學校裏，就是在解放以後，仍然是繼續存在着，并且直接教導給青年學生們，嚴重的影響了他們的思想。教師們的思想不加以端正，不加以改造，而準備在高等學校裏培養出全心全意建設祖國的人材，簡直是很難想像的事情。

我們的國家，經過抗美援朝、土地改革和鎮壓反革命三大運動，三年準備即將過去，十年建設就要到來，在新中國的建設事業上需要大批才德兼備的建設人材，這些人材的培養，實在是刻不容緩的事情。因此負責培養青年幹部的高等學校，直接負教育責任的高等學校的教師們，當前首要的任務就必需是思想改造，一定要以工人階級思想來要求自己，然後才能教育青年，否則就很難擔當起人民教師的光榮任務。在「三反」運動裏，充分的證明了這一點。

我們輔仁大學過去是帝國主義利用天主教進行文化侵畧的工具。解放前二十三年中，一直是爲買辦思想與封建思想所統治。解放以後，教師們參加了學習，參加各種愛國運動，敵人思想已經開始在教師思想中動摇起來。自從一九五〇年十月人民政府接辦，我們自己收回了教育主權，學校已插上了工人階級的旗幟，但是經過「三反」運動，揭露了輔仁的黑暗的醜陋的面貌，不但使我們認清教師的思想上很多人仍是插着資産階級的旗幟，甚至於是反動的旗幟，而更嚴重的就是在我們人民的大學裏，還潛藏着特務分子，這是很嚴重而且是很痛心的事情，也是不經過「三反」運動所一時看不清、一時不容易解決的問題。

在「三反」運動剛剛開始的時候，很多教師對於「三反」運動的認識是模糊的，有人認爲學校「清高學府」「清水衙門」，教師的工作是教學，既不會有貪污浪費，又不負行政責任，當然更没有什麼官僚主義，因此對「三反」運動是採取旁觀的漠不關心的態度。

自從一月中旬，把去年十月初開始的教師思想改造學習轉入「三反」運動以後，又進一步的發動羣衆，貫徹領導精神，經過學習文件，漫談討論，各級首長帶頭，大家對「三反」運動的意義，才逐漸有了正確的認識。

在運動不斷進展、認識不斷提高中，我們教師首先是在從思想上劃清敵我界限方面取得很大的勝利。在我們教師中間，不但過去有人有反動思想、反動言論，而且目前還有反動分子混在裏面。化學系有一個副教授，他一貫披着宗教外衣，在系裏經常散佈反動言論，打擊進步力量，挑撥離間，破壞團結，破壞愛國運動。又有生物系的一個教授，是個反動分子，他解放前參加特務組織，解放後拒不交代，裝瘋賣傻，污衊政府，仇視黨團，進行破壞活動。由於我們全校師生政治覺悟普遍提高，找出種種綫索，揭穿了他們的反動陰謀，我們曾一次再一次給他們反省的機會，希望他們坦白認罪，向人民低頭，但是他們仍舊百般狡猾，頑强抵賴，我們全體師生都非常憤恨，堅決不能容許他們再留在我們人民的大學，一致要求給他們以應得的處分。

在我們與敵人思想、敵人言論作鬬爭，取得第一步勝利之後，我們又進一步的清除了一個隱藏在學校裏一年半的學生宋廣儀，他是一個大漢奸大特務，抗日戰爭時期爲日寇幫兇，奴役青年，殘害老百姓。抗戰勝利，他又摇身一變作了蔣匪的爪牙，一貫反共反人民，破壞革命，出賣祖國，血債累累，罪大惡極。解放以後，混進輔仁，平日僞裝進步，蒙蔽同學，企圖在輔仁進行他的特務活動。經過羣衆的揭發，我們終於認清他的政治面貌，在全校的鬪爭大會上，羣衆以無比憤怒的心情，揭穿了他的特務面目，控訴了他的反革命罪行。他的陰謀詭計，在羣衆猛烈砲火面前徹底粉碎了。全校教職學工紛紛表示意見，一致要求把這怙惡不悛的大特務當場逮捕，依法嚴辦。市公安局接受了這正義要求，當場將他逮捕。當這個人民叛徒俯首就擒，被帶出會塲的時候，羣衆情緒高漲，共同爲我們獲得這輝煌的勝利而熱烈歡呼。

這次鬪爭的勝利，使我們全校的教職學工每一個人都受到了非常深刻的教育，進一步劃清了敵我界限，大大提高了政治覺悟，一致認爲這次鬪爭是很好的現實的階級教育。過去因爲我們政治嗅覺遲鈍，敵我不分，警惕性不够，有時甚至認敵爲友，以友爲敵，聽到反動言論，認爲没有什麽，引不起仇恨，採取麻痺的自由主義態度。就是因爲我們不關心政治，給敵人造成活動的機會，讓這樣罪惡滔天的反革命分子混進我們學校，潛伏在我們革命陣營内部。經過這次沉痛的教訓，教育了大家，認清楚什麽是反動言論和反動思想，劃清了革命與反革命的思想界限。大家紛紛保證今後要加强政治學習，提高警惕，以勝利之師，繼續向一切反動思想、言論、和反動行爲堅決鬪爭到底！

同時通過這樣的鬪爭，也啓發教育了其他一般存在着反動思想、或在個別問題上受到反動思想影響的人，進行自我檢討、反省、扔掉思想包袱、改造自己。對於自動坦白、檢討深刻、表示願意進步的人，我們不究既往，歡迎他們的進步。

這就是「三反」運動裏思想戰綫上，我們獲得的重要戰果。關於肅清資產階級腐朽墮落思想方面，我們也同樣取得了一定的勝利。春節前後，教師中就展開了清算資產階級思想的鬬爭，號召教師們普遍下水洗澡，改造思想。同學們也積極的對教師提出嚴正的尖鋭的意見，教師也逐漸減除了思想上種種顧慮，虚心的檢查自己思想，在師生大會和系會上作了比較深刻的檢討，批評逐漸展開，運動迅速的推進。

經過羣衆的揭發，教師們自己的檢討，看出我們教師中間，思想問題是很多的。有些教師的教學内容充滿了資產階級腐朽思想，甚至是封建的買辦的法西斯主義思想：講民族史的歪曲民族政策；講經濟的説資本主義經濟危機是由於工資過高；講商業心理的内容是研究商人如何售貨時設法迎合顧客心理；有的人把所教的德國完形心理學戴上辯證法的帽子，只在某些地方加上進步詞句，而内容則原封不動；講教育學的只講美帝和蔣匪的教育方針，而不講人民政府的教育方針；説到教師修養，則告訴同學作一個教師應以儀容、聲音、情緒、品格、學識爲標準；講兒童心理則認爲有錢人的孩子智力高，并且聲稱無產階級過去受壓迫是因爲没有文化。這些教學内容，使得同學們的思想離革命事業越來越遠，與社會發展背道而馳。

另有一部分教師則在「純技術」「超政治」的牌子下面，販賣資產階級的貨色：講企業管理，就毫無批判的把資本主義社會的私營企業管理方法教給同學；講中國文學，則以頹廢感傷的作品給同學介紹；講到社會調查，有一位教授竟說「作調查研究工作不要帶有色眼鏡，美國說蘇聯是鐵幕，而蘇聯又説美國歪曲事實，這樣就使人看不清事實的真相。」這些教師們以所謂「純學術觀點」教育同學，使同學們脫離政治，不重視政治學習。

教師中的資產階級思想是極端嚴重的，主要表現爲損人利己的個人主義、自高自大、脱離羣衆、對教育事業不負責任的混世態度。在這次教師檢討中就有人說，「我一切爲了飯碗，個人利益第一」，因此在接管前，爲了個人保持飯碗，寧肯犧牲同學們合理的利益而不肯得罪帝國主義分子。有的專任教授每週只來兩個上午，自稱「我是小孩子第一」，對同學的課業、實驗都不很注意。講經濟課程的教師告訴同學畢業後可作經理，鼓勵同學用功時，就告訴他們說八十分以上畢業後可掙幾百斤小米。同學們於是在先生的「教導」下，有人就去多考慮個人的問題，而有了畢業後不願放棄個人利益，不服從統一分配的情況。

這些事實的揭露，使大家進一步看清了資產階級思想的腐朽和醜惡，這種思想是在教師中間相當嚴重而且是相當普遍存在着的。教師們在認清自己的責任重大後，仔細檢查自己思想，認識到以這些錯誤思想來領導同學學習，是對青年們的腐蝕，是對祖國的危害，直接影響了國家建設，并且阻礙了新中國工業化的前途。因此絶大多數的教師都對這樣的思想建立起仇恨，與同學們一道向着這些醜惡骯髒思想進行猛攻，反覆檢討了自己的政治立場、學術觀點和工作態度，獲得了思想戰綫上的顯著成績，給今後經常學習和不斷改造打下了很好的基礎。但也有極少數教師，對自己認識不足，或是對過去的一套依依不捨，不敢向錯誤思想進攻，因而受到羣衆的嚴厲批評。

「三反」運動是這樣一場激烈的尖鋭的階級鬭爭，使每一個人都受到很大教育。尤其是我，平日思想遲鈍，對新鮮事物缺乏敏感，進步很慢，「三反」運動對於我就像吃一付提神劑，使得我頭腦較前清醒，看到我以前一直没有看到的事情。

我因自幼受的封建教育很深，又長期爲帝國主義服務，思想模糊，敵我不分，從來不知道什麽是工人階級，更談不到什麽工人階級思想。解放以後，人民器重我，把這樣一個光榮的人民大學校長的職務交給我，而我雖然主觀上也在努力學習，但是舊思想舊影響很深，思想遠落後於現實的發展。雖然解放已經三年，輔仁接管亦已一年多，而我對於一個人民大學的校長的任務，認識不够明確，解放後仍是分不清敵我界限，更是存在着嚴重的官僚主義作風，高高在上、脱離羣衆，對學校裏一切舊傳統及一切不合理的現象，就很少看出來，甚至根本看不出來。因爲没有站穩人民立場，自然分析事物就是非不明，輕重倒置。

在思想上不能領導，在行政事務上仍是因循舊制，很少興革。對師生思想不够瞭解，對教學情況未能掌握，又不能虛心聽取羣衆意見，行政領導與羣衆脱節，上級精神不能貫徹，使得各系各部門負責人失去領導方向，造成嚴重的自流狀態。

「三反」運動以前，我看不見我自己的錯誤，當然更看不清學校裏存在的種種問題。在這次運動裏，由於黨的正確領導，由於羣衆的覺悟提高，給行政上、給我自己提出很多寶貴的意見，大家幫助我分析研究，才使我進一步認清我自己，也才使我認清由於我過去的不負責任，給人民、給國家造成的嚴重損失。

解放以後，人民政府確定了新民主主義的教育方針，而學校裏仍是資產階級思想居領導地位。學校的主要任務，就是培養建設祖國的幹部。祖國把教育青年的責任交給我們，要求青年們立志作一個勞動者，我們却教導他們剥削享樂；人民要求青年們將來能够全心全意的爲人民服務，我們却灌輸給他們自私自利的思想；人民要求青年們具有高度共産主義覺悟水平，我們却拿資産階級思想來培養他們；青年們要求前進、要求更快的走向社會主義走向共産主義社會，我們却拖住他們的腿，恨不得教他們走資本主義社會的道路。青年是祖國的明天，是祖國的將來，而負責培養青年的高等學校，作爲一個高等學校校長的我，却看不到我的責任是如此的重大，浪費了青年們學習的寶貴時間，直接影響了祖國的前進。

在這運動裏，我才認清資產階級思想在本質上是如何的反動、腐朽和醜惡，它并没有什麽進步性、積極性，它決不能成爲推動人民革命事業向前發展的力量，實際上是對於革命勢力起着嚴重的消蝕和瓦解的作用，它與工人階級思想是根本不能相容的，一定要認真的加以批判、加以肅清，不能容許它在我們高等學校的任何一個教師的思想裏繼續存在。思想改造是一個長期的工作，今天的收穫只是我們進步的基礎，今後我們要在毛主席、共産黨的正確領導之下，在覺悟了的羣衆督促之下，進一步批判一切非工人階級思想，改造自己，才能完成祖國交給我們的重大的、光榮的任務。

〔發表於新建設一九五二年四月號。〕

宣佈輔仁與師大調整爲新師大的大會上講話

全體教職學工同志們：

關於輔仁大學和師範大學調整的事情，大家久已聽説，今天由中央人民政府教育部韋慤副部長向我全校教職學工正式宣佈。大家聽到這個消息，非常高興，非常歡迎。我現在首先鄭重的、嚴肅的代表我全校教職學工對這一正確英明的措施，表示衷心的熱烈的擁護。

剛才韋副部長已説明我們兩校院系調整的重要性和政治意義，并且爲我們解決了很多思想上的顧慮和思想上的問題，使我們大家對於政策的了解，對於應當拿甚麼態度來對待院系調整，有了進一步的認識。

舊中國所遺留給我們的高等學校，原來是半殖民地半封建社會的産物，它是適合於帝國主義和反動統治階級的需要的。各高等學校現有的院系情況，存在着嚴重的缺點，或因院設系，或因人設課，各校疊牀架屋，分門别户，各自爲政，諸多不合理，在人力物力方面造成凌亂和鋪張浪費的現象，而且在今天已遠遠不能滿足我們國家的建設需要和人民的要求。

祖國的建設事業，是我們每一個人的責任。毛主席在一九四九年人民政協開幕詞上說：「隨着經濟建設的高潮到來，不可避免地將要出現一個文化建設的高潮。」無論是經濟建設和文化建設，都需要大批建設幹部。這些建設幹部從那裏來呢？就要靠我們有計劃、有步驟的來培養。培養這些幹部，就需要有大批的人民教師。現在我們祖國的人民教師，還是缺乏得狠。

新的師範大學，就是培養人民教師的大學，人民教師就是要負責培養建設新民主主義社會，建設社會主義和共產主義社會的幹部。新師大是對於祖國的前途，對於祖國的建設幹部，負有很大責任的。今天祖國和人民把這個重大的責任交給我們，要求我們爲培養各方面的建設人材而努力。我們全校師生就應當愉快的接受這個光榮的使命，把這個有歷史意義的偉大任務擔當起來。

我們輔仁大學經過三反運動，經過忠誠老實學習運動，全校師生員工政治思想已大大提高了。教師們批判了自己的錯誤思想，認識到資産階級腐朽思想對祖國的危害性，明確了今天努力的方向再不是爲了個人前途，而是爲了千千萬萬翻了身的勞動人民，都堅決的改造自己，決心作一個全心全意爲人民服務的人民教師。

同學們也都更進一步體會學代會的方針，絶大多數同學都拿這方針來作爲自己行動的標準，大家都積極努力學習政治、時事和科學理論，并且鍛煉身體，準備把自己培養成「爲祖國服務」的幹部。

職工們普遍要求學習政治，學習文化，發揮了積極性和創造性，表現了主人翁的態度。

在三反運動和忠誠老實學習運動以後，一致的反映都説輔仁變了，輔仁一切都變了。我們全校教職學工在運動裏，在戰鬭中，都成長起來，湧現出大批積極分子。我們學校裏進步力量大大增多，政治成份顯著改變，每一個人都感覺着自己的進步，歌頌着這兩大運動的輝煌成就，和馬克思列寧主義毛澤東思想的偉大勝利。

今天的輔仁已經改變了過去的面貌，它已經是真正的人民的大學，已經樹立起工人階級思想的旗幟，已經光榮的樹立起馬克思列寧主義毛澤東思想的紅旗。今天的輔仁正要貢獻出一切，正要忠誠的爲祖國的偉大建設服務。

現在，在我們學校裏，資産階級自私自利的個人主義思想已經被摧毁，我們大家都認識到只有工人階級思想，只有毛澤東思想才能領導我們的前進，才能領導我們走向勝利。一切爲個人打算的腐化墮落思想，爲個人的興趣、個人的前途，爲個人的享受、個人的名譽和地位等等思想，都已經被我們批判，被我們清除。同時，一切爲了祖國，一切爲了人民的思想，已經樹立起來，而且已經成爲我們行動的口號，成爲我們奮鬭的標幟。

這都説明了我們學校經過三反和忠誠老實兩大運動後毛澤東思想的勝利。我們獲得這些勝利，也就是今天院系調整的有力保證。

我們之中有人是有些思想顧慮的，但是我們全校師生都有一個共同的思想，就是我們「熱愛祖國」，熱愛祖國的美好前途。爲了建設新民主主義社會，爲了爭取光明燦爛的無限美好的社會主義，共産主義社會早日到來，在我們已有的勝利基礎上，我們會消除種種顧慮，克服一切困難的。

因此，我們不但熱烈擁護中央教育部代表人民的需要，向我們提出這一決定，而且我們完全有條件、有信心來保證這個計劃的徹底實現和勝利完成。

我現在再一次代表我全校師生員工熱烈擁護政府這一正確措施，歡欣鼓舞的接受這一光榮任務，并向祖國人民保證，我們全校師生員工一定積極熱情的拿實際行動來作好院系調整工作，爲人民的教育事業奮鬭到底！

〔一九五二年五月十九日，據講稿。〕

在師大中文系師生紀念屈原晚會上講話

諸位先生、諸位同學：

我們今天紀念屈原，因爲屈原是我國古代一位最偉大的詩人。在他身上，不僅表現着我們民族優秀的文化在兩千多年以前，已經達到光輝燦爛的高峰，而且在他的一生事跡中，可以體現出中國民族熱愛祖國，熱愛真理正義，熱愛光明自由的光榮傳統。

屈原是戰國時代楚國的一個貴族，但是，他反對當時楚國國王的昏庸腐敗的政治，他忠實於自己的政治主張，不能和楚王以及楚國統治集團妥協，但他又不忍離棄楚國，終於以死來殉自己的政治態度和愛國心情。

他的不朽作品，寫出他反對昏庸腐敗的政治，寫出他的不妥協精神和愛國心情。由於他熱愛自己的祖國和人民，他的作品裏流露出他的一片真誠。因此兩千多年來，他一直得到人民的同情，人民一直在紀念他，并且他的作品也一直流傳到現在，在中國文學史上，起了很大的影響。

他的作品的形式，主要是從民間歌謠裏發展出來的。詩經十五國風，雖然沒有楚風，但并不是孔子删去，只因當時没有流傳。孔子有一次聽到過楚國的民歌，他的門弟子就趕快把他記録起來，放在論語微子篇上。現在所傳的「鳳兮，鳳兮，何德之衰，往者不可諫，來者猶可追，已而已而，今之從政者殆而。」就是楚地的民歌，楚狂用來諷刺孔子的。屈原的作品就是這些民歌的風格。

在漢書藝文志裏，屈原賦廿五篇，就列在詩賦類的第一位。到隋書經籍志，還特别開闢「楚辭」一類放在集部的最前面。一直到清朝的四庫全書總目，他這種地位仍未變。歷代對他的作品都非常重視，他的作品一直在中國的詩史裏放射着永久的光芒。

他的文學遺産，不僅屬於中國人民，而且是屬於全人類的。現在保衛和平、保衛文化、保衛民族獨立的全體進步人類，正在響應世界和平理事會的號召，紀念世界四大文化名人，這就是説明我們決不容許好戰者來侮辱全人類的文化。

我們祖國的歷史上有這樣偉大的文化名人，我們引以自豪。他的光輝的名字，美麗的詩篇，在漫長的兩千多年以來，爲中國人民所永誌不忘。人民以他的不屈不撓的精神來教育自己。我們紀念他，正是我們愛國主義的具體表現。正因爲我們生長的時代已經不再是屈原的時代，歷史上長期的人民受壓迫的日子已經一去不復返了，所以我們在今天紀念屈原，是更有意義的。

中文系的同學都是未來的教育工作者，也是未來的文學家，用正確的方法來認識并繼承我們民族「優秀的文化遺産」，是我們今天應當努力的。希望大家在「進步文化」的基礎上加以發展，將來好好教育我們的後一代。

我今天和大家一起來紀念我們的愛國詩人屈原，更重要的是在這會上來學習。我不但對屈原没有很好的研究，而且對於文學是外行。今天，在幾位專家面前，更成了一無所知了。但是，我願意和大家一起，正確的認識愛祖國、愛人民、愛真理的詩人屈原，從屈原對我們民族和對全人類的貢獻中，吸取工作和戰鬬的力量，爲保衛人類進步文化傳統而鬬爭！

〔一九五三年九月二十六日，據講稿。〕

在第一屆第一次全國人民代表大會上的發言

主席，各位代表：

我能够參加全國人民代表大會第一次會議，感到非常興奮和光榮。在會議上，莊嚴的通過了我們國家的根本大法中國人民的第一個憲法，和幾個重要的法律。這個憲法，是中國人民建設社會主義社會的有力武器。我不但衷心擁護，并保證堅決遵守憲法，按照憲法辦事。

會議上聽到了周總理關於政府工作的報告，我對於這全面的、符合實際情況的報告，表示完全同意和擁護。

解放後的五年，是我們中國有史以來起了根本變化的五年，我們國際地位空前提高，人民民主政權日益鞏固，工業生産迅速發展，農業産品逐年增加，交通運輸能力不斷提高，國内外貿易繼續在擴大，文化教育，醫藥衛生，科學藝術都有了很大的發展。我們勞動人民創造着奇跡，五年來作着排山倒海，翻天覆地的事業，使得我們的國家面貌日新月異，各个建設戰綫上都有了飛躍的進步，取得了偉大的成就。這所有的一切，完全是由於中國共產黨和毛主席的正確領導，由於我們中央人民政府的正確領導得來的。黨和政府種種賢明的措施，是數也數不完的，我滿懷熱誠的對此表示無限的感謝。

和全國各方面建設一樣，我們高等師範教育，也有了顯著的發展和提高。舊中國對高等師範教育一向不重視，高等師範學校不但數量少，而且系統紊亂，課程龐雜，教學內容是陳舊的，教學方法是脱離實際的。解放以來，我們高等師範教育在整个國家建設中，有着非常重要的地位，黨和政府予以十分重視。我們進行了一系列的改革，確定了高等師範教育新的教育體系，高等師範學校全部獨立設置，不但學校數量、學生人數逐年增加，而且我們在整頓鞏固、重點發展、提高質量、穩步前進的教育總方針指導下，在學習蘇聯先進經驗與中國實際相結合的原則下，進行了教學改革，并由此逐步提高了教學質量。我們的教師，經過偉大的思想改造運動，建立了專業思想，廣大的教職員得到政府在政治上、物質上與精神上的關懷，我們逐漸做到「人盡其才」，「學以致用」，能真正發揮出自己的專長與潛在力量，改變了過去學非所用的情況。同學們也逐漸認識到人民教師在祖國建設中所佔地位的重要，貫徹了毛主席「三好」的指示，自覺地要把自己培養成爲「德才兼備，體魄健全」的全面發展的人材。

我們北京師範大學，就是其中的一个。五年以來，我們在不斷的改進和發展，在蘇聯專家熱心幫助和指導之下，我們制定了全部教學計劃，教師們都積極的鑽研教學大綱和教材，認真的備課和編寫講稿，負責的進行課堂教學，耐心的進行課外輔導。教學質量在不斷提高，許多教師出色的完成了教學任務。教學經費，儀器設備，在逐漸增加，新校舍已開始建築。根據國家建設的需要，我們學校的規模逐步擴大，我們的學生、研究生的數量，也在顯著增加。我們北京師範大學，不過是全國將近四十所高等師範學校中的一个。所以如此，就是因爲高等師範教育是我們整个教育事業的重要一環。高等師範學校的數量和質量，直接影響建設社會主義社會的青年一代，間接影響國家培養建設幹部的計劃，和國家建設計劃的完成。所以我們高等師範學校培養出的人民教師，數量要多，才能源源不斷的供應全國的師資；質量要好，才能更有成效地服務於社會主義教育建設的事業。

要達到這樣的目的，當然首先應當嚴格的要求我們自己。我們高等師範教育工作者的缺點還很多，今後我們要在政府領導和人民監督之下，加倍努力，把我們的工作做好，培養出大批優秀的、合格的人民教師，以不辜負國家對我們的信任和委託。但另一方面，由於舊社會遺留下來的長期影響，有些人對於高等師範教育，對於作人民教師的工作，還有種種不正確的看法，這些看法，在一定程度上不但影響到現在已做教師的人的專業思想，而且也影響到一部分青年對投考師範抱着躊躇不前的態度，這和祖國建設的要求是不一致的。當然這現象已在逐漸改變，而且我們確信一定會逐步扭轉并肅清。幾年來，我們看到人民教師已得到社會的重視，投考高等師範學校的青年，已經逐年增加，我們北京師範大學的新生，第一志願的比率一年比一年上升，就是很好的例証。但是，我們還希望全國人民和社會輿論的大力支援，希望大家更進一步的努力，使我們高等師範教育得到更迅速的發展，使我們國家整個的建設計劃能够勝利完成。

最後，我完全擁護周總理所説：台灣是中國神聖不可侵犯的領土，決不容許美國侵佔。我們中國人民一定要解放台灣，解放台灣是我國六萬萬人民的不可動摇的共同意志。我們一定要把蔣介石匪幫堅決、乾淨、徹底、完全消滅！ 和台灣人民一起來建設我們偉大的社會主義的國家。

〔一九五四年九月二十六日，載於次日光明日報。據發言稿。〕

中國科學院學部成立大會開幕式上的講話

主席、各位委員、各位來賓：

我非常高興！萬分興奮！我們中國科學院的四個學部，今天正式成立了！學部的成立，將對於加强全國科學研究工作的學術領導，對於加强全國科學工作者的團結，會起很重大的作用。這是我們科學界的一件大事情！我感到無法形容的快慰，在這裏我表示極熱烈的祝賀！

我是一個研究歷史的人，今年七十多歲。我在七十多年的時間裏，只有最近短短的六年才真正見到了光明，以往七十年漫長的歲月都是在舊社會，所作的研究工作都是在困苦艱難的情況中過去的。

提起以往艱苦的歲月，面對着今天的現實，使我生出無限感慨。

過去在反動統治下，在帝國主義統治下，我們的思想被奴役，眼光受到限制。我年輕的時候，就知道「苦用功」，青年的時光就被箝制在「死讀書，讀死書」的境地之内。後來，雖然像毛主席所説的：「十月革命一聲砲響，給我們送來了馬克思列寧主義。」當然自那時起，我們有很多科學家，都進步起來，到今天都成了先進的科學工作者。但是，像我這樣一個感覺遲鈍的人，也是由於在反動統治重重束縛之下，使我耳目閉塞，聽不到這震天的砲響，只看到當時政治黑暗的一面，看到的是軍閥們你搶我奪的污濁政權，因此只得用「閉門讀書」以作爲消極的抗議。那時讀書、研究，没有正確領導，没有明確的方向，只憑自己的興趣，作埋頭刻苦的鑽研。以致所研究的結果，成了「所學非所用，所用非所學」，爲學術而學術，脱離實際的研究，對國家對人民不可能有什麽貢獻。

我們大多數都是「單幹户」，是手工業方式的研究方法，是個體的，自己搞自己的，談不到什麽集體，彼此之間很少有聯繫，更難得合作。

而且反動統治者，他們根本就不重視科學，破壞科學研究工作，就是有一些創造發明，也得不到重視，更得不到幫助。又加上搜集材料的困難，出版發行的困難。難道我們是不愛國家，不想多做一些對國家有用的，對國計民生有關係的事情嗎？不是的。我們没有自由，也很少可能，去研究與國計民生有關的東西。縱然有些理想，也曾有遠大志願，但都會遭到種種的壓制和扼殺。

在當時那樣的情況之下，來作研究工作，因此幾十年的精力白白的過去，盡管個人是刻苦的，努力的，而所用的力量往往被抵消了，很難有什麽成績。

解放後，我們的國家已經出現了翻天覆地的變革，我們有了自己的政府，爲我們科學家們準備下種種便利的條件。首先，我們有馬克思列寧主義理論來作我們的指導，有蘇聯和各兄弟國家的先進科學經驗作我們的學習榜樣。我們是有領導的，有明確方向的，我們的種種理想都能實現。我們有無限寬廣的道路，我們可以按照人民的迫切的需要，國家當前的任務，國家建設計劃的任務，來從事我們的科學研究工作。我們的科學家，受到黨和政府、受到毛主席無微不至的照顧和關懷，受到尊重和重視。在政治上有了地位，在學術研究上有了保障。

今天，我們全國各地科學研究機關，高等學校和產業部門的各個學科的優秀的科學家都來到北京，幾百位科學家濟濟一堂坐在一起，來討論、研究今後的工作，研究真正爲人民服務的工作，在從前那能設想。僅僅這一事實的本身，就已經很生動具體的説明我們是如何幸福。

因此，我今天走進會場，非常激動，我感到悲喜交集，萬分興奮，在黑暗環境裏摸索了幾十年，身受過艱苦的人，就更感到今天光明的可珍貴！

今後我願意和大家一起，加强馬列主義的學習，學習唯物主義思想，徹底的認真的批判胡適資産階級唯心主義思想，肅清胡適派思想對我們在學術上，特別是在社會科學研究工作的長期影響。 我們要在馬克思列寧主義思想指導之下，統一步伐，開展我們的社會科學研究工作。

今天，四個學部成立了，我們全國的學術領導將大大加强，我們的科學水平將不斷提高，我們的科學事業，將進一步發展。我們所有的科學家在正確的、堅强的領導之下，將更加團結、合作，我們的科學研究成果將會像百花齊放一樣，在各種專業上取得輝煌的成就，用我們的科學成果來鞏固和保衛祖國的和平事業、來不斷提高人民羣衆的物質生活與文化生活，來推進我們建設社會主義的偉大事業！

祝賀我們學部工作勝利展開！

祝賀大家在科學上新的成就！

祝賀各位委員身體健康！

〔一九五五年六月一日，代表哲學社會科學部發言。 據發言稿。〕

新的中小學歷史教科書

一九五四年，我曾寫過一篇短文科學工作者應重視編寫中小學教科書，在科學通報一九五四年七月號發表。我建議組織一定的力量，吸收科學工作者參加，有計劃、有步驟地從事教科書的編寫，在一定的時間裏，編成一套在過渡時期内比較完善的中小學課本，來適應當前教學上的迫切需要。在這個建議裏，我着重地談到了中小學歷史教科書的編寫問題。

據我的瞭解：目前有些中小學學生不是頂喜歡學習歷史，有些教師感覺教歷史比較困難。爲什麽會有這樣情況呢？我想，教科書編寫的質量好壞，也是其中重要原因之一。當然，編寫比較完善的教科書，是一件艱巨的工作，但正因爲它艱巨，正因爲現有的教科書還不能符合學校教學的要求，所以更必須引起大家的重視。因爲這項工作影響到年青一代的思想教育。

時隔兩年，我很高興地看到了人民教育出版社出版的新編的歷史教科書。它可以供應下學期從小學五年級到高中二年級各級的教學需要，其中有中國史也有世界史。新編的歷史教科書比舊的教科書有了很大的改進。

教科書首先要符合教學原則，要深入淺出，要保證正確的科學性和思想性，而且内容須涉及全面，從古到今，從大到小，又須提綱挈領，説明問題。用這個標準來衡量新編的歷史教科書，我覺得它基本上是符合這些要求的。編者用歷史唯物主義觀點，通過生動的文字，叙述祖國和世界歷史上重要的歷史事件、歷史事實和歷史人物，具體地闡明了人類社會發展的過程和規律性。教科書用階級鬭爭的發展作基本綫索，突出地指出人民羣衆是歷史的創造者，是歷史的主人，人民羣衆的階級鬭爭和生産鬭爭推動了歷史前進。教科書還貫徹了强烈的愛國主義和國際主義思想。爲了照顧學生的年齡特徵，教科書配合各科的進度，適當地逐步加深和擴大了教材的内容。通俗易懂的語言，重點突出的描寫，豐富的插圖，又加强了教科書的直觀性。這一套歷史教科書在對青年一代進行共産主義思想教育上，將起積極的良好的作用。

新的歷史教科書所以能有這樣的質量，首先，是由於：這個工作是在黨中央的深切關懷和教育部的領導下進行的。爲了編寫教科書，教育部調配了一定的編輯力量，又動員歷史科學專家和歷史教學工作者對這一工作進行經常的幫助。在編寫過程裏，編者吸取了蘇聯的先進經驗，結合當前的教學情況，依靠了歷史科學專家和中小學教師的力量，負責認真地進行研究和編寫。每一課本的完成，要通過多次的集體討論。因此，新編的歷史教科書是集體的創作，它基本上反映了現有的歷史科學水平，同時，也比較切合當前的歷史教學的實際需要。

編寫比較完善的教科書固然是一件艱巨的工作，同時，善於掌握教科書的優點，進行教學，也不能不説是一件艱巨的工作。這就要求教師要有正確的立場、觀點，要求教師具備一定的科學水平，要求教師不斷地改進教學，不斷地提高教學質量。幾年來，教師們通過馬克思列寧主義的學習，通過社會實踐與業務實踐，思想水平和業務水平大大提高，這是肯定的。但是，在新的教科書面前，要能够善於掌握教材，進行教學，就得付出更大的勞動。教師必須認真地對待教材，刻苦鑽研。爲了更好地理解教材，還需要多接觸一些史料，多閲讀一些當前的歷史科學論文，來豐富自己。教師在獨立思考和研究的基礎上，要充分利用教研組的力量，互相幫助，共同提高。這裏我還要着重提出一點建議：希望教師與人民教育出版社的編輯部之間今後能够取得較密切的聯繫。教師要及時地反映教學情況，提出教學上發生的困難和發現的問題。人民教育出版社編輯部應當經常幫助教師解決困難，對教師提出的問題給予解答。希望編輯部能够派人到各地學校，去具體地深入地瞭解情況，瞭解教學上發生的問題，進行分析研究，并加以解決。

新編的歷史教科書還是有缺點的。有些地方還寫得比較粗糙，某些歷史事件的分析還可以商量。插圖的選擇也還不完全精當，高中中國史的插圖有很多印得比較模糊。還有些在教學上可能發生困難的地方，本來可以避免，但是也還没有做到。例如殷商，可以單用「殷」來包括殷商這一朝代的前後，以避免「商人」這一專門名詞與經營商業的商人這一普通名詞相混淆，但是教科書没有這樣做。

新的歷史教科書可能還有其他缺點，這就需要依靠教師們在教學實踐過程裏發現出來，提出積極的改進意見；還要依靠歷史科學工作者重視這一工作，給予嚴格的檢查，無論是在科學性、思想性上的問題，或是材料的選擇，内容的增删等等，都應該及時指出，并提出具體意見，使我們這新的教科書在大家共同關心和幫助之下，得以更進一步地改進。

我們的歷史科學，在世界史範圍，亞洲史的研究還是一個弱門；在中國史範圍，需要解決的問題更多。教科書是要反映現有水平的，所以我們可以拿「有没有充分反映現有水平」作爲衡量教科書好壞的一個標準。但是正因爲現有水平是教科書的依據，所以一定要我們歷史科學工作者不斷提高歷史科學的水平，才能使歷史教科書的改進提高有所憑借。

看了新編的歷史教科書以後，我更深切地感到黨中央所提出的向科學進軍、迅速達到世界先進水平的迫切需要。爲了響應這莊嚴號召，我們無論是科學研究工作、編輯工作，還是教學工作，都負有很大責任。新編的教科書雖然基本上反映了現有歷史科學水平，但是我們并不能滿足，不能永遠停留在現有水平，我們還必須百倍努力，深入鑽研，不斷提高自己，并且加强團結，密切配合，在不同的崗位上，共同向科學進軍，進一步充實并改進我們的工作。

〔一九五六年六月，載於歷史教學一九五六年七月號。〕

會做學生才會做先生

加里寧曾經說過：「當教師的人，不僅是教師，同時他也是學生。」這就是說，教師不能永遠停留在固定的水平，必須不斷學習，不斷進步。一方面把自己的東西貢獻出來，另一方面要從人民中，生活中和科學中吸取一切優良的東西，以充實自己，然後再把這些優良的東西貢獻給學生。每一個教師，都應該不僅只會教別人，而更重要的是向別人學。一般教師都應如此，而這對於我們參加函授班的學員同志來說，就更有其重要意義。

函授班的學員同志們是中等學校的老師，又是高等師範學校的學員，他不只是廣泛的在人民中在生活中學習，而是有機會參加正規的業餘高等師範學校，學習政治理論和自己所擔任學科的系統科學知識。這樣的學習，不但是黨和人民所給與的難得機會，而且是黨和人民所交給大家的一項極其光榮的政治任務。

業餘師範教育，在全國範圍來說，雖然還開始不久，還是一個嶄新的工作，但是它在我們整個教育體系中，却是非常重要的組成部分。目前中等學校在職教師，數量不够是一個很嚴重的問題，今年和明年兩年内就缺少九萬人左右，而質量方面也需要進一步提高。我們如果完全採取離職進修的辦法，則中等學校師資就要受到很大影響，這是不切合實際的想法。因此我們採用了蘇聯的先進經驗，結合着我國實際情況，舉辦高等師範函授班，以不脱離生産的方式，逐步提高中等學校在職教師的政治水平和專業水平，從而提高中等學校的教育質量。

我校就是根據這樣的情況，在去年開始舉辦了化學系函授班，今年在去年的基礎上，又開設七個專業的函授班，前後學員共一千多人。

學員中，除去化學班的二十多人已有一年的學習經驗外，其餘的學員，都是今年開始參加學習的。但是因爲所有的學員都是在教學工作崗位上，有了一定實際經驗的教師，而且對自己政治和專業水平的提高有很迫切的要求。因此，一般來説，大家都有高度的自覺性和紀律性。很多學員因爲都是教什麽學什麽，學習内容與教課業務一致，學習的理論知識與教學的實際密切結合，因而學習的熱情很高。

但是不能否認，在職學習是艱鉅的，是有一定困難的。比如面授時間不多，要更多的依靠獨立思考、獨立鑽研，而同時又要教課、備課、批改作業等。自學時間少，學習時間又較零散，有的學員自學時間不能保證，因之産生不安情緒，甚至有人學習熱情不高，信心不足，對堅持學習下去，有些動揺。我想這對參加函授學習的學員同志們，是應當很好的注意的問題。

參加函授學習，首先要明確學習的目的。大家進修學習，并不是爲了個人，而是爲了在原有的基礎上，進一步充實自己，提高自己，幾年之後，達到一定的水平，以擔負更多更重要的任務。大家學習是爲了更好的培養年輕的一代，是爲了祖國教育事業的迅速進展，是爲了在社會主義建設中發揮更大的力量。爲了這樣的目的來參加學習是光榮的，當然也是很艱鉅的，因此希望大家要有决心，有恒心，有信心。

决心，就是要大家不但參加學習，而且下定决心要學完、要學好，决心完成這一學習任務，要有克服困難的勇氣，要有刻苦鑽研的精神，努力做到教學工作和學習任務兩不耽誤。

恒心，就是要有恒，常語説「學貴有恒」，學習一定要有恒心，不能只憑一時熱情。要堅持到底，不要半途而廢。要作好長遠打算，制定一個嚴格的學習計劃，科學的安排自己的工作和學習的時間。

信心，就是對能够學完、學好要有堅定的信心。函授教育是一種新的教育方法。蘇聯的經驗證明，在培養專家的事業中，除去正規的高等學校的培養外，函授教育也起了巨大的作用。蘇聯現在有六十多萬人不脱離生産進行學習。僅去年一年中，就有六萬多人在函授部或夜大學畢業，這些畢業生已成了專門的人才。近年來，我國也已開始舉辦高等學校的函授班。在我們的第一個五年計劃裏，已規定要積極的廣泛的開展業餘的文化教育工作。今年黨的八次代表大會上，周總理關於第二個五年計劃的建議的報告，也提出培養建設人材必須發展業餘教育，吸收有條件深造的人員，逐步培養成爲高級的專門人材。目前我們的函授教育雖還開展不久，但已經證明這是很有效的提高在職人員的教育方法。也可證明，教師是可以不脱離教學，學好函授課程的。因此希望大家不要自餒，堅定信心。在黨的領導下，在各級行政部門的大力支持和關懷下，只要大家積極努力，一定可以完成這一學習任務。

我懇切的希望大家要有決心、有恒心、有信心，這就是要有「三心」，但是切不可有「二意」。希望大家「勿畏難而中止，勿見異而思遷」，以堅持不懈的態度，刻苦頑强的精神，出色的完成黨所交給大家的光榮任務。希望大家不但能做一個好的教師，而且能做一個好的學生。

謹祝大家學有成就，工作順利！

〔載於師大函授第一期，一九五六年十一月。〕

一九〇五年廣州反美運動的大概情況

一九〇五年(光緒三十一年乙巳)美國續頒華工禁例，這件事引起全國愛國志士的注意。廣州人華僑馮夏威非常激憤，在上海美國領事館門外自刎，以表示抗議。上海、廣州各地遂紛紛組織「拒約會」，抵制美貨，散發拒約傳單，形成羣衆性的大規模的反美愛國運動。

這年美國以「秦大臣和大總統女公子」爲首的遊歷團，準備在八月初六日(西曆九月四日)到廣州。當時廣州出版有一種時事畫報，專以鼓吹革命，宣傳愛國爲目的(時筆者爲該報編輯)。聽到這個消息，就祕密畫了一張龜抬美人的漫畫，印貼全城，漫畫畫着兩個大烏龜抬轎子，上面坐着一個美麗的女人。因爲廣州當時交通工具只有轎而無車，美國遊歷團到廣州，滿清官吏爲了諂媚他們，必要盛大招待，并招待他們坐轎子。時事畫報所畫漫畫的意思，就是説「誰要抬美國人，誰就是烏龜」，以鼓動全城轎班罷工。因此美國秦大臣等到廣州後，竟一輛轎子也僱不到。滿清官吏惱羞成怒，嚴令緝拿印貼漫畫的人，遂將廣州拒約總公所主任馬達臣逮捕，又逮捕了正在街頭作反美宣傳講演的潘信明、夏重民二青年。

馬潘夏三人被捕後，羣情洶湧，有激起暴動的趨勢。羣衆拒約、抵制美貨的運動，更爲普遍深入，社會上將販賣、使用美貨的人駡爲「涼血動物」，連小孩在街上看到有人穿着美貨衣帽等，即在街頭指摘批評。

馮夏威一九〇五年六月自殺，馬潘夏八月被捕，羣衆拒約、抵制美貨活動，一直是繼續堅持進行，尤其是當時能代表羣衆意志的時事畫報，對反美活動的文字，無期不有。并經常組織羣衆性的反美活動，以激勵人心，如召開馮夏威追悼會，殉約周年紀念會，生祭馬潘夏大會等。經過一年多後，由於廣州學界商界各方面的不斷請願，粵省官吏始在一九〇六年九月將馬潘夏三人釋放。但隨即勒令解散拒約會，封閉拒約公所，惟個人抵制運動仍普遍堅持不息。

這五張照片，皆係自一九〇六年時事畫報上所翻照。「廣東籌抵」在第三期，特别紙鳶在第五期，學生愛國在第六期，「杯葛」在第八期，女士愛國在廿五期。其中「杯葛」上所寫「馮夏威靈魂」字樣，即係馮夏威靈柩運回廣州時的漫畫。

〔一九五七年一月十二日爲歷史博物館展覽所寫材料，據文稿。〕

在北京市委宣傳工作會議上講話

同志們：

我現在有幾點感想，在這裏談一下，請大家指教。

一、對馬克思主義有發展有創造的問題。

我覺得這真是了不得的大事，是我們時代的大事，真是太偉大了。不能把馬克思主義當作教條，不能只在書本上搬下來，死板板的套上去。毛主席說，學習馬恩列斯不僅限於他們講過的，可以講他們沒有見過的，可以講他們沒有講過的。只要不違背基本原則，我們就可以創造、發展，如不發展，則馬克思主義就停滯不前，必成了教條主義。

這次周總理接受莫斯科大學名譽法學博士學位，莫斯科大學校長說他是「世界大政治家」，說他對於國家法和國際法作出卓越的貢獻。巴基斯坦給周總理達卡大學名譽法學博士學位時，他們副校長介紹了周總理在中國的經濟文化和精神發展的作用後說：「按照通常的標準，本來是需要幾十年的時間的。」他這話說得不錯。這都是外國朋友的看法，看出我們國家的進步。我們的工作，不但是前人所没有作過的，而且在短短幾年裏，完成了幾十年的工作，甚至是舊社會幾十年也作不了的工作。在我們情況複雜、人口衆多的國家，取得革命的勝利，社會主義改造、建設上的成功，的確是了不得的事情。這是馬克思主義者在中國的巨大勝利，這和黨的領導、黨的思想教育工作是分不開的。

我們的黨、我們傑出的領袖，他們運用馬克思主義，都不是只從書本上得來的。我就想到，我們整天在書本上學習，是很不够的。所以毛主席説知識分子要下鄉下廠，去和羣衆學習，去和實際學習，這個辦法太好了。只有這樣，知識分子的知識，才能是實際有用的知識。可惜我近年身體不好，年歲大了，不知能不能作百分之七十中的一員。

二、毛主席發揚了我國人民優秀的道德傳統。

毛主席説他是一個舊社會出身的人，馬克思主義是後來學得的。正因爲這樣，所以他瞭解新的，又瞭解舊的。他舊學根底很深，他用馬克思主義來分析批判舊的，能融和新舊，融和中外，運用最合適於中國國情，最合適於現在時代的東西，來領導我國前進，是最好不過的。

毛主席報告裏和著作中，也常常引用一些古人的句子，如這回報告裏，他因爲反動派造我們的謡言，説我們殺了二千多萬人，他就説：「紂之不善，不如是之甚也。」這句話，就是在四書論語裏頭。

毛主席說臉要天天洗，這句話也是在四書大學裏來，湯之盤銘曰：「苟日新，日日新，又日新」，就是要天天洗臉。

在講到人民内部矛盾的時候，毛主席常常讓我們反求諸己，要首先要求自己，比如說，領導與被領導的關係不好，首先責任應該是黨内。

又說：黨和知識分子的關係不好，不能怪知識分子，首先是要求黨。

又說：有人反映講馬列主義課聽來没味道，這不能怪教師，應是我們領導的不好。

又說：我們教育人民的人，先要自己受教育，首先要教育自己。

又說：爲了搞好與五百萬知識分子的關係，搞好與六億人民的關係，所以要整風，糾正缺點，等等。這都是「反求諸己」的意思。

古人說：「君子求諸己，小人求諸人。」「行有不得，反求諸己。」遇到行不通的時候，就要反問自己是否有錯誤。這種整風的辦法，就是反求諸己的道理，就是「先正其身」的道理，就是教育自己的道理。

毛主席的話，很多都是發揚了我們民族的優良的道德傳統的。我所體驗是如此，不曉得對不對。

三、知識分子應當怎樣?

有人説:「對工程師、教授不應該像對一般民主人士一樣,他們要求的主要不是政治待遇(作人大代表等),而是工作條件。」有人説:「工作條件問題,是科學家最關心的問題。」這話説得對。但是又有人説:「很多教授所關心的,不僅是生活待遇、物質環境,而是政治待遇,而是黨的信任。」我想這話也有道理,不過説來説去,某些高級知識分子,對自己的各方面都是很關心的,因此黨的政策,也根據了知識分子的特點,照顧了種種方面,這是十分必要的。不過我認爲在黨的領導的角度來説,固然應當盡量周密的考慮各方面,但如果在知識分子本身來説,似乎也應當用黨所掌握的精神,也要有「反求諸己」的精神,也應當首先要求自己。作爲黨的領導,要在各方面設法鼓勵知識分子的積極性,作爲知識分子,難道連自己的國家這樣欣欣向榮,這樣飛躍前進的時代,各方面建設上的成就和勝利,還不是最好的鼓勵嗎?

毛主席説五百萬知識分子是我們國家的財産,没有五百萬,我們一件事也作不好。這是對我們知識分子的很高的估價,但是我們不能因此就高傲起來,有人説「没有我就建不成社會主義」,不滿意這樣,不滿意那樣,這也是過分强調了自己的作用。没有誰,社會主義也是一樣要建設的,不能因爲自己有點本領,就擺起架子來。

從前封建時代，知識分子每每擺架子，因爲那時國家性質和現在不同，知識分子常常説國家是君主的，是人家的，他自己是作客。他們常以爲你用我，國就可治，不用我，國就不能治。就是孟子，也有這種架子。後來很多知識分子，都有這種思想，而這種思想，一直到現在還有影響。

現在時代不同了，國家是人民的，是大家的，不是一姓一家的。像草木篇的作者，就有一種自以爲不屈不撓的精神，與人不合作的態度，這是對誰呢？是對人民嗎？太可笑了！而有的雜誌竟批評草木篇作得好，思想毛病恐怕就在這裏。

現在黨的領導人都這樣謙虛，這樣克己，對知識分子又這樣重視，這樣關懷，我們知識分子就應當主動的團結在黨的周圍，加强政治學習，更好的在建設上發揮自己的作用。

現在知識分子政治待遇已經大大提高，是過去所没有的，這且不提。就是現在的工作學習、研究的條件，現在的物質條件，比起從前來，也好得多了。我們過去也用過一點苦功，那時不但精神上受壓迫，而且物質條件，研究設備，件件都是要靠自己苦心經營，東借西抄，現在你只要用功，各方面都可以想辦法，有些目前不能解決的困難，逐漸都在改進，整個國家機構，都是可以因我們的合理建議而改進的，這是太好了。

我知道有一個學生，現在在蘇聯學習，去年回國過暑假，他要看一些歷史材料，在短短一兩個月内，他和各處聯繫，科學院、北大、師大、人大圖書館，北京圖書館，都借了很多材料給他，各方面都盡量幫助他。現在在各大學工作的同志更不必説。所以説現在就怕自己不用功，只要用功，就會得到各方面的協助。自然也有某些地方作得不够好，不過主要條件是好的，尤其是在北京。

越是經過從前的不好，才能感到現在的好。自然不是説我們只往後看，不往前看。就是因爲往前看，希望無窮，所以才更覺滿意。因此，我想我們作爲國家的主人，批評不好的現象，來改進工作，是可以的，而且是必要的。但是不滿意，抱怨，發牢騷，要求過高，甚至有個别的人像毛主席所説的去年評薪，評出一個毛病來，無非是「爭名奪利」，這就不好了。

今天我所説的就是這些，看得不全面，請大家指正。

〔一九五七年三月二十八日講話，四月二十日北京日報刊載，題爲知識分子要有反求諸己的精神。〕

漫談黨和知識分子的關係

自從毛主席最近兩次報告後，對於如何正確的處理人民内部矛盾的問題，大家都進行了熱烈的討論，尤其在知識分子中間更廣泛的掀起了熱潮，感到心目開朗，思想活躍起來。最近我見到幾位朋友，都深深感到黨的政策的正確。有人説：我多年没説的話，今天都暢快的談了出來。很多人反映與黨的關係比以前更加親密了。這就是黨的思想領導的正確的表現，這就無疑的會使我們科學文化教育事業更迅速的發展和繁榮。

談到人民内部的矛盾，很自然的就會談到黨和知識分子的關係。黨和五百萬知識分子的關係是其中極其重要的問題，也是我們決不容忽視、必須很好解決的一個問題。

很多朋友都談到領導和羣衆之間，黨和知識分子之間有一堵牆。因爲有牆，就形成了隔閡，有話不能談，有意見不願接受，牆的兩邊都怕隔牆有耳，彼此猜疑，於是不能盡情傾吐，關係只是若即若離，那末工作怎能作好？既然有牆存在，而過去大家又都不敢説出，牆就會越加越厚，以至兩側人羣，越離越遠，甚至貌合神離。如今大家都講了出來，并決心要拆掉它，那末「拆牆有日」，自然是極令人興奮的事情。

我想既然有牆，原因恐怕是兩方面的，責任也應該由兩方面來負，因此想要解決問題，也應當從兩方面着手。一方面就是糾正某些單位黨員對非黨知識分子的不正確的估計，認真貫徹中央的政策，改進工作中存在的缺點，這是主要的一方面。另一方面也就是知識分子本身自我改造的問題。

黨從來就是十分重視知識分子工作的，知識分子在黨的指導和幫助、信任與支持下，在各種建設事業上，作出了不少貢獻。去年知識分子問題會議以後，知識分子工作，就更得到進一步的改善。但是也不可否認，工作中還存有缺點。就拿高等學校的工作來說，某些負責同志沾染了舊的作風，高高在上，不善於傾聽羣衆意見；某些黨員以「權威」自居，不許別人批評自己，不進行自我批評；或只聽黨團員的反映，不去瞭解老教授意見等等。尤其是對一些老教授，瞭解不足，對其進步估計過低，有一定程度的宗派情緒，因此對他們重視不够，使用不當，未能發揮其積極作用。如果再加上有些年輕黨員，不能體諒老教師心情，態度有些生硬，則更容易造成新老之間感情上的隔閡。日子一久，牆就在有意無意之間形成了。在黨員來說，從他所接受的黨的政策以及他自己的感情上，大多是主觀上并沒有存心想築出這道牆的。曾有一個年青的黨員告訴我說：「我兢兢業業的注意黨羣關係、新老關係，只怕自己行動有背黨的政策，而偏偏就在新老關係上出了問題。」我想把問題提出來研究研究，到底是由於什麽原因會構成這個矛盾，是十分必要的。古人說：「愛人不親反其仁，治人不治反其智，禮人不答反其敬，行有不得者，皆反求諸己。」這就是說：你明明對他好意，而對方反以爲是壞意，其中自有原因在，那就要追究一下自己，看看工作中還有哪些問題。凡是有行不通的事情，都要反問一下自己，這樣就會自己也健康起來，并且也會使人心服。現在黨已決定進行一次新的整風，新的自我批判，檢查思想，糾正錯誤，克服缺點，并且指出要經常自己批判自己，自己教育自己，才能爲新的勝利準備條件，這也就是反求諸己的道理。我想爲了新的勝利，爲了我們社會主義事業的鞏固和發展，我們知識分子歡迎這次新的整風，而且也應當在整風運動裏，積極幫助黨檢查工作。

毛主席說：「黨和知識分子中間還有不正常的狀態，這不能怪知識分子，應當首先要求黨。」我想矛盾總是有兩個對立面，在這個問題上，共産黨要檢查自己，我們極端擁護，但是我們作爲知識分子，恐怕也要很好的考慮一下，主觀主義等等缺點，知識分子也是有的，是否也應當學習黨的精神，採用反求諸己的態度，來認清自己呢！

這次整風運動，黨提出了新的自我批判。我想整者正也，黨就是用「先正己而後正人」的精神，就是用嚴格要求自己的態度，力求今後在工作中不犯錯誤或少犯錯誤。這是十分使人感動而且令人尊敬的態度。這樣的態度，對知識分子來說，特别是對年紀較大、舊社會習慣較多的知識分子來説，就不是很容易的事情，真正做到就要有很深的修養。有時還不是正己正人的問題，而是自己很難看出自己的缺點和錯誤，往往對别人的缺點和錯誤就看得很清楚。當然看出以後而且提出來得到改正，自然是非常好的；最怕動不動就把錯誤和缺點都推給别人，責人者多，責己者少，不善於替别人着想，而習慣於爲自己考慮得很周到。

二千多年前，孔子在瞭解到當時的社會人士、知識分子的思想情況時，曾告誡他們説：「君子求諸己，小人求諸人」，要反躬自問，要「躬自厚而薄責於人」，不要整天只瞒怨别人。自己先檢查一下，看看有什麽錯誤，如果有了錯誤，也應當「過則勿憚改」。誰都不能不犯錯誤，犯了錯誤如果能糾正，對工作還是有利的，所以説「過而能改，善莫大焉」。但是他後來終於失望的長歎一聲，説：「已矣乎！　吾未見能見其過而内自訟者也。」大概别人指出錯誤，可以作到不怕改正，已經很不容易，而自己能正確的認識自己，改正錯誤，當時恐怕是不多見的。

今天當然情況大有不同，但是我們知識分子，往往自以爲有點學問，認爲别人是「不學無術」，自己是「有學有術」，因而很自負，自命不凡，甚至妄自尊大，自以爲天下第一，不習慣于接受别人領導或批評。實際上平心静氣一想，我們自己還不是懂得有限，至少我們很多人對馬克思主義就還不是很熟悉的。這樣看來，某些人認爲自己「有學有術」，豈不是也并非全面看法呢？

談到關於牆的問題時，黨的領導同志説：「黨和非黨之間不應當有牆。但是黨和非黨之間應當有一條綫，那就是：黨員應該工作得更多些，態度更謙遜些，而不應當有什麽黨員優越感。」我看作爲黨要求黨員應當吃苦在前，得利在後，當然是必要的。但是如果這條綫，只限於是工作多少，態度謙遜與否的一條綫，那末，我想我們知識分子不是也很應當要求自己工作作得更多些，態度更謙遜些，不應當有什麽知識分子特别是高級知識分子優越感嗎？如果這條綫只是包括這個内容，那麽就由我們知識分子主動的爭取逐漸把它給擦了去，不是也很好嗎？

「教育人的人先要受教育」，這是很重要的事情，自己教育别人，而自己却又不虚心先受教育，不認真改造，將會影響别人，甚至遺患後代，這豈不很危險？我看我們知識分子既然并不一定都是「有學有術」，而且很多人都是教育人的人，那末，一定先要受教育，積極進行自我改造。學習和改造對我們知識分子來説是長期的，尤其處在這社會大變動時期。爲了搞好黨和知識分子的關係，爲了使這一關係面貌一新，我們五百萬知識分子也是負着很大責任的，我想這也是在新的形勢下知識分子的新任務。

〔一九五七年五月六日，載於十九日人民日報，據文稿。〕

在中共中央統戰部座談會上發言

在這次運動裏，我在校外校内受了很大教育，我有幾點片面的看法，請大家指教。

一、有關教育部的領導

我們北京師大，是高等學校，又與普通教育有關，我們由教育部直接領導，又與高教部有關，但由於教育部與高教部工作上聯系不够，很多事情是高教部佈置給高等學校的，有時就没我們的分，造成很不好的影響。好像我們又是大學，又不是大學。有的教授説：「我們是中學頭，大學尾，在夾縫裏討生活。」因此教育部與高教部必需很好的配合，注意到師大的特殊性質。

關於課程的設置、比重，有的不很恰當。幾年來，學制變動較多。如中文系四個年級，目前就有三種情况。課程裏基礎課較多，而學術基本知識則較少。教育部有時過分相信教育理論的教條，從實際考慮得不够。

中學課程的增設、停開，直接影響高師的培養計劃，這是一個很重要的問題。幾年來，中學的語法、文學、政治、外文等變化很多，聽説最近地理課程又有變動，我校地理系的教師同學情緒波動很大。希望今後作決定時，能多方面徵求意見，妥善的考慮。

我校任務重，工作繁，又是所謂重點學校，而有些事情的安排上，領導上却往往重視不够。有人批評我校上層機構臃腫，但我却覺得像我們這樣規模的學校，行政領導和黨的領導核心力量都不强，非常繁重的工作壓在少數幾位負責同志的身上。我曾和市委某同志談起，他説：「人手少，多依靠羣衆就行了。」這話很對，我們學校黨領導依靠羣衆不够，高高在上，官僚主義，工作上有很多缺點。但如果只强調這一面，則有的學校五六位校長豈不也是多餘了嗎？五四年曾調來一位副校長，在我校養病幾個月後，又調走了，後來也没再提起此事。不知當時領導上所考慮的，是我校的工作需要還是爲了其他，如是爲了工作需要，爲什麽後來就没消息呢？不但如此，前年又調走我校大批骨幹，教務長二人，總務長一人，系主任也調走好幾位。去年又調走教師幾十人，聽説有的教師被調到目的地，那個學校并不需要。我們并不是本位主義，我們也有責任自己克服困難支援兄弟學校，但由於工作上的主觀主義，造成工作上不應有的損失，却是很多人有意見的。

二、關於宗派主義

在一般羣衆之中，三大主義裏面官僚主義和主觀主義也容易犯，只是宗派主義特殊，是共産黨所更應特别注意的。所以有宗派主義，是因爲過去對敵鬬爭，隨時警惕，已逐漸成爲習慣。建國以後，對全國幹部情況還心中無數，自然要多依靠政治上可靠的人，那是完全必要的。目前主要矛盾是人民内部的矛盾，如果再有宗派主義就會大大影響黨外羣衆的政治積極性，等於逐漸放棄各種積極力量，羣衆會由積極而消極而袖手旁觀了。這是一個很值得注意的問題。因爲現在已經過各種運動，又經過肅反，幹部情況已基本上瞭解，在使用幹部上必需放手放心，才能使袖手旁觀的人，捲起袖子來積極參加建設。所謂調動一切積極因素，肅清宗派主義是主要的環節之一。

對老教師的信任問題，由於過去使很多人感到有不信任的傾向，今天要多在這方面作工作。舊知識分子都有一些高傲的氣質，自尊心很强，「士可殺，不可辱」，多年治學的老教授，在大廳廣衆之中，一次次檢討；或在火力很强的羣衆大會上被鬬爭，有時人家原是熱愛國家的，而指着臉駡人家是反革命，那當然會使人感到無限委曲，抑鬱難平，感情的創傷一時不易瀰補，這是十分可以理解的。這是説當事的人，而其他羣衆呢，由於當時有人抓住一兩句話，甚至和朋友説的開玩笑的話，就往往被人抓住，説是思想如何，追其動機。運動過後，大家都不敢隨便説話了，和黨團員説話時尤有戒心，知心朋友也不來往了，大有「逢人只説三分話，不可全掏一片心」的狀態，形成貌合神離，同牀異夢。黨和知識分子中間的牆，有的地方就是這樣築起來的。

我想肅反問題，總的來説成績還是很大的，某校的副院長，肅反時被誤作爲對象，前天他和我説：「我當時確是難過得很，身體健康也差了。但是今天平心細想，經過這次運動，全國反革命基本肅清，可以安心的建設了，這就是最大的成績。我當時雖然吃些苦頭，但從結果來看，問題還是弄清楚了，也并没有冤枉我。」他的話使我很感動，我想運動時羣衆發動起來，很多人在大運動裏受了傷，如果僅僅説是「在所難免」，未免也是説便宜話，不過能從全國着想，總可稍稍解開以往癥結。今天吸取過去的教訓，學會如何正確的處理人民内部矛盾，也不會再有誤以友爲敵的作法了。

三、關於這次整風運動

目前運動雖然剛剛開始不久，各方面已提出了許多許多意見，揭露了不少矛盾。黨的各級領導幹部一再表示讓大家大鳴大放，對大家幫助黨整風一再表示歡迎與支持，虛心傾聽羣衆意見。昨天人民日報登載的高教部接受正確的批評和建議，選派留學生將採取自由報考方式，這種邊整邊改的精神，是得到廣大羣衆歡迎的。這次運動的本身，就是古今中外、史無前例的。

在學校裏，年輕的同學們，熱情勇敢，積極敏鋭，通過各種形式揭露矛盾，他們很少有個人恩怨。這幾天通過座談會，自由論壇，大字報，黑板報，壁報，油印報等等，五花八門，好不熱鬧。體裁則詩詞歌賦，章回小説，無所不有，我真感到自愧弗如了。同學們構思捷敏，其中有一個歷史專業的大字報，給教條主義教學提的意見，它的全部内容是：

（一）起因

（1）……（2）……（3）……（4）……

（二）經過

（1）……（2）……（3）……（4）……

（三）影響

（1）……（2）……（3）……（4）……

這意見裏，除去號碼，只有六個字，而含義深刻、意見尖鋭，如果教課盡是這些教條，這是值得很好的注意的問題。

談到教學，有些問題要注意。有些年青教師，畢業不過二三年，上課去按本宣讀，就很不好。這樣的情况在我們國家文化事業迅速進展，實際的教師隊伍人數還不能馬上充實起來，還不能跟上形勢的時候，這些青年教師，勇敢的擔負起以他們的力量還不能擔負的重擔，擔負起繁重的教學任務，我想在這一點上説，他們是很不容易的。但是與這同時，也確實有些人，由於自己政治上進步，是黨員或團員，課程也開出來了，如果再加上組織上有宗派主義情緒，他們就驕傲自滿起來，老教師也看不在眼裏了，覺得他們落後，認爲老教師教的東西是唯心主義，只有自己才是最掌握馬列主義的人，自然就不會很好的虚心向老教師學習。所謂新老關係就逐漸不好起來。

這次運動裏，很多人都感到黨羣之間有牆，雖然説有牆，但我看不是歷史上的萬里長城，第一因爲城裏城外不是敵對的雙方，第二也并不是蜿蜒萬里不斷，而是斷斷續續，有高有低，有厚有薄，而且有些地方是没有牆的。我覺得既然各人處境不同，看法不同，接觸的黨員的作風也不同，是高就説高，是低就説低，有就説有，没有就説没有，不應人云亦云，强求一致。

歷次運動，在有些人心裏留下一些印象，以爲越説得頭頭是道，越能表示自己積極。

據說在肅反運動時，有的單位，開會時不說話就被認爲不能站穩立場，不能劃清界限，我想這是個别的情況。但是有人却錯誤的以爲有一說三，有薄說厚，就足以表現自己的進步，這縱然也是極少極少的人如此，但也確實不能說没有這現象。

我想批評時實事求是，對於黨的整風，糾正錯誤，加强團結，改進工作，是有利的。有時因爲愛護黨，維護黨的事業，談到工作上嚴重的缺點和錯誤時，自然不免聲色俱厲，「疾惡如仇」，是很可理解的，但如果只是漫駡和譏諷，或者無中生有，何能以理服人？對於工作的改進，反不能達到預期效果。言之無物，持之無理，你讓人改正什麼呢？所以我說批評時應該能作到：事實力求確鑿，意見力求尖鋭，對工作的改進才能真正有幫助。

四、關於統戰工作

我想黨團員、民主黨派成員，都有組織關係，而統戰工作對非黨派的人應當如何作工作，今後也值得注意。有時某一問題，黨内和民主黨派分别傳達，而無黨派人士，感到知道得很少。目前還是無黨派的人數較多，恐怕將來也仍是如此。既然要調動一切力量建設社會主義，則不但要注意發揮民主黨派力量，對無黨派的人注意加强聯繫，也是應當注意的問題。

以上的話，很多都是我最近接觸羣衆的聲音，我願意在這裏講出來。現在我的話完了。

〔一九五七年五月三十日，載於三十一日人民日報、光明日報。據講話稿。〕

歷史科學工作者必須着重進行思想改造

今天我想專就有關向達先生的反黨反社會主義的言行談幾點意見。

我和向先生接觸不多，但以前并没聽見過他有對黨不滿的話，最近幾個月以來經大家揭發，才知道他有這樣大的反黨情緒，聽到後，一方面感到驚訝，一方面非常氣憤，他這些言行，真是出人意外。

他所以有這樣的反黨反社會主義的言行，據我看來根本原因是階級立場的關係，站在資產階級立場來看新人新事，在思想上一定會有抵觸，在感情上一定會格格不入，拿資産階級的思想感情來對待工人階級的政黨，自然就會有敵對情緒，看到共産黨員所做所爲自然就處處都不滿意了。向先生曾説，「辦科學不能順我者生，逆我者亡」，實際上他對任何領導他的黨員都有意見，惡毒的咒駡，冷嘲熱諷，恨不得駡盡和他接觸的所有的黨員，這樣蠻横的態度，倒真是「順我者生，逆我者亡」的態度了。

向先生爲什麽會仇視黨到這種地步呢，原來正像他自己所説的，他解放以後并没有進行思想改造，舊思想還是原封不動，八年來，人家都在進步，他却在原地踏步。

根據刊佈的材料，他的驕傲自大，已經達到狂妄的地步了，他目中無人，自以爲有學問，有知識，自以爲是專家，了不起，常說知識分子不是街頭流浪者，不能呼之則來，揮之則去，常說我可以捲鋪蓋走，離開科學院也有地方吃飯。說什麽合則留不合則去。和黨發脾氣，擺老資格，真好像那個地方離開了向達就不能辦事一樣。向達曾說：離開科學院也有地方吃飯。我們這些人可以走。試問你離開科學院，那末北大的工作你還作不作呢？圖書館你還作不作呢？可以走，走到那裏去呢？難道真的是到台灣去嗎？這樣的思想、態度，不僅是資産階級個人狂妄自大的表現，而且是有極深的封建的士大夫的處世惡習。

儒家的孟子對於當時的君主就常常端着架子，以表示自己的身價高。有一天他本來將要去朝見齊王，恰好這時齊王着人來請他，他反而裝病不去了。孟子這種擺架子的作風，一直影響很深，封建社會各朝各代的知識分子每每擺起架子，但是那時國家性質和現在不同，國家由一姓一家統治，知識分子也就自然會覺得國家是君主的，是人家的，他自己是作客的，是客卿。他們常以爲你用我，國就可治，不用我，國就不可治。在當時也不一定都是不好。

但是今天在新社會，人民自己當家作主，有的知識分子仍端着臭架子，人民自己的天下，自己不插手，仍覺得是客卿。向先生就是這樣，黨和政府明明對你尊敬和信任，請你擔任着重要職務，而你自己却偏偏有「五日京兆」之心。在初解放，不認識，還情有可原，解放已經八年，還把自己作爲外人，却以爲這是敢言直諫，以爲這是倔强，採取種種不合作的態度，試問這是對誰呢？是拿這態度來對付人民嗎？在反動統治的時候倔强，那算是好漢，對革命事業上倔强，這還不是敵人嗎？

在舊社會的時候，且不説很多知識分子顛沛流離，艱難困苦，就是向先生自己也不過是作一個普通教授，而那時却也相安無事，解放後，政府這樣尊重你，給予你很高的地位，你反而惡意攻擊辱駡，吹毛求疵，這不是階級立場根本没有改變，還是什麽呢？在國民黨蔣介石統治的時期，你倒也安之若素，在共産黨領導，人民坐天下的時候，你就看着這也不對那也不對，這不是反黨反人民，這不是不滿意新的社會制度，又怎樣來解釋呢？

在向先生的發言裏，幾次提到我，説我在二所成立學術委員會時，問潘梓年同志誰是第一副所長。不錯，是有這回事。開會是在去年二月十六日，那天的會向先生作主席，潘老首先講話，我因在講話時，準備提到兩位副所長，不知先説哪一位，就在潘老講話後，順便問他一句，以作我講話時的準備。潘老還未及回答，下面就輪到我發言了，所以我在講話裏就一次説侯外廬副所長在前，一次説向先生在前，有去年五月一日二所出的歷史學習第一期上所刊載我的發言可證。向先生所説「潘老當時不答不理」，我自己并未感覺。而且我提這問題，也并不是爲誰爭第一第二副所長，因爲我覺得只要有利於工作，組織上怎樣安排都好。

關於二所的成立，是在一九五四年初，當時我正生病，住在醫院，范文瀾同志到醫院和我說讓我擔任所長，我當時因自己能力差，而且年老有病，希望另請別位擔任。范老說這是組織上對你的委託，當時我想，黨讓自己作一點事，不應推諉，只要病好了，還是可以盡一點力量。但是我却時時以「如何加强黨在歷史二所的領導」爲念。當范老再一次找我，問我對副所長有什麽人選、有什麽意見的時候，我告訴范老我没有什麽人選，只是希望務必要有一位黨員副所長。我想范老當還記得此事。

向先生又提到歷史一二所的成立問題，他説「一九五三年由於陳垣提出爲什麽只有近代史所，於是一九五四年才成立歷史一二所」，他并問道「歷史一二所是在什麽壓力下成立的？」向先生所指的壓力是什麽呢？難道是指我曾提過嗎？這真太可笑了！全國解放不久，我們人力物力種種條件尚未具備，各種機構不能一下子都成立，自然成立有先有後，等到條件比較成熟，能成立的就逐漸成立起來，這本是很自然的事情。記得有一次史學會座談，林伯渠同志問我對史學界有什麽意見，我就提出應該成立歷史研究所。我當時的提出，也不過是作爲提供領導上考慮的一個意見，又有什麽壓力可言呢？我又何曾給過誰壓力呢？科學院的很多研究所都是幾年來根據當時的需要與可能陸續成立起來的，難道都是因爲有了某種壓力而一一成立的嗎？怎麼能因爲這事，就説范老有宗派主義呢？我實在一點都不明白。我看這兩件事，明明是在挑撥我和潘老、范老之間的關係，這是他自己在製造宗派，是很不好的。

我聽説，向先生曾説過現在舉舊史學界都只舉二陳，言外大有爲什麼不舉我向達的意思。我聽了很驚異。二陳之説，不知從何而起，這且不談。我覺得在全國解放八年的今天，如果史學界仍存在新舊之分，這是我們大家的努力不够，這不是什麼光榮，這是慚愧。我正痛恨我自己聞道太晚，積習較深，舊染未洗除，新知不容易進去，真所謂「時過而後學，則勤苦而難成」。我們不能讓史學界長期存在新舊之分，因爲舊史學家經過思想改造，接受了新的世界觀，以馬克思主義思想來指導學術研究，他就逐漸成爲新史學家了。每一個舊史學家，都應當積極學習馬克思主義，使自己盡快的改造成爲新史學家。不想向先生很怕人不稱他爲舊史學家，似乎希望永遠保持舊史學家的頭銜，而反引以爲榮一樣。

向先生又常常談到我是七十多歲的高齡如何如何，不錯，我今年已是七十八歲的老人，但是，我從没因爲老就放棄學習。盡管我學習馬克思主義很晚，盡管我因爲年齡的限制，耳目已不聰明，學習上有很大的困難，但是自從我有了認識，就下定決心跟着共産黨走，盡我最大的努力來進行思想改造，學習政治理論。八年以來，我雖談不上有什麽成績，但是我的信念甚堅，從來没有過絲毫動摇，就是因爲我找到了多年來夢寐以求的最正確的最光榮的道路。因爲我相信的是科學，我擁護的是真理。因此，我不願作舊史學界的旗幟，我願作馬克思主義歷史科學隊伍中的老兵，我不願作舊史學界的大師，我甘心作新史學界的小學生。這裏我要正告向先生，你説你有一把尺，常拿這尺來衡量人，我奉勸你回去把這過了時的尺摔斷了吧！今天已經是人民世紀的新紀元，衡量人的度量衡早已改變了，再拿出舊尺來，已經量不準尺寸了。

解放以前，我們知識分子，有很大一部分人，是没有機會接觸馬克思主義的，解放以後，絶大多數的知識分子，學習了馬克思主義，眼界爲之開闊。尤其是我們學歷史的，很多人以往都是掌握了一些零零散散的材料，縱然是掌握了比較豐富的材料，但是没有正確的立場、觀點、方法，在研究上有很大的限制。而經過學習，認清了歷史發展必然的規律，才更清楚的了解到人類的過去，看到現在，嚮往未來。我覺得學歷史的人，經過思想改造，應該比别人更容易理解人類的發展途徑，因此對新社會就應該更加滿意，對黨的領導、對政府的政策，以及一切新的措施，應該更容易接受，應該更熱烈的擁護。想不到向先生竟拒絶思想改造，對舊社會無限的留戀，對新社會不但不習慣，而且反越來越仇視。

黨對知識分子，從來就是非常關心和尊重的，湯用彤副校長的兩次書面發言，就是很好的例證，我自己也有同樣的感覺，也和湯副校長的情況差不多。幾年來，黨和政府對於知識分子的尊重和信任，對於我們無微不至的關懷，已經使很多人十分感動，從而絕大多數的知識分子就更加自覺的一心一意的爲人民服務，這當然是很好的。我想，縱然有個別的人感到對自己照顧不够，心裏有些不快，但是當他們看到億萬人民得到翻身，看到受壓迫的人打開了幾千年來束縛着的枷鎖，得到真正解放的時候，難道這不就是最令人振奮的事情嗎？尤其是我們研究歷史的人，看到創造歷史的勞動人民真正作了國家的主人，難道這還不是應該極端高興的事情嗎？這和個人的得失相較，輕重又怎能相比呢？何況向先生解放後只有個人的所得，何嘗有什麽所失呢？正像他自己所説别人的話，解放以後真是「連陞三級」了，還有哪些不滿呢？如果要是説有所失的話，我想就是失去你原來所依附的階級了！你是不是感到「皮之不存，毛將焉附」了呢？你是不是感到自己作了懸在半空的「樑上君子」了呢？是不是因此而感到「意氣消沉」「奄奄一息」了呢？

向先生也和其他右派分子一樣，在狂妄的叫囂外行不能領導内行，説這個也應該下台，那個也應該下台。黨員不是違法亂紀，六親不認，就是胡作非爲，招摇撞騙，好像黨員就没有一個好人一樣。錢俊瑞同志原是教育部副部長，調爲文化部副部長，他説是「連陞三級」。讓人很難理解，教育部爲什麽比文化部低三級呢？這不是吹毛求疵是什麽呢？談到科學院謝鑫鶴副祕書長，則説因爲謝副祕書長在一次參加會的時候，曾和向達説「你姓什麽？代表哪個單位？」於是向先生就認爲「我見毛主席、周總理他們都没有這種態度」，意思就是説毛主席、周總理都認識我，你不過是一個科學院的副祕書長，連我向達都不認識，這怎能領導學術？真不知這是什麽邏輯？他所以這樣説，實際上就是讓黨員都下台，就是要通過反對個別黨員來反對黨，反對黨的領導，問題是很明顯的。

向先生説搞社會科學，僅靠一千二百萬黨員做不好，但是你讓這個下台，那個下台，都下台了，只剩你向先生一人，難道就能把社會科學搞好嗎？這還不是説黨不能領導學術，不能領導科學，企圖讓黨下台，使資産階級社會科學上台嗎？把領導權交給資産階級知識分子，社會主義革命就無法進行了！你不要妄想中國可能發生匈牙利事件，這不但廣大工農不答應，就是我們覺悟了的知識分子也是堅決不能答應的。

向先生應當認清，知識分子思想必須改造，不要一提改造就有反感，就覺得有壓力。學習馬克思主義并不是「降低身份」，實際上一個人能向真理投降，是最光榮的事情。我們細想一下，三十年來，中國人民在共産黨的領導下，走過的是一條艱難困苦、光榮偉大的道路。先進的人們、先進的知識分子早已在作着轟轟烈烈的革命事業，而我們有些人却閉塞一隅，過去既没有機會親自參加革命，只有今天加倍努力以盡自己微薄的力量。在翻天覆地的革命事業面前，在不惜流血犧牲的戰士面前，縱然自己曾寫過幾篇論文，那又算得了有多大的貢獻呢？現在世界上第一個人造衛星已經由蘇聯科學家發射出來，正在環繞地球轉動，人類僅限於在地球上生活的時期正在結束，人類進入宇宙的時代正在開始。這樣偉大的成就，才值得驕傲，個人縱然作過一點點工作，又有什麽可驕傲的呢？我看有些知識分子，就是常常過分强調自己的作用，往往自命很高，驕傲自大，看不起羣衆，看不起工農，好像没有他就建不成社會主義社會一樣，而在歷史的重大關頭，就經不起考驗了，就原形畢露了，這就是因爲過去没有認真改造思想的原故。

我看向先生的問題，性質是相當嚴重的，已由個人主義發展爲政治野心家，且不説在土家族的問題上與其他右派分子勾結在一起進行的反黨活動，就是在其他方面的言行，也已經發展到了嚴重的地步。

我看了向先生的兩次檢討記録，檢討裏只羅列了一些事實，并没有觸及到思想，只從表面分析自己的問題，未能挖到思想的實質，如果這樣下去，恐怕一時還不會認識自己的立場和行爲的嚴重錯誤。

向先生自己應當考慮，八年來，人民從没有外待你，你却一直自外於人民，你置身於人民隊伍之中，却站在反對社會主義的立場上，并且採取不利於社會主義事業的行動。這一次應把真實的思想活動拿出來，分析出到底爲什麽站在反黨反人民的立場，分析到底爲什麽對新的社會處處感到不滿，把那些壞東西拿出來，丢掉它，這樣自己才能有進步。

向先生應該知道，自己的錯誤是十分嚴重的，但也并不是説就没有辦法了。右派分子也還是有前途的，右派分子并不一定永遠是右派分子，他的本身是可以發生變化的。周總理説，社會主義改造的大門，對右派分子是開着的。我看重要的是看你自己願不願進來了。

現在我們要在政治上和思想上與向先生劃清界限，但是我們還希望向先生能够耐心的仔細的考慮自己的問題，能够謙虚誠懇的接受社會主義改造，「實迷途其未遠，覺今是而昨非，」及早回頭，不要再那樣「固執」，不要真的自絶於人民。盼望你早一天回到人民的隊伍，回到歷史科學的隊伍來！

〔一九五七年十月十一日在京津史學界批判「右派分子」大會上的發言，據發言稿。〕

我們要大力推行文字改革工作

各位代表：

我完全同意李先念、薄一波副總理、彭真副委員長和吴玉章主任向大會所作的報告。最近這些時候，一直都使我感到心情激動，精神振奮，各個戰綫上的捷報頻傳，事事都在突飛猛進，我們的民族真是大有希望，我們的事業真是大有可爲。在全國解放短短的九年中，由於偉大的共産黨、毛主席英明正確的領導，才把我們一個災難重重，半封建半殖民地的國家，改變成今天這樣的面貌一新，并且在一日千里的飛躍向前。中國人民不但英勇堅强的站起來了，而且我們跑起來了！我們六億勤勞勇敢的人民團結起來，要和時間賽跑，我們有無窮無盡的力量，不僅可以移風易俗，而且可以排山倒海，覆地翻天。在我們的大會第一次會議上，毛主席説：「我們正在做我們的前人從來没有做過的極其光榮偉大的事業。」是的，我們的事業，是史無前例的，是前無古人的，幾千幾百年也没辦法解決的事情，在共産黨領導下在人民的手裏都作出來了！在這樣豪邁光榮的時代，在全國工農大軍的英雄氣概和革命幹勁的面前，像我們這樣的知識分子，真是一方面覺得慚愧，一方面覺得更要百倍努力，學習、改造，貢獻出自己所有的力量。

我現在單就文字改革的問題講幾句話。

毛主席說，我國是一「窮」二「白」，那就是說我們在經濟上還很貧困，文化上還很落後。要改變這樣「又窮又白」的情況，不但在經濟上以及其他方面還要苦戰，在文化的普及和提高上，也要想出種種措施，使得全國勞動人民盡快的掌握文化，才能更加迅速的建設好我們的國家。文字改革的推行，就是普及和提高文化最好的措施。因此我們必需大力推行，不然，「白」就不易改變。所以說這是我國人民文化生活中的一件大事，是我們每個人都不應忽視的事情。

有拉丁字母標注漢文的書，早在明朝萬曆年間就有了，我曾見過兩部，都是徽州人著的。一部是程氏墨苑，是講製墨的，他採用了各種圖畫做爲製墨的式樣，有幾種是宗教的圖畫，書中有利瑪竇的題詞，就是用拉丁字母注音的。另一部是汪廷訥的奕譜，是講圍棋的，內有利瑪竇用拉丁字寫的贈言一段，但連念起來，不成文理，後來我才發現他原來每一個字都是從墨苑裏剪下來拼凑而成的。他所以如此，不過是爲了想炫示他交游的廣闊。一九二七年，我曾將墨苑中的羅馬字注音，及汪氏僞造利瑪竇贈言影印出來，并加以考釋，名爲明季之歐化美術及羅馬字注音，聽說文字改革出版社已將此書重印，名明末羅馬字注音文章。

在利瑪竇的意思，是想用拉丁字母來幫助外國傳教士學習漢字。程氏則只是好奇，覺得新鮮，并没有使人易讀易識的意思。汪氏則簡直是騙人。不過因此可知當時認識拉丁字母注音的人還不多，所以他才敢於作假以驚世炫俗。

這是最早採用拉丁字母來給漢字注音的。三百多年以來，又有一些外國教士採用其他拼音方式；最近六十年來，我國的許多愛國人士、語文學者，更都積極提倡文字改革，并且創製了各種拼音方案。

我們現在追溯了三百多年的歷史，并總結了六十年來的經驗，製訂了現在的漢語拼音方案。這個方案吸取了前人許多有益的東西，確實比以前的任何一種都更加完善。一九五六年二月，這方案的第一個草案發表後，又廣泛的徵求了各方面的意見，反覆研究討論。對這個問題，我們是極其負責和慎重的，絶不像右派分子們所説只是少數人關起門來搞的。

漢字的數目多，筆畫繁，使人難學難記，難讀難寫，我們幼學的時候，都是費了很多時間，認字時都是生吞活剥的認，記不住塾師就要打手心，好辛苦才認識幾個字。如果真是并無捷徑，辛苦點也應該，但現在明明有了捷徑，我們就不應仍走舊路。

在歷史上，我國歷代的勞動人民都没有機會掌握文化，自然主要是社會制度和反動統治階級所造成，而漢字的繁難也是重要原因之一。過去的經濟基礎不改變，全民文化水平提高當然有困難，在今天所有制改變以後，如果文字不改革，由於漢字的繁難，仍是一個很大的阻礙，我國文化水平還不易迅速提高。文字改革以後，由於漢字簡化，就易認易寫了；用拼音文字注音，就易讀了；普通話普遍推廣，語言就逐漸統一了。那時我國的文化水平，就會有很大的變化。事實上漢字在許多方面現在已經遠遠落後於我國社會發展的客觀需要，因此，我們一定要勇敢的，大膽的，用革命的精神來進行文字改革。這是今天歷史的發展需要，也是關係着廣大勞動人民和子孫後代幸福的一件重要工作。

在這個工作上，我們掌握了文化的知識分子，應當起積極的作用，應當努力支持這一工作，不能袖手旁觀，消極對待。但是，也還有一些人，認爲自己已經學會了漢字，文字改革與自己關係不大，所以對這件事也不注意、不關心，甚至有種種顧慮，這是很不好的。我們的文字改革，是從六億人民的利益考慮的，是爲多數人着想的，是爲現在還不認識字而將來一定要認字的勞動人民與子孫後代着想的。我們應當從全民利益來考慮，從廣大勞動人民的迫切要求來考慮，不應僅從個人的習慣和一時的方便來看這個問題。

這是一件大事，也是一件新事，過去我們的確是宣傳不够，以致造成一些人的漠不關心，甚至還有人有些誤解。我有一個朋友，當報上開始用簡體字時，他有些看不慣，聽説以後還要改用拼音文字，覺得總是不太好，因此就對這工作不聞不問，但是在報上公佈了周總理的報告以後，他仔細的反覆的閲讀了報告的全文，才認識到文字改革的重要，他説文字改革原來是這樣，辦法太好了，政府想得太周到了，於是他就積極支持這一工作，并主動的去向朋友們宣傳。由此看來，今後我們還要加强宣傳工作，要使人人都了解文字改革的重要意義，則推行時，就會減少阻力，提高效率。

我們師範教育工作者，對推行文字改革工作更有不可推却的責任。我們北京師大已成立了推廣普通話工作委員會，準備培養骨幹，推動工作，用拼音字母來推廣普通話。我們已把它訂在今年的工作綱要裏面。今後我校在黨的領導下，并有文字改革專家黎錦熙先生的指導和我們師生的共同努力，一定要把這工作有計劃的開展起來。

同時也希望我們全國的每一個師範教育工作者，都積極行動起來，都來作一個文字改革工作的促進派，在文化建設上出一把力。

讓我們來盡快的普及和提高文化，改變我國文化落後狀態。讓我們來共同參加這史無前例的壯舉，把祖國建設成一個擁有現代工業、現代農業、現代文化科學的社會主義强國吧。

〔一九五八年二月八日在全國人民代表大會第一届第五次會議上的發言。刊載於十一日人民日報。據發言稿。〕

要作一個又紅又專的史學工作者

我們既然研究歷史科學，就應懂得歷史發展規律，就要在歷史的前進中，作一個促進派，站在革命最前綫，貢獻出自己的知識。

過去我們有些人只憑興趣，不顧需要；只願單幹，不願集體；只愛專門，不愛普及；只重材料，不重理論；只顧自講，不求人懂；只講往古，忽略現代；只願研究，不願教課；只重著作，輕視講義。這種種毛病，都是資産階級留下來的壞風氣，很多都是個人主義的壞風氣，不是社會主義的風氣，不是馬克思主義的風氣。這情況我們要改變，尤其是「尊古卑今」的情況更要改變，我們要作到「厚今薄古」。要認清研究古人是爲了今人，研究古代是爲了現代；要讓古人爲今人服務，不可使我們這些今人都去爲古人服務。

在當前的革命新形勢下，老年人不當有暮氣，青年人更不當有暮氣，我們史學界也朝氣蓬勃的來一個大躍進，打破常規，在教學與研究上奮勇向前；在思想意識上徹底改造。今日不同往日，今日研究歷史的條件比往日好得多，讓我們共同來盡早盡快的把自己改造成爲又紅又專、更紅更專的史學工作者吧。

〔載於歷史教學一九五八年四月號。〕

厚今薄古是今日史學界必需走的道路

陳伯達同志在科學規劃委員會提出厚今薄古的號召，是非常適時，非常必要的，我極爲贊成。這是我們歷史科學工作者今日所必需走的道路，因爲這是社會主義的道路。如果仍舊厚古薄今，「言必稱三代」，我們就會迷失方向，也就很難趕上世界文化先進水平。

厚古薄今原是過去的風氣，最顯著的時期，就是所謂乾嘉學派。當時因爲文字獄迭興，讀書人避免麻煩，閉口不敢談時事，於是有「非三代兩漢之書不觀」的說法，又有「不讀唐以後書」的說法。但是以往并不如此，就以明朝來説，讀書人雖作八股，但并不忘時事，試觀紀録彙編所載及皇明經世文編所收，都是有關當代掌故的文字，并没有陷在繁瑣的狹隘的圈子裏頭。

鴉片戰争以後，乾嘉的風氣已有改變，特别提倡所謂時務，於是皇朝經世文編、中西紀事等書漸出，學者就不專搞考據了。但自五四以來，馬克思主義思想傳到中國，買辦資産階級知識分子十分驚恐，害怕青年們接受了馬克思主義思想，動摇他們的政權，於是又極力提倡爲讀書而讀書，爲學術而學術。引導人們鑽研國故，脱離政治，脱離現實的革命斗争。

解放以前，這些思想在史學界影響很深，又加上有些人對當時政治不滿，鄙視反動統治中的争權奪利、殘酷壓迫人民的行爲，但又未能接觸進步力量，對當時人民所進行的革命鬬争全無了解，就採取了潔身自好，不問政治的態度。

近幾年來，我們史學界是作了不少工作的，如大家都經過了思想改造；一批年輕的新生力量已成長起來；對於資産階級的學術思想也進行了一些批判等等，是有很大成績的，這是我們工作的主流。但是另一方面，由於學術研究脱離實際、脱離政治的傾向，束縛着人們的思想有幾百年之久，還有些人一時不能突破這個界限。我們許多從舊社會來的知識分子，或多或少的受了這些思想影響，把它帶到今天的工作中來，所以在教學和科學研究上仍嚴重的存在着厚古薄今的風氣。這個風氣是舊社會給我們遺留下來的，是資産階級的舊風氣，不是社會主義的新風氣。尤其在目前，我們國家的經濟基礎已經改變，而我們的思想意識還不能跟上來，這一上層建築還不能馬上爲新的經濟基礎服務，這就遠遠落後於新形勢的發展，落後於人民對我們的要求。因此這風氣一定要大力扭轉，不然我們就將會妨礙社會主義建設，成了促退派了。

關於厚今薄古，我有兩點粗淺的看法：首先，從研究的方針來説，厚今薄古是每一個研究歷史科學的人都應當貫徹的，并非單指是研究古史還是研究今史而説的。研究今史要爲今人服務，研究古史也要爲今人服務，也就是説都要爲社會主義服務，爲無產階級服務。既然是爲無產階級服務，自然就要站在無產階級立場，如果仍站在資產階級立場，怎麽能全心全意爲無產階級利益着想呢？所以説要貫徹厚今薄古，必需要端正立場，也就是要滅資興無，大破大立。只要立場正確則不論是研究古史今史，都不致走入歧途。郭沫若院長早在一九二九年中國古代社會研究的自序裏就已經説：「對於未來社會的待望逼迫着我們不能不生出清算過往社會的要求。古人説：『前事不忘後事之師。』認清楚過往的來程也正好決定我們未來的去向。」他抱着這樣的目的來研究古代社會，對當時的革命進程，起了推動作用，自然也就是用古代史爲今天社會服務。

其次，從研究力量的分配來説，我們必需用更大的力量來研究近代現代史。過去的歷史雖然時間長，内容豐富，但是幾千年的歷史都是人民受剥削受壓迫的歷史，人民的思想智慧一直是受壓抑的，所以真正内容最豐富的歷史還是現在。中國近代和現代的歷史，是勞動人民經過一百多年的英勇奮鬭，終於在共産黨領導下，取得了人民革命的偉大勝利的歷史，是結束了勞動人民長時期被壓迫被奴役的歷史。因此這是幾千年以來，中國歷史上最燦爛的一頁。尤其是現代史更有無窮無盡的寶貴的革命鬭争經驗，不僅是中國人民子孫萬代無窮幸福的歷史的開端，而且是國際共産主義革命事業的重要組成部分，在人類歷史上也是占重要地位的。但是目前在這方面的研究，我們投入的力量還是很不够的，必須要糾正這種情況。

總之，我們歷史科學工作者，首先要積極學習馬克思列寧主義，改造思想，端正立場；并且要明確歷史科學必需爲實際服務，爲當前的生産建設服務。歷史的研究，要對現代有作用，要對推動新中國前進有作用，要爲現代的勞動人民服務，不能爲秦皇漢武唐宗宋祖服務。這也就是要我們在政治立場、學術思想上來一個大躍進。在全民大躍進聲中，我們一定能在歷史科學戰綫上勝利的完成社會主義革命，奮起直追，以趕上世界文化先進水平。

〔載於歷史研究一九五八年第五期。〕

黨使我獲得新的生命

在北京解放整整十年的今天，我光榮地加入了中國共産黨，從此我的生命開始了新的階段，我感到萬分興奮。

北京解放的時候，我年已將七十，回想起在舊社會，真是糊糊塗塗地虚度了七十年，由於那時没有正確思想的指導，經歷了曲折迂迴的大半生，直到解放以後，在黨的關懷教育下，才逐漸走上了爲真理而奮斗的正確道路。十年的過程，也就是在黨教育下自我革命、自我改造的過程，這對一個長時期在舊社會生長的知識分子來説，自然也是非常艱巨的過程。

我出生在清朝季年，當時中國正是外患内憂，受到帝國主義、封建統治殘酷的壓迫剥削、欺凌侮辱，國家灾難重重。我青年時在廣州，受到些維新思想影響，也曾抱有救國之志，參加了一些當時的反帝反封建活動。辛亥以後，曾一度擔任過政治職務，來到北京，我當時以爲，清朝統治已被推翻，國家會逐漸富强起來，而實際上事與願違，國家反日益混亂，越搞越糟。眼見國事日非、軍閥混戰連年，自己思想没有出路，感到生於亂世，無所適從，只覺得參加這樣的政治是污濁的事情，於是就想專心致力於教學與著述，抱有「苟全性命於亂世，不求聞達於諸侯」的態度，就這樣度過了幾十年。

十年以前，北京解放，這樣翻天覆地的變革，才把我從夢中喚醒。解放後各種新鮮事物天天都在教育着我，我初次看到了紀律嚴明的軍隊，勤勞樸實的干部，一切爲人民利益着想的政黨，我感到驚奇，感到佩服。我在北京幾十年，真可以説是歷盡滄桑，看過多少次興亡衰盛，没有一次當政者不是巧取豪奪，吸民膏脂，而象這樣的新政府，真象古書上所説的「義皇上人」，不但我没有看見過，就是歷史上也從來没有過。我才開始發現：我們所嚮往的中國獨立富强的道路，就是中國共産黨所領導的革命的道路。

這些初步的認識，對我來説，當時起着很大教育作用。與這同時，我開始學習着新的理論書籍，這些書都是我在過去從没有機會讀到的。在學習中，我初步理解了一些中國革命的理論，及中國革命在國際共産主義事業中的地位，初步認識了共産黨和人民政權的性質，因此，我開始參加了政治活動。

一九五零年輔仁大學的反帝鬭争，使我第一次受到實際政治斗争的鍛煉。我過去對帝國主義的文化侵略是没有認識的，以爲舊中國百事雕敝，教育更不發達，他們遠涉重洋來替中國人辦學校，總不是壞意。因此在鬭争開始，我的思想認識是模糊的，是黨的及時教育，才使我在鬬争中逐步認清帝國主義的真實面貌，認清帝國主義分子是披着宗教外衣來進行文化侵略，以奴化中國青年。黨給了我鬬争的力量，指給我鬬争的方向。黨領導着全校師生取得鬬争的勝利，使我在鬬争中，和帝國主義分子在思想上劃清了界限，思想覺悟提高一大步。和帝國主義分子進行鬬争的勝利，作爲一個中國人民，我感到無比的民族自豪感，開始認識到只有在優越的社會制度下的中國人民，才能真正站起來；只有有了共產黨的領導，才能實現中國獨立富强的理想，才有可能辦好文化教育等事業。從此我對黨就更加相信和擁護。

爲了更進一步得到思想改造和實際鍛煉，黨給予我到西南參加土地改革的機會。這次運動，使我這樣一個過去死讀書、讀死書的所謂知識分子，第一次和廣大農民有了接觸，在運動里，我受到一次極深刻的階級教育。我參加了巴縣南泉的土地改革，并參觀了大邑安仁。農民的血淚控訴和現實的教育，使我認清了地主階級的反動本質，以及他們長期騎在廣大農民頭上所進行的經濟、政治、思想上的封建統治和殘酷的剥削壓迫，認清這反動的封建制度束縛了生産力，是我們民族長期被侵略、受壓迫、窮困和落後的根源，是國家工業化的根本障礙。在尖鋭的階級鬬争中，我的思想感情發生着急劇的變化。我認識了羣衆力量的偉大和勞動人民的智慧。自己從前念過幾本書，就自以爲了不得，這一次，站在勞動人民的面前，才第一次感到舊知識分子的無知。

由於階級感情的變化，在土改中，我對歷史文獻記載等的看法，也有了改變，認出了過去所鑽研的歷史書籍中的階級性。記得在大邑，我看見了一個鏤花大理石的紀念碑，是稱頌當地堰塘修成的碑，碑上説：「堰成，歲歌大有，各農民飲水思源，相與勒石紀念，誠盛舉也。」這是我多麽熟習的字句，這類字句是在歷史記載裏常常會遇到的。但是農民弟兄告訴我，爲修堰塘，地主霸占了土地，又加日夜拉工，多少農民妻離子散，修堰塘後收成增多，更是加租加押，無法生活。我看到很多這樣稱頌的碑碣，同時也看到了這些刻石上字裏行間農民兄弟的辛酸血淚。地主階級雕梁畫棟上挂着「積善人家」、「宅心仁厚」的匾額，和他們深宅後院私設的公堂、水牢吊牢等等，形成了極强烈的對比。幾千年來，剥削階級操持着文字，培養出爲其本階級服務的知識分子。衣食住行，無一事物不是勞動人民供養，而知識分子不但認爲受之無愧、理所當然，而且還幫助統治階級「傳經衛道」，還説什麽「巫醫百工，君子不齒」，這是極不公平、極不合理的事情。這樣簡單的真理，我以前全不明白，這次土改的實際鬭争中，給我上了活生生的一課，使我在政治思想和學術思想上起了劇烈的變化。

土改回來的次日，我參加了三反和教師思想改造學習。在學習過程中，黨無時無刻不在關心着我思想上的點滴進步，市委和學校黨組織的很多同志，具體地細致地幫助我分析研究。由於黨的耐心教育和羣衆的幫助，我才有可能比較系統地認識了自己的過去經歷和思想中存在的問題，批判了錯誤思想，確定了前進方向，逐步樹立起革命人生觀。

在黨提出向科學進軍的號召時，我因對自己過去的學術研究，看法已有不同，而由於思想水平的限制，一時對新的科學研究，又很難着手。就在這時候，黨的領導同志又及時向我提醒，并給與各方面的幫助，提出我過去的某些著作，尚有可用之處，應當整理印出，以供參考。自從一九五五年科學院成立了四個學部，把科學家組織起來，一九五六年，在黨的領導下制定了十二年科學規劃，把全國的科學研究按照國家建設需要統籌安排，分出輕重緩急，有計劃地進行，在這規劃上我看到了科學事業的絢燦遠景。自己因爲參加了這些工作，思想意識上也得到不少提高。

一九五七年反右派鬭争，開始時，在大風大浪的面前，我一時看不出某些右派分子的陰險面貌，對反右派鬭争的性質和嚴重性也估計不足，對某些右派分子有温情主義。由於黨和同志們的及時幫助，才使我逐漸認清這是政治戰綫和思想戰綫上的社會主義革命，逐漸加强了對事物的識别能力，提高了覺悟，辨明了大是大非，堅定了階級立場，逐漸和資産階級右派，在政治上和思想上劃清了界限。

我是一個年近八十的老人，在舊社會經歷了漫長的歲月，可以説是飽經憂患的人，過去我也曾渴望着光明，但所看到的却是黑暗；也曾希望見到理想的政治，但幾十年來却使人失望；也曾有過一些救國之志，但在反動統治下，這志願根本也不可能實現。解放後，黨領導着全國人民作出了史無前例的輝煌成就，實現了人們的一切正義的善良的願望。黨使我得到了光明，黨使我認識了真理，黨使我懂得了社會發展的客觀規律和工人階級的偉大歷史使命。使我有决心争取參加到工人階級的先進組織。

一方面我感到聞道太晚，在先進的人們、先進的知識分子早已爲人民革命事業不屈不撓英勇奮鬭的時候，而我過去却一直對這樣偉大事業毫無認識，未能參加到革命的行列，實覺愧對人民。另一方面，我也慶幸和感謝黨多年以來的關懷與培養，黨用共産主義世界觀教育了我，使我能在垂暮之年，獲得新的政治生命，因此我感到光榮。

十年來的自我改造，是一個革故鼎新的過程，今天作爲一個新黨員，我更要嚴格地要求自己，繼續改造。我以現在作爲今後奮鬭的新起點，在思想上和工作上不斷革命，以便能够更好地擔負起黨所交給我的任務，我要無限忠誠地爲實現人類的最高理想——共産主義貢獻一切！

〔載於一九五九年三月十二日人民日報、光明日報。〕

立志做個光榮的人民教師

青年同學們：

教育戰綫，是我們祖國各項建設中的一條極爲重要的戰綫，教育是階級鬬爭的一種强有力的工具，改造舊社會與建設新社會必須很好的掌握和利用這一工具。教育同時也關係着人類文化的繼承與發展。

高等師範教育在某種意義上可以説是教育事業的基本建設，就象機器工業中的工作母機一樣。高等師範教育的任務是培養中學師資，中學教師擔負着培養青年具有共産主義的世界觀與人生觀，和把文化科學知識傳授給青年一代的任務。教師的言行，對青少年的思想面貌和道德品質的影響常常是深遠的，有時甚至會影響他們的一生。

中學不斷地把培養出來的學生輸送給國民經濟和文化教育各個戰綫，工業、農業各部門所需要的人才，固然是從其專門性高等學校培養出來的，但是向這些學校輸送的中學生的質量好壞，却有賴於中學師資的水平，而中學師資的培養又有賴於高等師範，因此，國民經濟各部門所需要的人才、中學師資、高等師範教育，這三個環節是密切聯繫着的。在這三個環節中,高等師範教育又是中心環節,因此高等師範學校就需要培養出有高度的政治覺悟及精湛的文化學識的人材,才能保證中學水平的提高。而要辦好高等師範學校就必須招收優秀的中學畢業生。

一九五八年教育事業也和其他事業一樣,有了極大的發展,新學校不斷建立,原有的學校也在日益擴大。周總理在全國第二届人民代表大會上所做的「政府工作報告」裏説:一九五八年比一九五七年的學生人數,高等學校增加百分之五十,中等學校增加百分之七十,小學增加百分之三十四。在這學校和學生人數迅速增加,教育事業迅速發展的情況下,使我們特别感到教師的質量與數量,都遠遠不能滿足客觀形勢發展的要求。

建設社會主義、共産主義,全國人民就需要有高度的文化科學水平,爲了達到這個目的,我們必須要有一支全心全意爲人民服務的、忠實於教育事業的、優秀的教師隊伍,因此,我們希望優秀青年來投考高等師範學校,希望有更多的同學,立志把自己的一生貢獻給祖國的教育事業,以擔當起培養更年輕一代的重大任務。

但是目前還有一些青年,對教師工作尚存在一些不大正確的看法,他們還不認識在整個祖國建設事業中教師工作的重要性,他們中間也有少數人,對所謂個人發展前途有不正確的理解,以爲教師工作没有前途,這種認識是不對的。

黨和國家是把培養革命事業的接班人的任務，完全信賴地付託給教師，這就意味着，把祖國的未來和希望交給了教師，這是教師的極大光榮，也是黨和國家對教師的極高信任。在我們這優越的社會制度下，各項工作都得到蓬勃的發展，凡是祖國所需要的工作，也就是個人最有發展前途的工作，凡是能够把國家的發展前途與個人發展前途正確結合起來的人，不管他作任何工作，都會有前途，也都會得到人民的愛戴。

有些青年，看見我們國家工業建設轟轟烈烈，就以爲只有從事工業建設才能對祖國最有貢獻。從事於工業建設，固然也是對的，也是必需的。但是我們應當把國家經濟建設與文化教育建設看作互相聯繫的整體，僅僅孤立的看到工業建設的重要，而看不到文化教育建設的重要，這是片面的。我們要看得全面，看得長遠。既要看到祖國目前工業建設需要人才，也要看到祖國還需要大量的教師，以培養更多的工業及其他各項建設工作所需要的幹部。

因此，我們希望優秀青年投入到教育戰綫上來，立志作個光榮的人民教師，擔負起爲祖國培養共產主義新人的重大任務！

〔據作者一九五九年四月二十八日在全國人民代表大會第二屆第一次會議上的發言删節而成，載於北京師範大學招生特刊。〕

教師工作使我永遠年青

人民教師的工作是非常崇高的工作，他不僅教授給青年文化知識，而且傳播着真理和科學；他不但教給青年建設祖國的專業本領，而且指導着青年走向人類理想的未來。教師的工作關係着人類文化的繼承與發展；教師的工作是爲無産階級政治服務的教育戰綫上的尖兵。正因爲如此，所以我們説教育事業在祖國建設事業中，占着極爲重要的地位，也正因爲如此，所以黨和政府非常重視培養教師的工作，指示我們要「發展師範教育」，「訓練大量稱職的師資」。

我們是一個擁有六億多人口的大國，由於過去廣大勞動人民被剥奪了受教育的權利，我們教育事業的底子是很薄弱的。幾年以來，特别是去年這一年，我們的教育事業有了很大的發展，我們還要在現有的基礎上，繼續普及與提高。我們要在最近三五年内普及小學教育，要發展中等教育和高等教育，算一算，這需要有多少教師？再則，我們要建立一支成千萬人的工人階級知識分子隊伍，這支隊伍的建立，途徑雖然很多，但其中主要還是靠學校來培養，這又需要有多少稱職的教師？因此，我們一定要加速培養又紅又專的教師，以適應教育事業發展的新形勢，不然，就會影響到今後國家培養幹部的計劃，也就會影響到社會主義建設的進行。

在過去幾年裏，我們一直重視教師的培養，每年已有大批的優秀青年，陸續走上了教育戰綫，他們正在不斷改進教學，提高教學質量，忘我的勞動着。現在又到了高中畢業班學期行將結束、升學考試即將來臨的時候，據了解，畢業班中有很大一部分同學，認識到教育工作的重要意義，準備報考高等師範，立志作一個光榮的人民教師。毫無疑問，這志願是符合祖國需要的，我作爲教師隊伍中的一員，熱烈的歡迎即將入伍的教育新兵！

我在教育界工作，時間已很長。記得我第一次教書，是在六十年以前，那時我才十九歲。那時中國的教育，還極不發達，我開始去教書，也談不到有什麼從事教育工作的志願。最初到幾個地方教書，都是由於躲避清朝反動統治的搜捕，以教書爲暫時棲身之所。開始時教蒙館，後來教過小學、中學、大學，而在幾十年教書的過程裏，使我深深的愛上了這個工作，尤其是解放以後，教育工作更有了新的意義，更使我一天不願離開教育工作崗位，一天不願離開青年學生。我想，假如我現在還是青年，正在選擇學習志願的時候，我將會毫不猶疑的告訴我的老師：我仍要選擇教師工作，作爲我的終身事業。

提起教師的生活，使我不能不想起過去作教師的情景。

在舊社會，教師工作是被人看不起的，教師在社會上没有地位，得不到應有的重視。作教師的人，違背了反動統治的教育方針，就會被認爲是政治犯，隨時可以被解聘、停職、拘捕。言論、集會都無自由，甚至連愛國的自由都被剥奪，精神上受到極大迫害。有所覺悟的教師，陸續參加了革命工作，有的就直接去到解放區。也有少數人，則甘心爲反動統治所驅使，在教育界倚勢欺人。而大多數教師，有些人則僅僅是爲謀生，是爲了養家活口，有些人則走上爲教育而教育的道路，脱離實際的從事教學和研究工作。可以説，舊社會大多數教師，是爲生活而教書，是爲教育而教育。

由於當時的社會情況，使得一些教師，因爲怕惹是非，抱着獨善其身的態度，個人自掃門前雪，各不相擾，獨自單幹，也很少得到别人的幫助。由於在不合理的社會制度下，往往也造成教師彼此之間，門户分歧，互相排斥的現象。

談到教師的物質待遇，尤其是中小學教師的待遇，更是微薄得可憐，每月所得，不能維持一家温飽，有些教師不得不在幾個學校兼大量課程，終年疲於奔命。有的教師下課後兼營副業，甚至有白天上課，晚上去蹬三輪，或作小生意沿街叫賣，以致教課時精神涣散，意志消沉。欠薪更是家常便飯，有時竟至拖欠至一年以上。兼任教師，暑假寒假不發工資。就是專任教師，每到寒暑假也是一個大關，不知自己下年能否接到聘書，擔心被裁被減。

解放前幾年，由於物價一日三漲，而教師工資數字不變，生活困窘，難以名狀。

舊社會的教師；就是處在這樣精神上受壓迫，生活上受折磨的境地，而在當時的金錢勢力，人情冷暖的社會裏。誰又會看得起清苦的教師，教師又還有什麽社會地位可言呢？作教師雖然這樣艱難，而在師範畢業後，想謀求一個教師的職位，也還并不是很容易的事情。那時的學生，畢業就是失業，師範畢業，也不一定能找到工作，就是僥倖找到工作，也不一定能去教書，很多人都是「學非所用」，很難發揮自己所長。

舊社會的教師，很多人都是有抱負的，他們也有一個美好的理想，他們想教好學生，希望他們的學生將來能對國家有所貢獻，但是在那樣的社會裏，這些理想，是難以實現的，只不過是一個善良願望罷了。

解放以後，教育界的情況隨着我們的國家、社會一樣，已經起了根本的變化。輕視教師工作的社會制度已被推翻。輕視教師工作的社會根源已經清除。教師已經結束了過去的悲慘生活，得到了從來没有過的尊重。各級人民代表中，有很多中小學教師的代表，他們和其他代表一起討論着國家大事，政治地位已得到提高，生活上有了永久的保障，物質待遇在逐漸改善。尤其重要的是黨和人民給予教師以極大的信任，把建設祖國的青年一代交給教師來培養，這就意味着黨和人民把自己的希望和未來，完全信賴的囑託給從事教教師之間，也是團結互助的。在中學裏，教同一年級同樣課程的教師對課程磋商研究，遇到較難講的課程，還組織其他學校觀摩教學，開評議會等。大家都在集體互助的精神下，克服困難，交流經驗，彼此關心，一同進步。教書再也不是個體單幹，獨自摸索。而是在集體之中，又能發揮自己特長，大家是共同在黨的領導下，爲着共同的目的，爲提高教學質量，爲培養祖國所需要的人材而孜孜不倦的努力工作着。

教師工作的一個特點，就是永遠和年輕人在一起。記得一九五六年在一次酒會上，周總理和我們幾個作教育工作的同志説：「你們的工作，天天和青年接觸，實在令人羡慕。」他這話給我印象很深，久久不能忘記。作教師實在是令人羡慕的工作。由於經常和青年在一起，所以教師雖然在教育着影響着青年，而同時青年也在教育着影響着教師。青年人富於理想，他們熱情活潑、有朝氣，他們對新事物有敏感，他們舊思想影響少，進步快。青年們求知慾很强，每遇到一個什麼問題，他們常要挖根追底，問個究竟。我有時和他們在課外談天，常常是在他們提出的問題裏自己得到啓發，有時在他們提出懷疑的地方，自己也從中有所領悟。

每當我講課的時候，看到同學們注視的傾聽着自己的講授，想到他們渴望求得知識的心情，促使我這作教師的人，更加强自己的責任感，更加倍認真的把自己的文化知識傳授給他們，下課後更加鑽研的去準備課業，找參考資料。每當我在夜深人靜、坐在燈下給同學們批改作業的時候，在課業中看到他們一天天的進步，自己也感到一個作教師的安慰和喜悦。我永遠忘不了在學生的成績簿上去登記一次比一次高的成績分數時的那種快慰心情。我曾有數不清多少次的爲看到學生的進步感到興奮，也不知有多少次爲他們在成長中的風波而擔心。幾十年來，自己年齡雖然一年一年的加長，而由於一直是在一代一代的青年中工作，所以時刻使我感到自己還很年青。在過去困難的歲月裏，是青年們給了我生活的勇氣，解放後，他們更增加了我前進的力量。青年們充沛的青春活力，時刻激發着我不斷向前的熱情，青年們朝氣蓬勃的精神，使我時常感到自己是青春長在，使我不知老之將至！

教師是塑造人的工作，它不可能很快就看到成效。古人說「十年樹木，百年樹人」，教師就是作着「百年樹人」的工作。一個人培育成長起來，不會是一朝一夕的力量。從開始上小學，到大學畢業，要用十六年或十七年的時間，再加上幼兒園，則時間就更長。教師雖然并不能馬上把人培養出來，而他的功績却將貫注在每一個學校出身的幹部身上，將體現在成長起來的各種建設人材的身上。這些人材，在各項建設中對祖國的貢獻，也都包含着一部分教師的勞動成績。所以教師的工作，影響是深遠的，而他的成績往往是在若干年後佈滿在全國各地的各項工作之中的。教師就像園丁一樣經心的殷勤的培育起幼苗，這些幼苗，若干年後，就會扶摇直上，就會緑樹成蔭，而教師的勞動，也就將在祖國遍地開花結果。教師工作就是終年愉快的在實驗室裏、在講台桌旁，負擔着既平凡而又偉大的培養人的工作。所以説，教師對祖國的建設是有很大貢獻的。任何忽視了教師的作用，或認爲教師對祖國没有多大貢獻的看法，那都是對教師工作還没有足够的了解。

在我作教育工作的六十年中，使我親眼看到有數不清的少年和青年在我身邊成長起來。他們的少年或青年時代，曾經有一段時間是和我在一起學習的。如今他們已成爲祖國的建設幹部，正在黨的教育下，爲建設社會主義，發揮他們智慧與才能。他們之中有不少人還經常和我保持着連繫，我們關心着彼此的生活和學習，關心着彼此的工作和進步。遍佈在山南海北的同學們，不斷來看我或來信問候。在敵人佔領北京，我受到威脅的時候，他們關心着我的健康和安全，當學校反帝鬬争勝利的時候，我收到祖國各地同學們的歡呼慶祝。直到現在還有幾十年前的老學生，在工作中遇到困難，或學術研究上遇到問題的時候，仍然向他們的老師討教。所以説，一直到現在，我的學生們還在不斷和我切磋琢磨，督促着我前進。

今年年初，當我的學生們聽到我入黨的消息後，我更收到了他們從各地寄來祝賀的信件，這些信有的來自内地，有的來自東北、嶺南，以及邊遠的内蒙古和新疆。他們在遥遠的地方寄來了誠摯的心意和親人般的問候，他們彙報着自己的工作成績，并向曾經教過他們的老師提出今後的保證。他們有些是最近幾年畢業的同學，也有三四十年前的老學生，看到他們的信，不由我想起他們在學校時的光景，想起他們兒童時的聲音笑貌、言行舉止，有些同學小孩時稚氣的面容，仍清楚的浮現在我的眼前。他們有的已成爲光榮的共産黨員，有的則在擔負着各級領導工作，有人已成爲建設社會主義的積極分子，也有人在科學研究上已有很大成就，他們有些還是青年，而有些却已是兒孫滿堂的老人，有些剛剛開始得到人民教師的光榮稱號，有的則早已是「桃李遍天下」，至今仍堅持在教育工作崗位上殷勤的培育着青年。從和他們的會面以及從他們的來信中，我得到他們的很大激勵和鼓舞，同時我也不禁感到一個作老師的喜悦和驕傲，深深的感到培養人的勞動是光榮的，是幸福的。

是的，我想每一個教師，當在祖國各個戰綫傳來自己曾經親手培養過的學生，工作已取得成績時，當看見他們在科學研究上有所創造發明時，都會感到作教育工作的無比光榮。當然，過去作教師是不能和現在的教師相比的，像我作教師，有半個世紀都是在舊社會，工作上往往是枉費了心力。而黨和人民培養出來的新教師，將遵循着黨的教育方針，按着建設的需要，爲祖國培養出有用的人材。新教師的成就，將千百倍的超過以往，定會在我們祖國教育事業上，增添新的光彩，立下很大功勛！

祖國的建設正在飛躍前進，文教建設也在迅速發展，在這新的歷史形勢下，我更感到教師工作的重要，教師影響的深遠，更感到教師的職務光榮，教師的事業崇高。我深深的熱愛着教育工作，我也將以更大的革命幹勁，和青年們一起擔負起培養祖國的建設者、培養共産主義新人的重大任務！

〔載於一九五九年五月二十二日人民日報、北京日報。據文稿。〕

和青年同學談讀書

目前有些學校正在討論學習方法問題，我覺得這很好，因爲學習方法不對頭，往往會事倍功半，浪費了時間和精力，反而影響學習質量的提高。中國青年社的同志們問我對於在學習上搞集體互助和評比競賽怎樣看法，我的經驗不多，現僅就讀書問題，和青年同學們談談個人看法。

要想把書讀好，首先要正確認識讀書目的。

去年經過教育革命，學校裏正確的貫徹執行了黨的教育方針，經過整風運動，紅專辯論，教師和同學都有很大提高，大家在思想上已更進一步明確了學校工作以教學爲主，新的學風正在各校成長起來，這是非常可喜的現象。但是也有人對讀書還有些不同的看法。聽説有人不敢多讀書，以爲多讀書就是走白專道路，有人不敢獨立鑽研，以爲獨立鑽研就是個人主義。有的同學則認爲，工作是黨交給的任務，學習是個人的事情，所以在學習的要求上也并不迫切。我看這就要先搞清楚爲什麼讀書，爲誰讀書，讀書是爲自己還是爲黨的事業？

我們過去曾批判了走白專道路的思想，我們反對的是那些資産階級立場，唯心主義的研究方法，反對的是那些只爲追求個人名利而鑽到書本裏的人，决不能因此就認爲凡是讀書就都是走白專道路，讀書也可能走白專道路，但也完全可以走紅專道路，如果説讀書就是走白專道路，難道不讀書反倒是走紅專道路嗎？是紅專還是白專，界限并不在讀書與否或讀書多少，主要在立場、觀點、方法是否正確。如果政治思想進步，有爲共産主義事業學習的目的和奮鬬到底的决心，但是却總不敢讀書，那末最多是只紅不專，何况如果没有爲人民服務的專門本領，紅也很難長久，遲早還是會褪色的。我們需要的人材是又紅又專，德才兼備，政治思想也要好，讀書也要好。固然不能只專不紅，也决不能只紅不專。固然不能有才無德，也决不能認爲「無才便是德」。工作是黨交給的任務，多做工作是對的，但是也應認清學習也是黨交給的任務，也要在學校學習的時候，抓緊時間把學習搞好，多讀點書。只有在思想和讀書上都注意提高，才能使自己有高度的社會主義覺悟，又掌握最新的科學知識，才能成爲永遠忠實於黨的有真才實學的勞動者。才能成爲對黨的事業有貢獻的人。

其次，既要讀書就要掌握讀書的特點和規律。

在學校裏學習書本知識，首先要向老師學習，學習的方式應以自學爲主，不能以集體學習代替個人鑽研。在校學習的特點，主要是通過教師的講授、輔導，然後經過自己勤思苦學，多讀多想，思維領悟，能够熟練的應用在作業習題和實驗，所學的知識才能真正成爲自己的東西，才能牢固的掌握。這個過程，必定要通過自己的腦力勞動，要自己深入思考，要自己透澈了解，要自己記憶和運用，是任何旁人所不能包辦，也是別人所代替不了的。這和吃飯一樣，吃飯一定要經過自己吃下去，經過自己的器官咀嚼、消化、吸收才行，他吃了你還是餓，我吃了你也是不會飽的。

有些學校則過分强調集體互助，把學習好的差的搭配在一組，好的要對差的包乾負責，包教包學。甚至爲了爭取時間，各自温習一章一節，互助交换學習心得，各自演算幾個習題，互相一抄，「集體」「互助」一番，就算把功課全部温好作完。這都不是學習書本知識所應採取的辦法。同學之間，彼此關心互助是應該有的，但是不能用這種「集體互助」來代替個人鑽研。任何一種專業知識，都有其系統性和完整性，不能支離破碎枝枝節節的學習一點。讀書一定要每一個學習的人，各自消化咀嚼，不能接力，也不能用流水作業的辦法。我們在學習上的分工，表現在不同的專業上，如有人學航空，有人學歷史，至於每一個專業課程，就必需要自己從頭到尾、自始至終的把他學完，才有可能學好。

而且，一班中的程度總是不同的，至於不同的原因，情况也很複雜，有的同學不用功可能是思想問題，但也可能是種種條件不同。經過一定的努力，有些差别可以消滅，而有些則一時不易彌補。當然，我們的要求是每一個同學都學習好，那就是希望同學各自在不同基礎上，都能力争上游，要求程度差些的趕上學習好的，也要求學習好的更進一步成爲更好的。如果實行「包乾」辦法，程度好的負擔過重，自己專長不能發展，限制了他求得更深造詣的機會，也妨礙了學習差的同學不能更好的鍛鍊自學思考能力。於好於差，皆非所宜。而且時間一久，就必然會形成向下拉平的現象。所以在學習上不能强求一律，要允許個人發揮自己特長。我們應當認識不平衡的現象是普遍的客觀規律，世界上没有絶對地平衡發展的東西。希望完全拉平，是主觀主義的願望，而且爲了追求指標，往往流於形式，造成爲分數而分數的現象，這都是違背了學習的特點、欲益反損的作法。

第三，讀書要有堅忍不拔的毅力，頑强不懈的精神，要刻苦鑽研，循序漸進。

讀書要注意它的長期性和艱苦性，不能妄想「一蹴即就」，也不能依靠評比競賽或短期突擊，企圖作到「畢其功於一役」。有人問我讀書有什麼祕訣，我想讀書并没有什麼祕訣，如果説有祕訣的話，那就可以説是要有決心，有恒心，刻苦鑽研，循序漸進。「天下無難事，有志者成之，天下無易事，有恒者得之。」任何學問，都是靠較長期的積累得來的，除了有些書是備查的，有些書是供參考外，而關於專業必要的書，就一定要認真仔細的讀，不能浮光掠影，不加思索。更不能走馬觀花，匆匆一瞥，一定要下馬看花，仔細揣摩，深入領會其含意，細緻追究其底蘊，然後才能融會貫通，得心應手，左右逢源。在學習上并没有什麽「捷徑」可走，也不能採取任何粗暴的簡單的方法。評比競賽也可能暫時看來轟轟烈烈，表面上或可以達到所謂「多快好省」，而實際上却適得其反。古人説「欲速則不達，見小利則大事不成」，這話是很有道理的。要想學得好，學得快，就要循序漸進、踏踏實實的去學，這不是爲了慢，而相反的正是爲了快。

至於説評比競賽可以造成聲勢，可以促進學習。事實上也不盡如此。學習上的躍進，并不體現在轟轟烈烈的聲勢上，有時千軍萬馬，聲勢逼人，反到妨礙了運用腦力，不能保持冷静的頭腦，心浮意揚，踏不下心去，學習的力量就會分散，精神也不能很好的集中，學得必然不能深不能透。促進同學學習，主要是靠思想覺悟的提高，專靠聲勢，是不能持久的。

毛主席在談到學習語言的時候曾説過：「語言這東西，不是隨便可以學好的，非下苦功不可。」我想我們在學習任何專業時，都應深入體會毛主席的教導。學習任何科學、任何專業，都不是隨便可以學好的，都非下苦功不可。那些不肯下苦功去學習的人，在學習上馬馬虎虎，粗枝大葉，或是不求甚解，臨陣磨槍的人，其結果只有一個，就是「學不好」。青年人應該明確任何科學，都不是高不可攀的；但也應該明確，任何科學也都不是很容易就能學好的。一定要認真鑽研，勤勞刻苦。正像馬克思所説的：「在科學上面是没有平坦的大路可走的，只有那在崎嶇小路的攀登上不畏勞苦的人，有希望到達光輝的頂點。」

相傳李白年少時，讀書遇到困難就不想學了，回家的路上遇一老嫗正磨鐵杵，李白問她爲什麽，她説要作針。李白笑她太笨，她説「功到自成」。李白大爲感動，於是繼續學習，終至學有成就。所以俗語説「若要功夫深，鐵杵磨成針」，意思就是勉勵人學習要耐苦精進。當然現在我們作針也不必用鐵杵去磨，不過是要我們記住無論作任何事，包括讀書，總是要有這種堅忍不拔的精神，要認識讀書的長期性和艱苦性，短期突擊的辦法，總會事與願違的。

最後，希望青年同學們進一步認識今天的幸福，抓緊時機，認真讀書，力争上游。

今天的青年是生長在幸福的時代，我們不要説過去廣大勞動人民的子女，都被剥奪了受教育的權利。更不要説在國家多難的年代，多少青年爲了挽救國家民族的危亡，英勇地肩負起救國救民重任，甚至付出自己寶貴的青春和生命。就是那些有讀書機會的人，又那裏能想像得到今天的幸福環境，那裏能有今天的美好條件呢？

今天黨和人民給青年安排好極優良的學習環境，隨時給青年們指出前進的方向，殷殷教導，無微不至的關懷，教你們如何向前、如何向上，教你們如何作人，如何學習，期望你們將來都能成爲國家棟樑，成爲國家有用的人材。在學校裏，老師們在殷切的教課，職工們爲學生能够學習好在努力的工作，有些學校圖書館裏有幾十萬、幾百萬册圖書，實驗室有無數的精密儀器和珍貴藥品。同學們思想上有些問題解不開，馬上有人來幫你分析，功課上有些困難，很快就能得到輔導。體育文娱形式多種多樣，同學們可以充分發揮自己才能。

想起我們念書的時候，根本談不到什麽培養，有時簡直是摧殘。從年歲很小就整天呆板的坐在書房，念着自己不懂連老師也不見得懂的書經、易經等書，枯燥的背誦着難以理解的字句，真是「周誥殷盤，佶屈聱牙」。背不下來，老師手拿硬木戒尺，向着頭上狠狠地一陣亂打，打得頭昏腦脹。思想被束縛着，精神被威脅着，什麽兒童心理，什麽聰明智慧，一概不得發展。到了自己懂得讀書的時候，那時也没有圖書館，書都是自己買或向人借看，有用的書就自己抄下來。在我的家鄉附近左右幾百里内，連一部二十四史都没有，我還記得很清楚，有一本家從外地買來一部竹簡齋廿四史，就轟動了一時，要看的人都要走很遠路程去他家翻看，我常常是夜裏提着紙燈籠，到他家借着看看。後來到北京，讀書的條件雖然好了一些，但還是困難重重。有幾年我住在宣武門，因爲作研究工作，要到安定門當時的京師圖書館閱讀四庫，交通也不便，從北京的西南角到東北角，一去一來在路上就要費去二三個小時。後來各校都有了圖書館，而藏書也是有限，自己要些什麼材料，往往是東借西抄，而且學習也没有人指導。不過應該説我當時的讀書條件，還是較好的，更不知有多少人還更加困難。但是就在那樣的困難條件下，有些人還是刻苦自勵，在學術上或多或少的作了一點工作。

今天的青年，正處在無比光輝燦爛的偉大時代，黨和國家爲青年安排好無限美好的光明寬廣的大道。青年們真是在享受着極大的幸福，我們這些不會再有青年時代的人，對你們有無限的羡慕之感，應當爲你們慶幸，爲你們祝賀。同時我也希望你們要認清，青年的時代，是人的精力充沛、才華焕發的時代，只要方向明確，只要方法對頭，只要肯鑽肯幹，一定可以爲黨的事業，創造出功績來。所以我希望青年同學們抓緊學習的機會，充分運用現在的學習條件，多動腦筋，多讀些書，「機不可失，時不再來」，一個人到老年再學，就是用了極大的努力，而終是要受到身體精力的限制，古人説「時過然後學，則勤苦而難成」，又説「少壯真當努力，年一過往，何可攀援」！希望青年們抓緊這寶貴的時刻，爲使自己成爲又紅又專、德才兼備，而刻苦頑强的努力學習。毛主席親切的和青年們説：「世界是年青一代的」，「希望寄託在你們的身上」！希望青年們不要辜負黨和毛主席的期望。

〔載於中國青年一九五九年第十二期，六月十六日出版。〕

在歷史研究所學術委員會擴大會議上的講話

各位同志：

今天要討論的問題很多，我只就幾個方面談一談個人的看法，請大家指教。

今年元旦我偶然得一對聯，是集論語句子的：「欲寡過而未能，不知老之將至」。在新的一年開始的時候，想到時光過得真快，自己進步很慢，第一聯因自己感到學習不够，思想改造還不徹底，欲寡過，但未能，還要繼續學習。好在在新社會，希望無窮，雖然年過八十，在思想上、學術上還願意和大家一起前進，因此得了第二聯的「不知老之將至」。

學部委員開會時，談到在學術戰綫上，黨和非黨的研究人員之間，青年力量和老科學家之間，要建立良好的密切的合作關係。我想這是很重要的。因爲自己不能算是新生力量了，所以很自然的就常想到老知識分子、老專家的問題。

郭老在學部開會時，號召老專家多寫作，他説不要以爲自己老了，衰退了，要以精神年齡克服身體年齡。

俗話説：做到老，學到老，學到八十也不算巧。我就有深刻體會。不學習，還覺得自己已差不多了，越學習才越覺得不够，真是「學然後知不足」。

我們很多人都在高等學校工作，都教過書，不教書有時還不覺得，越和青年在一起，越教課，就感到今天青年真不得了，知道的比你多，所以也是「教然後知困」，這兩句話是古人經驗的總結。

青年人政治熱情高，敢想敢説敢幹，顧慮少，幹勁足，説錯了，改正，重新研究，天不怕地不怕。上了年紀的人，當然大多數人積極性也很高，但也有極少數人就是話到唇邊留半句，怕挨批評，怕丢面子，怕影響名譽地位，總之是顧慮重重。

我們師大的各系，老專家不多，這幾年工作重，任務多，老專家們確實起了很大的作用。而學生有幾千人，很多課程就是年輕老師擔起來了，有些課還是水平很高的。看到他們的成長，不僅是後生可畏，實在是後生可愛。他們是學術界可靠的力量，老專家如不和他們密切合作，吸取他們的所長，真是要落在後面了。

當然也應當承認，他們的底子薄，基礎知識不够，認真讀書的風氣，還要進一步加强。但是青年們在黨的領導教育下，他們方向正確，我看這一條比什麽都重要。方向正確，思想對頭，學專業知識，只要有三五年，就要刮目相看。

我們過去就是吃虧没有領導，自己亂撞，没有正確方向。其實道路早有人指出，自己就是看不見，走了多少冤枉路，繞來繞去，才找到正確方向。

青年們從一入門，就是在正確道路上前進，就有馬列主義作指導，今天底子薄，明天就會後來居上了。

學校裏有些老教師，看不起青年教師，認爲自己讀書多，自負不凡，我常説我們談起王子安滕王閣序，讀起曹子建與楊德祖書時，摇摇擺擺，覺得他了不得，其實曹子建、王子安作這些文章時，都是十幾二十歲的青年。對古時的青年就看得起，對今天的青年就覺得不行，這是什麽道理呢？

當然老知識分子，不能把自己估計過高，狂妄自大是不好的，但也不能估計過低，妄自菲薄。自己缺少什麽，就要奮起直追。如果我們的世界觀還没改造好，就加緊改造，政治理論學習不够，就要採取有效措施，學習毛澤東思想，學習毛澤東著作，迎頭趕上，以毛澤東思想更好的改造自己。自己有什麽專長，也要正確的估計，把專長無保留的教給青年，無保留的貢獻給社會主義建設事業。如果對專業有多年研究，只要立場對頭了，積極性也就更大了，專長也就可以更好地發揮了。

今天在座的諸位，都是在史學研究工作上，下過苦功的，都各有專長，多專多能，誰都懂得作學問的甘苦。專家就是學術界的寶貝。在舊社會，我們作學問的人，没人過問，大多數都是自己挣扎，社會上就聽你自生自滅。今天，我們的新社會，重視學術發展，重視研究學術的人，給我們種種方便，正是英雄用武之時，也正是英雄大有用武之地。所以我們不但要百家争鳴以推動史學的發展，而且也要百花齊放，要所有的花都盡情的開放，自己會什麽就寫什麽，能什麽就幹什麽，各盡所能，各自發揮特長。

史學研究的方面也是很寬廣的，該作的事情很多。多少問題還没有統一看法，多少古籍還没有整理出版，我們一生所積累的，苦心鑽研的心得，也還没有儘量的都傳授給青年，没有傳授給下一代，這些都有待於我們更進一步的努力。

我們老專家，要學習青年的所長，也要幫助他們補其所短，使我們自己的接班人，都能有堅定的立場，較高的理論，並能精通史學專業，使我們的接班人個個都勝過我們，我看能在這方面出一把力，就是我們老一輩的責任。

總之，在史學領域裏，該作的事是多的，真是大有可爲。舊社會留給我們的專家不是太多，而是太少。這少數的專家，一定要很好的發揮自己的作用，才對得起這個社會。究竟應該怎樣發揮力量，怎樣合理安排勞動力呢？這是值得很好研究的問題。總的怎樣安排，自己怎樣才合適，大家都可以考慮一下，大家獻策。

新社會人人是主人，史學研究的推動，每一個史學工作者都有責任，我看誰都不能作旁觀者，誰也都願意在建設事業上盡一把力量。社會主義的史學，不單是黨員和青年的事，要所有史學工作者團結合作，攜手並進，取長補短，才能作好。

今天我國的學術水平，還不能達到國家對我們的要求，還要我們每一個科學家艱苦努力。黨與非黨，青年與老年，都要互相學習，共同擔當起擺在我們面前的戰鬥任務。今天我在諸位面前，年歲恐怕是最大的，如果說我是老年，可以說大家都還在青年有爲之時。但我也不服老，希望我們互相勉勵，互相督促，使馬列主義的優良學風的樹立，在我們這些人手裏作出成績來。

這是我要講的第一部分，此外還有幾點小小意見，是我的看法，可能是錯誤的，今天談談，和大家討教。

現在有些學術性的論文，空論太多，閒話不少。有時看到報上的一些長文章，登了滿滿一整版，而細細分析一下，如果把重複的、空洞的話減去，就可以省掉一半。現在大家工作上都爭分奪秒，言之無物的文章最好是少寫，看起來太費眼力，更重要的是太費時間。如果一人費十分鐘，一百個人就費一千分鐘，就是十七小時，等於費去一個人兩天的工作時間，這是多大的浪費！著書也是如此，有的書長達幾百萬字，如果減去重複的、空洞的話，至少也可以省去一半。毛主席稱這種文章爲「空話連篇，言之無物」，說這就是下決心不要羣衆看。

文章不怕長，但要有内容，没廢話，能够讓人懂。有一種文章，看起來洋洋大觀，而一句話繞來繞去，看了半天看不懂，不知他説的是什麽。前幾天，我看到報上有一篇學術論文，文章太長，編者在前面寫了一段内容提要，而提要也很長，文字也看不懂。我看寫文章總要使人能看得懂才好。毛主席的文章，理論深，文字簡練，通俗易懂，即所謂深入淺出。當然，寫文章要學到毛主席那樣爐火純青的地步是不容易的，但總要使更多一點的人能看懂，才能達到應有的效果。就是所寫的理論高，學問深，但至少也不能使大多數人看不懂。

還有批評的文章，也應作到以理服人。我們反對批評人採取簡單粗暴的態度，不要對别人一筆抹煞。但也有人態度並不簡單粗暴，就是不能服人。有些像毛主席所説的「裝腔作勢，借以嚇人」。毛主席説：「無産階級的最尖鋭最有效的武器只有一個，那就是嚴肅的戰鬭的科學態度。共産黨不靠嚇人吃飯，而是靠馬克思列寧主義的真理吃飯，靠實事求是吃飯，靠科學吃飯」。毛主席的這些話，我們還要很好地學習和宣傳。

我認爲，發表的文章，最低要求應當：（一）理要講清楚，使人心裏服；（二）話要講明白，使人看得懂；（三）閒話不説，或者少説。

對科學研究工作來説，資料工作是很重要的。解放以來，已經出版了大批資料，但還遠遠不能滿足工作需要，所以我們還要大搞資料工作。

有人認爲，資料工作是爲別人服務的，本身不是研究工作，所以就看不起，並且不願做資料工作。我認爲不管資料工作算不算科學研究，我們也不能不重視，看不起這種「服務行業」是錯誤的，我看至少是缺乏全局觀點。學術理論是爲人民服務，資料工作也是爲人民服務。研究和著述，離不開資料，我們史學工作者提不出史實，就無法論證。我曾在中西回史日曆一書序裏談到資料工作和工具書時說：「茲事甚細，智者不爲，然不爲終不能得其用」。資料工作總是要有人去作；不作，資料就不能很好的被利用。

依我看，理論是作戰方針，資料好比彈藥。只有彈藥，作戰方針錯誤，打槍沒有方向，則不能取勝。但如果只有正確的方針指導，而槍炮沒有彈藥，作戰也難以取得勝利。供應彈藥，是後勤工作，是爲作戰有利。搞資料工作就是爲編書，爲寫著作服務。認清這個明確的目的，就會知道任務的重要。但是要搞資料工作必須有毛澤東思想作指導，要政治挂帥。以正確的思想來指導資料工作，才能作爲資料的主人，才能掌握資料，使資料爲無產階級的政治服務。不然，就會跟着資料跑，做了資料的僕人。

我認爲，前人搞過的資料、工具書等，其中一部分，我們可以在原有的基礎上改編、修訂。凡是還能暫時利用的，我們也可以先加以利用，等到行有餘力，再作加工工作，再改編或重編，成爲具有社會主義水平的資料書和工具書。

現在條件好，資料工作可以有領導、有計劃地進行，可以集合羣衆力量、集體力量，可以互相協作。當然全國的統一領導和規劃也是十分重要的，不然，就會浪費人力。

〔一九六一年一月二十三日。講話的後半部分曾以談談文風和資料工作爲題發表在三月十六日的光明日報上。〕

談談我的一些讀書經驗

我早就想和大家談一談，但是由於時間和身體的關係，今天才得如願。你們畢業後是去作教育工作，又是學歷史的，所以我和你們真正是同行。我從事教育工作幾十年，研究歷史也有幾十年，時間很長，但是時間長，並不能説明問題。解放前在舊中國，由於當時歷史條件的限制，和自己思想的局限，走了很多彎路，浪費了很多精力和時間，所以成功的經驗不多，失敗的經驗却不少。不像你們處在這樣好的時代。你們大多數人在全國解放時，不過纔十二、三歲，或者更小，是在黨的教育下成長起來的，這是很大的不同。因爲今天的社會處處都爲青年着想，告訴你們應當怎樣走，告訴你們爲什麼應當這樣走。黨和政府給你們儘量創造一切有利的條件，就看自己是不是努力了。只要努力，比起從前來就能事半功倍。

你們馬上就要畢業了，本來我有很多話想説，但也不能一下都談到，今天只談談有關讀書的一些問題。這可能對你們畢業後在工作中自己進修時有所幫助。先談一下我個人讀書的經過。

十二歲以前，在學館讀四書五經，只是呆板地死背，不能背就挨打，只有用逃學一法來躲避。

十三歲發現張之洞的書目答問，書中列舉很多書名，下面註着這書有多少卷，是誰所作，什麽刻本好。我一看，覺得這是個門路，就漸漸學會按着目録買自己需要的書看。

十五歲廣州大疫，學館解散，因此不用學習科舉的八股文，所以有時間讀自己喜歡讀的書，在三年時間裏看了讀了不少書，打下初步基礎。

十八歲入京應試，因八股不好，失敗。誤聽同鄉一老先生的勸告，十九歲一面教書，一面仍用心學八股。等到八股學好，科舉也廢了，白白糟蹋了兩年時間。不過也得到一些讀書的辦法。有人問我當時讀書是用什麽辦法，其實也没有什麽别的辦法，法子是很笨的，我當時就是「苦讀」，也就是我們現在所説的刻苦鑽研，專心致志，逐漸養成了刻苦讀書的習慣。

科舉廢後，不受八股文約束，倒可以一面教書，一面讀書。當時讀書，就是想研究史學。中間有幾年還學過西醫，辦過報紙，但讀書和教書從未間斷，因此四庫全書總目提要讀過好幾遍。可惜四庫提要所著録的書，許多在廣州找不到。

辛亥革命後重入北京，時熱河文津閣四庫全書移貯京師圖書館，因此可以補讀從前在廣州未見的書。如是者十年，漸漸有所著述。

我讀書是自己摸索出來的，没有得到老師的指導，有兩點經驗，對研究和教書或者有些幫助：

一、從目録學入手，可以知道各書的大概情況。這就是涉獵，其中有大批的書可以「不求甚解」。

二、要專門讀通一些書，這就是專精，也就是深入細緻，「要求甚解」。經部如論、孟，史部如史、漢，子部如莊、荀，集部如韓、柳，清代史學家書如日知録、十駕齋養新録等，必須有幾部是自己全部過目常翻常閲的書。一部論語才一萬三千七百字，一部孟子才三萬五千四百字，都不够一張報紙字多，可見我們專門讀通一些書也並不難。這就是有博，有約，有涉獵，有專精，在廣泛的歷史知識的基礎上，又對某些書下一些功夫，纔能作進一步的研究。

我們研究歷史科學，需要知道的知識幅度很大，要瞭解古今中外，還要有自己較專門的學問。如果樣樣都去深鑽，勢必由於時間、精力有限，反使得樣樣都不能深，不能透。但是也不能只有專精，孤立地去鑽研自己的專業，連一般的基礎知識都不去注意，没有廣泛豐富的知識，專業的鑽研也將受到影響。學習歷史也是如此，中國不是孤立於世界之外的，不瞭解世界歷史，學中國史就必然受到限制，就不能很好地懂得中國。研究宋史，不知道整個中國歷史發展過程，則宋史也學不通。研究任何朝代的斷代史，都不能没有通史的知識作基礎，也不能没有其他必要的各方面的知識。

不管學什麽專業，不博就不能全面，對這個專業閱讀的範圍不廣，就很像以管窺天，往往會造成孤陋寡聞，得出片面偏狹的結論。只有得到了寬廣的專業知識，纔能融會貫通，舉一反三，全面解決問題。不專則樣樣不深，不能得到學問的精華，就很難攀登到這門科學的頂峰，更不要説超過前人了。博和專是辯證的統一，是相輔相成的，二者要很好的結合，在廣博的基礎上纔能求得專精，在專精的鑽研中又能擴大自己的知識面。

中國歷史資料豐富，浩如煙海，研究的人，不可能也不必要把所有的書都看完，但不能不知道書的概況。有些書只知道書名和作者就可以了，有些書要知道簡單的内容，有些書則要認真鑽研，有些書甚至要背誦，這就是有的要涉獵，有的要專精。世界上的書多得很，不能都求甚解，但是要在某一專業上有所成就，也一定要有「必求甚解」的書。

同學們畢業之後，當然首先要把書教好，這是你們主要的任務；另外，在自修的時候，可以翻閲一下過去的目録書，如書目答問、四庫提要等。這些書都是前人所作，不盡合於現在使用，但如果要對中國歷史作進一步的研究，看一看也還是有好處的。

懂得目録學，則對中國歷史書籍，大體上能心中有數。目録學就是歷史書籍的介紹，它使我們大概知道有什麽書，也就是使我們知道究竟都有什麽文化遺産，看看祖遺的歷史著述倉庫裏有什麽存貨，要調查研究一下。如果連遺産都有什麽全不知道，怎能批判？怎能繼承呢？蕭何入關，先收秦圖籍，爲的是可以瞭解其關梁阨塞、户口錢糧等，我們作學問也應如此，也要先知道這門學問的概況。目録學就好像一個賬本，打開賬本，前人留給我們的歷史著作概況，可以瞭然，古人都有什麽研究成果，要先摸摸底，到深入鑽研時纔能有門徑，找自己所需要的資料，也就可以較容易的找到了。經常翻翻目録書，一來在歷史書籍的領域中，可以擴大視野，二來因爲書目熟，用起來得心應手，非常方便，並可以較充分地掌握前人研究成果，對自己的教學和研究工作都會有幫助。

現在青年，有很好的機會，就是有參加實際鍛煉的機會。四年來，你們在黨的教育下和實際鍛煉裏，堅定了社會主義方向，提高了政治覺悟，有了比較明確的觀點，善於分析問題，可以更好地明辨是非，又得到書本上得不到的活的知識，這都是最重要不過的。

有人説，有些青年基礎知識差，這當然也是一個重要的問題，你們在校四年雖已經打下一些基礎，但我們要更高地要求自己，今後還要在這方面多多注意。基礎知識好比蓋房時的地基，地基不打結實，房子就會倒塌。我國各行各業都有注意基本訓練的優良傳統，拳術、武術，初學時要化很多時間練好一招一式；戲劇科班，先學唱做唸打，先練基本功。讀書更是如此，古人讀書，先背誦一些基本書籍，寫字先學會拿筆和寫字姿式，講究横平豎直，作詩先學作聯句對句，學習詩韻。研究一門科學，基本知識更是起碼條件，不打好基礎，就好像樹没有根。當然前人對基本知識的要求與我們現在不同，但儘管有不同，而基本知識總是應當注意的。如學習歷史，就必須學會閱讀古文，要至少學會一種外語，而且要有一定的寫作能力，這就是必不可少的。大家在哪些方面還没學好，今後還要在這方面多多努力。

要想獲得豐富的知識，必須經過自己鑽研和努力，没有現成的。只要踏踏實實地唸書，就會有成績，不要以爲學問高不可攀，望而生畏，但也不能有不勞而獲的僥倖思想。

不管别人介紹多少唸書經驗，指出多少門徑，但别人總不能替你唸，别人唸了你還不會，别人介紹了好的經驗，你自己不鑽研、不下功夫，還是得不到什麽。而且别人的經驗也不見得就適用於自己，過去的經驗，也不一定就適用於今天，只能作爲參考，主要還是靠自己的刻苦努力。

讀書的時候，要作到腦勤、手勤、筆勤，多想、多翻、多寫，遇見有心得或查找到什麽資料時，就寫下來，多動筆可以免得忘記，時間長了，就可以積累不少東西，有時把平日零碎心得和感想聯繫起來，就逐漸形成對某一問題的較系統的看法。收集的資料，到用的時候，就可以左右逢源，非常方便。

學習是不能間斷的，更是不能停止的，要注意學習政治，學習經典著作、毛主席著作，並要經常學習黨的政策。要不怕艱難困苦，作到吃苦在前，享樂在後。要謙虛，不要以爲自己是北京師大畢業就看不起人；不要以爲自己已經大學畢業，學習得就已經够了。畢業只是在學校學習階段的結束，更長期的新的學習階段，還是剛剛開始。我已八十二歲，越學習越覺得自己不够，你們連二十八歲還不到，應該學的東西還多得很呢！要趁着年富力强的時候，刻苦鑽研，努力讀書，時不待人，到了八十二歲再學，總是太晚了。古人傳說梁灝八十二歲中狀元，這畢竟是極個别的事情，你們不要等待、觀望，要趁着年輕，腦力、體力都好的時候，抓緊時機。機不可失，時不待人。

〔一九六一年五月二十七日與北京師大歷史系應屆畢業生談話紀要，載於中國青年一九六一年第十六期（八月出版）。〕

在中國古代教育史座談會上講話

各位同志：

今天我們開這個座談會，談一談「中國古代教育史」的問題，邀請了各位歷史專家和教育專家，給我們提提意見，各位工作都很忙，在百忙之中，能參加我們這個會，我們非常感謝！

全國文科教材工作會議，分配給我校文科各系幾項編寫任務，其中一項就是編寫「中國古代教育史」，其他幾項，將來也免不了麻煩各位專家，今天先請大家幫助我們搞「中國古代教育史」。

我校從四月底接受編寫教育史任務後，就在學校黨委領導下，安排了編寫力量，組織十二人參加編寫工作。到現在爲止，我們擬出一個大綱初稿。

在編寫大綱過程裏，聽取了校内外有關同志的意見，把我校原有的中國教育史講義，和解放前後國内出版的中國教育史課本和講義，加以研究分析，並且閱讀了有關的文章和材料。經過幾次討論修改，擬出了這個大綱。

本來編寫中國教育史，這個任務是相當繁重的。中國歷史這樣長，材料這樣多，有關教育史的資料，也非常豐富。我們試圖通過豐富的歷史材料，系統的來說明中國教育的發展規律，總結出歷史上比較重要的一些教育經驗。我們現在先擬出這樣一個大綱，其中第二章第二節，孔子的教育思想，是詳細的講授提綱。在將來大綱定稿之後，就着手編寫全書。就這個大綱初稿來看，不知是否達到了我們這樣一個目的。還有待專家們的審查鑑定。

關於如何批判的繼承歷史遺産問題，是一個複雜的問題，對歷史材料必須較準確的估價，封建時代的文化教育，並不見得都是封建主義的，即使是封建主義的文化教育，也並不都是壞的，過去民間的東西，也並不都是精華，也有封建的東西在内。比如過去的「忠君」思想，也往往激發起愛國行動；宗教本身雖是唯心主義的東西，也可以用他調動起反抗力量。

什麽是精華，什麽是糟粕，還要用歷史觀點去對待。我個人，由於理論水平不高，很多歷史上的問題，就還不能準確的認識。歷史人物和歷史資料有其局限性，而我們參加這一工作的同志，正像周揚同志所説的，也還有局限，也可能有不够全面的地方。

在編寫這個大綱時，參加工作的同志們，積極性都很高，都在黨的領導下，認真努力的去作。我們也力求作到材料充實可靠，也盡力作到觀點上能夠正確，但是還可能存在不少問題，所以非常希望得到各位專家們的幫助和指導。

聽説郭老主編的「中國歷史」，到上月底爲止，各地的意見，字數已和原稿相等，現在還在陸續收到全國有關單位和個人寄來的意見，有這樣多人幫助，可以預料編寫出來，一定能够比較滿意。

我校編的這本中國教育史，在編寫時雖然不可能得到那樣多的意見（編好以後，各大學用爲課本，還可以在全國請教），現在我們争取今天到會的專家，給我們多多幫助，爲我們提出寶貴意見，使我們的工作可以提高一步。

最後，我向大家表示，我們虛心的熱情的聽取同志們的意見，並且對同志們給我們的熱心協助，表示極大的感謝！

關於工作中具體的問題，和一些進行的情況，由我們編寫組的同志再爲介紹。

〔一九六一年六月二十一日，據發言稿。〕

春風桃李　百年樹人

——北京師範大學六十周年校慶

北京師範大學在一九〇二年即清光緒廿八年創辦，到現在已整整六十年，六十年的時間不算很短，已是花甲之年，是一個老學校了；但是她獲得自己的新生命，却還不過十三年，所以同時她也是一個新的學校。

我國的師範教育，是在清季興辦學校後，適應當時各校師資的需要開始的，我校也就是在這時建立的。她是我國最早的師範學校之一，在我國教育發展史上占着重要的位置。師範教育是發展教育事業必不可少的一個重要環節，没有專門培養師資的師範學校，各級學校教師就難以大量補充，學校教育的發展必然受到限制。師範教育雖然如此重要，但是，在舊社會文化教育事業根本不被重視，所以師範教育更有它的不幸遭遇。以我們北京師大來說，在舊社會四十七年的興衰變化，就是一個非常典型的例子。

我校最初原是京師大學堂附設的師範館，後改爲優級師範科，六年後獨立爲京師優級師範學堂，到一九二三年改爲北京師範大學。由於當時政局多變，而且反動統治階級内部時有矛盾，又加以各派學閥的壟斷跋扈，就常常波及到我校的安危，歷代反動統治者都對北京師大異常歧視，屢加排擠，或者操縱把持。在解放前的四十七年中，忽而下令停辦，忽而讓我們停止招生，忽而改組，忽而合併，有時要隸屬於其他大學，有時聲言應廢止師範教育，有時改爲學院，抗戰勝利後，又不準復員，種種刁難，百般打擊。解放前學校校名就曾變動約十八次，校長撤换了近二十次，四十七年間幾乎没有一天不是在艱難動蕩之中。爲了學校的存在，爲了我國中等學校有專門培養教師的機構，爲了我國高等師範教育的獨立設置和整個教育事業的發展，我校師生，曾多次向當時統治者據理力争，展開辯論，不斷的示威、請願，在多少鬬争中，北京師大才逐漸形成，逐漸完備。我校師生的鬬争，維護了師範大學的獨立，使我國高等師範制度在教育系統中肯定下來，爲我國師範教育的奠定和發展，打下了良好的基礎。

隨着中國革命的歷史進展，解放前的北京師大在政治運動中，也與全國人民一起進行了一系列的堅定頑强的斗争。早在「五四」時期，我校同學就站在政治斗争的前列，參加了反帝愛國運動。從這以後，學校中新舊勢力展開了一系列的激戰，師生們在當時新文化思想影響下，向封建文化和帝國主義文化猛攻，並配合着新文化運動，在學校裏推行文字改革。經過「五卅」、「三一八」以後，進步力量鍛煉得更加堅强。一九二七年大革命失敗後，國民黨反動派對進步勢力的摧殘迫害日甚一日，我校進步師生在中國共產黨地下組織領導下，對黑暗勢力的鬭争始終没有停止過。一九三五年我校學生參加了「一二·九」、「一二·一六」愛國抗日運動，他們的思想覺悟更有了提高，許多同學加入了民族解放先鋒隊，逐漸走上革命的道路。一九四六年自反美軍暴行示威遊行開始，運動迅速展開，在「搶救教育危機」和「反迫害、反饑餓」的鬭争中，師生們逐漸團結起來，反動派非常恐懼，乃在一九四八年四月九日對我校師生大規模的逮捕和屠殺，製造了「四九血案」和「四一一」暴行，激起我們對反動派更猛烈的抗擊。總之，我校進步師生在黨的領導下，向反動統治階級進行了長期的前仆後繼、英勇不屈的斗争，和全國的進步力量匯合在一起，在祖國的革命斗争的歷史上寫下了光輝的一頁。

一九二九年開始，我來到舊師大歷史系任課。當時這個學校正是岌岌可危，有時無校長，校務陷於停頓；長期無經費，學校一貧如洗。教職工的薪金經常拖欠，竟至依靠抵押校産，借債度日，師生們在慘澹經營、勉强維持着。也曾經一度因爲實在無法開課，同學們發起過「經費運動」、「上課運動」，這些情況，現在的青年同學簡直無法想象。很多老教授在這極端困窘的情況下，爲了把知識傳授給青年，不願離開他們，仍然堅持着教學；同學們爲了學業不致荒廢，嚴冬時在没有爐火的冰冷教室裏，仍然刻苦的學習。由於師生們的努力，到抗日戰争前夕，我校共培養出畢業生四千多人，百分之八十多都在教育界服務，絶大多數畢業生教學情況良好，深受所在學校的歡迎。我校附中的教師，大多是在師大畢業，他們先後編撰出版了五十多種教材，在當時和以後爲許多中學所採用。儘管反動當局對我校摧殘壓迫，阻擋着我們的進路，但是我校師生對培養中學師資和發展普通教育上，還是作出了不少功績的。

抗日戰争爆發後，師大西遷，八年之間，一再遷徙，搬移往返，長途跋涉，歷水登山，困難重重。在西北的八年，設備異常簡陋，圖書儀器異常缺乏，師生們仍然克服了艱辛困苦，因陋就簡的進行教學和學習。

與此同時，我校後來的組成部分——輔仁大學，因爲當時在天主教外衣僞裝下，表面上不受日寇統治，在各校南遷、燕京大學停辦後，具有民族氣節和愛國思想的青年學生，因不願在日寇直接統治下的學校讀書，都來投考輔仁；由於種種原因不能離開北平的許多著名教授，因不甘心附逆，也來此任教。隨着國際國内形勢的變化，學校裏的帝國主義分子，更特別加緊了殖民地奴化教育和法西斯殘暴統治，企圖扼殺中國師生的愛國思想和民族意識，並與日寇特務機關勾結，多次逮捕輔仁的愛國師生，殘酷的迫害中國師生的愛國活動。在校内外敵人恐怖統治的極爲險惡環境下，輔仁的中國共産黨地下組織不畏一切艱險，頑强地領導羣衆開展反帝愛國鬭争，艱苦地進行了發展組織、作抗日宣傳及輸送進步學生到解放區等活動。也有不少教師在淪陷期間，過着非常清苦的生活，仍努力治學，不任僞職，不參與日僞活動，以堅貞不屈的態度來對待日寇的侵略統治。八年間發表了不少文史專著，在學術上作出了一定的貢獻。輔仁大學雖不是師範學校，據了解，畢業同學在教育界服務的也占大多數，一般都能勝任教學工作和其他工作。全校師生苦心孤詣的熬到了勝利。

但是，抗日勝利，學校的災難並没有結束，反而變本加厲。蔣介石發動大規模的内戰後，物價直綫上升，教師連最低生活也難以維持，特務在校内横行霸道，逮捕教授，迫害學生，但是他們任何窮凶惡極的暴行，也撲不滅革命的火焰，也挽救不了反動統治即將崩潰的命運。一九四九年一月卅一日北平解放了，我們全校師生歡喜若狂的迎接了北平的解放。從此，北京師大獲得了新的生命，在黨的領導下，走上了前進的道路。

總觀我校解放前幾十年，在中華民族危急存亡的日子裏，我們爲了争人權、要活命，争民主、反迫害，爲了争取讀書的權利，爲了争取師範教育的存在，都曾付出了極大的力量，所經歷的道路是艱苦的，是崎嶇的。儘管學校多次變動不寧，但是學校的根本性質未變，一直是掌握在剥削階級手中，在政治上經濟上受到種種壓迫和束縛，因此儘管在舊中國她經過了將近半百的歲月，而其發展進度却是非常緩慢的，一直到解放之後，北京師大才爲人民所有。解放後短短的十三年，我校已起了根本變化，已從一個半封建半殖民地社會中的資産階級大學，改造成爲人民的、社會主義的新型師範大學，學校進入了空前的大發展時期。

在黨和政府的領導下，我們進行了一系列的改革。一九五二年，教師們初步進行了自我思想改造；經過院系調整，我校與輔仁大學合併，規模有了較大發展，師生人數、圖書儀器和校舍使用面積都增加了將近一倍。我們學習了蘇聯先進經驗，系統的進行教學改革，改革了教學制度、教學内容、教學方法和教學組織，並建立起比較完整的教育實習制度。一九五三年起，開始建立了新校舍，各系陸續遷往新校，現在我校的建築面積，已是過去兩校面積的四倍多。經過歷次的政治運動，特別是一九五七年整風運動和反右派鬭争之後，全校師生受到深刻的階級教育，政治覺悟有了很大提高。在這個基礎上，自一九五八年起，我校堅決貫徹執行了黨的「教育爲無産階級政治服務，教育與生産勞動相結合」的方針，開展了教育大革命。一九六〇年春，我校響應黨提出的中小學「教學必須改革」的號召，積極熱情的投入普通教育改革運動，取得了很大成績，在普通教育改革方面作出了貢獻。目前，我們初步總結了幾年來的經驗教訓，進一步貫徹「以教學爲主」的原則，對教學、勞動和科學研究作了全面安排，正在進一步爲提高教學質量而努力。

解放後，我們學校已有了巨大的變化，發展速度是在舊社會所夢想不到的，十多年來，我們已培養出九千八百多名畢業生，許多畢業生到了工作崗位後，在政治和業務上起了骨幹作用。雖然解放前人們都稱我們是「窮師大」，而就在這「窮師大」裏，勞動人民的子女也不過是極少數，解放後工人農民的子弟逐年增加，現在已占絕大多數。教師中，新生力量也在迅速成長，他們在我校教學和科學研究工作中，已成爲一支重要力量。此外教職工人數、圖書儀器、實驗場所，都有了成倍的發展，但是使我們感到變化最大的，還是人的思想面貌的深刻變化。

十幾年來，教師們尤其是年老的教師，經過歷次政治運動，由於黨的耐心教育和教師們自己的努力，在思想改造上都獲得了豐收，黨重視我們的一點一滴的進步，鼓勵我們繼續前進，爲我們指出前進的方向。大家都感到是在黨的教育下才能覺醒，在黨的領導下參加了鬬爭，在黨的幫助下思想得到解放，在黨的培養下我們都健康的站了起來。我們深刻的感到黨和政府對教師的信任和關心，關心我們的思想和工作、學習和生活，我們所掌握的有限的科學知識，黨和政府都看作是國家的財富，非常重視。從各方面保證了教師們有必要的工作條件和學習進修的條件，並且得到極高的政治待遇，生活加以照顧，勞逸注意安排，使得一切有專長的知識分子，都能充分發揮自己所長。我們深切的認識到只有社會主義制度，只有人民自己的政府，才能對教師如此重視和愛護。

今天，大家都團結在黨的周圍，一心一意爲人民服務，再也不受帝國主義和反動統治者的氣了。過去一切都是人家的，命運掌握在人家的手裏，今天真正感到師大是自己的師大，所考慮的是自己怎樣才能更好的發揮作用，怎樣才能更多的負起責任，把工作做得更好。回憶起過去的辛酸、困苦，面對着今天美好、幸福，展望着未來瑰麗遠景，都感到新社會的無限温暖。過去的精神抑鬱，苦悶徬徨，生活窘困，甚至顛沛流離，所有這一切，都一去不復返了。於是當家作主的主人翁思想迅速的成長起來，感到勝利是我們自己的勝利，成績是我們自己的成績，甚至連困難和缺點也是我們自己的，我們可以用自己的雙手，戰勝困難，克服缺點，把工作質量更迅速的提高。爲了搬掉現在横在我國人民面前的經濟貧窮和文化落後這兩座大山，我們應當貢獻出更大的力量。爲了建設社會主義的新師大，我們更是責無旁貸，義不容辭。

我們也進一步認識到從事高等師範教育的重要意義，高等師範培養出的人民教師，影響到今後千百萬青年的成長，古人説：十年樹木，百年樹人。培養人的工作，是社會主義建設中的百年大計，不容忽視。師範教育辦得好壞，關係中學教學水平和大學招生質量，對於培養我們的後一代——共產主義接班人有着深遠的意義；目前我國中小學在校學生有一億人左右，因此師範學校畢業生工作的好壞，也有着非常廣泛的影響。所以説高等師範教育是整個教育事業的中心環節，關係到全國人民能否掌握文化科學知識的問題，也關係着我國科學技術水平、攀登科學高峰的問題，我們認識到自己工作的光榮和重要，雖然我們的工作已取得不少成績，但是比之偉大的目標，還差得很遠，我們應當提出更高的要求，進一步改造思想，繼續改進工作，加倍努力地把工作做得更好，才不辜負黨和人民對我們的期望。

今天歡祝北京師大六十周年，我個人是感觸很深的。我自十九歲開始教書，在教育界工作已有六十多年，曾在各種類型的各級學校任教，親眼看到這六十年的變遷，親眼看到北京師大的種種遭遇，也親眼看到解放以來翻天覆地的變化，真有道不完的今昔對比，説不盡的滄海桑田，撫今思昔，恍如隔世。過去的教育界凋零衰敝，今天的教育事業欣欣向榮；過去北京師大風雨飄摇、苟延殘喘，今天我們學校已規模宏壯、朝氣蓬勃。過去自己也曾對文教工作抱過一些美好的嚮望，但却常有「俟河之清，人壽幾何」的感慨，而今天我們解放僅僅十三年，就已經有了這驚人的變化。過去自己也曾想做出一點貢獻，但是在那樣的社會裏知識分子能有什麽出路，歷史的經驗證明，知識分子只有與黨結合在一道，才能有出路，才能有前途，才能有所貢獻。眼看着我們北京師大的迅速成長，看到我們教師的迅速進步，怎能不令人欣喜無限，興奮萬分呢！

六十年來，特别是解放後十三年來，我們已培養出大批中等學校的師資，以我們學校來説，真可算是「桃李遍天下」了，在這「春風桃李花開日」，歡慶學校誕生以來的第六十個春天的時候，讓我們高舉毛澤東思想的紅旗，繼承我校的優良傳統，師生緊密團結，同心同德，克勤克儉，發奮圖强，爲培養更多又紅又專的人民教師而奮斗吧！

〔一九六二年四月二十九日，載於五月五日光明日報。據文稿。〕

與歷史系畢業生談學習歷史的門徑

首先我向你們祝賀勝利的讀完了大學四年，從此以後，我們都是教歷史的教師了，都是教育工作，都是研究歷史，這兩件事是我作了一輩子的工作，一直到現在還在繼續，今天我就從歷史和教學方面簡單的講幾句話。

四年來，你們學了不少東西，有些課程，比如馬列主義理論課程，我幾十歲才得接觸，而你們二十幾歲，甚至十幾歲就學了，這是你們莫大的幸福，因此我們這一輩的條件遠不如你們。你們現在又有專業知識，又有理論水平，有史有論，在全國來説，歷史系的大學畢業生也不算太多，所以你們不要小看自己，應當認識四年的學習是有很大收獲的，已經打下了很好的基礎。

但是這只是一方面，另一方面，也應當認識大學畢業，只是學校學習的結束，而是新的學習階段的開始。今後幾十年在工作裏，仍要繼續學習，因爲學無止境，學習永遠不能停頓，學如逆水行舟，不進則退，時代天天在進步，你却停止向前，自然就落後了。尤其是作人民教師，跟不上時代，教書就漸漸不能勝任。只有學而不厭，誨人不倦一齊來。如果在學習上滿足了，怎麽誨人不倦呢？ 這是很重要的一點，希望你們今後在工作中仍要努力學習，學而後知不足，教而後知困，不斷學習，才能把書教好。 想要把書教好，就要加緊學習，教與學是不能分開的。

有史有論，有教有學，就是我們這些作教育工作，又是研究歷史的幹部所應當具備的條件，也是我們今後應當努力注意做到的事情。

下面談談學習。 今後你們的學習，主要是靠自學了，有了四年大學的底子，在自學中更提高一步，也並不困難，一個人的一生，上學的時間不過十幾年，而畢業之後的時間却是幾十年，所以每個人的絶大部分時間都要靠自學。

作教師，不但上講臺要能講，要求有表達能力； 而且下講台要能寫，寫出文章必須簡單扼要，明白通順，寫出的字跡，最低要求是使人認得，清楚整潔。 這是説一般的教師，做一個歷史教師，又要有歷史的知識。

學習歷史、研究歷史，應當具備的知識是極爲廣泛的，古今中外，無所不包，要學「古」，就得懂文言文，能閱讀古籍，要學「外」，就得懂一二種外國語，能翻找原文材料。

研究中國歷史，應從何入手呢？ 中國歷史悠久，歷史材料極爲豐富，各朝各代，都有史官記載，没有間斷過，又有官修史書以外的各方面的典籍，經史子集，都是歷史材料，這是一筆非常寶貴的遺產，這批「遺産」究竟有多少呢？如果自己研究一個專題，怎樣去尋找材料呢？看來書籍這樣多，如汪洋大海，一時找不到頭緒，而實際上只要掌握了規律，還是有途徑可尋的，也並不是難事。

我自己在這方面有一個經驗，大家可以參考。我當時初步入門，是從目録學入手的，掌握了目録學的知識，我感到一生得益不少。

因爲儘管你天天念書，但是終不能把所有的書都念到，所以要先知道中國書有多少門類，每門類有些什麼書？是誰作的？有什麼版本？内容大概是什麼？好不好？這些問題，如果有些目録學的知識，原書雖然没有念過，却可以先了解到書的大概。

現在高等學校的課程，講目録學的還很少，所以同學讀到大學畢業，所知道的書還不很多，有時甚至是極普通的書都没有聽見過，廿四史不知都是什麼書？更不用説作者和内容了。我看目録學有提倡的必要，有志作學問的人，有研究他的必要。

所謂目録學，並不僅僅是看一看書目的單子，而是可以在裏面得到學術的源流，可以知道讀書的門徑，可以了解材料，選擇材料，了解前人對某書的看法，再用今天自己的理論水平來認識，來繼承和批判。前人的觀點，今天看來也不一定都對，但是你已經是大學畢業生，應當先了解，然後自己就可以加以分析批判，如果連這些都不知道，還談什麼去粗取精呢？

康有爲在桂林講學的時候，曾和學員們説過：「書目答問常置懷中，學問自然長進。」我看這話也有道理。現在有關目録學的書還不多，我們還是可以利用前人所作的書，書目答問是比較簡單的目録書，清朝末年出版，此書一出，風行一時，五六十年中，受到這書益處的人不少。

不過這書比較簡單，只看它是不够的，較詳細一些的有四庫全書總目提要，凡是四庫全書所收的書，不但有目録，而且每本書都有提要，多者一兩千字，少者幾十字，提要裹説明每一書的時代、作者、版本、内容，大體上都是經過考訂的，並且有的書還説明前人對此書有什麽批評，作者對此書的看法。凡是乾隆以前的書，差不多都有了，讀了它，不用進圖書館，大體上就能掌握了史料。

我們還可以從四庫所著録的，或是放在存目的書中，從它的去、取，褒、貶之中，看出來當時的政治目的。有時由於提要裹的稱贊，我們了解到某書的價值，也有時由於提要的痛駡，我們也了解到某書的價值。比如明朝李卓吾是反封建禮教和反道學思想的著名人物，他所著的藏書，内容是他對自戰國到元末許多歷史人物的看法，實際上是爲許多歷史人物寫的翻案文章。在藏書自序中説：千百餘年，獨無是非，並不是真没有是非，而是都以孔子的是非爲是非。這話今天可以隨便説，但是三百年前説這話，反對孔子是不得了的，所以提要把藏書放在别史類存目，批評它説：李卓吾的書都是「狂悖乖謬，非聖無法」，這本藏書更是「排擊孔子，别立褒貶，凡千古相傳之善惡，無不顛倒易位，尤爲罪不容誅，其書可燬，其名亦不足以污簡牘。」又説：李卓吾是「小人無忌憚之尤」，説他著的書「毫無義例，總無一長之可取也」。

既然藏書這樣壞，爲什麽還放在存目呢，提要自己説，是因爲當時有很多「鄉曲陋儒，震其虚名」，還有對李尊信不疑的，如果置之不理，恐怕有人好奇心勝，反到搜尋這書，所以「特存其目，以深暴其罪」。

這不是很清楚的看出提要的政治目的嗎？不是正可以因爲它的痛駡，我們反能够了解藏書内容和價值嗎？

所以儘管書目答問、四庫提要都已是幾十年、幾百年前的著作了，但是我們還能够加以利用的。常翻常看，尤其是更多的翻看史部的書籍，雖然它是乾隆、光緒的水平，對我們掌握資料、熟悉資料，是有很大好處的。

我自己的經驗，認爲這是讀史的門徑，當然時代不同，條件不同，門徑也不可能都相同，現在常常接到各地的羣衆來信或是雜誌報紙來訪，讓我談談讀書經驗，我覺得我的經驗，是六七十年前的老經驗，不一定今天還適合，所以不願談，但是如果談，經驗就是如此，我確是得到過這兩本書的好處，至於你們年輕人是否還應如此，我看可以作爲一個參考吧！

〔一九六二年九月。原準備爲歷史系畢業生訪問用，後因該班出去勞動，未談。據談話稿。〕